PHARAONEN UND SUMERER – NACHFAHREN DER ATLANTER

Dieter Braasch

Pharaonen und Sumerer – Megalithiker aus dem Norden

Hinweise aus Biologie und Technik zum Ursprung früher Hochkulturen

GRABERT-VERLAG-TÜBINGEN

Druck und Bindung: Kösel-Druck GmbH, Kempten
Satz und Umschlaggestaltung: Grabert-Verlag, Tübingen

Die Deutsche Bibliothek – CIP-Einheitsaufnahme

Braasch, Dieter

Pharaonen und Sumerer – Megalithiker aus dem Norden :
Hinweise aus Biologie und Technik zum Ursprung früher
Hochkulturen / Dieter Braasch.–
Tübingen : Grabert-Verlag, 1997
ISBN 3-87847-166-1

ISBN 3-87847-166-1

Postfach 1629, D-72006 Tübingen

Gedruckt in Deutschland

Inhaltsverzeichnis

Hinweis

Ein Student der Medizin liest 1960 zufällig das Buch eines Pastors, der behauptet, er hätte das Rätsel von Atlantis gelöst. Der Pastor Spanuth kommt aus Schleswig-Holstein, und das Zentrum von Atlantis soll die Insel Helgoland gewesen sein. Der Student hat von Vorgeschichte wenig Ahnung, findet aber die Argumentation des Pastors begründet. Er liest dann in der *Frankfurter Rundschau* (2. 12. 1960), daß Fachleute in einem Gerichtsverfahren, es ging um Atlantis, gegen den Pastor unterliegen. Altersbedingt freut sich der Student, das Professoren vor Gericht in einem wissenschaftlichen Streit gegen den Pastor verlieren. Spanuths Idee von Atlantis begleiten ihn über die Jahre.

Nach Beendigung seiner wissenschaftlichen Laufbahn liest der frühere Student zufällig, daß die Tochter des Pharao Cheops (2600 v.Chr.) in ihrem Grab mit blonden Haaren dargestellt ist. Als Mediziner vermutet er, daß blonde Haare, als genetisches Merkmal, nur im Norden (in Atlantis?), nicht aber im Mittelmeergebiet entstehen können. Naheliegend dann die Frage: »Wie kommt das blonde Mädchen an den Nil?« Eine Antwort versucht dieses Buch.

Ich habe in der Bibliothek nur archäologische Fakten und Meinungen von Fachleuten sammeln können. Ich habe diese Informationen nicht als Fachgelehrter überprüfen können, hatte als Amateur aber wieder die Möglichkeit, naive Fragen zu stellen. Der Arbeit des verehrten Pastor Spanuth verdanke ich einige schöne, vergnügliche Jahre in der Bibliothek

Einführung

Welcher kulturelle Zusammenhang besteht zwischen den Hörnern und den Spiralen?

In der vorliegenden Arbeit wird versucht, die Darstellungen von Hörner- und Spiralsymbolen der Abb. 1 miteinander zu verknüpfen. Die Bilder umfassen eine Zeitspanne von 4000 Jahren. Sie reichen von Irland über Ägypten, Sumer, Kreta, Mykene und Griechenland bis zu den Angelsachsen.

a) Newgrange, Irland, 3200 v.Chr.

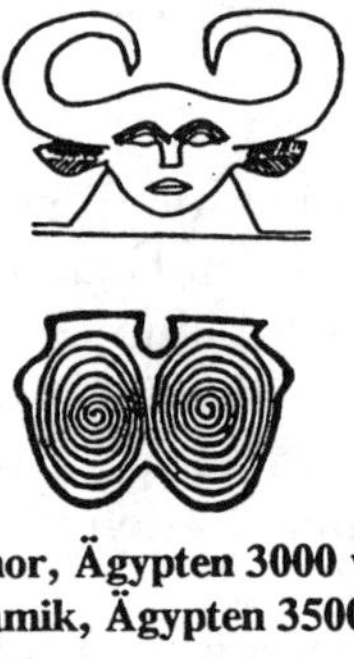

b) Hathor, Ägypten 3000 v.Chr
Keramik, Ägypten 3500 v.Chr.

c) Bronzekopf und Goldschmuck
Sumer, Ur, 2600 v.Chr.

d) Apoll, Zypern,
1200 v.Chr.

e) Bronze Helm
Dänemark um 1000 v.Chr.

f) Agelsächsisch,
7.Jh.

g) Nordisches Schwert und Knaufplatten um 1400 v.Chr. **h) Stevenende eines Wikingerschiffes, 9.Jh.** **i) Bildstein, Gotland, 5.Jh.**

Abb. 1 *Verbreitung der Hörner- und Spiralsymbolik im nordeuropäisch-vorderasiatischen Raum.*

In der Vorgeschichtsforschung wird seit dem vorigen Jahrhundert überwiegend die Hypothese vertreten, daß Europa in der Stein- und Bronzezeit kulturell in allen wesentlichen Entwicklungen wie Ackerbau, Metallverarbeitung und Schiffbau von den Hochkulturen in Ägypten und Mesopotamien beeinflußt worden sei. Grundlage der Hypothese sind im wesentlichen archäologische Funde, das heißt Siedlungsspuren, Gräber, Tongefäße, Waffen und Pollenanalysen. Neben der Archäologie spielt die Sprachforschung, besonders bei der Diskussion um die rätselhaften Indogermanen/Indoeuropäer, eine gewichtige Rolle.

Nur eine verhältnismäßig kleine Gruppe vertritt den Standpunkt, daß die Ausbreitung einer indoeuropäischen Kultur von Nordeuropa ausgegangen ist. Die Beweislage für eine solche ›Nordhypothese‹ ist schwach. Verglichen mit den faszinierenden Zeugnissen der alten Hochkulturen in Ägypten und Sumer, sind die archäologischen Hinweise für eine entwickelte Nordkultur kümmerlich. Im dritten Jahrtausend gibt es im Norden Steinäxte und Megalithgräber, aber keine Städte und Paläste, keine entwickelte Infrastruktur und vermutlich noch keine Schrift.

Wenn im folgenden trotzdem versucht wird nachzuweisen, daß der Ursprung einer ›weltweiten‹ Megalithkultur in Nordwesteuropa liegt, dann mag ein solcher Versuch bedenklich erscheinen, denn wenn es um Entwicklungen in den frühen Kulturen geht, dann gibt es eine Grundüberzeugung:

Grundlage jeder Hochkultur ist der Ackerbau

Die Begründung dieser Hypothese mag auf den ersten Blick überzeugen, denn Handel, Gewerbe und zentrale Machtstrukturen können nur entstehen und gedeihen, wenn der Ackerbau einen Überschuß an Nahrung erzeugt. Genügend Bauern müssen den Acker bestellen, damit Krieger, Händler, Priester, Beamte und sonstige Träger einer Kultur überleben können. Zumindest in Mesopotamien und am Nil schafft der Ackerbau erkennbar die materiellen Voraussetzungen der kulturellen Entwicklung.

Probleme entstehen aber, wenn die Ackerbau-Hypothese in der Vorgeschichtsforschung auch auf Nordeuropa übertragen wird. Problematisch vor allem durch eine scheinbar logische Konsequenz der Hypothese: Wenn im Norden um 3000 v.Chr. ein flächendekkender Ackerbau nicht nachweisbar ist, dann sind die Voraussetzungen für die Entwicklung einer Hochkultur im Norden nicht vorhanden. Das heißt, eine ›höhere‹ Kultur, wie immer man sie definiert, konnte im Norden der Steinzeit nicht entstehen: eine von der Archäologie begründbare Hypothese, die überzeugen kann. Wo der Archäologe nichts findet, da wird vermutlich auch nichts gewesen sein. Widerspruch erscheint kaum möglich.

Es wird bislang angenommen, daß die Techniken des Ackerbaus, Pflügen, Säen, und das entsprechende Saatgut im Norden der Steinzeit noch nicht bekannt waren. Für den Archäologen erscheinen die Dolmenbauer im vierten Jahrtausend v.Chr. noch als primitive Sammler und Jäger. Sie wußten angeblich noch nicht, das Feld zu bestellen. Das heißt, die Bewohner im Gebiet der westlichen Ostsee (Dänemark, Jütland, Schleswig-Holstein, Mecklenburg-Vorpommern) mußten mit der Entwicklung einer eigenen ›höheren‹ Kultur warten, bis die notwendigen Informationen aus dem Orient den Norden erreichten. Der entscheidende Zeitpunkt der hilfreichen Kulturübertragung aus dem Orient soll die Bronzezeit gewesen sein. Da in der Bronzezeit der Ackerbau im Norden vereinzelt nachweisbar wird, muß zu diesem Zeitpunkt die kulturhemmende Unwissenheit im fernen Norden allmählich gemildert worden sein. Die Nachrichten aus dem Orient versetzten dann den Norden in die Lage, den Acker zu bestellen, Vieh zu züchten, Schiffe zu bauen und die Kupfer-Bronze-Technik, letztendlich von den Sumerern, zu übernehmen.

Etwas problematisch mag dem naiven Betrachter dieser Hypothese lediglich der Weg erscheinen, auf dem diese Informationen den Norden erreichten. Die archäologischen Hinweise sind spärlich. Man ist in der Argumentation im wesentlichen auf Vermutungen angewiesen. Zum Beispiel meint Jankuhn (1969):

»In der ersten Hälfte des 5. Jahrtausends hatte sich also die neue Wirtschaftsform mit Tierhaltung und Getreideanbau (von Süden) bis an die südliche Grenze Mitteleuropas herangeschoben. Sie hatte sich noch über das Mittelmeer zu den Küstengebieten Südwesteuropas ausgebreitet. Von hier erreichte sie wohl auch noch verhältnismäßig früh, über das Rhonethal sich nach Norden vorschiebend, die südwestliche Grenze Mitteleuropas.«

Als Methode der Nachrichtenübertragung erscheint die *Kulturdiffusion* in den Diskussionen. Es wird argumentiert, daß die kulturprägenden Nachrichten von den Hochkulturen im Laufe der Zeit grenzüberschreitend von Händlern oder vom Nachbarn zum Nachbarn übergeben wurden. Hingewiesen wird unter anderem auf den nachgewiesenen Fernhandel mit Bernstein, der den Gedankenaustausch zwischen Süd und Nord vermutlich beschleunigte. Diese ›Kulturdiffusion‹ ist in Stärke und Richtung weder beweisbar noch zu widerlegen und deshalb in der Diskussion vielseitig einsetzbar.

Die wenigen Verfechter einer eigenständigen Nordkultur haben bisher einen schweren Stand. Sie haben archäologisch wenig in der Hand. Die Vorgeschichtsforschung bekommt aber, nach hundertjähriger vergeblicher Diskussion, Hilfe von außen, von der Physik.

Bislang mußten archäologische Funde *relativ* datiert werden. Ein grobes Steinbeil ist vermutlich relativ älter als eine fein geschliffene Steinaxt mit einem Schaftloch. Eine tiefere Brandschicht in Troja wird älter sein als die nächstfolgende usw. Diese relative Datierungsmethode ermöglicht die zeitliche Trennung einer ›Steinzeit‹ von einer nachfolgenden ›Bronzezeit‹; aber die angegebenen Daten sind keine Meßwerte. Es sind ›Schätzwerte‹. Mit der Entwicklung der C-14-Radiokarbon-Methode ist es möglich geworden, archäologische Funde, soweit sie Kohlenstoff enthalten, *absolut* zu datieren, das heißt, man kann eine Jahreszahl angeben: für die Vorgeschichtsforschung eine Revolution. C. Renfrew (1971) urteilt:

»Die Revision der C-14-Daten für Europa hat eine verheerende Wirkung auf die weitverbreitete traditionelle Zeitstellung. Der entscheidende Punkt ist nicht so sehr, daß die europäischen Daten des dritten Jahrtausends alle mehrere Jahrhunderte älter sind als angenommen, sondern, daß die Daten für Ägypten sich nicht ändern.– Nun ist es klar, daß die Megalithbauten in der Bretagne früher als 4000 v.Chr. erbaut wurden, also eintausend Jahre, bevor die monumentale Grabarchitektur im östlichen Mittelmeer, und 1500 Jahre, bevor die Pyramiden erbaut wurden. Der Ursprung der europäischen Begräbnissitten und Monumente darf nicht im Nahen Osten, sondern muß in Europa selbst gesucht werden.«

Das heißt, die Richtung der bislang vermuteten orientalischen Kulturdiffusion dreht sich um. Wenn es je eine Kulturdiffusion gegeben hat, dann muß sie, aus zeitlichen Gründen, von Nord nach Süd gelaufen sein. Erst gab es die Megalithgräber in Nordwesteuropa und dann die Pyramiden in Ägypten, nicht umgekehrt.

Die vorherrschende Annahme, daß es um 3000 v.Chr. eine ›Kulturdiffusion‹ von Süd nach Nord gegeben hat, könnte eine der Ursachen sein, daß in der Kulturgeschichte eine Kette von hartnäckigen, ungelösten Problemen entstand.

1. Unklar ist die Verbreitung der Megalithgräber von Skandinavien über Indien bis Japan.
2. Offen ist die Frage, wer die Indogermanen waren und wer die Fremden waren, die um 3000 v.Chr. die Hochkulturen in Ägypten und Sumer begründeten.
3. Es ist ein Rätsel, wer die Megalithgräber in Palästina errichtete.
4. Aus der Sicht des Technikers ist es fraglich, wer um 3000 v.Chr. die Schiffe der Pharaoen baute und wer in Sumer die Bronze entwickelte.
5. Für den Mediziner ist die Tatsache bemerkenswert, daß die Tochter des Pharao Cheops und die Libyer blonde Haare hatten.

Für den naiven Betrachter mag diese auffallende *Häufung* der vorgeschichtlich offenen Fragen verwunderlich erscheinen, denn es sind Fragen, die seit dem vorigen Jahrhundert, zum Teil leidenschaftlich, diskutiert werden. Ein Verdacht mag sich aufdrängen. Entsteht diese Anhäufung von ungelösten Fragen, weil versucht wird, ein vorgefaßtes Bild, geprägt von den orientalischen Hochkulturen, zusammenzusetzen, ein Bild, dem in der Vor- und Frühgeschichte keine Wirklichkeit entspricht?

Ich bin der Meinung, daß der Schlüssel zum Verständnis mancher frühgeschichtlicher Probleme in der Abbildung 1 liegen könnte, in der Beantwortung der Frage:

»Warum verwenden Ägypter, Sumerer, Kreter und Germanen gemeinsam die Symbole ›Rinderhorn und Spirale‹?«

Die Entwicklung eines nördlichen Siedlungsgebietes nach der Eiszeit

Die Wanderung in ein abgeschlossenes Siedlungsgebiet

Die Suche nach einem kulturellen Zusammenhang zwischen Stierkopf und Spirale beginnt bei den europäischen Rentierjägern. Vor etwa 12 000 Jahren beginnt die Temperatur weltweit anzusteigen. Die bis zu 3 000 Meter starke Eiskappe über Skandinavien schmilzt, und die mitteleuropäische Tundra verschiebt sich langsam nach Norden. Entlang der Donau und in Südfrankreich entstehen die ersten lichten Wälder. Birken, Nadelbäume und Haselnußsträucher breiten sich aus. (Schwarzenbach 1988) Die allmählich im Süden einsetzende Bewaldung zwingt Mensch und Tier, der zurückweichenden Tundra nach Norden zu folgen. Die Archäologie bestätigt diese Wanderung. In den einstigen Hauptzentren der Jungsteinzeit, so in Südfrankreich und im mittleren Donauraum, führt das Verschwinden des Graslandes, das einst riesigen Wildherden Nahrung und Lebensraum geboten hatte, zu einem Rückgang in der Bevölkerung. Die jungpaläolithische Kunst verkümmert. (Whitehouse 1976)

Das Ren folgt der Tundra bis in die Polarregionen. Das riesige Mammut stirbt aus. Auch der Eiszeitjäger ist gezwungen, sich den neuen Lebensbedingungen anzupassen, denn er verliert sein wichtigstes Jagdtier, das Ren. Das Gebiet der westlichen Ostsee wird sein neuer Lebensraum. Er muß lernen, in einem bewaldeten (?) Gebiet, umgeben von Meeresküsten, zu überleben. Die Anpassung gelingt ihm, und die Archäologen finden die ersten Hinweise einer Besiedlung. Im Gebiet der westlichen Ostsee entsteht eine grobe Keramik. Die ersten Steinäxte und polierte Meißel aus Flint lassen sich nachweisen. (Ertebölle-Kultur in Dänemark, 4000 v.Chr.)

Vor diesem primitiv erscheinenden kulturellen Hintergrund ist die entstehende Grabkultur bemerkenswert. Im vierten Jahrtausend werden die Toten in ›Totenhäuser‹ beigesetzt, geformt aus tonnenschweren Findlingen, die von den Gletschern der Eiszeiten aus Skandinavien gen Süden geschoben wurden. (Mega-lithos = Groß-Stein) Als ›Urdolmen‹ bestehen diese Megalithgräber aus vier Wandsteinen, abgedeckt durch eine oder mehrere Deckplatten. (Abb. 5)

Diese Urdolmen symbolisieren vermutlich ein Haus für die Seele des Toten. (siehe unten)

Auf den dänischen Inseln und in Jütland sind ursprünglich etwa fünftausend Megalithgräber registriert worden. Davon sind heute noch 1800 erhalten. (Stenberger 1977) Auf der Insel Rügen gab es 1829 noch 232 steinzeitliche Gräber, von denen heute nur noch 51 erhalten sind. In Mecklenburg-Vorpommern sind 1147 Gräber bekannt, davon 445 erhalten. (DuMont) Die Gräber überstanden 5000 Jahre, wurden dann aber im letzten Jahrhundert auch als Steinbruch verwendet.

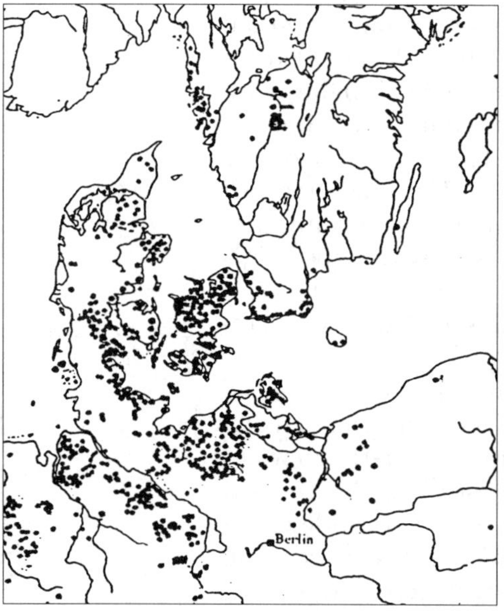

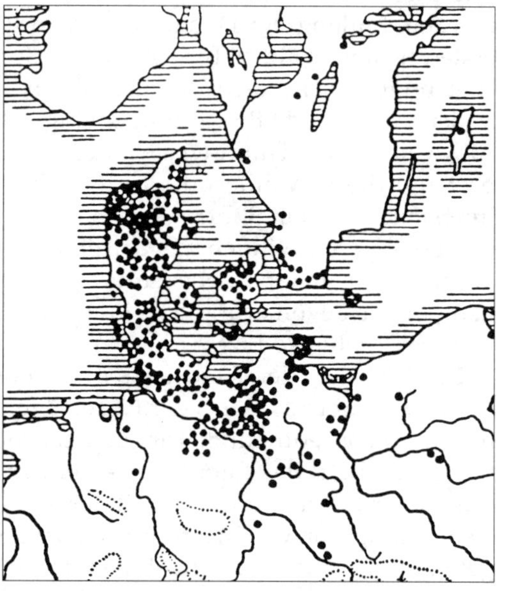

Abb. 2 a *Verbreitung der älteren Megalithgräber um 3500 v.Chr. (Almgren)*

b. *Die germanischen Griffzungenschwerter um um 1400 v.Chr. (Sprockhoff)*

Die Grenzen des alten Dolmengebietes sind klar zu erkennen. In West, Nord und Ost liegt ein Meer. Nach Süden liegt die Norddeutsche Tiefebene mit dem folgenden Mittelgebirge. (Abb.2) Beurteilt nach Zahl und Konzentration der Megalithgräber, bot das Gebiet der westlichen Ostsee offensichtlich gute Lebensbedingungen für die ›Megalithiker‹. Eine Ausdehnung des geschlossenen Siedlungsgebietes nach Süden erfolgte während 2000 Jahren vermutlich nicht.

Die ›Abgeschlossenheit‹ des nördlichen Dolmengebietes könnte mit der geographischen Lage und der Ertragskraft des Bodens im verhältnismäßig milden Klima des Golfstromes erklärt werden. Die dänischen Inseln, die östliche Hälfte von Jütland und Schleswig-Holstein sowie der Küstenbereich von Mecklenburg tragen fruchtbare Lehm- und Mergelböden. Die im Süden anschließenden Gebiete der Norddeutschen Tiefebene begrenzen dieses fruchtbare Gebiet durch Moor- und Sandflächen, ausgewaschen von den Schmelzwassern der Gletscher im Laufe von vier Eiszeiten. Nur in einem Streifen entlang der Elbe bis zu den Lößböden des Thüringer Beckens finden sich fruchtbare Siedlungsgebiete. Verglichen mit den guten Böden in Dänemark, muß die Norddeutsche Tiefebene zweite Wahl für Mensch und Tier gewesen sein.

Bemerkenswert, daß diese ›Abgeschlossenheit‹ des Dolmengebietes im Bereich der westlichen Ostsee auch 2000 Jahr später in der Bronzezeit um 1400 v.Chr. noch bestand, denn die germanischen Schwerter, spiralverziert (Abb.1 g, Ottenjann 1969), sind in ihrer Verbreitung im wesentlichen auf das alte Dolmengebiet beschränkt. Die Vermutung erscheint demnach naheliegend, daß dieses Siedlungsgebiet geographisch bedingt über Jahrtausende mehr oder weniger *isoliert* gewesen ist. Keine direkten Nachbaren, keine größere Zuwanderung. Das würde bedeuten, daß seit dem Rückgang der Gletscher um 8000 v.Chr. in diesem Gebiet *über Jahrtausende unvermischt* die Nachfahren der eiszeitlichen Rentierjäger lebten, eine Hypothese, die bei den folgenden Überlegungen eine wesentliche Rolle spielen wird.

Rachitis und blonde Haare im nördlichen Dolmengebiet

Anstoß zu den Überlegungen in diesem Buch gab die blonde Tochter des Pharaos Cheops (2600 v.Chr.) Das Problem ist: Die Erbanlage für blonde Haare konnte, aus medizinischer Sicht, nur im nördlichen Dolmengebiet entstehen. Wenn das stimmt, dann müssen die Pharaonen irgendwie eine Verbindung zur Ostsee gebabt haben. Folgende Entwicklung im Norden mag auf die richtige Spur führen.

Das nördliche Dolmengebiet hat aus medizinischer Sicht zwei letztendlich prägende Merkmale. 1. Es ist ein Gebiet mit verhältnismäßig wenig Sonnenschein, mit Nebel, Wolken und einem langen, dunklen Winter. Und 2. Es ist ein Gebiet, das vermutlich über

Jahrtausende geographisch isoliert gewesen ist. Beide Faktoren führen zur Ausbildung einer nordischen Rasse; einer Rasse mit blonden Haaren. Das ist eine Entwicklung, die mit dem Darwinschen Gesetz erklärt werden kann.

Nach Aussage des Tacitus hausten im nördlichen Dolmengebiet, zumindest in historischer Zeit, trinkfreudige, rotblonde Germanen:

»Ich selbst schließe mich der Meinung derer an, die glauben, daß die Stämme Germaniens, in keiner Weise durch eheliche Verbindung mit anderen Völkern vermischt, ein eigenwüchsiges, unvermischtes Volk von unvergleichlicher Eigenart sind. Darum ist auch ihre äußere Erscheinung, soweit man es bei einer so großen Zahl sagen kann, bei allen die gleiche. Alle haben trotzige blaue Augen, rotblondes Haar und hühnenhafte Leiber, die freilich nur zum Angriff taugen. In mühseliger Arbeit und Strapazen haben sie nicht die gleiche Ausdauer.«

Diese Beschreibung ist ungewöhnlich, denn die Bevölkerung der ›restlichen‹ Erde, Südeuropäer, Asiaten, Afrikaner, die Ureinwohner von Australien oder Amerika, hat dunkle Haare und braune Augen. Alle sind stärker pigmentiert als die verschwindend kleine Gruppe der nordeuropäischen Dolmenbauer. Warum?

Die Spekulation, daß nur im nördlichen Dolmengebiet blonde Menschen lebten, scheint falsch zu sein, denn blonde Menschen sind beschrieben in Nordafrika, auf den Kanarischen Inseln, in Mittelamerika, Ägypten und Indien. Es ist unbekannt, wer dort die ›Blonden‹ waren und woher sie kamen. Das heißt: Als archäologischer Befund ist das Rassenmerkmal ›blond‹ bisher ohne Wert, denn »mit den blonden Tamahu (Libyer, angrenzend ans westliche Nildelta) von ganz nordischem Typus und den ebenso gearteten Amoritern in Syrien, die von manchen als versprengte Glieder der indogermanischen Völkerfamilie angesehen werden, ist archäologisch nichts anzufangen«. (Kossinna 1902)

Dem Versuch, im Verlauf der Indogermanenforschung den Ursprung blonder Indogermanen im Norden zu suchen, begegnet E. Meyer (1926) mit dem Hinweis, daß auch die Libyer (als Nachbarn der Ägypter) und die heutigen Osseten (Kaukasus) blond waren. Diese waren »fast alle groß und schön mit nahezu gelbem Haar und grimmigem Blick«.

Die Erklärung für seine Zweifel ist: ». . . und wenn die erwähnten somatischen Eigenschaften (blond) gegenwärtig bei den Skandinaviern durchaus vorherrschen und in Norddeutschland weiter verbreitet sind als im Süden oder in den romanischen Ländern, wie kann daraus gefolgert werden, daß die Heimat der Indogermanen in jenen Gebieten angesetzt werden *müsse*? Die Möglichkeit, daß die Indogermanen hier erst in sehr später Zeit eingewandert sind und daß ein Volk desselben Typus auch in ganz anderen Gegenden gelebt haben kann, bleibt durchaus bestehen.«

Diese Meinung hat sich bis heute nicht geändert.

»Irrtümlicherweise werden blonde, hellhäutige Menschen ausschließlich mit Nordeuropa in Verbindung gebracht, obwohl diese rassischen Typen in historischer Zeit sporadisch überall von Kleinasien bis zum Atlasgebirge überlebt haben. Einzelne mit braunem oder sogar blondem Haar werden häufig sowohl unter den Göttern als auch unter nackten Papyrusbootfahrern auf den Wandgemälden alter ägyptischer Gräber dargestellt.« (Heyerdal 1975)

In der Konsequenz naheliegend, erscheint demnach, daß die Haarfarbe blond entsprechend einer vielseitig verwendbaren *›zufällig-und-überall-Hypothese‹* entstehen kann. (Eine besondere Hypothesenform, die noch öfter auftauchen wird.)

Es stellt sich demnach dem Betrachter die problematische und prähistorisch vermutlich weitreichende Frage: *»Wo in der Welt konnte eine ›blonde‹ Erbanlage entstehen‹*. Wenn diese Frage beantwortet werden kann, dann gelingt es vielleicht auch zu erklären, weshalb ein ägyptischer König des Alten Reiches eine blonde Tochter haben konnte, eine kulturhistorisch sperrige Information, denn sie mag die naive Frage nach der Haarfarbe von Vater und Mutter provozieren.

Die Feststellung, »man weiß es nicht«, läßt die Möglichkeit, daß es eine Ursache gibt, die man nur nicht kennt. Zumindest bei der Frage nach dem Ursprungsgebiet der blonden Haare kann die Biologie weiterhelfen. Des Rätsels Lösung liegt in der extrem nördlichen Lage und in der geographischen Isolierung des nördlichen Dolmengebietes.

Das Darwinsche Gesetz

Es ist biologisch begündbar, daß eine Veränderung in der Erbanlage der Rentierjäger am Ende der letzten Eiszeit oder früher beginnt, ausgelöst durch Veränderungen in der Umwelt.

Vor etwa 10 000 Jahren ziehen sich in Nordeuropa der Gletscherrand und die vorgelagerte Tundra langsam zurück. Tier und Mensch folgen der Tundra. Der langsam von Süden her sich ausbreitende Wald drängt Tiere und Jäger immer weiter nach Norden. Tier und Mensch müssen sich der neuen Umgebung anpassen. Das Mammut stirbt aus. Es kann sich an das neue Klima nicht mehr anpassen. Es fehlt die gewohnte Nahrung der Eiszeit. Auch der Mensch gerät in Gefahr. *Ihm fehlt die Sonne.* Seine Erbanlage reagiert auf die Gefahr. Sie paßt sich der nordischen ›Dunkelheit‹ an. Der hellbraune (?) südeuropäische Rentierjäger verändert seine Hautfarbe. Er wird hellhäutig, blond und blauäugig und kann deshalb im extremen Norden überleben. Der Grund ist ein ›einfacher‹ biologischer Auswahlprozeß.

Nach Darwin sind es zwei Mechanismen, die es einem Tier oder einer Pflanze ermöglichen, auf Veränderungen in den Lebensbedingungen zu reagieren: Es sind dies die *genetische Mutation* und die *Selektion*.

Die Erbanlage eines Lebewesens wird ständig verändert durch *zufällige Mutationen,* das heißt durch Veränderungen in der molekularen Eiweißstruktur seiner Erbanlagen. Die Eiweißmoleküle einer Zelle reagieren ständig miteinander, sie werden abgebaut und wieder zusammengefügt, dabei treten Fehler auf. Einflüsse der Umwelt, wie Bakterien, Viren, Gifte oder Strahlungen, vergößern die Zahl der genetischen ›Schreibfehler‹. Die ständig ablaufenden Veränderungen in der Genstruktur sind aber in der Mehrzahl so klein, daß sie äußerlich im Erscheinungsbild des Tieres oder der Pflanze meistens nicht erkennbar sind. Trotzdem sind diese sehr geringen, zufälligen ›Schreibfehler‹ in der Erbanlage die Ursache für das Entstehen der Vielfalt aller Pflanzen und Tiere auf unserer Erde. Ohne diese Mutationen wäre aus einem einzelligen ›Urtierchen‹ nie ein Dinosaurier oder ein Mensch entstanden. Benötigt werden für die biologische Fortentwicklung ständige ›Schreibfehler‹ während vieler Millionen Jahre.

Die *Selektion* ist neben der Mutation der zweite Faktor, der die Entwicklung der Arten beeinflußt. Aus der Menge der zufällig durch ›Schreibfehler‹ entstehenden Veränderungen in der Erbanlage werden auf Dauer nur die Anlagen vererbt, die dem Tier oder der Pflanze das Überleben erleichtern. Der berühmte Darwinsche Fink auf den Galapagos-Inseln mag den Vorgang verdeutlichen. Dieser Fink wurde durch einen Sturm auf eine entferntere Insel verschlagen. Dort findet er zwar ähnliche Körner wie auf seiner Heimatinsel, aber sie sind in der Schale etwas stärker als die bisher gewohnten. Statistisch gesehen, wird auf Dauer nur der Fink überleben, der eine Erbanlage weitergeben kann, die durch zufällige Mutation dem Fink einen stärkeren Schnabel wachsen läßt. Dieser Fink, mit seinem etwas stärkeren Schnabel, wird bei Futterknappheit als letzter von den übrigen Finken auf der Insel verhungern. Eine neue Erbanlage hat sich durchgesetzt. Es ist eine Rasse dickschnäbeliger Finken entstanden.

Wenn demnach *alle* Rassenmerkmale durch genetische Anpassung entstehen, dann müssen die rotblonden Germanen des Tacitus mit ihrer etwas helleren Haut im nördlichen Klima eine bessere Überlebenschance gehabt haben als Völker mit dunklerer Haut. Warum?

Das menschliche Erbgut auf der Wanderung von Afrika nach Dänemark

Es gilt als gesichert, daß der Frühmensch im südlichen Afrika entstanden ist. Seine Vorfahren waren die Menschenaffen. Dieser Entwicklungsprozeß ist archäologisch und biologisch über viele Millionen Jahre nachweisbar; das heißt, wir können davon ausgehen, daß die Erbanlagen unserer Vorfahren von den Umweltbedingungen des südafrikanischen Lebensraumes geprägt wurden.

Um die Hitze besser zu ertragen, verliert der Körper das Haarkleid. Bei gleichzeitiger Schweißbildung verbessert sich die Möglichkeit, den nackten Körper zu kühlen. Gegen nächtliche Kälte lernt der nackte Mensch, sich durch Kleidung zu schützen. Nicht die Kälte, sondern die Sonne wird zur tödlichen Gefahr. Die durch Enthaarung schutzlos gewordene Haut reagiert auf die starke Sonnenstrahlung mit der Vermehrung von Zellen, die einen schwarzen Farbstoff bilden können, das Melanin. Dieser dunkle Farbstoff resorbiert einen großen Teil der in die Haut eindringenden, energiereichen UV-Strahlung. Durch die dunkle ›afrikanische‹ Haut werden die empfindlicheren tiefen Hautschichten geschützt. Ein tödlicher Sonnenbrand wird verhindert, und der Mensch kann als Jäger und Sammler in der schattenlosen, offenen Savanne überleben.

Längs des Wanderweges der afrikanischen Frühmenschen nach Norden nimmt die Intensität der Sonnenstrahlung langsam ab. Die

Haut wird weniger belastet. Das Gen, verantwortlich für die starke Pigmentierung der Afrikaner, ist im Norden für den Menschen nicht mehr lebensnotwendig. Es droht kein Sonnenbrand mehr, aber es besteht *vordergründig* auch kein Anlaß, diesen Teil der ›afrikanischen‹ Erbanlage zu entfernen. Trotzdem, die Tatsache, daß die dunkle Haut im Laufe vieler Generationen im Norden verschwindet, muß einen biologischen Grund gehabt haben.

Diese ›Entfärbung‹ der zentralafrikanischen Stämme, die in grauer Vorzeit nach Norden ziehen, *setzt zwingend voraus*, daß während der Wanderung ein biologischer Selektionsdruck entstanden sein muß. Ein Selektionsdruck, ausgelöst durch einen biologischen Prozeß, der die dunkle afrikanische Haut im Norden zu einem lebensbedrohlichen genetischen Schwachpunkt werden läßt. Der beginnende Auswahlprozeß wird erkennbar. Offensichtlich überlebten Mütter und Kinder, die eine *zufällig* etwas hellere Haut hatten, im Norden besser. Sie überlebten durch einen genetischen ›Schreibfehler‹.

Der Grund für diese Selektion ist ein im Norden auftretender lebensbedrohender Vitaminmangel, der im vorigen Jahrhundert zuerst in England beobachtet wurde. Mit der beginnenden Industrialisierung entstanden in England neue Arbeitsplätze. Man arbeitete und lebte nicht mehr unter freiem Himmel, sondern in Fabrikhallen und dunklen Wohnungen. Die Ärzte beobachteten das Erscheinen einer bis dahin unbekannten Krankheit: eine Störung der Knochenbildung und Krämpfe bei Kindern in den ersten 18 Monaten. Die Knochen der Kinder blieben verhältnismäßig weich. Sie brachen bereits bei geringer Belastung. Im weiteren Verlauf wurde beobachtet, daß diese Entwicklungsstörungen in den ersten Lebensjahren zur Verkrüppelung der Kinder führen konnten. Man nannte sie die ›Englische Krankheit‹, die Rachitis.

Ausgelöst wird die Rachitis durch einen Mangel an Vitamin D. Gebildet wird dieses Vitamin beim Menschen durch Einwirkung der kurzwelligen, energiereichen Ultra-Violett-Strahlung des Sonnenlichtes auf die Haut. Diese *UV-Strahlung* verwandelt photochemisch das Cholesterin der tieferen Hautschichten in einem komplizierten Prozeß in Vitamin D. Dieses Vitamin regelt die Aufnahme von Kalzium im Darm und den Einbau des Kalziums in die Knochen.

Vor diesem biologischen Hintergrund wird die dunkle Hautfarbe des Frühmenschen bei seiner Wanderung aus Zentralafrika nach Norden zum biologischen Problem. Im zentralen Afrika ist die starke Färbung der Haut ein *lebensnotwendiger Schutz.* Die starke afrikanische UV-Strahlung wird bereits in der Hautoberfläche abgeschwächt. Die tieferen Hautschichten werden dadurch geschützt, und ein tödlicher Sonnenbrand wird vermieden.

Im Norden mußte sich die afrikanisch-dunkle Haut dem nordischen Klima anpassen. Die UV-Strahlung ist schwach. Sie erreicht die tieferen Schichten der dunklen Haut nicht mehr. Es wird entsprechend weniger Vitamin D gebildet. Eine typisch nordische Mangelkrankheit entsteht: die Rachitis. Die biologischen Folgen der Rachitis sind offenkundig. Mütter mit in der Kindheit rachitisch deformierten Beckenknochen sterben häufiger unter der Geburt. Blonde Frauen, die weniger durch Rachitis gefährdet sind, bringen im Norden im Durchschnitt mehr Kinder zur Welt.

Ausgelöst durch die einsetzende Selektion verändert sich langsam die Erbanlage der ganzen Gruppe. Es werden, bedingt durch fortwährend entstehende genetische ›Schreibfehler‹, zufällig bei einigen Kindern weniger Farbzellen in der Haut angelegt. Bei diesen Kindern kann das relativ schwache UV-Licht des Nordens etwas tiefer in die blassere Haut eindringen, und entsprechend mehr Vitamin D kann in den tieferen Hautschichten gebildet werden. Das heißt, je hellhäutiger das Kind, desto besser können die biologischen Folgen der verminderten UV-Strahlung im Norden ausgeglichen werden. Die Gefahr einer Rachitis nimmt entsprechend ab. In Tausenden von Jahren verschwindet das pigmentierende, im Norden lebensgefährliche Gen. Aus dem dunklen Afrikaner wird der blasse Nordeuropäer.

(In Cornwall steht ein mannshoher Stein mit einem großen Loch. Die alte Überlieferungen berichtet, daß rachitische Kinder, die durch dieses Loch krochen, von ihrer Krankheit geheilt wurden. (Paturi). Die Rachitis war demnach auch bei den Megalithikern ein Problem.)

Die Rachitis ist auch heute noch in sonnenarmen nördlichen Ländern (unter anderen Deutschland, England und Skandinavien) eine potentielle Gefahr für Kinder bis zum 18. Lebensmonat. Selbst in tierischer Nahrung ist Vitamin D nur so spärlich vorhanden, daß der Bedarf nicht gedeckt werden kann. Geringe Mengen finden sich in Butter und Eiern. Da der Gehalt an Vitamin D in unserer Nahrung nicht ausreicht, um eine Rachitis sicher zu verhindern, wird ärztlich empfohlen, die Säuglinge durch tägliche

Gaben von Vitamin D zu schützen, früher mit einem täglichen Löffel Lebertran, heute durch Tabletten. Die Notwendigkeit einer solchen medizinischen Fürsorge für das Gedeihen unseres Nachwuchses zeigt, daß auch eine weiße Haut nicht ausreicht, um das Fehlen einer biologisch ausreichend starken UV-Strahlung im Norden auszugleichen.

Von 1000 Neugeborenen haben in Nordfrankreich 7,7 Kinder einen Vitamin D-Mangel. An der Südspitze von Südamerika (in Ushuaia) wurden bei Kindern am Ende des Winters bei 47 % ein Mangel festgestellt. (*Deutsches Ärzteblatt* 92, 1995) *Die Anpassung unserer ursprünglich ›afrikanisch‹ programmierten Erbanlage an den sonnenarmen Norden ist offensichtlich immer noch nicht abgeschlossen.*

Folgende Einwände können erhoben werden: An Stelle der ständigen, minimalen Veränderungen in der Erbanlage, genetisch wirksam in einem Zeitraum von Jahrtausenden, könnte eine ungewöhnlich starke Mutation *innerhalb einer Generation* eine prägende genetische Anomalie auslösen. Zum Beispiel könnte das Gen, verantwortlich für die Steuerung der Fabstoffbildung in der Haut, nur schwach oder gar nicht angelegt worden sein, ein Konstruktionsfehler vielleicht, ausgelöst durch ein Virus. Im Extremfall entsteht dann ein Albino, zum Beispiel ein weißes Rentier oder ein weißer indischer Tiger. Vermehren können sich diese Tiere nur in der Obhut des Menschen. In der freien Wildbahn würde das Darwinsche Gesetz eine Weitergabe der Erbanlage verhindern. Das weiße Rentier würde auffallen und gefressen. Der weiße Tiger würde verhungern.

Wer trotzdem überlebt, kann aus mathematischen Gründen nicht Urvater einer hellhäutigen Rasse werden. Ein einzelnes, zufällig ›pigmentarmes‹ Gen wird genetisch belanglos in einer Gruppe von 1000 Personen, die alle ein ›pigmentreiches‹ Gen führen.

Es kann ferner eingewendet werden, daß nach der Vitamin D-Hypothese eine Besiedlung der Arktis unmöglich sein müßte. Es gibt keine blonden Eskimos. Es leben dort Menschen mit dunklen Haaren und braunen Augen – Menschen, die offensichtlich auf die fehlende UV-Strahlung nicht mit einer genetischen Depigmentierung reagieren mußten. Eine mögliche Erklärung für die Besiedlung der Arktis bietet die Ernährung. Die Nahrung der Eskimos enthält reichlich Vitamin D, zum Beispiel Fischleber. (Der Lebertran als Rachitisschutz für unsere Kinder.) Bei den Lappen und den Bewohnern Sibiriens muß ferner berücksichtigt werden, daß sie zunächst keine Eiszeitjäger waren, sondern als Wanderhirten später eingewandert sind. Sie sind keine reinen Jäger, sondern Jägernomaden. Sie haben bereits Rentiere domestiziert und damit Milch für ihre Kleinkinder zur Verfügung. Ob die Eiszeitjäger bereits domestizierte Tiere hatten, wissen wir nicht.

Rassenbildung und geographische Isolierung

Neben einem lang anhaltenden Selektionsdruck, ausgelöst durch die Rachitis, ist noch ein zweiter Faktor für eine Rassenbildung zwingend notwendig.

Die Bevölkerung in dem an UV-Licht armen Norden muß über Jahrtausende isoliert gelebt haben.

Es dürfen über Jahrtausende keine Fremden eingewandert sein, denn jeder, der aus einem Gebiet südlich des 56. Breitengrades einwandert, kommt aus einem Gebiet mit stärkerer UV-Strahlung, aus einem sonnigeren Gebiet mit weniger Nebel und Wolken. Das heißt, jeder Fremde ist mehr oder weniger dunkler, ist stärker pigmentiert. Die genetischen Folgen einer Einwanderung liegen auf der Hand. Durch Vermischung würde, je nach Stärke der Einwanderung, aus ›blond‹ braun. (Eine biologische Konsequenz, die bei der Besprechung der Indogermanen eine, wie ich meine, entscheidende Rolle spielen wird; siehe unten.)

Die Auswirkungen einer genetischen Vermischung werden im Mittelmeerraum deutlich. Im verkehrsoffenen Mittelmeer kann lokal begrenzt keine spezielle sizilianische oder algerische Rasse entstehen. Die Vermischung der Gruppen, bedingt durch Handel, Krieg und Sklaverei, bewirkt auf die Dauer einen genetischen Mittelwert. Es entsteht eine hellbraune mediterrane Rasse.

Auf die Notwendigkeit der genetischen Isolation wurde bereits von Kossinna (1902) in der Diskussion über die fragliche Urheimat der Indogermanen hingewiesen. Er bezweifelt die Möglichkeit der Rassenbildung in Europa:

»Rassenbildungen gehören in eine Zeit, die in Europa, wenn nicht vor, so doch spätestens innerhalb der paläolithischen (altsteinzeitlichen) Periode liegt. Rassenbildung bedingt eine strenge Abgeschiedenheit der Bevölkerung.«

Es stellt sich demnach die Frage, ob es in Europa der frühen Steinzeit ein solches isoliertes Gebiet gegeben hat. Auf eine noch viel frühere Möglichkeit der Isolation im westlichen und nördlichen Europa weist Horken (1996) hin. Einen verdeckten Hinweis gibt die bereits besprochene Wanderung der Rentierjäger zum Ende der letzten Eiszeit.

Durch die Erwärmung am Ende der letzten Eiszeit wird eine große Wanderung von Süd nach Nord ausgelöst. Die eiszeitlichen Tierherden und die Jäger folgen der nach Norden langsam zurückweichenden Tundra. Am Ende ihrer Wanderung stehen sie an einer Küste. Der neue Lebensraum der Eiszeitjäger ist, im Bereich der westlichen Ostsee, in Nord, Ost und West von einem Meer umgeben. Tier und Mensch können nicht weiter. Zurück können sie auch nicht. Nach Süden erstreckt sich, um 5 000 v.Chr., ein Eichenmischwald bis zu den Alpen. Sicherlich nicht undurchdringlich, aber für Jäger und Tiere der offenen Tundra lebensfeindlich. Zusätzlich behindern das Deutsche Mittelgebirge und in der Norddeutschen Tiefebene ausgedehnte Sümpfe und Moore den Kontakt zu benachbarten Gruppen, zum Beispiel im Donaugebiet. Das heißt, das Siedlungsgebiet im Umfeld der westlichen Ostsee wird für die ehemaligen Rentierjäger zur *geographischen Falle.* Sie geraten in eine Isolierung, die vermutlich über Jahrtausende anhält. Diese geographische Isolierung wird im Laufe der Jahrtausende Kultur und Rasse der ›Isolierten‹ prägen (siehe unten).

Zusammengefaßt sind es drei Faktoren, die dieses steinzeitliche Gebiet (9000 bis 3000 v.Chr.) kennzeichnen:

1. Es ist ein Siedlungsgebiet im äußersten Norden, für damalige Zeiten ›am Ende der Welt‹ (auf gleicher Breite wie Kamtschatka!).
2. Die nördliche Lage wird erträglich durch den Golfstrom; durch den Westwind, der die feuchtwarme Seeluft nach Osten drängt.
3. Das Gebiet wird überwiegend durch Meeresküsten begrenzt. Nach einer höchstens 40 km langen Wanderung erreichen die Bewohner immer das Meer.

Beschreibungen dieses Gebietes gibt es erst später zur Zeit der Römer, unter anderem von Tacitus. Davor liegt eine bemerkenswerte Beschreibung eines nördlichen Landes durch Homer (800 v.Chr. ?). Es ist das Land der sagenhaften Phäaken, das Homer in seiner *Odyssee* ausführlich behandelt. (*Od.* 6/200 ff.) Homer berichtet:

Odysseus wird während eines Sturmes als Schiffbrüchiger im Land der Phäaken ans Ufer geworfen. Er fällt erschöpft in einen tiefen Schlaf. Am nächsten Morgen kommt Nausikaa, die schöne

Tochter des Königs, um mit ihren Mägden am Fluß Wäsche zu waschen. Odysseus erwacht, verläßt sein Versteck und bittet um Hilfe. Die Mägde laufen schreiend davon. Odysseus war nur spärlich bekleidet. »Ich würde mich schämen, nackend zu stehen, in Gegenwart schönlockiger Jungfrauen«. Nausikaa ruft die Jungfrauen zurück.

»Dirnen steht mir doch still! Wo flieht ihr hin vor dem Manne?
Meint ihr etwa, er komme zu uns in feindlicher Absicht?
Wahrlich der lebt noch nicht und wird niemals geboren,
Welcher käm' ins Land der phäakischen Männer in Feindschaft,
Unsere Ruhe zu stören; denn sehr geliebt von den Göttern,
Wohnen wir abgesondert im wogenrauschenden Meere
Am Ende der Welt und haben mit keinem Gemeinschaft.« (Voß)

Diese Schilderung eines Wohngebietes würde zum Siedlungsgebiet der westlichen Ostsee passen. Es paßt zusätzlich, daß Odysseus ein geographisch isoliertes Küstenland mit günstigem Klima betritt, denn

»*der täglich und stündlich wehende Westwind (im Lande der Phäaken) läßt ja die Früchte hier wachsen, dort reifen*«. (7/119).

Homer verweist mit Recht auf die Bedeutung des Westwindes bei der Beschreibung des isolierten Landes, denn dieser Westwind war und ist eine wesentliche Voraussetzung für das Leben in diesem, für damalige Zeiten extrem nördlichen Gebiet. Es ist der Westwind, der die milde Luft des Golfstromes und den Regen in dieses ›von Göttern geliebte‹ Gebiet leitet. *Ohne Westwind wäre Dänemark heute ein ›Weideland‹ für Elche.* (Der Hinweis auf den milden Westwind bei Homer erscheint mir so speziell und deshalb so bedeutsam, daß er kaum zufällig entstanden sein kann.)

Das Problem ist nun: Wo gibt es im Erfahrungsbereich eines Griechen um 800 v.Chr. ein Land, auf das die Beschreibung der Phäaken passen würde? Wo weht im Gebiet des Mittelmeeres und Vorderasiens »am Ende der Welt« ein relativ *konstanter* Westwind, der die Früchte reifen läßt? War das Land der Phäaken das sagenhafte ›Atlantis‹, wie Spanuth es vermutet? Waren die Phäaken die sagenhaften Hyperboreer, die über dem Boreas, dem Nordwind, wohnten, in dem Land, in dem später um das Jahr 1000 die seeverbundenen Wikinger lebten?

Diese Fragen erscheinen am Ende der Suche nach den Megalithikern wieder, wenn um 1100 v.Chr. die Dorer in Griechenland eindringen (siehe unten). Es ist dann die Frage zu klären, weshalb Homer um 800 v.Chr. eine detallierte Beschreibung eines Landes »am Ende der Welt« bietet, während Herodot, 400 Jahre *später*, über den Norden Europas keine Informationen erlangen kann:

»Über das Ende von Europa gegen Abend zu kann ich nichts mit Gewißheit sagen. Zum anderen habe ich, trotz aller Mühe, von keinem Augenzeugen erfahren können, wie das Meer beschaffen ist in jener Gegend von Europa.« (3/115)

Hatte Homer Informationen aus mykenischer Zeit vor 1200 v.Chr., die später während der ›dunklen‹ Zeit in Griechenland verlorengingen (siehe unten)?

Viehwirtschaft oder Ackerbau?

Vor diesem geographisch-klimatischen Hintergrund stellt sich die Frage, welche ›Kultur‹ sich in einem solchen über Jahrtausende isolierten Gebiet entwickeln konnte.

Eine Kultur oder eine Naturreligion entwickelt sich nicht zufällig. Die Kultur eines Siedlungsgebietes wird im wesentlichen geprägt von der möglichen Bodennutzung. In Ägypten und Mesopotamien ermöglichte der Getreideanbau die beste Nutzung des Bodens, in Japan der Reisanbau, bei den Steppenvölkern war es die Viehzucht. In jedem dieser Gebiete entstanden der Bodennutzung entsprechende Kulturen.

Naheliegend wäre demnach die Annahme, daß im Neolithikum im Gebiet der nördlichen Dolmenbauer eine Kultur entstand, die geprägt wurde von den damaligen Möglichkeiten zur Bodennutzung auf den dänischen Inseln. Guter Boden, ausreichend Niederschläge und ein feuchtmildes atlantisches Klima ermöglichten, theoretisch, die Ernährung einer zahlreichen Bevölkerung bereits in vorgeschichtlicher Zeit, *vorausgesetzt, die klimatischen Bedingungen und die Fruchtbarkeit des Bodens konnten ›optimal‹ genutzt werden.* Das Problem steckt im Wörtchen ›optimal‹.

Bei der Suche nach der ertragreichsten Nutzung des Bodens im Norden kann die Archäologie nur vage Hinweise geben. Die verhältnismäßig wenigen Funde aus dem vierten Jahrtausend reichen nicht aus, um eine ›Kultur‹ der Dolmenbauer zu beschreiben. Lediglich die auffallenden Megalithgräber mögen auf eine entwikkeltere Kultur hinweisen, wäre da nicht das archäologisch erkennbare, primitive Umfeld dieser Gräber: einfache Keramik und

Steinwerkzeuge. Bedenklich erscheint lediglich, daß in der Bronzezeit im fundarmen Norden ein abgeschlossenes, dicht bevölkertes Siedlungsgebiet entstehen konnte. Weshalb?

Auf den ersten Blick vielleicht verwunderlich, aber eine *kulturprägende Besonderheit* könnten die Laubbäume im Gebiet der westlichen Ostsee gewesen sein. Laubbäume in diesem nördlichen Gebiet sind, bei näherer Betrachtung, ein kleines Wunder. Bedingt durch den klimatischen Einfluß des Golfstromes wachsen Laubbäume auf der Erde entlang des 56. Breitengrades nur im Gebiet der westlichen Ostsee, in Südschweden und Südschottland. Die extrem nördliche Lage dieser Laubwälder wird anschaulich, wenn man sich vorstellt, die Buche würde in Neufundland oder in Kamschatka in Sibirien angepflanzt. Auf geographisch gleicher Breite wie Dänemark wächst im benachbarten Baltikum ein boraler Nadelwald, durchsetzt mit Birken, ein Wald, in dem als Weidetier nur der Elch sich wohlfühlen kann. Nur 1000 km weiter westlich entsteht auf gleicher Breite, in Dänemark und Schleswig-Holstein, ein Laubmischwald aus Hasel, Eiche, Linde, Ulme und später auch Buche. Das heißt: In der Steinzeit konnte der Laubwald im klimatisch begünstigten, ›extrem‹ nördlichen Dolmengebiet offensichtlich gut gedeihen. Man weiß nicht, wie dieser nördlichste Laubwald der Erde im vierten Jahrtausend tatsächlich ausgesehen hat. War es ein lebensfeindlich dichter Urwald, oder war es ein offener Wald mit freien Weideflächen?

Es gibt aber einen weiterführenden Hinweis, der vielleicht auf die richtige Spur führt. Im nördlichen Dolmengebiet könnten sich im fünften Jahrtausend (?) große Rinderherden gebildet haben. Obwohl archäologisch bislang nicht nachweisbar, sind zumindest die Voraussetzungen für eine solche Entwicklung im Norden gegeben:

1. Das großflächig reichliche Angebot von Futter ermöglicht es Weidetieren, in größeren Herden zusammenzubleiben. Auf den fruchtbaren Böden ist genügend Futter vorhanden, auch für den fressenden Nachbarn, nur wenige Meter entfernt. Das heißt, die Tiere können eine *schützende Herde* bilden.
2. Eine weitere Voraussetzung für die Bildung von großen Herden ist, neben dem fuchtbaren Boden, ein Gelände, das *großflächig* beweidet werden kann. Große Herden brauchen großen Platz. Das Deutsche Mittelgebirge oder die von Sümpfen und Seen gestaltete Norddeutsche Tiefebene zwingt große Herden, sich aufzuteilen. Der Schutz geht verloren.

Das Problem: Rinder fressen nicht nur Gras. Sie fressen mit Vorliebe auch Blätter, das heißt, *die Blätter der Laubbäume im Gebiet der nördlichen Dolmen waren Futter für Weidetiere.*

Wenn diese Annahme stimmt, dann könnte um 5000 v.Chr. im Gebiet der westlichen Ostsee ein biologischer Konkurrenzkampf zwischen Wald und Wild entstanden sein. Weidetiere verbeißen, besonders im Winter, die Jungbäume. Nach unseren heutigen Kenntnissen verliert ein Laubwald, wenn in fruchtbaren Ebenen sich *große Herden von Pflanzenfressern* bilden können.

Beispiele für dieses fatale Zusammentreffen von Pflanzenfressern und Laubwald gibt es heute noch: die baumarme nordamerikanische Prärie mit ehemals riesigen Büffelherden oder die Weideflächen der ostafrikanischen Serengeti mit den Herden von Gnus, Zebras und Antilopen. Trotz guter Voraussetzungen wie fruchtbarem Boden und ausreichender Feuchtigkeit entstand in diesen Gebieten kein flächendeckender Wald. Nur gelegentlich steht auf den großen Weideflächen ein Baum.

Der Konkurrenzkampf zwischen Pflanze und Tier gefährdet heute noch unsere einheimischen Laubwälder. Neue Anpflanzungen müssen eingezäunt werden, wenn der Wildbesatz in den Wäldern zu groß wird. Der entstehende Schaden rechnet sich für die Forstwirtschaft. Die Zahl von Hirsch, Reh und Wildschwein muß, stellvertretend für fehlende Raubtiere, durch Abschuß geregelt werden.

Für die Entwicklung der Kultur im Norden könnten Rinder letztendlich die entscheidende Rolle gespielt haben. Bedingt durch Klima und Bodengüte wäre es möglich, daß Rinder und die entsprechende Waldweide, *von Anbeginn,* die Entwicklung im Norden geprägt haben. Es entstand dann kein undurchdringlicher, lebensfeindlicher Urwald, sondern ein mehr oder weniger freies Weidegebiet.

Vieles in diesen Überlegungen kann nur vermutet werden, aber *eine* Annahme ist beweisbar. Dänemark ist heute ein Land in Europa mit optimalen Voraussetzungen für die Viehwirtschaft: guter Boden, große Flächen, mildes Westwindklima. Alles ist seit 5000 Jahren unverändert, lediglich das Klima ist um 2 bis 3 Grad kälter geworden. Die Lebensbedingungen für Rinder müßten demnach im nördlichen Dolmengebiet im vierten Jahrtausend vergleichbar den heutigen natürlichen Bedingungen in Dänemark gewesen sein. Das würde aber bedeuten, daß die Rinderhirten bereits vor 5000

Jahren ›dänische‹ Möglichkeiten der Viehhaltung nutzen konnten. Optimale Bedingungen!

Das Überleben der Rinderhirten hängt wesentlich von der Milchleistung der Kühe ab. Solange es der Kuh gut geht, hungert niemand. Eine erste mögliche Erklärung für die Symbolbedeutung des Rinderhorns auf der Abb. 1 bietet sich an.

Archäologische Hinweise zur Viehwirtschaft

Archäologisch beweisbar ist im Norden die Annahme einer flächendeckenden Waldweide durch Rinderherden bis ca. 3000 v.Chr. nicht. Die spärlichen Funde in Dänemark, Südschweden und Schleswig-Holstein geben keine sicheren Hinweise. Später, im Mittelneolithikum, verbessert sich die Beweislage.

»Um etwa 2300 bis 1800 v.u.Z. konnte im Polleninhalt der Moore keine eigentliche Veränderung in der Zusammensetzung des Eichenmischwaldes festgestellt werden, wohl aber eine kräftige Expansion solcher Kräuter, die zu einer offenen Graslandschaft gehören, u.a. Großer Wegerich und Weißklee. Das deutet auf das Bestehen von weitgestreckten Weideflächen mit frei umherziehendem Vieh.« (Bröndsted 1960)

»Ob ein durch Mooruntersuchungen erschlossenes Zurückdrängen des Waldes auf planmäßige Rodung zurückgeht oder durch Einwirkung intensiver Waldbeweidung mit Großvieh oder Schafherden erklärt werden muß, steht noch dahin. Mit Sicherheit lassen sich in der älteren Bronzezeit Heideflächen auf dem sandigen Mittelrücken nachweisen.« (Jankuhn 1957)

Auch für die Bronzezeit wird noch angenommen, daß durch Rodung und Waldweide, zumindest auf den Sandergebieten, vorwiegend eine *Parklandschaft mit Wiesenuntergrund* entstand. (Struve 1971) Da der starke Rückgang des Laubwaldes nicht einer erkennbaren Klimaveränderung zugeschrieben werden kann, müßte er als Eingriff des Menschen und der Rinder in die Natur gedeutet werden. Für die Rinder spricht auch, daß aus archäologischer Sicht vorwiegend die Viehhaltung, und nicht der Ackerbau die Siedlungsentwicklung bestimmte. (Stenberger 1977)

Die Vermutungen einer vornehmlich viehwirtschaftlich ausgerichteten Gesellschaft im Norden paßt zur Beschreibung, die Tacitus 1500 Jahre später in seiner *Germania* über die Viehwirtschaft der Germanen gegeben hat.

» (5) Die Germanen freuen sich, wenn sie viel Vieh haben, und das ist ihr einziger und der ihnen willkommenste Reichtum. (6) Denn sie ringen nicht in mühevoller Arbeit um die Fruchtbarkeit und den Umfang ihrer Ländereien. Sie verlangen vom Boden nur, daß er die Getreidesaat aufgehen läßt.«

Eine Abneigung der Germanen gegen mühsame Feldarbeit beschreibt auch Caesar in seinem *De Bello Gallico*. Er meint, daß die Germanen »agriculturae non student«. Sie kümmern sich *nicht mit Eifer* um den Ackerbau.

Diese Geringschätzung des Ackerbaues und der mangelnde Arbeitseifer auf den Feldern des Nordens haben einen guten Grund. *Der Ackerbau lohnte sich im Norden nicht.* Noch in der Bronzezeit kann die Viehwirtschaft in Dänemark pro Hektar mehr Menschen ernähren als der Ackerbau. In einer Analyse von Poulsen (1983) wird die Ertragskraft der dänischen Böden in der Bronzezeit geschätzt:

Zu klären war die Frage: »Wieviel Rinder bzw. wieviel Hektar Land braucht eine Familie von zwei Erwachsenen und vier Kindern zum Überleben?« (Bei der Viehhaltung ist, nach den Knochenfunden der Wohnplätze zu urteilen, das Rind das vorherrschende Haustier in der Bronzezeit gewesen.)

Eine einfache Rechnung: Das Fleisch eines Rindes liefert in der Bronzezeit 220 000, die Milch einer Kuh 500 000 Kalorien pro Jahr. (Poulsen) Das heißt: Solange es den Kühen gut geht, braucht niemand in der Sippe zu hungern. Naheliegend dann die Annahme, daß nicht der Ackerbau, sondern *die Kuh mit ihrer Milch im Mittelpunkt der kulturellen Entwicklung eines Volkes von Rinderhirten stand,* zumindest während der Stein- und frühen Bronzezeit.

Ertrag von Ackerbau und Viehwirtschaft in Dänemark (Bronzezeit)

	Personen/100 Hektar	
integrierte Gemischtwirtschaft	6,4	(1,9)
nur Viehhaltung	4,9	(1,4)
nur Getreideanbau	2,1	(0,7)

Tab. 1 *Anzahl der Personen, die in der Bronzezeit in Dänemark auf einem Gebiet von 100 Hektar leben konnten. Die besten Erträge wurden erwirtschaftet in einem gemischten Betrieb mit Vieh und Getreideanbau. In Klammern, die Anzahl der Personen, die auf Sandböden oder in Feuchtgebieten siedeln konnten. (Poulsen 1983) Das heißt: Auf Seeland, der größten dänischen Insel mit 7400 qkm könnten rund 35 000 Menschen von der Viehzucht gelebt haben.*

Offenkundig erscheint demnach, daß diese Rinderhirten im Norden keine Anregungen aus den Hochkulturen des Südens benötigten, Anregungen, die es ihnen ermöglichten, ›endlich‹ den kulturprägenden Ackerbau zu betreiben. Nicht Unwissen, sondern der klimatisch bedingte, im Verhältnis zur Viehhaltung geringe Ertrag kann die Geringschätzung der Arbeit auf den Feldern erklären. Solange nicht der Hunger eine wachsende Bevölkerung zum zusätzlichen Ackerbau zwingt, sehe ich keinen Grund, weshalb freie Rinderhirten *freiwillig* Landarbeit verrichten sollen. Für die mühseligere Bestellung der Felder verwendet man, zumindest in Hochkulturen, Untergebene, Leibeigene und Sklaven, und diese gab es vermutlich im isolierten Norden zu dieser Zeit noch nicht in ›kulturprägender‹ Zahl.

Die anfangs gestellte Frage, warum im Laufe von Jahrtausenden aus dem Gebiet des extremen Nordens ein bevorzugter, dicht besiedelter Siedlungsraum werden konnte, kann mit dem Hinweis auf die optimalen Bedingungen für eine Viehwirtschaft in diesem Gebiet beantwortet werden.

Holz als Rohstoff

Neben dem Rind und der Milch müßte das Holz im Norden eine kulturprägende Rolle gespielt haben. Bedingt durch den nördlichen Winter, sind die Lebensbedingungen im Gebiet der nördlichen Dolmen, verglichen mit dem Mittelmeergebiet, hart. Ein vom Süden heranwachsender Urwald behindert ein Ausweichen der Rentierjäger nach Süden während des Winters, das heißt, der Jäger muß versuchen zu überwintern. Er braucht eine winterfeste Behausung. Er wird damit vom Klima gezwungen, Techniken zur Holzbearbeitung zu entwickeln, denn nur wer den Baum fällen kann, kann Wohngruben verlassen und winterfeste Behausungen aus Holz errichten. Ein Ausweichen in Höhlen wie in Spanien und Südfrankreich ist nicht mehr möglich. Höhlen gibt es nicht. Demnach wird im nördlichen Dolmengebiet ein ständiger Anreiz erkennbar, nach Werkzeugen zu suchen, die für die Holzbearbeitung geeignet erscheinen, ein kulturelles Bemühen, diktiert von einer Notwendigkeit.

Als Folge einer ständigen Suche nach verbesserten Äxten sind im Norden alle technischen Entwicklungsstufen im Laufe von 2 000 Jahren nachzuweisen. (Much 1907) Vom roh zugeschlagenen Stein über die geschliffene und polierte Schaftlochaxt aus Stein und Flint bis zur technisch vollkommenen Bronzeaxt läßt sich die Entwicklung der Werkzeuge im Norden nachweisen. (Eine lückenlose technische Entwicklung, deren Nachweis im Gebiet der Hochkulturen nicht gelingt; siehe unten.)

Günstig sind im Norden auch die Voraussetzungen zur Entwicklung von Geräten aus hartem Flintstein, der im Norden Jütlands im Bergbau gewonnen wurde. Es hat in der Steinzeit einen Untertagebetrieb zur bergmännischen Gewinnung von frischem Flint gegeben. Es lassen sich heute noch 20 m tiefe Stollen nachweisen. (Jankuhn 1969)

Neben den Werkzeugen zur Bearbeitung von Holz gibt es eine zweite Besonderheit, die bei der weiteren Suche nach den Spuren der Megalithiker eine Rolle spielen wird: der nordische Hausbau. Wenn Häuser aus Baumstämmen gebaut werden, dann entstehen Häuser mit einem *rechteckigen Grundriß*. Das rechteckige Haus entsteht zwangsläufig, weil es technisch unsinnig erscheint, mit langen Baumstämmen eine runde oder ovale Blockhütte zu bauen. Auch Palisadenwände mit Flechtwerk und Lehm müssen zweckmäßig im Rechteck erstellt werden, wenn das Dach mit geraden Balken gedeckt wird.

Diese rechteckig-nordische Holzbauweise unterscheidet sich deutlich von der Bauweise im Süden. Im waldarmen Mittelmeergebiet werden im Neolithikum die Mauern aus lose geschichteten Bruchsteinen errichtet, oder es wird Flechtwerk mit Lehm verfüllt. Gebaut wird im Süden in der Regel auf einem ovalen oder runden Grundriß. Die dadurch entstehende gebogene Außenwand bietet einen besseren statischen Schutz gegenüber einem Druck von außen als eine *gerade Wand*. (Um 3000 v.Chr. werden in Ägypten die ersten geraden Lehmziegelmauern nachweisbar.) Im regenreichen Norden muß auch das Dach dem feuchten Wetter angepaßt werden. Es entsteht ein schräges Ablaufdach oder ein Giebeldach – eine Dachform, die sich deutlich vom typischen Flachdach im Mittelmeerraum unterscheidet. Wenn die rechteckige Bauform mit Giebeldach im Mittelmeergebiet, unter anderem in Byblos, auftaucht, kann ein Zusammenhang mit dem Norden vermutet werden (siehe unten).

Man könnte versuchen, mit Rindern, Milch und Holz die Grundlage einer megalithischen Kultur zu erdenken, aber bei dem Mangel an archäologischen Hinweisen sind der Phantasie enge Grenzen gesetzt. Keine Schrift, fraglicher Ackerbau, keine Städte, keine Paläste, keine erkennbare Infrastruktur. Wie soll vor einem solch dürftigen archäologischen Hintergrund eine megalithische Kultur aussehen, die zudem, aus der Sicht des Autors, auch noch die Hochkulturen in Ägypten und Sumer begründete? Gleich, wie stark man seine Phantasie bemüht, es wird kaum gelingen, glaubhaft eine Nordkultur zu erdenken, ebenbürtig den orientalischen Hochkulturen. Trotzdem scheint etwas nicht zu stimmen.

Eine bedenkliche Schieflage des Bildes einer vermeintlich rückständigen, primitiven Nordkultur im vierten Jahrtausend wird erkennbar in Stonehenge, einer megalithischen ›Sternwarte‹ in Südengland, die um 3000 v.Chr. begonnen wurde. Berühmt wurde die Anlage durch seine fünf Trilithen, die in Hufeisenform um 1500 v.Chr. aufgestellt wurden. Der Steinbruch, aus dem die bis zu 50 Tonnen schweren und 8 Meter hohen Tragsteine stammen, liegt fast 230 km entfernt an der walisischen Küste. Zur Aufstellung benötigte man schätzungsweise 800 Mann. (Müller 1979) Es entstand in Stonehenge ein megalithisches Kulturzentrum.

Die Anfänge von Stonehenge I liegen vermutlich am Ende des 4. Jahrtausends. Ein Ringgraben von 100 m Durchmesser stammt aus dieser Zeit. Als einzige Einrichtung in diesem Ring entdeckte man einen kleineren Kreis von 76 m im Durchmesser, der aus 56 in regelmäßigen Abständen gezogenen Gräben/Löchern gebildet wurde. Diese 56 Löcher sind Teil der ›Rechenanlage‹. Stonehenge wurde ohne erkennbare Unterbrechung mehr als 2000 Jahre lang benutzt. Demnach müssen lang fortdauernde Machtstrukturen vorhanden gewesen sein.

Hawkins (1963) hat in einer viel zitierten und kritisierten Arbeit (Castleden 1993) versucht, die Steinsetzungen in Stonehenge als Kalender zu entziffern. Im Mittelpunkt der Überlegungen standen die Sonne und der Mond.

Verhältnismäßig einfach ist der ›experimentelle‹ Umgang mit der Sonne. Die Sonne erscheint über einem einzeln stehenden Meßstein zur Sommersonnenwende – für den Betrachter eine einfache Meßmethode. Man wartet, bis die Sonne ihren nördlichsten

Punkt am Horizont erreicht hat, und setzt dann in Richtung zum Sonnenaufgang einen Stein, den ›Heelstein‹. Die Megalithiker kannten damit den Zeitpunkt der Sommersonnenwende.

Abb. 3 *Stonehenge.*

Im Gegensatz zur einfach erscheinenden Bahn der Sonne sind die Bahn und die ständig wechselnde Form des Mondes für den unkundigen Betrachter voller Rätsel. Die Megalithiker haben trotzdem versucht, die Gesetze der Mondbahn zu ergründen. In Stonehenge beobachtete man den Punkt am Horizont, an dem der Mond erschien, und stellte fest, daß der Mond im Laufe der Jahre eine Pendelbewegung von 10 Grad ausführte. Den nördlichen bzw. südlichen Eckpunkt dieser Pendelbewegung am Horizont erreicht der Mond (nach heutigen Messungen) immer nach 9 305 Jahren. Das heißt: Nach abgerundet 19 Jahren erschien den Megalithikern in Stonehenge der Mond wieder an der gleichen Stelle am Horizont. Hawkins geht davon aus, daß auf Grund bestimmter Steinsetzungen dieser 19jährige Rhythmus den Stonehengern bekannt war. Diskutiert wird auch, ob bereits Voraussagen zur Sonnen- und Mondfinsternis möglich waren.

Der religiöse Hintergrund dieser Messungen scheint das Bemühen gewesen zu sein, den Lauf der Sonne mit dem Lauf des Mondes *zeitlich zu verknüpfen*, das heißt, einen Zeitpunkt zu erfassen, an dem Mond und Sonne möglichst gleichzeitig an ihrem höchsten Wendepunkt am Horizont erscheinen. Die Megalithiker beobachteten, daß diese ›Gleichstellung‹ von Sonne und Mond nach jeweils 19 Jahren zu beobachten war. Sie entdeckten ein *›gebundenes Mondjahr‹, ein Lunisolarjahr* mit der Dauer von etwa 19 Sonnenjahren.

Bemerkenswert ist, daß die Messungen der Stonehenger auch in der späteren Astronomie des Altertums nachweisbar werden. Der griechische Geschichtsschreiber Diodor von Sizilien (1. Jhd.

v.Chr.) beschreibt in seiner *Historischen Bibliothek* unter anderem die Völker, die von Griechenland nordwärts wohnen. Als nördlichstes Volk nennt er die Hyperboreer, die über dem Nordwind wohnen. (Ein Volk, das im folgenden noch öfter erwähnt wird.)

»Gesagt wird (von den Hyperboreern) auch, daß der Gott alle 19 Jahre die Insel besucht, in welcher Zeit sich die Ausgangsstellungen der Sterne wieder herstellen, weswegen der Zeitraum von 19 Jahren *Mentons Jahr* genannt wird.«) (Menton, griechischer Astronom 432 v.Chr.)

Es wird vermutet, daß der Bericht des Diodor sich auf Stonehenge bezieht, da er einen prächtigen, rundförmigen Tempel des Apolls bei den ›übernordischen‹ Hyperboreern erwähnt.

Dieser 19jährige Zyklus taucht später auch in Babylon und in China auf. Dadurch entsteht ein Datierungsproblem. Der Beginn der Beobachtungen der Megalithiker liegt um 3000 v.Chr. In Babylon ist zur Zeit des Hammurabi (um 1700 v.Chr.) ein Lunisolarjahr nachweisbar. Um 300 v.Chr. ist eine Berechnung, ähnlich dem Mentonischen Jahr, der Griechen bekannt. Auch bei den Chinesen läßt sich die Entwicklung ihres Kalenders zum 19jährigen Menton-Zyklus nachweisen. Man hat versucht, eine wechselseitige Beeinflussung der Kalender der Babylonier, Inder und Chinesen nachzuweisen. In welcher Richtung, Nord-Süd oder Süd-Nord, und in welchem Ausmaß eine solche Beeinflussung stattgefunden hat, ist aber noch ganz ungeklärt. (Brockhaus) Fest steht nur, daß die frühesten bisher bekannt gewordenen Messungen durch die Megalithiker in Stonehenge erfolgten.

Die Wörter ›*Sonne*‹, ›*Stern*‹ und ›*Mond*‹ sind in ihrem Ursprung *indogermanisch,* unter anderem werden diese Worte auch im Altindischen nachgewiesen. Vom ›Mond-Monat‹ ist das Wort ›messen‹ abgeleitet. (Kluge)

Unabhängig vom Ausgang weiterer Deutungsversuche ist in Stonehenge, Babylon und China zumindest ein vergleichbares Bemühen zu erkennen, den Lauf von Mond und Sonne miteinander zeitlich zu verknüpfen. Für die weitere Suche nach einer Erklärung gäbe es theoretisch zwei Zielrichtungen: Entweder der 19jährige Mondzyklus wurde *zufällig* in Stonehenge und *zufällig* später in China bestimmt, oder der ›Stonehengezyklus‹ gelangte, auf welchem Weg auch immer, von Stonehenge über Babylon nach China.

Bei Überlegungen zur Kulturentwicklung im Norden mahnt Stonehenge zur Vorsicht. Die Steinsetzungen passen nicht zur

Vorstellung eines unterentwickelten Kulturgebietes im Norden. Die Megalithiker bauten, aus welchen Gründen immer, keine Städte und Paläste. Sie bauten Stonehenge, um Sonne und Mond ›berechnen‹ zu können. Sie bemühten sich, wie später die Griechen, die Götter zu verstehen. Sie untermauerten ihre philosophischen Betrachtungen des Kosmos mit *Meßwerten*, gesammelt während vieler Generationen, eine ›evolutive‹ Denkweise, die später, nach 5 000 Jahren, zumindest im Norden zur Säkularisierung der Götter führen wird.

Newgrange

In der ›Nachbarschaft‹ von Stonehenge liegt in Irland Newgrange, ein Ganggrab, bedeckt unter einem großen Hügel mit einem

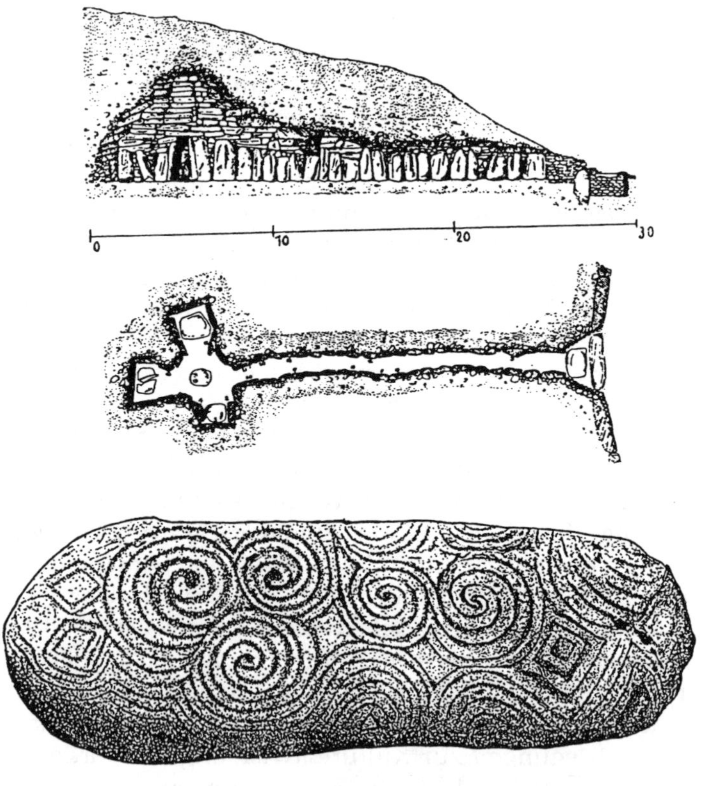

Abb. 4 *Querschnitt und Grundriß von Newgrange (Irland) mit vor dem Eingang liegendem Spiralstein. In jeder der drei Steinkammern steht auf dem Boden eine aus Stein gehauene, ovale Schale (1,10 m lang, 90 cm breit und 15–23 cm tiefe flache Schale. (Montelius)*

Durchmesser von 85 Metern und einer Höhe von heute 11 Metern. Der Hügel wird von einer Steinmauer eingefaßt. Vor dem Eingang liegt, zur Steinumfassung gehörig, ein reich mit Spiralmustern und Rautenfüllungen verzierter ›Türstein‹. (Abb. 4) Spiralmuster sind auch im Inneren der Anlage in die Steine geschlagen. Dieses in der Deutung weitgehend spekulative Spiralmuster wird neben den Stierhörnern zum ›Leitsymbol‹ bei der Suche nach den Megalithikern.

Bemerkenswert ist: Die Grab- und/oder Tempelanlage ist offensichtlich mit einem Sonnenkult verbunden, denn am 21. Dezember fallen die Sonnenstrahlen für etwa 15 Minuten auf die hinteren Steinplatten des Grabganges. (O´Kelly 1982) Das heißt: *Diese Anlage ist auf die Wintersonnenwende ausgerichtet.* Sie wäre demnach, wie Stonehenge, eine Kultstätte zur Verehrung der Sonne, errichtet um 3200 v.Chr.

Hawkins hat im Zusammenhang mit seinen Untersuchungen von Stonehenge auch Messungen in Ägypten durchgeführt. Bemerkenswert ist, daß der große Tempel von Amon-Re in Karnak, Luxor, in Ägypten um 1070 v. Chr. mit seiner Mittelachse exakt wie Newgrange auf die Wintersonnenwende ausgerichtet ist. (Azimut 119°)

Zur vermuteten Sozialstruktur von Jägernomaden im Norden

Auf Grund der bisher vorgelegten Überlegungen wird im folgenden davon ausgegangen, daß im Gebiet der nördlichen Dolmen (Südschweden, die dänischen Inseln, Jütland, Mecklenburg) Rinderhirten gelebt haben. Aus biologischen Gründen (blonde Haare) erscheint die Annahme zwingend, daß ihr Siedlungsgebiet über Jahrtausende von der übrigen Welt getrennt war, denn sie »wohnen abgesondert im wogenrauschenden Meer, am Ende der Welt und haben mit niemandem Gemeinschaft«.

Es bleibt dann die Frage, welche sozialen Strukturen sich unter den angenommenen ökonomischen Bedingungen im isolierten Norden entwickelten. Unmittelbare Hinweise auf die Sozialstruktur im vierten Jahrtausend gibt es im Norden nicht, das heißt, es bleibt nur die Spekulation. Folgende Entwicklung wäre zumindest denkbar.

Der isoliert im Gebiet der westlichen Ostsee lebende Rentierjäger kann seine Mythen, seine sittlichen Vorstellungen und die Wertmaßstäbe seiner Ahnen unbeeinflußt von außen über Jahrtausende beibehalten. Seine Lebenserfahrungen verändern sich nicht grundsätzlich, wenn im Laufe der Zeiten aus dem Rentierjäger ein Rinderhirte wird. Der Mittelpunkt des täglichen Lebens bleibt das Tier. Solange ausreichend Großwild oder Rinder vorhanden sind, entsteht für den Jägernomaden im vierten Jahrtausend keine erkennbare Notwendigkeit, seine in Tausenden von Jahren entwickelte Lebensweise zu ändern. Er muß seine Lebensweise erst verändern, wenn die traditionelle Viehwirtschaft eine wachsende Bevölkerung nicht mehr ernährt, wenn Hunger einen zusätzlichen, den mühseligeren Ackerbau erzwingt. Zumindest im vierten Jahrtausend v.Chr. erscheint Ackerbau, aus naheliegenden klimatischen Gründen, für die Ernährung im Norden noch als Methode zweiter Wahl.

Die Rinderhirten (Familien und später die Sippen) sind wirtschaftlich autark. Alles, was benötigt wird, kann selbst hergestellt werden. Der Handel hält sich deshalb in engen Grenzen, und die Notwendigkeit, eine Schrift zu entwickeln, entsteht nicht, da Handelsware oder Steuereinkünfte nicht schriftlich verwaltet zu werden brauchen. Es ist die wirtschaftliche Unabhängigkeit, das heißt, es sind praktische Gründe, die eine Notwendigkeit zur Entwicklung einer Schrift nicht aufkommen lassen.

Unbekannt ist, ob die Rinderhirten in ihrem ›Holzland‹ für ihre Runen vielleicht Holztafeln, die schnell verrotteten, verwendeten. Bei den Hethitern gab es den Berufsstand des ›Holzschreibers‹. (Knittel) Schriften auf Holz sind aber nicht überliefert. Angenommen, die Hethiter hätten nur auf Holz geschrieben, wären sie dann ›schriftlos‹?

Ein Gedankenexperiment sei erlaubt: Angenommen, eine Heldensage wie das *Gilgamesch-Epos* (S. 186 ff.) wird um 2500 v.Chr. im fernen Sumer und im Norden erzählt. Die Sumerer schrieben auf unvergänglichen Tontafeln. In Sumer wird das *Gilgamesch-Epos* aufgeschrieben und später von den Archäologen in Bruchstücken gefunden. Im Norden erlischt das Epos irgendwann mit dem letzten Sänger. Kultur wäre, in diesem Fall, eine Sache des Protokolls. Im Norden nichts, in Sumer das erste Epos der Menschheit.

Wenn die Jagd jahrtausendelang das soziale Verhalten der Jäger bestimmt, dann kann Gemeinsinn, der über die Familie, Gruppe oder Sippe hinausgeht, sich kaum entwickeln. Jeder Nachbar, der nicht zur Gruppe gehört, stört. Man lebt in der Gruppe mit den Tieren, nicht im Dorf. Dieses überlieferte Verhalten, nicht mit anderen in größeren Gemeinschaften zu leben, hat sich im Norden bis in historische Zeiten erhalten. Tacitus schildert in seiner *Germania* (16) ein solches Siedlungsverhalten:

»Es ist allgemein bekannt, daß die Germanenstämme nicht in Städten leben, ja überhaupt nichts von untereinander verbundenen Wohnsitzen wissen wollen; sie siedeln in einzelnen, weit abliegenden Gehöften, je nachdem, wie ihnen ein Quell, ein Feld oder Hain gefällt.«

Dieses Wohnverhalten würde auch den Mangel an archäologischen Siedlungsspuren erklären. Steinbrüche, die Material für dauerhafte Gebäude liefern könnten, gibt es im nördlichen Dolmengebiet nicht. In einem Waldgebiet werden Häuser aus Holz gebaut. Wenn sie anfangen zu verrotten, zieht man weiter und baut ein neues. (Dieser Steinmangel bedingt auch die spätere nordische Backsteingotik.)

Eine solche uralte Jägerkultur bedingt ein typisches Sozialverhalten, das sich deutlich von einer Ackerbaukultur unterscheiden müßte. Es ist eine historische Erfahrung, daß in einer im Ursprung friedlichen Agrargesellschaft letztendlich die bestimmen, die mit körperlicher Gewalt den Friedfertigen ihren Willen aufzwingen. Die historischen Beispiele zeigen unter anderem in Ägypten und Sumer, daß eine ursprüngliche Agrargesellschaft im Laufe ihrer Entwicklung *immer* in eine Klassengesellschhaft umgeformt wird, an deren Spitze die Waffenträger und Priester stehen.

Diese durch den Ackerbau begründete kulturelle Gesetzmäßigkeit der antiken Hochkulturen kann nicht für eine Gemeinschaft gelten, die, geographisch jahrtausendelang isoliert, nur aus Waffenträgern, nur aus Jägern besteht. Die entstehende, durch die Isolation geförderte Problematik ist erkennbar. Wenn es aus geographischen Gründen keine erreichbaren Nachbarn gibt (Meeresküsten, Norddeutsche Tiefebene!), wer soll dann unterworfen werden? Wenn im Krieg keine Sklaven erbeutet werden können, wer soll dann die mühselige Bestellung der Felder besorgen, Paläste oder Pyramiden bauen?

So einfach, wie die Streitkultur in einer Agrargesellschaft erscheint, hier der Krieger, dort der Bauer, so schwierig erscheint die Streitkultur von Rentierjägern, die im Laufe der Zeit zu Rinderhirten wurden.

Das Überleben in einer ursprünglich von der Jagd geprägten Gesellschaft hängt von dem Mut, der körperlichen Kraft und der psychischen Bereitwilligkeit zum Töten ab. Das notwendige Handwerkzeug ist nicht der Pflug oder Spaten, sondern die Waffe. Die sozialen Maßstäbe, die Achtung in der Gemeinschaft und das Selbstwertgefühl des Mannes wird durch Mut und Erfolg im Kampf bestimmt, kaum durch Fleiß und Ausdauer auf den Akkerfeldern. Friedfertigkeit kann in einer solchen kriegerischen Gesellschaft als Feigheit gedeutet werden. Die nordische Religion spiegelt diese Grundhaltung wider. In historischer Zeit gelangt zu Odin, wer im Kampf mit der Waffe in der Hand fällt. (siehe auch ›Gilgamesch‹, S. 186 ff.)

Das entstehende soziologische Problem liegt auf der Hand. Wer in einer waffentragenden Gesellschaft bei einem Streit nicht zur Waffe greift, erscheint als feige und damit als ehrlos. Niemand kann sich ohne Ehrverlust einem anderen unterordnen. Das Problem ist: Welche ›Regierungsform‹ entsteht unter solchen Verhältnissen?

Es muß sich, meiner Ansicht nach, in einer solchen Gesellschaft, wenn Mord und Totschlag in Grenzen gehalten werden sollen, eine Art demokratischer Struktur entwickeln. Wenn die geltende Sitte es einem Waffenträger nicht erlaubt, sich einem anderen zu unterwerfen, dann bleibt als Ordnungsfaktor nur das Gesetz. Nicht ein Gesetz eines absolutistischen Königs, sondern das Gesetz, das man selber mitgeschaffen hat und dem man sich *freiwillig* mit der Waffe in der Hand unterordnet, durch Abstimmung unter Gleichberechtigten. *Man gehorcht als freier Mann*. In historischer Zeit beschreibt Tacitus (11) die Grundzüge einer solchen Gesellschaftsstruktur bei den Germanen:

»Über geringfügigere Anläße beschließen die Gaufürsten alleine, über bedeutendere alle Gemeinfreien. . . Mißfällt der Menge die vorgetragene Ansicht, lehnt man sie durch Murren ab; gefällt sie ihnen, dann schlagen sie die Framen aneinander; die ehrenvollste Art der Zustimmung ist der mit Waffen gezollte Beifall. . . Es gibt überhaupt nichts im staatlichen oder persönlichen Bereich, was sie ohne Bewaffnung vollzögen. . . dann begeben sie sich an ihre Geschäfte, nicht weniger oft auch zu Gelagen, und zwar in Waffen.«

Tacitus beschreibt damit ein politisches ›Zweikammersystem‹ innerhalb einer Gemeinschaft von Gleichberechtigten. Die Führung wird von den Geführten kontrolliert. Im klassischen Sparta ist es die Versammlung der Älteren über 60 und die Versammlung der

Männer über 30 Jahren. Gemeinsam wird über Krieg und Frieden entschieden. Die Spartaner kämpften und starben an den Thermopylen, ›wie das Gesetz es befahl‹, nicht, wie der König es befahl.

Dies ist das System, das bei den Indogermanen verbreitet ist. Es ist im Ansatz nachweisbar bei den Hethitern (1700 v.Chr.), bei den klassischen Griechen, später bei den Römern und im 5. Jahrhundert v. Chr. in Mazedonien. (Die Entwicklung einer solchen ›urdemokratischen‹ Struktur ist in den hierarchisch gegliederten, auf Ackerbau gegründeten antiken Hochkulturen in Ägypten und Sumer kaum vorstellbar.)

Welche archäologischen Spuren hinterlassen Rinderhirten?

Wenn nach den bisherigen Überlegungen der Norden möglicherweise doch keine kulturelle ›empty wilderness‹ gewesen ist, dann bleibt trotzdem die Frage: »Warum findet man so wenig?« Die Archäologen finden im Gebiet der nördlichen Dolmenbauer im vierten Jahrtausend v.Chr. nur grobe Keramik und Werkzeug aus bearbeiteten Steinen. Weshalb gibt es, abgesehen von den Megalithgräbern, keine größeren Siedlungsspuren?

Ohne eine von Süd nach Nord gerichtete Kulturverbreitung weiter zu bemühen, gibt es drei Möglichkeiten, die *zusammen* die Fundarmut im Norden erklären könnten.

1. Der Mangel an Siedlungshinterlassenschaften kann nach Bröndsted bedeuten, »daß man abhängiger war vom Vieh und dessen Bedarf an Weidegründen als vom Boden und dessen ständiger Nutzung«. Rinderhirten benötigen keine Städte, keine Machtzentren.
2. Das nördliche Siedlungsgebiet ist ein Holzland. Gegenstände des täglichen Lebens werden aus Holz gefertigt, mit gutem Grund. Denn wenn ein Tongefäß bei einem Bauern bricht, dann kann der Inhalt aufgelesen werden, zum Beispiel Getreide, Brot oder getrocknetes Fleisch. Bei einem gleichen Mißgeschick ist bei einem Rinderhirten die Milch verloren. Flüssigkeit transportiert sich sicherer in Holzgefäßen oder Schläuchen. In Skandinavien ist die Verwendung von Holzgefäßen noch in historischer Zeit archäologisch nachgewiesen. Zum Erwärmen von Flüssigkeit wurden erhitzte Steine in ein Holzgefäß gelegt. Die sogenannten ›Kochsteine‹ wurden gefunden. Die gleiche Me-

thode wurde in prähistorischer Zeit auf Sardinien angewendet. Die Milch wurde in einem Behälter aus Kork oder einem ausgehöhlten Eichenstumpf durch hineingeworfene heiße Steine zum Sieden gebracht. (Sibylle von Reden) Für den Archäologen enttäuschend: Die Gebrauchsgegenstände der Rinderhirten verrotten schnell.

3. Überall auf der Welt sind umherziehende Nomaden ›berufsbedingt‹ kriegerische Gemeinschaften. (Tuaregs, Massai)

Vor diesem Hintergrund entsteht ein kulturell gewichtiges Problem: »Wie erhebt man Steuern von waffentragenden Raufbolden?« *Kulturell gewichtig, weil ohne Steuern eine archäologisch nachweisbare Hochkultur kaum gebaut werden kann.* Ein Vergleich von Nord und Süd zeigt die kulturellen Auswirkungen der unterschiedlichen ›Steuersysteme‹.

Im Orient entwickelten sich die Hochkulturen durch ein Zusammenwirken von machtbewußten Kriegern und einer großen Zahl von Unterworfenen. Deshalb konnten im Orient von einer herrschenden Oberschicht ausreichend hohe Abgaben und Dienstleistungen gefordert werden, ausreichend, um unter anderem die Pyramiden zu erbauen.

Ganz anders die Situation im Norden. Im Gegensatz zum Orient lebten im Norden keine Bauern, sondern relativ ›freie‹ Rinderhirten, isoliert am Ende der damaligen Welt, von denen später Tacitus (3) berichtet, daß »es nichts gibt im staatlichen und persönlichen Bereich, was sie ohne Bewaffnung vollzögen«. Wer will und kann bei solchen Leuten Steuern eintreiben? (Wenn im Norden etwas gebaut wird, dann vermutlich nur auf der Grundlage eines Gemeinschaftsbeschlusses.)

Unlösbare Probleme entstehen, wenn vor diesem Hintergrund das kulturtragende ›Krieger/Bauern-System‹ der orientalischen Hochkulturen auf den fundarmen Norden *wertend* übertragen wird. Es entsteht dann zwangsläufig ein *kulturelles Zerrbild.* Logisch erscheint dann dem Betrachter die archäologische Fundarmut im nördlichen Dolmengebiet als Beweis einer kulturellen Rückständigkeit. Eine trostlose Gegend, behaust von primitiven Barbaren, die kulturelle Spuren nicht hinterließen, weil sie eine höhere (?) Kultur noch nicht entwickeln konnten. Die Beweisführung für diese Hypothese ist einfach, denn der *Grund* für die kulturelle Rückständigkeit liegt auf der Hand: Es fehlten im Norden die notwendigen Kenntnisse vor allem im Ackerbau; Kenntnisse, die erst später aus dem Orient nach Norden gelangten. Die *Folgen* sind aus meiner Sicht allerdings verwunderlich: Vom Orient isoliert bauten die Rinderhirten am Rande der damaligen Welt nur Megalithgräber aus fünf unbehauenen Steinen und errechneten sich in Stonehenge das Lunisolarjahr, das tausend Jahre später auch in Babylon und China auftaucht.

Der entscheidende Unterschied zwischen dem Dolmengebiet der westlichen Ostsee und Ägypten/Mesopotamien liegt meines Erachtens in der unterschiedlichen Bevölkerungsstruktur. Im Gegensatz zum Orient gab es im Norden um 3000 v.Chr. keine ausreichende Zahl von ›kulturschaffenden‹ Unterworfenen. (Nausikaa berichtet, warum.) Diese Behauptung ermöglicht einen Umkehrschluß. Wenn die Nordleute eine ausreichend große Zahl von Bauern unterwerfen könnten, dann könnten sie vielleicht eine Kultur schaffen, die auch der Archäologe nachweisen könnte.

Zurück zur Frage: »Weshalb findet man im Norden so wenig?« Wenn das skizzierte Bild der Rinderhirten im Norden stimmt, dann suchten die Archäologen im Norden nach Dingen, die es in den orientalischen Hochkulturen gab, die es in einer Kultur von Rinderhirten aber nicht geben kann.

Waren die Megalithiker die Indogermanen?

Ursprung und Verbreitung der Megalithkultur. Ein Problem

Verglichen mit dem Orient hat das ziemlich fundarme Nordeuropa für den Archäologen wenig zu bieten, mit einer Ausnahme: Gräber, gefügt aus großen Steinen. (Abb. 2) Nach Aussage der Radiokarbon-Methode entstanden die ältesten Megalithgräber im vierten Jahrtausend entlang der Küsten im Nordwesten Europas in einem kulturell wenig entwickelten Gebiet.

Das Problem ist nun: Man findet die Megalithgräber nicht nur in Dänemark, sondern auch in Schottland, Irland, in der Bretagne, in Spanien, an den Küsten und Inseln des Mittelmeeres, in Palästina, im Kaukasus, Indien, Korea und Japan. (Wittis)

Berichte, daß Megalithgräber in der Nachbarschaft des Nils nachweisbar sind, veranlaßte Montelius um 1900 zur folgenden Überlegung:

»Man braucht nicht eben tief in das Studium der Zeiten, die uns hier beschäftigen, einzudringen, namentlich nicht in die Zustände während der Steinzeit hier im Norden, um einzusehen, daß die ursprüngliche Heimat der Dolmen nicht in Europa gesucht werden darf. . . Eine so mächtige Bewegung, die auf die Begräbnisart

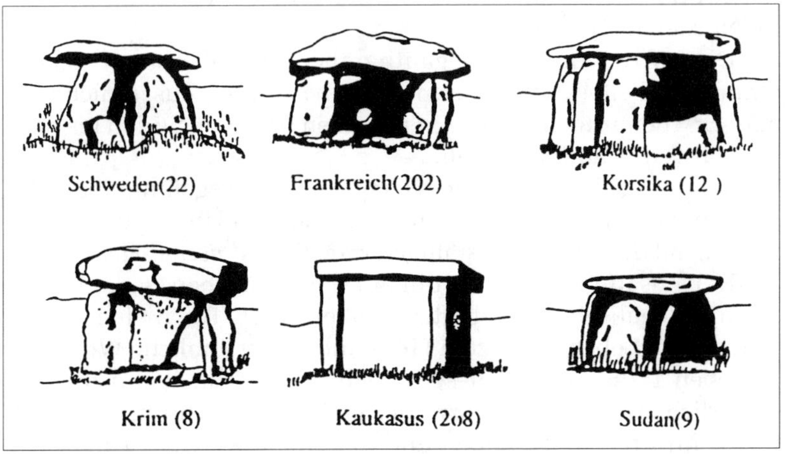

Abb. 5 *Dolmen, ›Totenhäuser‹, gebildet aus stehenden Findlingen oder Felsplatten, abgedeckt durch eine oder mehrere Deckplatten. Dolmen in Frankreich und im Kaukasus mit ›Seelenloch‹ (port hole) Nach Montelius. Nummer der Abbildung. ( ).*

so vieler und aus einem so weit ausgedehnten Gebiet wohnender Völkerschaften einzuwirken vermochte, kann nicht Jahrtausende v.Chr. in unserem Gebiet ausgegangen sein.«

E. Meyer (1926) stellte fest:

»Die nordische Steinzeit ist. . . trotz ihrer Eigenart in ihrem Inneren total abhängig von südlichen Einflüssen.« (Gemeint sind Einflüsse aus den orientalischen Hochkulturen). ». . . erwachsen sind die Grabbauten (im Norden) aus denselben Vorstellungen, die in Ägypten schon wesentlich früher zur Entwicklung des dortigen Totenkultes mit seinen großen Grabbauten geführt haben.«

Das heißt: Es wurde angenommen, daß die nordischen Megalithgräber und die entsprechende Religion (!) Ableger einer Großsteinkultur im Mittelmeerraum seien.

So problematisch wie die weite Verbreitung der Megalithgräber ist auch die Frage nach den Erbauern. Es ist vor allem die weite Verbreitung der Gräber, die ein *einzelnes Volk* als Begründer der Megalithkultur nahezu ausschließt. Wie soll man sich eine enge kulturelle Verbindung zwischen dem Kaukasus und den dänischen Inseln im dritten Jahrtausend v.Chr. vorstellen? Childe (1959; der Erfinder der ›empty wilderness‹) meint:

»Die besprochenen Gräber gehören nicht zu einer einzelnen Kultur und wurden deshalb auch nicht von einem einzelnen Volk errichtet und benutzt.«

Auch Gustaf Kossinna (1902), der archäologisch beweisen wollte, daß die Indogermanen aus dem Gebiet der westlichen Ostsee nach Südosten ausgewandert sind, kann mit den Megalithgräbern im Norden nichts anfangen:

»Die ganze Frage der Megalithgräber führt überhaupt stets zu Unmöglichkeiten, sobald man einen *genetischen* Zusammenhang aller Erscheinungen dieser Art in Indien und dem Sudan bis nach Südschweden aufbauen will.«

Die sperrige Frage nach dem Ursprung der Megalithgräber wird von Kossinna mit einer einfach erscheinenden Überlegung beantwortet, mit der anpassungsfähigen *›zufällig-und-überall-Hypothese‹:*

»Der Zusammenhang beruht auf dem einfachen Gedanken aller am Megalithbau beteiligten Völker, ihren Toten eine sichere und der im Leben benutzten Hütte möglichst ähnliche Wohnung zu geben. Daher überall dieselbe in ihrer Einfachheit und zugleich Natürlichkeit gegebene Form der Grabbauten. Um vier bis fünf Steine im Kreis aufzustellen und mit einem weiteren zu decken, dazu bedarf es weder in Schweden einer Kulturübertragung aus dem Sudan oder Indien noch in Indien einer Einwanderung aus Schweden.«

Eine Meinung, die auch Montelius vertrat. Diese frühe ›Steinhaus-Hypothese‹ ist offensichtlich so überzeugend, daß sie auch heute noch vertreten wird, denn:

»Wenn sich Monumente ähneln, dann deswegen, weil sie alle auf gleiche Art und Weise gebaut sind, auf die einfachste. Es erstaunt nicht, daß eine gegen 3. Tausend v.Chr. auf Irland gebaute Großsteinkammer jener anderen in Südindien ähnelt, die zur Zeit von Christi Geburt angelegt wurde.« (Mohen 1989)

Einem naiven Betrachter von Megalithgräbern könnten Zweifel beschleichen, wenn er in Gräbern steht, die mit tonnenschweren Findlingen abgedeckt wurden; 14 000 kg schwere Steine in Handarbeit über weite Strecken herbeigeschafft. Die Bauweise der Gräber ist wohl einfach zu erdenken, aber sicherlich tonnenschwer zu bauen.

Die Annahme, daß eine dem Menschen gemeinsame religiöse Grundvorstellung ›zufällig und überall‹ zum Bau der Megalithgräber geführt hat, erscheint wie ein resignierender Versuch, wenigstens eine vage Erklärung anzubieten, eine Erklärung, die im Grunde von der Archäologie ›erzwungen‹ wird. Vor dem Hintergrund der verfügbaren Informationen und ihrer gängigen Deutung muß die Annahme einer vorgeschichtlichen, kulturprägenden Verbindung zwischen Nordwesteuropa und den Hochkulturen im Vorderen Orient undiskutabel, phantastisch erscheinen. Einen Ausweg bietet der Forschung die ›zufällig-und-überall-Hypothese‹. Wenn man annimmt, daß die Idee einer weltweit verbreiteten megalithischen Grabkultur *nicht lokal entstanden sein kann*, dann gebietet die Logik, daß die Grabkultur *überall*, aus welchen Gründen auch immer, in Dänemark, Indien und Japan *zufällig* entstanden sein muß.

Die heute mögliche *absolute* Datierung mit Hilfe der C-14-Methode begrenzt die allgemeine ›zufällig-und-überall-Hypothese‹. Heute steht eine naturwissenschaftlich begründbare Zeitfolge der Ausbreitung der Megalithgräber zur Verfügung. Die Ausbreitung der Grabkultur erfolgte von Nordwesteuropa entlang den Küsten des Mittelmeeres nach Südosten. Die ältesten Großsteingräber entstanden im vierten Jahrtausend in Nordwesteuropa in Küstennähe: in Schweden um 3600 v.Chr. (Blomqvist 1989). Die Anfänge der ägyptischen Steinbauten werden um 3000 v.Chr. erkennbar. Die Megalithgräber im Kaukasus entstanden um 2400 v.Chr. (Markowin 1988), die Bauten in Kreta und Mykene nach 2000 v.Chr., in Indien um 1000 v.Chr. (Ghosh), in Japan um 300 (Wittis).

Bleibt noch die Frage, weshalb in Nordwesteuropa die mühselige Bauweise von Megalithgräbern entstand. Man weiß es nicht. Zu bedenken wäre aber eine geologische Besonderheit. Im Gebiet der westlichen Ostsee und im Norddeutschen Flachland gibt es keine Gebirge, keine erkennbaren Steinlieferanten. Das Land ist flach. In diesem Flachland liegen aber verstreut, auffallend große Steine, man nennt sie ›Findlinge‹. Es sind Felsbrocken, die von den Gletschern der Eiszeiten aus Skandinavien nach Süden geschoben wurden. Es wäre denkbar, daß diese Findlinge für den Jäger um 6 000 v.Chr. voller Geheimnisse waren. Er kann es sich nicht erklären, woher ein riesiger Stein kommen soll, der weit sichtbar im Flachland liegt. Ein Stein, dessen Kanten zudem noch unnatürlich abgerundet waren. War er von Göttern oder Riesen bearbeitet? Die Sagen in Schleswig-Holstein berichten von Streitigkeiten unter Riesen, die sich mit großen Steinen bewerfen. Darwin berichtet in seiner Lebensgeschichte von einem Bauer, der ihm einen Findling zeigt und ihm erklärt, daß niemals ein Mensch erklären wird, woher dieser Felsen gekommen ist.

Auch Goethe hat im *Faust II* diese rätselhaften Steine angesprochen:

»Noch starrt das Land von fremden Zentnermassen;
wer gibt Erklärung solcher Schleudermacht?
Der Philosoph, er weiß es nicht zu fassen,
da liegt der Fels, man muß ihn liegenlassen,
zuschanden haben wir uns schon gedacht.«

Da aus diesen Findlingen im Norden die Urdolmen gebaut wurden, wäre es naheliegend, einen religiösen Bezug zu vermuten. Im Norden gibt es keine unmittelbaren Hinweise auf geheiligte Steine, wohl aber in Palästina. Auf den ersten Blick ist das vielleicht überraschend, aber in Palästina gibt es zahlreiche Megalithgräber (siehe unten), deshalb ist es bemerkenswert, daß im Alten Testament heilige Steine erwähnt werden:

»Und so du mir einen steinernen Altar willst machen, so sollst du ihn nicht von gehauenen Steinen bauen; denn wo du mit deinem Messer darüber fährst, so wirst du ihn entweihen.« (2. Mose 20,25, siehe auch Jos. 8,31)

Zur Verbreitung der Indogermanen/Indoeuropäer

Im frühen 19. Jahrhundert entdeckten die Sprachforscher, daß zwischen einer Reihe von europäischen und vorderasiatischen Sprachen eine Verwandtschaft besteht. Zum Beispiel sind im alten Indisch (Sanskrit um 1000 v.Chr.) fast alle Bezeichnungen für Familienmitglieder im Ursprung indogermanisch: Vater, Mutter, Tochter, Sohn, Bruder, Schwester, Schwiegervater, Nichte. (Kluge 1989) Eine wissenschaftliche Sensation! Die Indogermanen, im englischen Sprachgebrauch die Indoeuropäer, waren entdeckt.

Für die Bezeichnung ›*indogermanisch*‹ oder ›grundsprachlich‹ muß ein Wort außer im Germanischen noch im Arischen (Indisch, Iranisch) oder Hethitischen oder Tocharischen (Kaukasus) nachgewiesen sein. (Kluge) Grundlage der Untersuchungen ist der Vergleich altsprachlicher Texte. (z.B. Althochdeutsch 8. Jahrhundert bis etwa 1 100 mit Hethitisch um 1 600 v.Chr.)

Die Sprachforschung fand folgende indogermanisch-indoeuropäischen Sprachgruppen: Indisch, Iranisch, Griechisch, Latein, Germanisch, Slawisch, Baltisch, Armenisch, Albanisch, Keltisch, Tocharisch, Hethitisch.

Diese *linguistisch* nachgewiesenen Indogermanen schufen der Forschung erhebliche Probleme, die bis heute nicht hinreichend gelöst werden konnten. Grundlage der Diskussionen ist die Annahme, daß die Indogermanen irgendwo zwischen Nordeuropa und Indien als *ursprüngliches* Volk in einer gemeinsamen Urheimat gelebt haben müssen. Die Annahme einer Urheimat erscheint theoretisch notwendig, um die Verbreitung der indogermanischen Sprachen erklären zu können. Als mögliche Urheimat werden diskutiert: Mittel- und Nordeuropa, eine breite Zone nördlich des Karpatenbogens, des Schwarzen Meeres, des Kaukasus und des Kaspischen Meeres.

Hinreichend wahrscheinlich dokumentiert die Sprachforschung ein nördliches, bewaldetes Ursprungsgebiet, in dem die Indogermanen vermutlich als Rinderhirten lebten. Vergleichbare Wörter zeigen, daß die Indogermanen Tiere kannten, die im Norden leben: Wolf, Bär und Otter. (Es gibt keine indogermanischen Wörter für Löwe, Kamel oder Tiger.) Es kann weiter angenommen werden, daß die Indogermanen eine dem Chalkolithikum (um 2500 v.Chr.) entsprechende Kultur hatten. Sie kannten ein Metall (Kupfer oder Bronze: lat. *aes*, gotisch *aiz*, sanskrit *ayas*). Die Indogermanen lebten von der Viehzucht, wie die zahlreichen gemeinsamen Wörter für das Rind, die Kuh, das Melken, das Schaf usw. beweisen. Die sprachlichen Gleichungen für den Ackerbau sind dagegen dürftig und unsicher. (Hirt 1892) Trotz intensiver Bemühungen ist es der Forschung seit dem vorigen Jahrhundert nicht gelungen, eine übereinstimmende Meinung zum Problem der Urheimat der Indogermanen zu finden.

Zu bedenken wäre aber, daß es heute möglich ist, das Alter der Megalithgräber mit der C-14-Methode absolut zu bestimmen, wenn es gelingt, Spuren von Kohlenstoff aus der Zeit ihrer Errichtung zu erhalten. Nachweisbar ist heute, daß Megalithgräber um 4000 v.Chr. in der Bretagne entstanden, um 3600 v.Chr. im Gebiet der westlichen Ostsee gebaut wurden, am Kaukasus um 2400 v.Chr. und in Indien um 1000 v.Chr. In allen Gebieten läßt sich die indogermanische Sprache nachweisen. Das heißt, es besteht ein Zusammenhang zwischen Megalithgräbern und der indogermanischen Sprache. Naheliegend wäre demnach die Vermutung, daß die Indogermanen zuerst die Megalithgräber in Nordwesteuropa in Küstennähe bauten, dann am Kaukasus und schließlich in Indien. Naiv betrachtet, müßte demnach Nordwesteuropa die Urheimat der Indogermanen gewesen sein.

Die wandernden Indogermanen hinterließen ihre Sprache und Religion (siehe unten), das heißt, sie waren ausreichend in der Zahl, um *kulturprägend* ihr neues Siedlungsgebiet zu verändern. Mit dem Hinweis auf ›kulturprägend‹ stellt sich die problematische Frage nach der Zahl der wandernden Indogermanen. Waren es 100, oder waren es 10 000? E. Meyer bespricht die Ausbreitung der Indogermanen und kommt zu folgender Überlegung:

»Nur sind bei diesen (Indogermanen) die Dimensionen (der Wanderung) viel größer und die Wirkung viel intensiver und umfassender; die wandernden Scharen müssen sehr volkreich gewesen sein. Das führt darauf hin, sie nicht als verhältnismäßig kleine Stämme zu denken, wie die der Semiten oder der Kelten. . ., sondern als große Horden, wie die der Skyten, der Hunnen, der Türken und Mongolen. In den nördlicheren Ländern, in denen wir die Heimat der Indogermanen jedenfalls irgendwo zu suchen haben, ist für solche große, für ein weites Gebiet zu einer einheitlichen Aktion zusammenfassende Verbände Raum genug.«

Eine Wanderung, in der Größenordnung der Mongolenzüge, müßte um 2 500 v.Chr. deutliche Spuren in Europa hinterlassen.

Das Problem: Es gelingt nicht, eine *größere* Wanderung archäologisch nachzuweisen.

»Ein wesentlicher Einwand gegen die Annahme, daß Nord- oder Zentraleuropa die Heimat (der Indogermanen) gewesen ist, ist das Fehlen archäologischer Hinweise. Es gibt keine Hinweise auf eine große Wanderung (extensive migration) aus dem Norden in Richtung Südosten.« (Crossland 1985)

Die Annahme, daß die Indogermanen, in der Größenordnung vergleichbar mit dem Zug der Mongolen, die Länder durchzogen haben sollen, mag verwundern. Welche Vorstellungen haben wir von Kriegszügen zum Beginn der Bronzezeit? Wie realistisch ist es in Europa, für die Zeit um 2500 v.Chr. Heereszüge anzunehmen, die in der Stärke vergleichbar sein sollen mit dem Zug der Hunnen? Selbst wenn aus den offenen asiatischen Steppen große Reitervölker als ›Streitaxtvölker‹ (siehe unten) nach Westen gezogen sein sollen, wie kommen diese Reitervölker durch einen für sie doch ungewohnten Urwald, womöglich mit Streitwagen? Warum wollten diese Reiter zum ›frostigen‹ Norden an die Ostsee? Was gab es da zu gewinnen? Dorsch als Klippfisch, Schnee und Frost in einem langen, dunklen Winter? Die Phantasie mag resignieren. Wir wissen es nicht.

Es wird, bisher vergeblich, nach einer *großen* Wanderung der Indogermanen gesucht. Hat es die wirklich gegeben? Findet der Archäologe keine Wanderspuren, weil es eine ›extensiv migration‹ im dritten Jahrtausend nie gegeben hat, bei der damaligen Bevölkerungsdichte in Mitteleuropa auch nicht geben konnte?

Naheliegender erscheint mir die Möglichkeit einer Wanderung *kleiner Gruppen*. Angenommen, daß fortwährend über Jahrhunderte kleine Gruppen das nördliche Dolmengebiet verlassen. Es sind junge Rinderhirten, die nicht davon träumen, ein Leben lang Kühe zu hüten. Sie suchen den Kampf, die Freiheit und träumen von einer eigenen Herrschaft.

Ein Problem dieser Hypothese wäre die Einschätzung, wie groß und kampfstark diese Gruppen gewesen sein müssen, um sich, *kulturell prägend*, in fremden Ländern durchsetzen zu können. Einen Hinweis auf die notwendige Gruppengröße gibt ein Bericht über die Angelsachsen in England. Im Jahre 786 wurde Wessex in England von Cyneheards Heer angegriffen. Das ›Heer‹ bestand aus 58 Mann. Die Gesetze des Ine von Wessex besagen, daß bis zu 7 Mann als Räuber galten. Eine Gruppe von 7 bis 35 Mann wurde als Bande angesehen. 36 Krieger bildeten bereits ein Heer. (Capelle 1990)

Diese ›Zahlenspielerei‹ erscheint mir bedenkenswert, denn die notwendige Größe eines angreifenden Heeres hängt unter anderem von der Bevölkerungsdichte des angegriffenen Landes ab. Im gegenüber der Vorzeit verhältnismäßig dicht besiedelten Mittelalter brauchte man 58 Mann, um Wessex angreifen zu können. Wenn man den Kriegszug des Cyneheards in die Bronzezeit vorverlegt, wieviel Krieger wären dann nötig gewesen, um Wessex zu unterwerfen? Sicherlich weitaus weniger. Übertragen auf die Wanderungen der Indogermanen um 2500 v.Chr., stellt sich dann die gleiche Frage nach der Zahl: »Wieviel Indogermanen waren notwendig, um größere Gebiete in der Fremde zu unterwerfen?« Ist es letztendlich eine weitaus überhöhte Zahl der vermuteten indogermanischen Krieger, die der Wissenschaft ein nahezu unlösbares ›Indogermanen-Problem‹ bescherte?« (Große Wanderungen ohne Spuren!)

Welches Bild gibt es, wenn man die Spuren kleiner Gruppen verfolgt? Angenommen, daß eine kampfbereite Gruppe von 20 Mann im dritten Jahrtausend das Dolmengebiet der westlichen Ostsee verläßt. Sie ziehen nicht übers Land. Sie benutzen den Wasserweg entlang der Küsten oder Flüsse. Mit ihren Booten gelangen sie unter anderem über Rhein-Main-Donau bis ans Schwarze Meer.

Auf die Bedeutung der Flüsse als Wanderweg weist später die Fossa Carolina, ein Kanal, der von Karl dem Großen 793 begonnen wurde, um Rezat (Main) und Altmühl (Donau) zu verbinden. Ein groß angelegter, technisch bedeutsamer Plan zur Vorbereitung für den geplanten Sachsenkrieg, zum schnellen Transport des Heeres mit Flußschiffen. Die nur wenige Kilometer lange Wegstrecke über Land zwischen Main und Donau war in der Steinzeit nicht länger als heute. Das heißt: Bis auf wenige Kilometer konnte man bereits in der Steinzeit aus dem nördlichen Dolmengebiet mit dem Boot bis zum Kaukasus fahren: verglichen mit einem Landweg eine ›traumhaft‹ bequeme Verbindung.

Die Küsten des östlichen Mittelmeeres, der Ägäis und des Schwarzen Meeres liegen vor ihnen. In damals noch verhältnismäßig dünn besiedelten Gebieten erscheinen die Bootsfahrer wie ein ›großes Heer‹. Zu dieser frühen Zeit können sie noch keine großen, archäologisch faßbaren Herrschaften errichten. Für großflächige Herrschaften ist die Bevölkerungsdichte noch zu klein. (Das zentralanatolische Großreich der Hethiter entsteht erst um 1500 v.Chr.) Denkbar wäre für die Seefahrer aber ein Stützpunkt wie Troja.

Zurück zu den 20 Kriegern aus dem Norden. Sie unterwerfen ein kleineres (?) Gebiet mitsamt der einheimischen Bevölkerung. Sie erfüllen sich ihren Traum einer eigenen Herrschaft. Entlang der Küsten entstehen um 2400 v.Chr. ihre Megalithgräber. Da auf diesen Kriegsfahrten Frauen vermutlich kaum mitgenommen werden, vermischen sich die neuen Herren mit der einheimischen Bevölkerung, und Teile ihrer Sprache gelangen in die Sprache der Unterworfenen. Die indogermanische Sprache breitet sich langsam aus, von Norden nach Süden. (Die sperrige Suche nach einer ›extensive migration‹ entfällt.)

Im Laufe der Jahrhunderte steigt weltweit die Bevölkerungszahl, auch im nördlichen Dolmengebiet. Die Zahl der auswandernden Gruppen aus dem Norden nimmt entsprechend zu. Etwa ab 2000 v.Chr. läßt sich mit dem Nachweis der ersten Schriften eine indogermanische Einwanderung in Anatolien, am Kaukasus, in die Ägäis und in Griechenland nachweisen. Die Eindringlinge hinterlassen archäologische Spuren: Megalithgräber, Hügelgräber, Keramik, Spiralen, Stein- und Kupferwerkzeug.

Indoeuropäer oder Indogermanen?

Vor diesem Hintergrund noch einmal zurück zur Frage nach der umstrittenen Urheimat der Indogermanen. Das Rätsel könnte sich lösen, wenn man die Biologie ins Spiel bringt und folgende Annahme als gesichert annimmt:

Blonde Haare entstehen als genetisches Merkmal eines Volkes nur in einem Gebiet mit schwacher UV-Strahlung und Vitamin D-Mangel. Dieses Gebiet muß zusätzlich über Jahrtausende geographisch isoliert gewesen sein. Beide Bedingungen erfüllt auf der Erde am Ende der letzten Eiszeit nur das nördliche Dolmengebiet der westlichen Ostsee. Zur Zeit der Rentierjäger wohl das nördlichste Siedlungsgebiet der Welt.

Das heißt: Alle Menschen mit blonden Haaren müssen ursprünglich aus dem Norden gekommen sein. Unabhängig davon, wo sie auf der Welt nachgewiesen werden.

Damit wäre die Frage nach der Urheimat der Indogermanen für den Biologen gelöst, nicht aber für die Vorgeschichtsforschung.

Eine Auswanderung blonder Menschen aus dem Norden gen Süden beweist nicht, daß das nördliche Dolmengebiet die Urheimat der Indogermanen gewesen sein *muß*. Es könnten zum Beispiel kulturell höherstehende Indogermanen aus einer Urheimat in Südrußland ins nördliche Dolmengebiet gezogen sein. Sie lassen sich dort nieder, und der Norden kann durch Hilfe der Zuwanderer den kulturellen Rückstand aufholen. Das ist eine der Hypothesen, die bei der Besprechung der ›Streitaxtvölker‹ wieder auftauchen wird.

Das Problem dieser Argumentation ist: Wenn das Gebiet des nördlichen Dolmengebietes über Jahrtausende so isoliert gewesen ist, daß sich Rassenmerkmale ausbilden konnten, dann können aus biologischer Sicht *größere*, fremde Gruppen in das Gebiet der westlichen Ostsee nicht eingedrungen sein (zum Beispiel kriegerische Steppenvölker aus dem Vorderen Orient). Der Grund dafür ist: Alle Einwanderer müßten aus einem südlicheren Gebiet gekommen sein; einem Gebiet mit stärkerer UV-Strahlung. Das heißt: Die Fremden müßten dunkelhaariger als die blonden Ureinwohner gewesen sein. Blond und Schwarz hätte sich vermischt. Bei *ausreichender Zahl* der dunkleren Zuwanderer wäre eine stärker pigmentierte Bevölkerung entstanden. Vielleicht Germanen mit braunen Haaren. Das Problem: Tacitus beschrieb rotblonde Germane, die in keiner Weise durch eheliche Verbindung mit anderen Völkern vermischt... sind. Große Gruppen dunkelhaariger Einwanderer scheiden demnach aus biologischen Gründen aus.

Um die Einwanderungshypothese zu retten, könnte man einwenden, daß nur *kleinere* dunkelhaarige Gruppen aus einer Urheimat in Südrußland oder dem Kaukasus auswanderten und im dritten Jahrtausend die Ostsee erreichten. Die Eindringlinge vermischten sich dann mit der Urbevölkerung, aber ihre relativ kleine Zahl reichte nicht aus, um die Erbanlage der blonden Urbewohner zu verändern. Es entstanden lediglich ›proto-Germanen‹ als rassisch vermischte Nachfahren der Rentierjäger. Bedingt durch die kleine Zahl der Zuwanderer, blieben sie trotz der Vermischung mit dunkelhaarigen Gruppen rotblond. Tacitus brauchte fast nicht korrigiert zu werden.

Zu klären wäre aber vor diesem Hintergrund die Möglichkeit einer Kulturverbreitung. Waren vielleicht diese kleinen, biologisch unwirksamen Gruppen die Auslöser einer Kulturdiffusion um 2500 v.Chr.? Brachten sie als ›Streitaxtvölker‹ die Kenntnisse des Ackerbaus und der Metallverarbeitung aus dem Orient in den Norden?

Das Problem dieser Hypothese wäre, daß kleine Gruppen als ›Kulturbringer‹ so nachhaltig auf die nordischen Ureinwohner eingewirkt haben müssen, daß die Nachfahren der Rentierjäger wesentliche Teile einer bislang im Norden unbekannten indogermanischen Sprache aus dem Orient übernehmen. Sie werden dadurch, aus der Sicht der Sprachforschung, zu Indogermanen. Seit dieser Zeit um 2500 v.Chr. (!) benannten dann die Hirten und Fischer auf den dänischen Inseln ihre Familienmitglieder, unter anderen Vater, Mutter Tochter und Nichte, indogermanisch. Sie wurden dadurch, zumindest sprachlich, verwandt mit den indogermanischen Ariern im alten Indien. Wie diese kulturelle Überzeugungsarbeit der Zuwanderer geleistet wurde, ist nicht zu erkennen. Zu bedenken wäre aber, daß die Rinderhirten im Norden vermutlich ›beruflich‹ Waffen getragen haben. Haben sie freiwillig die Sprache der Fremden übernommen?

Als Fazit ergibt sich: Wenn in das nördliche Dolmengebiet, aus der Sicht der Biologie, ausreichend *große* und damit kulturprägende fremde Gruppen nicht eingedrungen sein können, dann muß die germanische Sprache bei den nordischen ›proto-Germanen‹ entstanden sein, das heißt, *die gesuchte Urheimat der Indogermanen muß aus biologischen Gründen das ›extrem nördliche‹ Dolmengebiet der westlichen Ostsee gewesen sein.*

Wenn das biologisch begründete Argument der blonden Haare nicht widerlegt oder abgeschwächt werden kann, dann erscheint mir der Begriff ›Indogermanen‹ zutreffender als die im englischen Sprachgebrauch verwendete Bezeichnung ›Indoeuropäer‹.

Wer waren die Streitaxtvölker?

Die Annahme, daß der Norden im Neolithikum von größeren Gruppen nicht erreicht wurde, steht im krassen Gegensatz zur behaupteten Einwanderung kriegerischer Steppenvölker um 2000 v.Chr. Marija Gimbutas (1965) vertritt diese verbreitete und kritisierte Hypothese in einer umfangreichen Zusammenstellung. Die Hypothese geht davon aus, daß vor allem östliche Einflüsse die Nordkultur geprägt haben. Gimbutas setzt unter anderem ein Eindringen östlicher Steppenvölker voraus:

»Es gibt keinen Zweifel (there is no doubt) über den starken östlichen Einfluß auf die Kultur im östlichen Balkan, Zentraleuropa und sogar Nordeuropa. . . Die Kurgan-Völker und die Proto-

Skyten orientalisierten Europa und beschleunigten die Entwicklung neuer Technologien.«

Diese Überzeugung, ›there is no doubt‹, ist kaum wissenschaflich zu begründen. Sie spiegelt aber die emotionale Überzeugungskraft der Hypothese einer kulturprägenden Übertragung von Informationen aus dem Orient in den Norden wider. Um diese Hypothese weiter in Frage zu stellen, folgt die etwas ausführlichere Behandlung der ›Streitaxtvölker‹.

Es wird behauptet, daß am Ende des dritten Jahrtausends ›Streitaxtvölker‹ in den Norden eindringen. Als kriegerisches Steppenvolk aus dem Südosten sollen sie den Norden unterworfen haben. Die Folgen des vermuteten Einbruchs beschreibt Bröndsted (1960):

»Ein neues Volk wandert von Süden her in Jütland ein! Es wird sich als halbnomadisches, Viehzucht treibendes Hirtenvolk erweisen, nicht unwissend in Dingen des Ackerbaues, auch nicht ohne Kenntnis des Kriegshandwerks, wie die vielen Streitäxte aus Felsgestein zeigen. Für die Halbinsel hat es eine schicksalhafte Bedeutung... Übereinstimmend mit dem entscheidenden Sieg der Einzelgrableute kommt allmählich das Gemeinschaftsgrab außer Gebrauch. Das Einzelgrab aus Stein oder Holz, vom Hügel bedeckt, wird nun die dominierende Bestattungsform der führenden Klasse... Es ist gleichsam, als spiegele sich das Volksschicksal im Wechsel der Grabformen wieder... Jetzt in der Blütezeit (der älteren Bronzezeit) erleben wir den Durchbruch und den ersten Höhepunkt der bronzezeitlichen Oberklassenkultur.«

Das waffentechnische Kennzeichen dieses kriegerischen Volkes ist eine Steinaxt, die als Streitaxt bezeichnet wird. Der Besitz von Streitaxt und Pferd soll der Hauptgrund gewesen sein für die weite und erfolgreiche Ausbreitung dieser streitbaren Völker. Bemerkenswert der verhältnismäßig späte Zeitpunkt der Einwanderung. Er soll erst um 2000 v.Chr. erfolgt sein.

Es bleiben verschiedene Fragen offen:

1. Woher stammt dieses mächtige, kulturell höher entwickelte Volk, das nach Gimbutas fast ganz Europa unterwirft. Es hinterläßt im Osten keine eindeutigen Spuren. Doppelschneidige, polierte Steinäxte mit Schaftloch (Streitäxte) sind in den frühen Gräbern der pontischen Kultur und in den Gräbern verstreut über die Steppen bis zum Jenissei nicht zu finden. (Childe)
2. Die Annahme einer Einwanderung von streitbaren Völkern aus dem Süden ins Gebiet der westlichen Ostsee um 2000 v.Chr.

ist, wie bereits angedeutet, aus biologischer Sicht zweifelhaft. Die vermuteten Streitaxtvölker waren mit Sicherheit nicht blond, sondern sie hatten dunklere Haare, denn sie kommen aus Gebieten mit stärkerer UV-Strahlung. Wenn es tatsächlich fremde Zuwanderer *in größerer Zahl* gegeben hat, die Streitaxtvölker müßten immerhin das kriegerische (?) Nordvolk in der Bronzezeit unterworfen haben, dann muß es zwangsläufig im Laufe der Zeit zur ›prägenden‹ genetischen Vermischung gekommen sein. Diese genetische Vermischung ist im Norden nicht nachzuweisen.

3. Warum sollen Völker im dritten Jahrtausend aus dem sonnigen Süden gen Norden ziehen? Tacitus (2) fragt zweitausend Jahre später: »Wer hätte. . . nach Germanien ziehen wollen, das ohne Reiz im Aufbau seiner Landschaft und rauh im Klima, dessen Bearbeitungsmöglichkeiten kümmerlich und dessen Gesamteindruck niederdrückend ist. . ., es sei denn, es wäre seine Heimat?«

Die Steinmangel-Hypothese

Diese kulturhistorisch weitreichenden Schlußfolgerungen einer Einwanderung aus dem vorderen Orient in den Norden gründen im wesentlichen auf lediglich *einem* archäologisch *eindeutig* nachweisbaren Befund: Es ist der langsame Wechsel von den alten Großsteingräbern zu den kleineren Steinkisten, Baumsärgen und Hügelgräbern. Dieser Wechsel, um 2500 v.Chr. (Lüning 1996), bedarf aber keiner umwälzenden, schicksalhaften Einwanderung kriegerischer Steppenvölker aus dem Vorderen Orient. Eine einfache Erklärung für die Veränderungen in der Grabkultur bietet folgende Überlegung.

Ein Feriengast betrachtet auf der Insel Sylt den ›Denghoog‹, (Deng = Thing, Hoog = Hügel) ein großes Ganggrab unter einem Hügel. Der Gast ist beeindruckt. Bei der Suche nach weiteren Gräbern kommt die Überlegung: »Wieviel Großsteine braucht man für ein Großgrab?« Beim Denghoog brauchte man 12 Großsteine für die runde Kammer, abgedeckt mit drei großen Deckplatten. Für den kleineren Gang wurden 18 größere Steine verwendet, gesamt = 33. Bleibt die Frage: »Wie viele von diesen Steinen gab es auf der Insel Sylt? Wie viele Megalithgräber konnten auf Sylt insgesamt gebaut werden?«

Diese leicht zweifelnden Fragen sind berechtigt, denn die für den Bau der Gräber verwendeten Großsteine sind im Norden, aus geologischen Gründen, *in der Zahl begrenzt.* Es sind Findlinge, die in den Eiszeiten aus Skandinavien durch das vorwärts drückende Eis nach Süden geschoben wurden. Nur mit diesen ›Gletschersteinen‹ konnten die Megalithiker im Norden ihre Bauten errichten, denn im Gegensatz zur Bretagne oder Schottland gibt es im norddeutschen Tiefland und auf den Dänischen Inseln keine Steinbrüche, aus denen man ausreichend große Steine hätte brechen können. Das heißt: Die Zahl der verfügbaren Findlinge ist konstant. Die Folgerung für die Entwicklung der nordischen Grabkultur ist eindeutig: Die Sitte, Großsteingräber zu errichten, mußte im Norden einmal enden, und zwar aus technischen Gründen. Es gab keine Findlinge mehr. Da weiterhin Menschen starben, mußte eine andere Bestattungsform geschaffen werden. Eine Alternative bot die Einzelbestattung in Steinkistengräbern und Baumsärgen, bedeckt von einem Hügel. Nicht mit der Größe der Steine wie bisher, sondern mit der Größe des Grabhügels konnte die Bedeutung des Toten oder der Sippe weiterhin der Nachwelt überliefert werden.

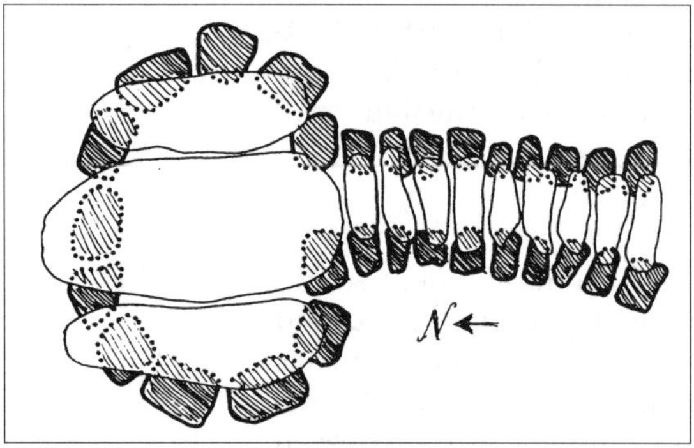

Abb. 6 *Ganggrab bedeckt durch einen Hügel. Deng Hoog, Sylt.*

Ausgehend von der Überzeugung, daß die Megalithkultur von der Bretagne nach Norden sich ausbreitete, fragt Kaelas 1994: »Warum verbreiteten sich die Ideen und die Technik der Kammergräber nach Nordeuropa und nicht die freistehenden Denkmale (Menhire)? Die Frage ist noch nicht beantwortet. Ist es ein Problem der Datierung oder verschiedener religiöser Systeme?« Eine mögliche Erklärung ist: Große säulenähnliche Steine (Menhire) gibt es als Findlinge im Norden nicht. Im Mahlstrom der Gletscher ›überleben‹ längliche Steine kaum. Sie zerbrechen. Es reicht nur für mannshohe Stelen.

Diese ›Steinmangelhypothese‹ ermöglicht eine Verbindung zur ›Streitaxtvölker-Hypothese‹. Es ist die auffallende Grenze des Siedlungsgebietes der vermuteten Streitaxtleute, denn die vermuteten Einwanderer siedelten bevorzugt auf dem sandigen Mittelrücken der jütischen Halbinsel. (Abb. 7) Bröndsted vermutet, daß die Streitaxtleute zuerst den weniger fruchtbaren, sandigen Mittelrükken, die Geest besiedelten, um einen Kampf zu vermeiden. Sie besiedeln ein Gebiet mit geringerer Bevölkerungsdichte. Es wird ferner angenommen, daß sie bewußt die Berührung mit den alteingesessenen Bewohnern vermieden, die auf den stärker besiedelten Flächen der östlichen Lehm- und Mergelböden lebten. Mit anderen Worten: Sie sind vorsichtig. Wenn diese Vermutung zutrifft, dann stellt sich die naive Frage, wie streitbar diese kulturprägenden ›Streitaxtvölker‹ waren.

Der Grund für die Besiedlung der Sanderflächen und die Veränderungen in den Grabsitten kann auch ohne Rückgriff auf die Streitaxtleute mit dem Verlauf der Gletschergrenze während der letzten Eiszeit erklärt werden. In der letzten von vier Eiszeiten wurde Schleswig-Holstein und Jütland *nur zum Teil* mit Eis bedeckt. Der Gletscherrand verlief entlang einer Mittellinie, geologisch gekennzeichnet durch einen sandigen Mittelrücken: Dieser war sandig, weil die feineren Bestandteile, zum Beispiel Lehm, von den abfließenden Schmelzwassern der Gletscher ausgewaschen wurden. Anschließend im Osten liegen die nicht vom Schmelzwasser ausgelaugten, fruchtbaren Lehm- und Mergelböden entlang der Ostseeküste. Da die Großsteine nur vom Eis nach Süden transportiert werden konnten, muß die Zahl der Findlinge in dem *eisfrei* gebliebenen, sandigen Mittelrücken kleiner sein als in dem ehemals eisbedeckten, östlichen Gebieten der Halbinsel. Geologisch begründet finden sich demnach erratische Blöcke vornehmlich in der lehmigen oder mergeligen Grundmasse der Moränen. Diese geologische Eingrenzung der eiszeitlichen Ablagerung von Findlingen ist nahezu dekkungsgleich mit dem Siedlungsgebiet der vermuteten Streitaxtleute (Abb. 7). Diese besiedelten, ausgewiesen durch die Verbreitung der Einzelgräber, vornehmlich die mittleren, findlingsarmen Sandflächen der jütischen Halbinsel.

Es erscheint demnach naheliegend, daß die weniger fruchtbaren Sanderflächen erst

Abb. 7 *Schraffierte Fläche: Siedlungsgebiet der ›Streitaxtvölker‹ mit Grenze der letzten Eisdecke. (Glob 1944 und Becker 1954, zit. Bröndsted) Siehe auch auch die Verteilung der älteren Megalithgräber in der Abb. 2. Die sandige Westseite der Halbinsel ist frei von Megalithgräbern.*

im Laufe der Zeit als Folge einer Überbevölkerung besiedelt wurden. Die Lebensbedingungen im Norden waren in der milden Bronzezeit gut. Das heißt: Die Voraussetzungen für ein schnelles Wachstum der Bevölkerung waren gegeben. Zum Beispiel lassen sich auf den relativ kleinen nordfriesischen Inseln 1100 Grabhügel aus der Bronzezeit nachweisen. L. Meyn (zit. bei Spanuth) spricht von einer »außerordentlich dichten Besiedlung Sylts, die beweist, daß hier eine herrschende, reiche Bevölkerung wohnte«.

Es wäre natürlich, daß im Laufe der Zeit bei anhaltend günstigen Bedingungen – kein Krieg, keine eingeschleppten Seuchen – ein Bevölkerungsdruck entsteht. Ein Teil der wachsenden Bevölkerung muß ›auswandern‹. Wohin in einem geographisch isolierten Gebiet? Auf dem mittleren Sandrücken, auf der Geest der Halbinsel war noch freies, bislang verschmähtes Siedlungsgebiet verfügbar. Grabfunde aus dieser Zeit beweisen, daß eine gegenüber dem Osten verhältnismäßig ärmere Bevölkerung entsteht.

»In den jütischen Gangräbern dieser Zeit ist wenig Fundmaterial enthalten, während die östlichen, namentlich die seeländischen Gräber häufig so überfüllt mit Skelettresten und Beigaben sind, daß man deutlich den Eindruck einer Benutzung über längere Zeit gewinnt.« (Bröndsted)

Die Änderung der megalithischen Grabkultur bedarf demnach nicht der Einwanderung fremder Völker. Durch einen Bevölkerungsdruck entsteht eine Innenwanderung. Wer auf den mittleren Sandflächen siedelt, aus welchen Gründen immer, kann seine Toten nicht mehr in Großsteingräbern bestatten. Es gibt aus geologischen Gründen örtlich zu wenige Findlinge. Das heißt: Die alte Grabkultur der Vorfahren muß den veränderten Lebensbedingungen angepaßt werden. Verwendet werden jetzt kleinere Steine für Steinkisten, oder Baumsärge, oft bedeckt mit einem Hügel.

War die ›Streitaxt‹ vor allem eine Waffe?

Neben der Frage nach der Verfügbarkeit von Großsteinen zum Bau von Megalithgräbern fördert die Bezeichnung ›Streitaxt‹ weitere Bedenken gegenüber der Annahme, daß Streitaxtvölker entscheidenden Einfluß auf die Entwicklung im Norden gehabt haben. Die suggestive Bezeichnung ›Streitaxt‹ erscheint wie eine logische Folge der Annahme, daß die Kultur und die Sprache im Norden um 2 000 v.Chr. mit Waffengewalt durch fremde Eindringlinge verändert worden ist. Aus einer Steinaxt, mit der man auch einen Baum fällen kann, wird in der Argumentation eine ›Streitaxt‹.

Wie bereits ausgeführt, soll die Bestattungsform der vermuteten Eroberer das Einzelgrab sein. Die typische Grabbeigabe ist eine zweischneidige Steinaxt (Abb. 8), die in Höhe des Kopfes gelegt ist. Sie wird als Zeichen des Kriegers gedeutet. Diese Deutung ist neben der Veränderung in den Grabbauten das zweite Argument, mit dem die Existenz eines Streitaxtvolkes begründet wird. Es ist eine Hypothese, die archäologisch nicht bewiesen werden kann. Zum Beispiel meint Sibylle von Reden:

»Die zahlreichen gespaltenen Schädel bei den späteren Bestattungen der Ganggräber, die Pfeil und Lanzenspitzen, die man noch in den Skeletten steckend fand, bezeugen harte Kämpfe mit den Eindringlingen.«

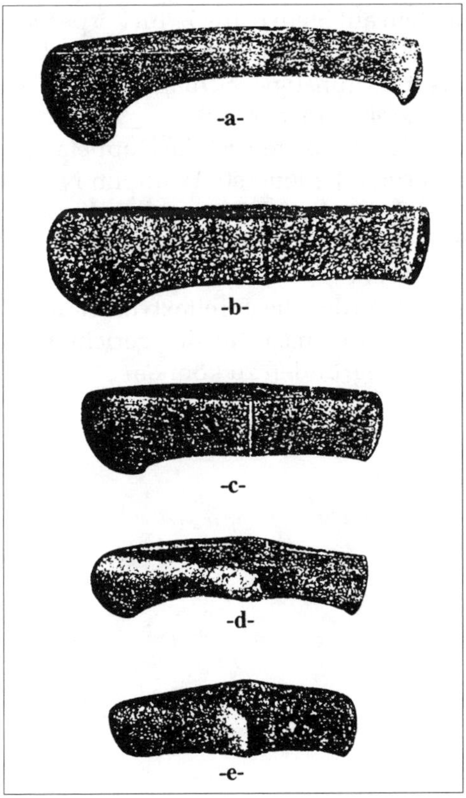

Abb. 8 *Jütische Streitäxte aus der älteren Untergrabzeit.*

a–c *klassische Typen;*

d–e *formenmäßig älteste Typen (Grundformen).* **a.** *Länge 22 cm, elegant aber empfindlich auf Bruchspannungen.*

a,b,c *haben eine Schneide und einen gerundeten Kopf. Sie können als Beil, Hammer und Meißel verwendet werden.*

*Weshalb hat eine Streitaxt (***a,b***) eine Schneide und einen abgerundeten Kopf? (Bröndsted) (Welche Seite der Axt benutzt man, unter welchen Voraussetzungen im Kampf?)*

Wieso Eindringlinge? Gespaltene Köpfe beweisen nur, daß Kämpfe stattgefunden haben. Es bleibt aber offen, wer den Kampf geführt hat. Es bleibt offen, ob eine fremde ›Streitaxt‹ aus dem Kaukasus oder eine normale Arbeitsaxt des Nachbarn beim Streit verwendet wurde. Man kämpfte nicht mit fremden Eindringlingen. Man kämpfte mit dem Nachbarn vermutlich um Siedlungsland.

Aus waffentechnischer Sicht ist die Axt aus Stein eine schlechte Waffe. Eine Steinaxt ist aus drei Gründen zum Kampf wenig geeignet. 1. Jede Axt ist eine *reine Schlagwaffe, ungeeignet zum Stich*. Der Kämpfer muß mit gestrecktem Arm zum Schlag ausholen. Das kostet Zeit und verrät dem Gegner, in welcher Richtung der Schlag geführt werden soll. 2. Die ziemlich schmalen, zum Teil eleganten Steinäxte haben ein Schaftloch. Stein ist hart und spröde. Das heißt: Die Schaftlochaxt ist in der Schaftführung leicht zerbrechlich, wenn im Zweikampf Stein auf Stein trifft. 3. Im körpernahen Gefecht ist die Axt nahezu wertlos. Es ist sicher kein Zufall, daß die Römer das kurze Schwert als günstigste Schlag- und Stichwaffe zur Standardwaffe der Legionen machten.

Verglichen mit Speer, Keule oder Bogen, ist die Doppelaxt, fein poliert mit Schaftloch, sicherlich die teuerste Waffe im Neolithikum gewesen. Häusler (1988) ist der Meinung, daß diese Beile kaum Streitwaffen gewesen sind, sondern eher als Würdezeichen und Machtsymbol gedient haben.

Es mag der Eindruck entstehen, daß die ›Streitaxtvölker‹ erdacht werden mußten, um eine von Süden nach Norden gerichtete Kulturverbreitung archäologisch begründen zu können.

Bauten die Megalithiker bereits seegängige Boote?

Wenn es eine Einwanderung von Fremdvölkern, unter anderem von Streitaxtvölkern, ins Gebiet der westlichen Ostsee nicht gegeben hat, dann muß die *indogermanische Ursprache im isolierten nordeuropäischen Raum entstanden sein* – es sei denn, man vermutet, daß auch Sprachen in der Steinzeit vom Südosten auf die dänischen Inseln ›diffundierten‹.

Das Problem der Verbreitung der Indogermanen wäre aber mit der Feststellung einer genetisch wirksamen, geographischen Isolierung des Nordens nicht gelöst. Denn wenn die indogermanische Ursprache isoliert im Norden entstand, wie kommt dann diese Sprache aus dem isolierten Gebiet heraus und erscheint um 1500 v.Chr. im weit entfernten Indien?

Da eine größere Wanderung über Land trotz intensiver Bemühungen archäologisch nicht nachzuweisen ist, bleiben theoretisch zwei Möglichkeiten, das Dolmengebiet zu verlassen. 1. Auswanderung *kleiner* Gruppen mit dem Boot über die Wasserstraßen von Rhein-Elbe-Oder-Donau ins östliche Gebiet des Mittelmeeres, in die Ägäis und ins Schwarze Meer, und 2. Auswanderung mit dem Boot entlang der nordwesteuropäischen Meeresküsten.

Der Versuch, archäologisch nachzuweisen, daß es bereits im vierten Jahrtausend möglich war, über See von Nordwesteuropa ins Mittelmeer zu gelangen, erscheint müßig. Seefahrer, die Schiffe aus Holz benutzen, hinterlassen keine archäologischen Spuren. Ihre Boote verrotten im offenen Wasser innerhalb weniger Jahre. Daher ist es verständlich, daß es archäologische Hinweise auf seegängige Boote aus dieser Zeit bisher nicht gibt. Es wird lediglich vermerkt, daß Megalithgräber auffallend häufig in der Nähe der Küsten errichtet wurden.

Wenn in diesem Fall, bei der Suche nach den Spuren der Megalithiker, die direkte Methode der archäologischen Beweisführung versagen muß, bleibt nur die indirekte Methode, der Indizienbeweis. Gesucht wird deshalb im folgenden nach *indirekten* Anhaltspunkten zur Existenz von megalithischen Seeschiffen. Gesucht wird nach Hinweisen, daß die Megalithiker bereits im vierten Jahrtausend v.Chr. technisch in der Lage waren, seegängige Boote zu bauen.

Die verfügbaren Anhaltspunkte sind gering. Die wenigen erhaltenen Boote aus der Frühzeit wurden alle im Binnenland gefunden. Das Holz der Boote wurde im Moor oder im Uferschlick konserviert. Es sind Einbäume, ungeeignet für einen Verkehr entlang der Meeresküste. Aber in den riesigen ›Küchenabfallhaufen‹ der Nordseeküstenbewohner fand man Reste von Fischen (unter anderem Dorsch), die nur im offenen Meer zu fangen sind. Es hat demnach Boote gegeben, die zumindest geeignet waren, auf offener See den Dorsch zu fangen. Wie die Boote aussahen, wissen wir nicht.

Neben dem Fang der Seefische vor Ort gibt es noch indirekte Hinweise, daß die Boote der Megalithiker auch für *Wanderungen* benutzt wurden, denn Megalithgräber lassen sich um 3500 v.Chr. im atlantischen Europa nachweisen. Auf den Orkneys, Hebriden und etwas später auch auf den Shetlandinseln entstehen megalithische Einzel- und Ganggräber, die auch in Dänemark, Südschweden, Schleswig-Holstein und entlang der Atlantikküste in großer Zahl vorkommen. (Montelius, Childe) Die vergleichbaren Megalithgräber in der Bretagne, Irland, Schottland und Dänemark deuten auf ein gemeinsames Kulturgebiet, deuten auf Verbindungen, die zum großen Teil über See gelaufen sein müssen. (Wobei offen bleibt, wo der Ursprung dieser Megalithkultur zu suchen ist.)

Wenn man nicht annimmt, daß es möglich war, die schottischen Inseln in der Regel mit einem Einbaum oder Fellboot anzusteuern, *dann müssen seetüchtige Boote bereits im vierten Jahrtausend v.Chr. (!) im Norden verfügbar gewesen sein.*

Zum Ursprung der neolithischen Boote (Skandinavien oder Ägypten?)

Wer baute die Schiffe, und wo wurden sie entwickelt? Die Frage erscheint berechtigt, denn wenn man annimmt, daß die Kenntnis des Ackerbaues und der Metallverarbeitung über eine vermutete Kulturverbreitung in den Norden gelangte, dann wäre es naheliegend, daß auch die Technik zum Bau von Seeschiffen ursprünglich im Mittelmeerraum entstand.

Die Zahl der Probleme bei der Suche nach dem Ursprung der vermuteten megalithischen Seeschiffe wird begrenzt, wenn man nach der *Notwendigkeit* zum Bau von Seeschiffen fragt. *Wer brauchte in der Steinzeit Seeschiffe?*

Bei der Suche hilft eine biologische Überlegung. Wenn in der Natur, im Verlaufe der Evolution, die Form und Lebensweise von Tier und Pflanze sich verändern, dann muß ursächlich eine *Notwendigkeit* bestanden haben, *ein Zwang zur Anpassung*. Die Rachitis erzwang die blonden Haare. Der Braunbär wurde weiß, als er in den Norden abgedrängt wurde. Gleiches galt für die technische Begabung eines Menschen. Auf seinen Wanderungen überlebte der Frühmensch statistisch vermutlich häufiger in fremder Umgebung, wenn er eine genetisch angelegte technische Neugierde, gepaart mit handwerklichem Können, nutzen konnte. Der Mensch überlebte leichter, wenn er in der Lage war, nützliche Werkzeuge zu entwickeln. Der Bauer entwickelte den Pflug und das Wagenrad, der Jäger Faustkeil, Kajak, Angelhaken und Harpune. Bei der Suche nach den Booten der Megalithiker stellt sich dann die Frage: »Wo entstand bereits im Neolithikum eine *Lebensnotwendigkeit*, seetüchtige Boote zu bauen?«

Ein Vergleich der Ausgangsbedingungen im Orient und Nordeuropa mag einen Hinweis geben und Unterschiede deutlich machen.

In Ägypten und Mesopotamien ist die Notwendigkeit zum Bootsbau deutlich erkennbar. Es entsteht mit steigender Bevölkerungsdichte am Nil die Notwendigkeit, Güter über die Flüsse zu transportieren. Der Handel benötigt einfache, leichte Flußboote mit guter Tragfähigkeit. Diese werden in Mesopotamien als fellbespannte Rundboote entwickelt oder in Ägypten aus Papyrusbündeln gefertigt. Die Boote sind technisch nicht anspruchsvoll. Sie sind leicht und billig. Es besteht aber für den Bootsbauer am Euphrat oder Nil im vierten Jahrtausend keine erkennbare Notwendigkeit, sich über Wind, Seegang oder Navigation Gedanken zu machen. Das offene Meer ist nicht sein Lebensraum. Seine technische Herausforderung zum Bootsbau ist der gemächliche Nil. (Zum Bootsbau in Ägypten siehe unten.)

Im Norden wird die Notwendigkeit, seetüchtige Schiffe zu entwickeln, zum Ende der Eiszeit im Gebiet der westlichen Ostsee erkennbar. Es entsteht ein räumlich isoliertes Siedlungsgebiet, im wesentlichen begrenzt durch Meeresküsten. Der Jäger, geprägt über Jahrtausende von den Lebensbedingungen der eiszeitlichen, offenen Tundra, findet an den Küsten ein ›wildreiches‹, aber ungewohnt gefährliches Jagdgebiet, das offene Meer. Die Notwendigkeit, seetüchtige Schiffe zu entwickeln, wird erkennbar. Offensichtlich können die Einwanderer sich den neuen Lebensbedingungen anpassen. Die Jagd auf die Grönland-Robbe, den Seehund und Dorsch, als konservierbarer ›Dörr-Fisch‹, ist für Siedlungen entlang der Küsten von Südschweden und Norwegen archäologisch nachgewiesen. (Bröndsted)

Von den technischen Fähigkeiten der neolithischen Bootsbauer hängt das Leben der Besatzung und von dem Erfolg im Fang das Überleben der Familien ab. Zu den uralten, traditionellen Hilfsmitteln der Jagd wie Bogen, Pfeil, Spieß, Falle und Kajak kommt als lebensnotwendige Neuentwicklung das ›seegängige‹ Jagdboot, groß genug, um eine ruderstarke Mannschaft aufzunehmen, ruderstark, weil Strömungen oder ablandige Winde die Boote ins offene, ›unendliche‹ Meer treiben können. (Ein tödlicher Zwischenfall, es sei denn, die Boote werden an der Küste von Nordafrika vom Passat erfaßt und nach Mittelamerika abgetrieben.)

Vorbereitet wird die *technische Entwicklung* von Holzbooten im Norden unter anderem durch den heranwachsenden Hochwald. Der Wald ist für den Menschen siedlungsfeindlich. Es entsteht dadurch für den Jäger die Notwendigkeit, die Bäume zu fällen und das Holz für den täglichen Gebrauch herzurichten. Für den Archäologen enttäuschend wird im Norden das schnell vergängliche Holz, nicht der Lehmziegel, das prägende Baumaterial. Für die Holzbearbeitung entstehen Steinwerkzeuge wie Axt, Doppelaxt, die Queraxt oder Dechsel als ›Beil des Zimmermanns‹ und der Meißel, zum Teil aus Flintstein mit Hohlschliff.

Bemerkenswert ist: Im Gegensatz zu den Hochkulturen im Süden sind im Norden die Werkzeuge zur Holzbearbeitung in *großer Zahl und in allen Entwicklungsstufen* überliefert. In ihrer Spätform sind sie technisch vollkommen. (Bröndsted)

Vor diesen Lebensbedingungen des Nordens, geprägt von *Meer und Wald*, wird das Entstehen einer *typisch nordischen* Bootsform erkennbar. Das älteste Boot in Nordeuropa ist ein primitiver Einbaum, gefunden in den Niederlanden. (Hausen 1979) Das Boot wird auf 6000 v.Chr. datiert. In der weiteren Entwicklung wird beim Einbaum auf die Seitenwände ein Brett mit einer Schnur befestigt, um die Bordwand zu erhöhen. Das Brett wird ›*aufgenäht*‹(!). Es ist naheliegend, auf dieses erste Brett ein zweites zu setzen und die überlappenden Planken mit einer Naht aus flexiblen Baumwurzeln oder Bändern zu verbinden. Die Nähtechnik ist im Bootsbau weltweit verbreitet. Es entsteht der Fellkajak der Inui in Alaska oder das Rindenkanu bei den Indianern in Amerika.

Die weitere Entwicklung vom frühen Plankeneinbaum im Neolithikum bis zum Langboot der Wikinger läßt sich archäologisch durch Zwischenstufen bisher nicht belegen. Es gibt keine entsprechenden Funde an der Küste. Es ist aber unwahrscheinlich, daß die technische Entwicklung der Boote abrupt, in großen zeitlichen Sprüngen ablief. Die Vorstellung, daß der Mensch vom sechsten bis zum dritten Jahrtausend v.Chr., das heißt während 3000 Jahre, sich mit dem Einbaum oder dem Fellboot begnügte, um dann unvermittelt mit einem seetüchtigen Schiff nach den Shetlands zu fahren, erscheint wenig realistisch, auch wenn die Reise vermutlich nicht übers offene Meer, sondern entlang der Küsten erfolgte.

Die nordische Klinkertechnik

Es läßt sich bisher nicht nachweisen, welche Boote die Megalithiker für ihre Fahrten nach den Orkneys verwendeten, aber wir kennen aus dieser Zeit die technischen Möglichkeiten der Megalithiker in der Holzbearbeitung. Es ist eine bestimmte Technik, die es den Megalithikern ermöglichte, seetüchtige Schiffe zu bauen. Es ist eine Technik, die auch die Wikinger, 5 000 Jahre später, noch zum Bau ihrer Langschiffe benutzten.

Die Megalither sind in der Lage, mit ihren Steinwerkzeugen, Bäume in ganzer Länge zu spalten.

Diese für den nordischen Bootsbau entscheidende Spalttechnik läßt sich archäologisch nachweisen. Ein Wagenrad aus dem 3. Jahrtausend v.Chr. wurde in der Provinz Overijssel in Holland in einem Moor gefunden. (van de Waals) Dieses Rad wurde aus einer 135 cm starken Eiche gearbeitet. Der mächtige Baum wurde gefällt und entlang der Faser gespalten. Dadurch entstanden Spaltbohlen mit einer Breite von maximal 135 cm (!) Aus diesen Bohlen wurde eine runde Platte geschnitten. Es entstand ein Vollrad mit Achse und Achsnagel. Bei Bruch wurden diese Räder mit zwei keilförmigen ›Schwalbenschwänzen‹ ausgebessert. Die Funde lagen neben einem Weg aus Bohlen, der durch ein Moor führte. Da die Fundstücke von einem technisch ausgereiften Karren stammen, könnten die Anfänge der verwendeten Spaltmethode bereits im 4. Jahrtausend v.Chr. liegen.

Diese Spalttechnik ermöglichte die Entwicklung der berühmten nordischen Langboote. Die frühen Bootsbauer kombinierten dabei eine uralte Technik, erprobt seit Tausenden von Jahren bei den Fellbooten. Sie *nähten* wie ihre Urväter die Außenhaut des Bootes zusammen. Nur verwendeten sie, zumindest später bei den Wikingern, für die seegängigen Boote baumlange, relativ dünne (2 bis 5 cm) Holzplanken. Diese Spaltplanken wurden zum Bau der Bootswand wie Dachziegel übereinandergelegt. Die sich überlappenden Planken wurden aneinandergenäht, zum Beispiel mit Kordeln aus Bast, später mit Holzstiften oder, bei den Wikingern, mit Eisennägeln. Es entstand die nordische *Klinkerbauweise.* (Abb. 9 d)

Es sind drei Merkmale, die zum Erfolg dieser Boote geführt haben. Entscheidend für die frühe Entwicklung und den Erfolg dieser Methode ist vor allem das *Überlappen* der *durchgehenden* Planken.

1. Der frühe Schiffbauer war nicht gezwungen, die Planken in der *Breite so genau anzupassen,* daß sie aneinandergelegt eine dichtende Außenhaut bildeten. Die Planken mußten nur so weit überlappen, daß sie mit Wurzeln, Stricken oder Nägeln verbunden, ›verzurrt‹ werden konnten. Zum Bau der Schiffe wurden spaltbare, hohe Bäume, Axt, Dechsel, Keil und Ahle benötigt.
2. Beim Bau des spitzovalen Bootes werden keine formgebenden Spanten verwendet. Die typische spitzovale Bootsform *entsteht automatisch,* wenn die Planken vorn und hinten an die hochlaufenden Steven geschlagen werden. Bedingt durch diese Technik, müssen die Boote immer gleich aussehen. Es entstehen immer spitzovale Boote, deren Länge durch die Länge des Baumstammes bestimmt wird.
3. Ein weiterer Vorteil dieser einfachen Konstruktion, und eine wesentliche Voraussetzung für die Seegängigkeit dieser Boote, ist die optimal erhaltene *Zugfestigkeit* der Bordwand. Da die Planken vom Bug bis zum Heck *ohne Unterbrechung,* das heißt, ohne stirnseitig verbunden zu werden, die Außenhaut bilden, bleibt die Zugkraft der Planken voll erhalten.

Bezogen auf die Zug- und Druckfestigkeit der nordischen Klinkerboote entsteht ein Gewicht-Leistungsverhältnis, das bis in die Zeit der Wikinger von keiner anderen Holzkonstruktion erreicht werden konnte. *Aus technischer Sicht ist die Klinkerbauweise der nordischen Langboote ein faszinierender, technischer Glücksfall.*

Es ist eine Technik mit vermutlich kulturhistorisch weitreichenden Folgen. Wie bereits besprochen, hatten die Bewohner des nörd-

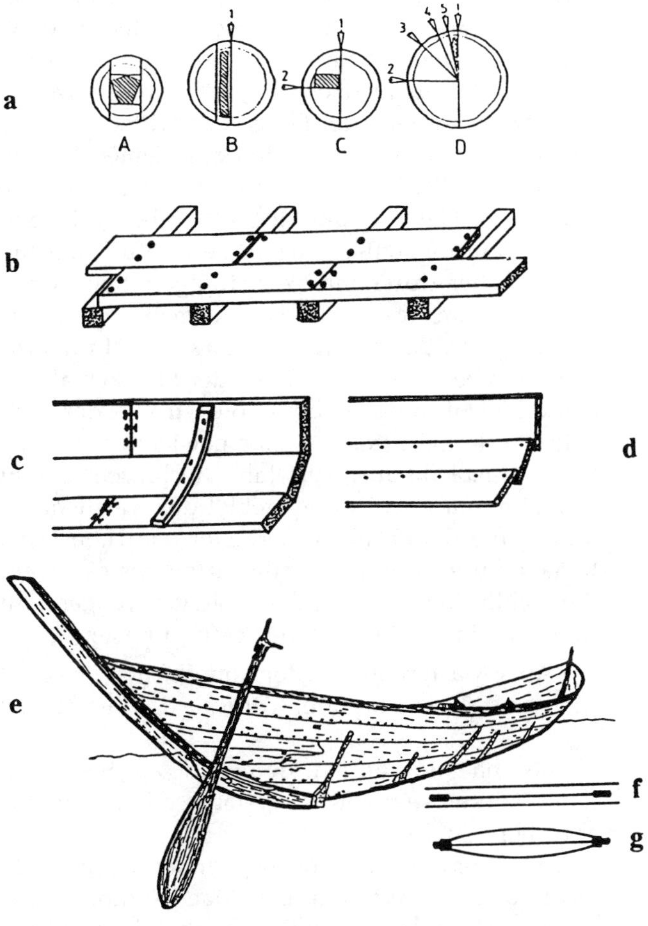

Abb. 9 e. *Das Nydamboot, Nordschleswig 3–5 Jh. Ein Opferfund. Eichenholz, 22,8 Meter lang und 3,26 m breit. Besatzung 40 Mann. (Ausreichend fast für ein ›Heer‹.)*

a. *A–C Die verschiedenen Möglichkeiten, um Spaltplanken aus einem Baumstamm zu schlagen.*

b,c. *übliche* Kraweel-Bauweise: *Die Planken der Bordwand werden paßdicht* aneinander gelegt *und an die Spanten geschlagen. Es entsteht eine mehr oder weniger wasserdichte Holzwand.*

d. *nordische* Klinker-*Bauweise: Die Bretter/Planken werden wie* Dachziegel übereinander gelegt *und miteinander vernäht.*

f. *Die langen Planken der Bordwand werden gestaucht und dabei nach außen gebogen, damit sie an die Steven angeschlagen werden können. Deshalb bildet die Bordwand eine nach außen gekrümmte Fläche.*

g. *Es entsteht dadurch* zwangsläufig *die spitzovale Bootsform mit leicht ansteigendem Bug und Heck.*

lichen Dolmengebietes zwei Möglichkeiten, um aus ihrer isolierten Heimat ›auszubrechen‹. Sie konnten eine Wanderung über Land versuchen. Die archäologischen Hinweise lassen eine größere Wanderung nicht erkennen. Die andere Möglichkeit wäre der Wasserweg entlang der Flüsse oder Küsten. Das Ziel der Wanderungen wäre in beiden Fällen das Gebiet des Mittelmeeres und Kleinasiens. Die Frage ist: »Fußwanderung oder Bootfahren?« Die auffallende Häufung der Megalithgräber entlang der Küsten stützt die Vermutung, daß die weite Verbreitung der Indogermanen im wesentlichen durch ihre ›seegängigen‹ Boote ermöglicht wurde.

Vor diesem Hintergrund denke man noch einmal zurück zu Homer (in der Übersetzung von Voß). Zur Erinnerung sei erwähnt: Nausikaa bezeichnet die Boote der Phäaken als *»gleichgezimmert«*. Diese Gleichförmigkeit der Boote wird bei der Suche nach den Megalithikern im Mittelmeer eine gewichtige Rolle spielen, denn die Bootsform bleibt über 3 000 Jahre, technisch bedingt, unverändert.

Wenn man das Dolmengebiet der westlichen Ostsee als Siedlungsgebiet der Phäaken anerkennt, dann könnten die homerischen Phäaken ursprünglich Rinderhirten gewesen sein, Rinderhirten, die im Norden am Ende der Welt, von Wogen umrauscht, isoliert im Westwind leben und die Seefahrt lieben.

»Aber Masten und Ruder und *gleichgezimmerte* Schiffe,
diese sind ihre Freude, wenn sie die Meere durchfliegen.«

Od. 6/271

Die Phäaken könnten demnach ›zur See fahrende Rinderhirten‹ gewesen sein. Diese Hypothese leitet zu einem noch zu besprechenden Problem über:

Im vierten Jahrtausend begründen ›fremde‹ Rinderhirten die Hochkultur in Ägypten. Das Machtsymbol dieser fremden Rinderhirten war das Schiff. Das Symbol des Königs war das Rinderhorn (siehe unten).

Megalithgräber und blonde Libyer in Nordafrika

Nach den bisherigen Überlegungen erscheint es möglich, daß entlang der Küsten Nordwesteuropas Megalithiker im vierten Jahrtausend aufs offene Wasser hinausfahren. Die einen fahren, um den Dorsch oder die Robbe zu fangen, andere fahren aus Abenteuerlust entlang der Küsten in den lockenden, sonnigen Süden. Der geographisch ›nächstliegende‹ Hinweis auf eine außereuropäische Wanderbewegung der Megalithiker findet sich in Nordafrika. Im vierten Jahrtausend erscheinen fremde Siedler in der Sahara. Es sind Rinderhirten mit vermutlich blonden Haaren, die ihre Toten in Megalithgräbern bestatten.

Nordafrika und die Sahara waren um 10 000 v.Chr. kein heißes, trockenes Land. Während der letzten Eiszeit überzogen polare Kaltluftfronten und der Monsun aus dem Golf von Guinea stets hintereinander die Sahara. Gras bedeckte das Hinterland. Die Flüsse führten noch Wasser, und der Tschadsee reichte weit über seine heutigen Ufer hinaus. Mit der weltweiten Erwärmung um 7000 v.Chr. verschob sich die Wetterfront langsam nach Norden, und es wurde trockener. Nur in den Bergen hielt sich ein mediterranes Klima mit Olivenbäumen, Zypressen, Oleander und Linden. Man darf annehmen, daß eine lockere Baumsavanne vorherrschte, durchsetzt mit Wäldchen und Galeriewäldern entlang der Flüssen. Gejagt wurden Büffel, Mähnenspringer, Stachelschweine und Flußpferde. Nadel, Stichel, Dolche, Töpfergeräte, Harpunen und Angelhaken waren verbreitet. Die Jagd war vorherrschend, ob Ackerbau betrieben wurde, ist nicht zu beweisen. Ab 4000 v.Chr. wird ein Austrocknen der Siedlungsgebiete nachweisbar. (Hugot 1976)

Die Suche nach dem Ursprung der eindringenden, fremden Rinderhirten beginnt in der Sahara mit einer archäologischen Überraschung, die Hugot so formuliert:

»In Europa ist das Neolithikum die logische und voraussehbare Folge eines erstaunlichen, stetigen Reifens. Man sieht es entstehen oder nimmt an seiner Ankunft teil. Nichts davon aber in der Sahara. Man sucht zwar aufmerksam nach Motiven, die den Glauben unterstützen, daß dieses Wachsen einer jungsteinzeitlichen

Kultur hier oder dort bemerkbar wird. Bald aber zeigt sich die Sinnlosigkeit dieser Vermutung. . . Die Menschen, für die wir uns hier interessieren (die Bewohner der Sahara) scheinen mit einem Satz in unser Forschungsgebiet gesprungen zu sein. Als sich die Neuankömmlinge in den verschiedenen, bergigen Gebieten (Tibetsi, Tassili, Atlas) niederließen, brachten sie eine blühende Kultur mit. Gravierungen, Malerei, Reliefskulpturen und vergoldete Keramik haben in diesen Gebieten keine Vorläufer. Das polierte Beil, die vornehmlichste Waffe oder Gerätschaft der jungsteinzeitlichen Menschen, hat man zu Tausenden gefunden. Die Schönheit von Form und technischer Meisterschaft wird bewundert.« (Hugot)

Zum Phänomen des Kultursprunges, der auch in Ägypten und Mesopotamien nachzuweisen ist (siehe unten), meint Frankfort (1951): »Wir wissen nicht, wie der Wechsel vom Alten zum Neuen, von der Altsteinzeit zur Jungsteinzeit geschah; denn nirgends gibt es eine Folge kontinuierlicher Überreste, die den beobachteten Übergang belegen.« Mit anderen Worten: In diesen Gebieten fehlt der Nachweis einer *kontinuierlichen* technischen Entwicklung.

Wer die Fremden waren, ist nicht bekannt. Es gibt nur Vermutungen, unter anderem auch mögliche Hinweise auf das nördliche Dolmengebiet. Die umfangreiche, meist französische Literatur aus dem 19. Jahrhundert zitiert Montelius:

»Im Sudan sind Dolmen bekannt, westlich des Nils. . . Westlich von Ägypten findet man im nördlichen Afrika eine große Menge

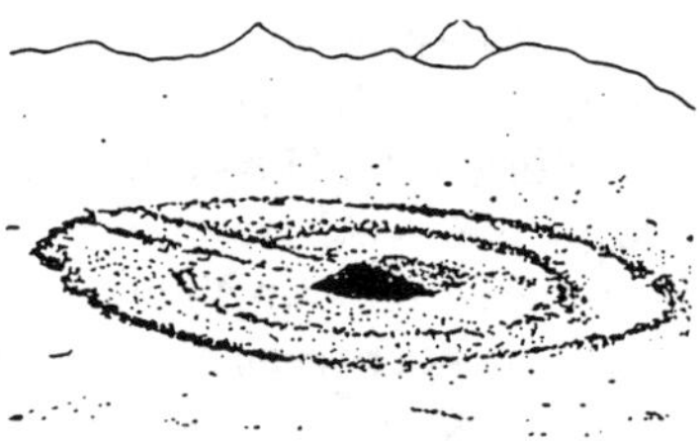

a) Algerien, libysch-berberisches Grab

b) Dolmen, Algerien

Abb. 10 a. *Das Grabmal von Djanet (Tassili) hat einen Durchmesser von 25 m. Es vereinigt einen kegelstumpfförmigen Tumulus, innen mit Steinplatten belegte konzentrische Kreise und einen geschlossenen Gang. Es entspricht dem einfachen Typ der zahlreichen libysch-berberischen Grabdenkmäler. (Nach Foto Hugot).*

b. *Von diesen Dolmen wurden in Algerien etwa 1200 gezählt (Bourguignat 1886, zit. bei Baumgärtel)*

Abb.11 a–b. *Hände und Spiralen in Nordafrika (Tassili, Foto Hugot), die auch auf nordischen Felsbildern erscheinen.*
c. *Newgrange, Irland.*
d. *Nordfünen, Dänemark. (Bröndsted) Die Hände sind nicht typisch. Sie sind bereits um 27000 v.Chr. im Mittelmeergebiet nachweisbar. (Clottes 1995)*

freistehender Dolmen in Tripolis, Tunis, Algerien und Marokko. Sie liegen nicht nur an der Küste, sondern auch ziemlich weit ins Land hinein, wie z. B. bei Murzuk in Fezzan (zentrale Sahara). Die meisten sind der Beschreibung nach vierseitig, die eine Seite, meistens die nach Osten oder Süden, ist bisweilen offen. Sie pflegen mit einem oder mehreren Steinkreisen umgeben zu sein. . . Viele Dolmen sind klein und aus verhältnismäßig kleinen Steinen gebaut; etliche dagegen sehr groß. . . Viele von diesen Dolmen müssen jedoch dem Steinalter zugerechnet werden, weil Steinwaffen und Werkzeuge in denselben gefunden wurden.«

Demnach lebten im Neolithikum in Nordafrika Menschen, die ihre Toten in Megalithgräbern bestatteten; in Gräbern, die in allen Formen übereinstimmen mit den frühen Megalithgräbern, mit den Dolmen in Nordwesteuropa. Auffallend sind auch die gleichen Spiralmotive wie in Newgrange (Abb. 11). Auf eine kulturelle Verbindung zum Norden wird bereits 1891 von Ferand und Latourneux (zit. Spanuth) hingewiesen.

»Die Erbauer derselben (Megalithgräber in Nordafrika) waren das Dolmenvolk, welches, von den Gestaden der Ostsee kommend, England, Frankreich und die Iberische Halbinsel durchwandert hat, um schließlich als blonde und blauäugige Libyer, als das Nordvolk der Tamahu, die alten Ägypter zu beunruhigen.«

G. Müller (1920) verweist auf eine Völkerwelle von nordischem, europäischem Typus, die sich spätestens um die Mitte des 3. Jahrtausends v.Chr. nach Nordafrika ergossen und sich dort mit den einheimischen Hamiten vermischt habe. Er vermutet, daß die Blonden die Schöpfer der im westlichen Nordafrika erhaltenen megalithischen Bauten waren. Die blonden Libyer des Altertums werden auch von Gardiner (1965) erwähnt:

»Das Gebiet entlang der Mittelmeerküste war jedenfalls zu allen Zeiten bewohnbar, teils Weide, teils Ackerland. Hier saßen die hellhäutigen, rothaarigen und blauäugigen Menschen, die wir, dem Beispiel der Griechen folgend, Libyer nennen.«

Zu weitergehenden Schlüssen führten die blonden Haare in der Fundliteratur nicht. Im Gegenteil, der frühe Hinweis auf ein ›Dolmenvolk‹ in Nordafrika stößt auf Ablehnung, denn »mit den blonden Tamahu (Libyer) ... ist archäologisch nichts anzufangen«. (Kossinna 1902, S. 11)

-a- -b- -c-

Abb. 12 *Felsbilder in Nordafrika (alle Abbildungen nach Fotografien von Hugot)*

a. *Fresko in rotem Ocker in der Höhle Uan Amil 1 (Tassili). Auf dem Felsbild sechs leicht bekleidete Personen mit ›phrygischer‹ Haartracht. Die (von mir) punktiert gezeichneten Flächen sind kräftig ockerrot. Der Haarschopf ist bei allen Personen nur mit einer Linie umrandet, aber nicht farbig zur Umgebung hervorgehoben, nicht mit ›Farbe‹ ausgefüllt. Bei Gestalten mit schwarzem Körper bleibt der Haarschopf hellweiß.*

b. *Diese Szene mit einer geschmückten Person (links), der von einem Krieger (Höhe 16 cm) gehuldigt wird, stammt auch aus der Höhle Uan Amil I. Das ganze Bild ist ockerrot getönt. Die linke Person ist nur durch eine Linie dargestellt. Ein Unterschied zur Farbtönung der Felswand ist nicht zu erkennen. Auffallend die einseitige Verteilung der schwarzen Tönung. Nur der Krieger ist schwarz.*

c. *Der berühmte Bogenschütze aus dem Wadi Djerat. »Es steht fest, daß dieser Menschentypus den von ägyptischen Monumenten her bekannten Darstellungen von Libyern, die der Urheber wohl gesehen haben dürfte, nahesteht.« (Hugot)*

Im Gegensatz zu den blonden Libyern im westlichen Delta des Nils (siehe unten) gibt es keine direkten Hinweise auf die Haarfarbe der Rinderhirten im Fezzan. Es sind nur ›farbige‹ Felsbilder, die eine unterschiedliche Bevölkerung erkennen lassen. Auf diesen Felsbildern werden aber blonde Menschen erkannt.

»Die körperlichen Typen sind sehr unterschiedlich. Die meisten Figuren tragen ihr Haar im Turban, der nach vorn über die Stirn fällt, aber andere zeigen langes schwarzes und blondes Haar (Uan Amil.Tassili).« (Mellaart 1975)

Nach Hugot beweisen die archäologischen Untersuchungen in der Sahara, daß im Neolithikum ein Kultursprung in Nordafrika nachweisbar wird, zeitgleich mit der Einwanderung blonder Jäger und Rinderhirten, die ihre Toten in Megalithgräbern bestatten, vergleichbar entsprechenden Gräbern in Nordwesteuropa. Diese Hinweise auf Megalithgräber und blonde Haarfarbe sind zumindest ein Anhaltspunkt für die Vermutung, daß Gruppen aus dem Gebiet der westlichen Ostsee im vierten Jahrtausend v.Chr. nach Nordafrika gelangten.

In diesem Zusammenhang bemerkenswert ist die Beschreibung der Bevölkerung der Kanarischen Inseln. G. Müller. »Reiner als die Berber des nordafrikanischen Festlandes zur Zeit der Römer und Griechen haben die Bewohner der Kanarischen Inseln in ihrer Isolierung altlibysche Stammeseigenschaften bewahrt. Die Durcharbeitung der französischen, italienischen, spanischen und portugiesischen Berichte aus dem 14. bis 17. Jahrhundert hat ergeben, daß die Kanarier, die als blond und hellfarbig geschildert werden und noch eine durchaus steinzeitliche Kultur hatten, in Tracht und Sitte in überraschender Weise mit den Tuimah und Libu aus dem Ende des zweiten Jahrtausends übereinstimmten.«

Der Schnabelnapf und Henkelkrug

In den Dolmengräbern Nordafrikas findet man ein typisches Gefäß, den Napf mit einem Schnabel. Der Schnabelnapf kommt überall vor, »wo ich Dolmenkeramik veröffentlicht gefunden habe, er muß ein vielgebrauchtes Gerät gewesen sein«. (Baumgärtel 1926) Petrie und Quibell (1895) fanden diese Schnabelnäpfe auch in den prädynastischen Gräbern von Negade II. (siehe unten) Einige Abbildungen der schwer zugänglichen französischen Quellen sind nach Baumgärtel im folgenden wiedergegeben.

Diese ungewöhnlichen ›Tassen‹ fallen auf. Man vermutet Öllämpchen (in so großer Zahl?). Bemerkenswert erscheint, daß diese prähistorischen Schnabelnäpfe nahezu formgleich sind mit den modernen Schnabeltassen, wie sie am Krankenbett bei behinderten Patienten verwendet werden. Es wäre demnach naheliegend, daß auch die alten Schnabelnäpfe zum Trinken verwendet wurden. Aus gutem Grund, denn die wesentliche Nahrung des Rinderhirten ist die

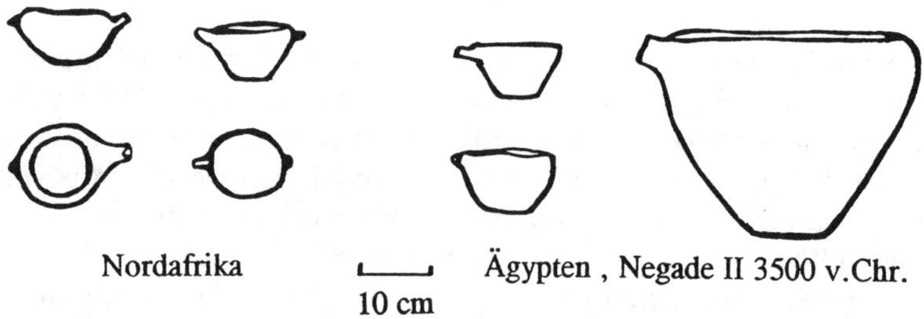

Abb. 13 *Schnabelnäpfe und Henkelkrüge in nordafrikanischen Dolmen und ägyptischen Gräbern. (nach Baumgärtel)*

Milch. Eine Schnabeltasse wäre ein vernünftiges, tägliches ›Eßgeschirr‹ von Rinderhirten. Die kostbare Milch wird weniger verschüttet. Als Vorratsgefäß dient der Henkelkrug. Alle Gefäße, die zum Ausschenken von Flüssigkeit bestens geformt waren.

Das Vorkommen des Schnabelnapfes und des Henkelkruges in nordafrikanischen Gräbern und im prähistorischen Ägypten (Negade II, siehen unten) läßt eine Zeitgleichheit vermuten, die mit der C-14-Methode bestätigt wird. In der Sahara wurden für Tassili 2700 und für Acacus 2 780 ± 310 v.Chr. nachgewiesen. (Lhote 1973) Diese Daten liegen etwa 200 Jahre vor den Radiokarbondaten der ersten Dynastie. (Derricourt 1971)

Petries ›New Race‹ in Ägypten

(Die Bezeichnung ›New Race‹ will Petrie als vorläufig verstanden wissen. Sein Mut, Stellung zu beziehen, verteidigt er gegenüber den deutschen zurückhaltenden Kollegen. Da die Deutschen gern zur Bezeichnung einer Unbekannten das X verwenden, wird es unübersichtlich, wenn jedes vorstellbare Geschehen mit X bezeichnet wird. Wir verwenden als vorläufige Bezeichnung den Ausdruck ›*New Race*‹.)

Etwa zur gleichen Zeit (?) wie in Nordafrika entstehen in Syrien/Palästina Siedlungen mit zahlreichen Megalithgräbern.

(Abb. 41) Es erscheint demnach naheliegend, daß die Boote der ›seefahrenden Rinderhirten‹ aus dem Norden auch die Ostküste des Mittelmeeres erreichen. Das heißt: Das Siedlungsgebiet entlang des Nils kommt in Ost und West mit ›Fremden‹ in Berührung, die ihre Toten in Megalithgräbern bestatten, mit den Rinderhirten in der Sahara und den Dolmenbauern in Palästina. Es ist naheliegend, daß die Fremden zu Wasser und zu Lande auch das fruchtbare Niltal erkunden.

1895 untersucht Petrie ein Gräberfeld in der Nähe des Dorfes Negade. Es liegt rund 600 km nilaufwärts von Kairo am Wadi Hammarat, der ›Taubenstraße‹ zum Roten Meer. 3000 Gräber liegen in diesem Gebiet. Sie entstanden zwischen etwa 4000 v.Chr. (Negade I) bis 3 200 (Negade III). Petrie fand, daß um 3700 v.Chr. eine deutliche Veränderung in der Grabkultur nachweisbar wird. Ein verhältnismäßig kleines Feld mit nur 69 Gräbern fällt auf. Die Gräber sind größer, rechteckig und reicher ausgestattet. Gewebe-

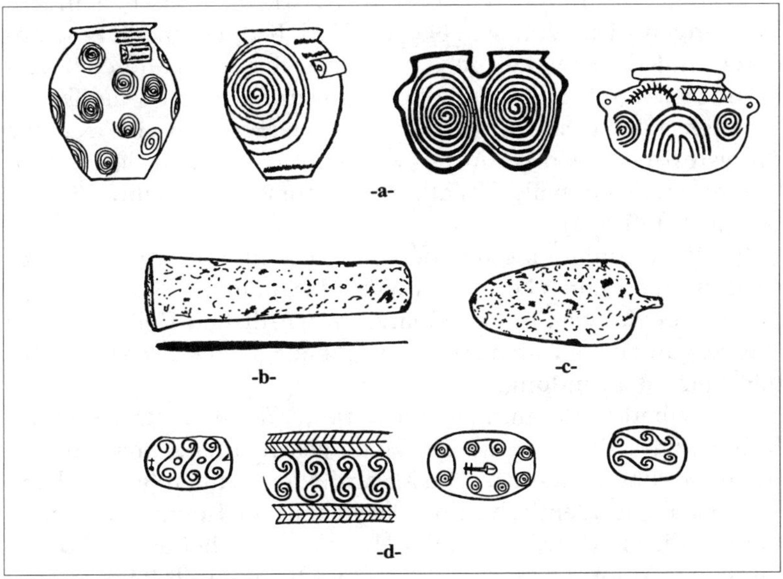

Abb. 14 *Negade II., 3500 v.Chr.*

a. *Tongefäße mit Spiralmustern.* **b.** *Beil oder Meißel aus Kupfer.* **c.** *Ahle (?) aus Kupfer (siehe auch Ur Abb. 46 h).* **d.** *Spiralmuster aus dem benachbarten Tempel des Seth in Nubt. (Senefer 18. Dyn.) Naheliegend erscheint, daß ein religiöser Zusammenhang besteht zwischen den Spiralen auf den Grabbeigaben in Negade II, in Nordafrika (Abb. 11) und Newgrange. (Abb. 4)* reste aus Leinen (!) und Wolle wurden gefunden. Von drei gefundenen Haarproben ist eine »dunkelbraun, ins Graue gehend«.

Für die Suche nach den Spuren der Megalithiker ist bemerkenswert, daß die Tongefäße in den Gräbern häufig mit Spiralen dekoriert sind. Es sind die Symbole, die auch in Irland, in Newgrange und in Nordafrika nachgewiesen wurden. (Abb. 4 u.13) Die Spiralen werden von Petrie beschrieben, aber nicht besprochen.

Petrie ist der Meinung, daß im Gebiet von Negade um 3 600 v.Chr. fremde, kriegerische Gruppen eindringen und eine Oberschicht bilden. Die Nagade II Kultur entsteht, nach Petrie erscheint eine neue Rasse.

»Die Beziehungen dieser Einwanderer zu den Ägyptern scheinen ausgesprochen feindselig gewesen zu sein. . . Die Fremden vernichteten oder vertrieben die ganze ägyptische Bevölkerung und besetzten das Land (Thebaid) alleine.«

Petrie vermutet »vollkommen feindselige Verhältnisse« beim Eindringen des fremden Volkes in Negade. Es gibt auch andere Meinungen: »Das Volk von Naqada II (d. h. die fremden Einwanderer) muß die Fähigkeit gehabt haben, sich mit der älteren Bevölkerung physisch und geistig zu vermischen. Es muß die Eigenschaften gehabt haben, die notwendig waren, um eine begabte prähistorische Bevölkerung so zu beeinflussen, daß sie zur führenden Zivilisation die damaligen Zeit aufsteigen konnte.« (Cambridge, I, 1, S. 481)

Petrie vermutet eine blonde Rasse, die in Nordafrika Machtstrukturen errichten konnte. Er weist darauf hin, daß diese Gruppen in der Kabylei, in der Sahara, im westlichen Delta des Nils (Libyer) und in Palästina als Amoriter nachgewiesen werden können. Seine Begründung:

»Die Übereinstimmung in der Keramik der New Race und der Kabylei hat jeden berührt, der beide gesehen hat. . . nahezu untrennbar voneinander. . . . Die Keramik der Dolmen (in Nordafrika) ist nahezu identisch in der Form mit der Keramik der New Race. . . Sie ist identisch mit der charakteristischen Form der Keramik der Amoriter aus der untersten Schicht von Tell Hesy (1800 v.Chr.). Die Übereinstimmungen sind zu deutlich, um zufällig zu sein. Die Amoriter waren ein blondes (fair) Volk wie die Libyer. Beide waren große Dolmenbauer. Wir folgern deshalb, daß die New Race ein Stamm der gleichen Libyer waren, die das Reich der Amoriter begründeten. Sie hinterließen Spuren einer südmediterranen Zivilisation um 3200 v.Chr. als man begann, Metall zu verarbeiten.«

Zur Abbildung eines Bootes auf einer Vase aus Negade: »Das große Boot mit einer langen Reihe von Rudern (40–70) zeigt, daß die Hersteller dieser Vasen nicht aus dem Inland von den Oasen gekommen sind, sondern daß sie an großen Flüssen oder an der See gewohnt haben.«

Petri begründet seine ›New Race‹ auch mit Meßwerten der gefundenen Schädel. Das Verfahren (Craniometrie) bestimmt die Länge, Breite und Höhe des Schädels - ein übliches Hilfsmittel der Anthropologen zur Bestimmung von Rassenmerkmalen. Petri meint, daß die unterschiedlichen Schädelformen in den Gräbern von Negade auf eine fremde Rasse hinweisen, eine Vermutung, die mit Meßdaten aus den folgenden Jahren übereinstimmt. Eine Zusammenfassung der verfügbaren Meßwerte in Ägypten gibt Derry (1956). Die Zusammenfassung der Meßwerte (Tab. 2) führt Derry zu folgendem Schluß:

»Wir erhalten ein beeindruckendes Ergebnis, das weit vom Mittelwert der prädynastischen Befunde abweicht. Unter keinen Umständen ist anzunehmen, daß sie zur gleichen Rasse gehören. . . Einer Rasse, welche in Ägypten die Kenntnis des Bauens mit Steinen einführte, die Skulpturen, Malerei, Reliefs und vor allem die Schrift.«

I. bis VI. Dynastie, Schädelmaße (Mastabas, größere Gräber)

	Länge mm	Breite mm	Höhe mm
prädynastisch (n=60)	184,2	132,0	132,9
I-VI Dynastie (n=19)	189,3	143,4	153,3

Tab. 2 *Bei den Gräbern der I. bis VI. Dynastie handelt es sich um Grabstätten der Nobilität, u.a. zwei Prinzen. (Derry)*

Die Vermutung, daß zwischen der ›New Race‹ in Ägypten und den Dolmenbauern in Palästina eine enge rassische Verbindung bestanden haben soll, war um die Jahrhundertwende offensichtlich wenig diskussionsfähig. Sie fand wenig Anklang und spielte fortan keine Rolle.

Die Aussage von Petrie wird heute eingeschränkt. Die Amoriter werden heute als Semiten geführt, nicht als Indogermanen. Bemerkenswert aber ist, daß Petries Vorstellungen gut übereinstimmen mit der im folgenden vorgelegten Hypothese, daß blonde indogermanische Stämme (Libyer) im Vorderen Orient unter anderem Megalithgräber, Spiralen und eine Religion von Rinderhirten hinterließen.

Spiralen

In den Gräbern von Negade II werden den Toten Keramikgefäße ins Grab gestellt, Gefäße, die mit Spiralmustern verziert sind. (Abb. 14) Sie sind etwa zeitgleich entstanden wie die Spiralen auf dem Türstein von Newgrange. (Abb. 4) Naheliegend erscheint, daß ein vermutlich religiöser Zusammenhang zwischen den Spiralen in Newgrange und in Negade besteht – bislang eine Spekulation, denn die symbolische Bedeutung dieser Spiralen ist umstritten.

Das Spiralmotiv wird archäologisch nachweisbar, in relativer Datierung (!), in der zweiten Hälfte des 7. Jahrtausends in Südosteuropa. (Gimbutas 1996) Im Norden, in Mykene und Kreta erscheint die Spirale in der Bronzezeit häufig auf Schmuck und Waffen. Bei den Griechen ziert eine doppelte Spirale die ionischen Tempelsäulen. Noch um 1000 n.Chr. erscheinen die Spiralen auf den Bug- und Hecksteven der Wikingerschiffe in Bootsgräbern. (Abb. 1 h) Es ist nicht sicher bekannt, welche Bedeutung die Spiralsymbole haben. Eine Deutung wird erschwert durch die rätselhafte ›weltweite‹ Verbreitung der Spiralen. (Man findet sie auch in China und Japan.) Schwierig zu erklären ist auch die über Jahrtausende anhaltende Zeitspanne ihrer Verwendung.

Die Vielzahl der Spiralmotive (Abb. 15) mag die Phantasie des Betrachters anregen. Gimbutas meint, daß die Energie, die der Dynamik der Spiralen innewohnt, die schlummernde Lebenskraft weckt und sie vorantreibt. Die Spirale oder die gewundene Schlange wird auch als eines der Symbole der Urmutter gedeutet, v. Reden vermutet, daß die Doppelspirale die drohenden Augen der Urmutter darstellt.

Die Phantasie würde begrenzt durch die Annahme, daß die Spiralen in Newgrange eine uralte, ›weltweit‹ verbreitete religiöse Vorstellung symbolisieren. Gültig um 6 000 v.Chr. im Donaubecken, um 3 000 v.Chr. in Newgrange, Ägypten und Sumer, um 700 v.Chr. in Griechenland und noch im 5. Jahrhundert n.Chr. in Gotland. (siehe Abb. 1) Auf die Notwendigkeit, eine Grundidee für die Spirale anzunehmen, weist Wirth (1966) hin:

»In zahlreichen und weit voneinander entfernt liegenden Kulturbereichen treffen wir auf das Volutensymbol. (Spirale) Der stets gleichartige formale Bestand und der sozusagen immer nachweisbare kultische Bezug sowie die räumliche und zeitliche Verbreitung, die sich in Ausläufern über alle Erdteile erstreckt, bezeugen, daß wir eines der ältesten Symbole einer ersten großen Weltordnungsidee vor uns haben«.

Wann diese ›Weltordnungsidee‹ entstand, ob sie von einem bestimmten Ursprungsgebiet sich ausbreitete oder ›zufällig und überall‹ entstand, wissen wir nicht.

Weiterführend ist die Annahme von Kruta (1993), daß die Spirale ein Motiv der jährlichen Sonnenbahn symbolisiert. Die Grundidee ist einfach. Die Bogen der Sonnenbahn werden größer bis zur Sonnenwende im Sommer und laufen zurück zum Zentrum der Spirale im Winter.

Offen bleibt nach Kruta die Frage, weshalb die Spiralen von der Steinzeit bis in die keltische Kunst so überaus beliebt waren. Die Antwort könnte sein, daß diese Sonnenspirale das zentrale Symbol einer weitverbreiteten Urreligion gewesen ist.

Die Bahn der Sonne als Spirale

Naheliegend ist, daß zwischen den Spiralen auf dem Türstein von Newgrange (Abb. 4) und der Ausrichtung der Kultstätte auf die Wintersonnenwende ein Zusammenhang besteht. Die Spiralsymbole von Newgrange könnten einen direkten Hinweis geben auf eine uralte Naturreligion, in der die lebenspendende Sonne verehrt wurde. Denkbar wäre, daß der Ursprung einer Sonnenreligion weit in die Zeit der Rentierjäger hineinreicht.

Angenommen, ein Mensch versucht irgendwann in ferner Vergangenheit, das Geheimnis des Laufes von Sonne, Mond und Sterne zu ergründen. Er sieht, daß die nördlichen Sterne ›fixiert‹ in einer unveränderlichen Bahn um einen Drehpunkt kreisen, einen Punkt, nahe dem heute der Polarstern steht. Der Gottsucher kann während des Tages den Lauf der Sonne ohne Schwierigkeit verfolgen. Für ihn folgt die Sonne einem Halbkreis. (Abb. 15 e–g) Vom östlichen Horizont steigt sie auf, gleitet über den Himmel und sinkt abends hinter den westlichen Horizont. Der Himmel erscheint ihm als Halbkugel. Das religiöse Problem für den Denker in der Vorzeit entsteht am Abend. Am Abend verschwindet die Sonne, und es folgt Dunkelheit und nächtliche Kälte. Angst mag aufkommen, und der Mensch wird nach einer Antwort suchen auf die drängende Frage: »Was geschieht mit der lebenspendenden Sonne während ihrer nächtlichen Abwesenheit?« Die Antwort ist wichtig für ihn, wenn er fürchtet, daß die Sonne am nächsten Morgen nicht wieder kommt. Er findet eine für seinen Glauben *grundlegende* Antwort:

»Die Sonne verläßt auch nachts ihre Bahn nicht: Sie gleitet nachts durch die Unterwelt, das heißt, die Sonne gleitet in einer Kreisbahn um die Erde.«

Diese Überlegung wird neben der Himmelssäule zur Grundlage einer megalithischen Urrreligion, die über Jahrtausende gut im alten Ägypten und in Nordeuropa nachgewiesen werden kann. (siehe unten)

Mit der Entdeckung einer ›Unterwelt‹, die von der Sonne des Nachts durchfahren wird, entsteht in der Vorstellung des Gottsuchers aus dem täglich sichtbaren Halbkreis der Sonnenbahn ein imaginärer Vollkreis - ein Vollkreis, der durch den Horizont halbiert wird. Auf diesem Horizont treffen in der ägyptischen Sonnenreligion die Seelen der Toten mit den Göttern zusammen. (siehe unten)

Die Variationen in der Spiralform (Abb. 15) lassen sich erklären. Das einfache Kreissymbol der Sonne entspricht nicht den wechselnden Bahnen der Sonne während der Jahreszeiten. Der Betrachter sieht im Winter, besonders im Norden, kleine Halbkreise und im Sommer große Halbkreise. Das ursprünglich einfache Kreissymbol wird dieser Beobachtung angepaßt. Es entsteht das Symbol der Scheibe mit *mehreren* konzentrischen Kreisen, das heißt, die Sonnenbahn kann jetzt wachsen und schrumpfen, entsprechend der Jahreszeit. (Abb. 15 b–g) Dieser Unterschied in der Sonnenbahn ist im Süden geringer, aber im Norden deutlich ausgeprägt, zum Beispiel in der Polar- und in der Mittsommernacht.

Trotz dieser ›Verbesserung‹ entsteht ein technisch unbefriedigendes Symbol, denn im Bild der konzentrischen Kreise *springt* die Sonne von einem Kreis auf den nächsten. In der täglichen Beobachtung springt die Sonne aber nicht. Sie verändert, vielleicht nur durch Meßbeobachtungen erkennbar, ihre tägliche Kreisbahn. Das Problem der ›springenden‹ Sonne wird vom Denker in der Steinzeit gelöst durch die Vorstellung, daß die Sonne in spiralförmiger Bahn die Erde umkreisen müßte. Durch Umformung der

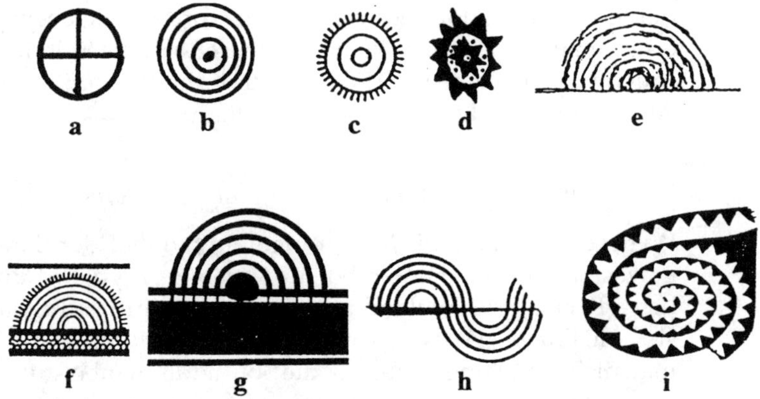

Abb. 15 *Das Symbol der Sonnenscheibe*

a. *Sonnenrad (siehe auch Abb. 21 a,b).* **b,c,d.** *Häufig verwendetes Symbol als konzentrischer Kreis. Der äußere Kreis auch ›strahlend‹ dargestellt.* **e,f.** *Halbkreis der täglichen Sonnenbahnen während eines halben Jahres.* **g.** *Die tägliche Sonnenbahn verschwindet mit einem dünnen Strich in der nächtlichen Unterwelt. Ein Hinweis auf die Dämmerung? Griechische Vase um 1000 v.Chr. Protogeometrische Periode.* **h.** *Mißglückter (?) Versuch, die tägliche mit der nächtlichen Bahn zu verknüpfen.* **i.** *strahlendes Symbol der Sonnenbahn, Kreta 1700 v.Chr.*

Kreise in eine Spirale kann die jährliche Schwankung des Kreisdurchmessers der Sonnenbahn genauer wiedergegeben werden.

Diese Grundidee der Sonnenspirale kann erweitert werden. Es entsteht ein zweites, häufiger verwendetes Symbol: die fortlaufende Spirale. Diese wechselt die Drehrichtung im Zentrum, das heißt zur Wintersonnenwende, ein geometrischer Kompromiß, denn die Sonne läuft in der einen Spirale von West nach Ost und in der nächstfolgenden Spirale umgekehrt von Ost nach West. Dieser Kompromiß ermöglicht es aber, symbolisch ein Jahr an das nächste zu koppeln. Es entsteht das Symbol eines langen Lebens

Abb. 16 *Ganzjährige Spirale, gegenläufig fortlaufende Spirale. (drei Jahre)*

(?). Spiralen, im Kreis geführt, könnten dann ewiges Leben bedeuten. Da die Sonne, zumindest im Norden, als lebenspendend erfahren wird, macht es keine Schwierigkeit, die Spirale auch mit Fruchtbarkeit, Leben und Glück zu verbinden. (Für ›drohende‹ Augen finde ich keinen realen Anhaltspunkt.)

Wo entstand das Symbol einer Sonnenspirale?

Wenn die Spirale von Newgrange ein Symbol der Sonnenbahn gewesen sein soll, ein Symbol, das auch in Ägypten, Sumer, Mykene, Kreta, Griechenland und Germanien auftaucht, dann stellt sich die Frage: *»Wo ist das Symbol ursprünglich entstanden?«* Wenn man nicht annehmen will, daß die Spirale als Symbol zufällig überall entstanden ist, dann muß es ein Ursprungsgebiet gegeben haben. Dieses Ursprungsgebiet müßte einen Hinweis geben, warum in diesem Gebiet, und nicht anderswo, eine Naturreligion entstanden ist, in der die Sonne verehrt wurde.

Bei der Suche nach den Spuren der Megalithiker spielt der mögliche Ursprungsort einer Sonnenreligion im folgenden eine wesentliche Rolle. Besonders bei der Besprechung der Sonnenreligion der Pharaonen (siehe unten) stellt sich die Frage, ob in Ägypten eine Sonnenreligion *ursprünglich als Naturreligion* entstanden sein könnte. Zweifel erscheinen begründet, denn am Nil bringt die Sonne im Sommer die sengende Dürre. Die Felder werden bestellt, wenn im November die Flut des Nils endet. Die Frucht reift im Winter. Die Sonne wird in Ägypten, zumindest von den Fellachen, eher als Feind empfunden. Warum sollte die Sonne im Rahmen einer Naturreligion in Ägypten angebetet werden?

Länge des Tages in Stunden

	Island	Südschweden	Mittelmeer
Sommer	24	19	16
Winter	0	4,6	8

Tab. 3 *Dauer zwischen Sonnenaufgang und Untergang zur Sonnenwende im Sommer und Winter. Die Nordküste von Island liegt etwa am Polarkreis. (R. Müller 1979)*

Für den Norden als möglichen Ursprung einer Sonnenreligion sprechen unter anderem die extremen jahreszeitlichen Schwankungen der Sonnenbahn. An der Nordküste von Island, am Polarkreis, scheint die Sonne zum Zeitpunkt der Sommersonnenwende 24 Stunden, im Winter 0 Stunden. Das heißt: Am Polarkreis zieht die Sonne im Hochsommer eine sichtbare Vollkreisbahn. Sie taucht nicht unter den Horizont. Im Winter das extreme Gegenstück. Die Sonne erscheint für eine Weile gar nicht. In Südschweden steht die Sonne im Hochsommer 19 Stunden am Himmel, aber nur rund 4,5 Stunden im tiefsten Winter. Die Schwankungen im Mittelmeergebiet sind deutlich geringer: ein Sachverhalt, der bei der Deutung der ägyptischen Sonnenreligion noch eine gewichtige Rolle spielen wird.

Ägypten um 3000 v.Chr.

Die ›sprunghafte‹ Entwicklung der ägyptischen Hochkultur

Angenommen, Petrie habe Recht und seine New Race sei ein Stamm der fremden Rinderhirten, die im vierten Jahrtausend ins Mittelmeergebiet einwandern. Sie lösen in Nordafrika, nach Meinung von Hugot, einen Kultursprung aus, eine sprunghafte Entwicklung, die um 3000 v.Chr. auch in Ägypten nachweisbar wird. Bemerkenswert ist, daß in beiden Fällen fremde Rinderhirten den Kultursprung ausgelöst haben sollen. Es ist naheliegend, einen Zusammenhang zu vermuten.

Fest steht zumindest, daß die gemächliche Entwicklung der ägyptischen Vorzeit am Ende des vierten Jahrtausends *innerhalb weniger Generationen* grundlegend verändert wird. Mit Narmer/Menes beginnt um 3000 v.Chr. die Herrschaft der Pharaonen. Die ältesten schriftlichen Hinweise aus der Gründerzeit (1. bis 5. Dynastie) sind auf dem ›Palermo-Stein‹ (er steht in Palermo) überliefert. Breasted beurteilt um 1900 die Inschriften auf diesem Stein als »zurückreichend in die Zeit der zwei Königreiche in Nord und Süd (Äypten). Beschrieben wird ein Königstum, groß und kraftvoll seit Gründung der Dynastien. Ein hoch entwickelter, aggressiver Staat, mit einer geordneten Verwaltung. Kulturell und zivilisatorisch hoch entwickelt, für uns nicht voraussehbar zu diesem weit zurückliegenden Zeitpunkt«.

Die Grundlagen der neuen, bewunderten ägyptischen Macht werden erkennbar in den ältesten Anordnungen, überliefert auf dem Palermo-Stein. Als erstes werden von den neuen Herren die Grundlagen für eine objektive und damit ›gerecht‹ erscheinende Steuererhebung geschaffen. Regelmäßig wird die Bevölkerung gezählt und jährlich der Wasserstand des Nils gemessen. Die Verwaltung braucht die Höhe des jährlich schwankenden Wasserstandes, denn das Ausmaß der Nilüberschwemmungen bestimmt den Ertrag der zu erwartenden Ernte und bestimmt damit die Höhe der möglichen Abgaben. Bemerkenswert auch, daß eine alphabetische (!) Lautschrift ›plötzlich‹ vorhanden ist. (Emery)

Offensichtlich konnte in wenigen Jahren eine wirksame Verwaltung entwickelt und durchgesetzt werden. Kaum vier Jahrhunderte später werden unter Djoser und seinem genialen Baumeister Imhotep Bauwerke in gewaltigen Dimensionen aus Stein errichtet, die Pyramiden. Die Technik des Steinbaues wird in einem bereits hochentwickelten Stadium nachweisbar. Innerhalb weniger Generationen werden an Stelle der traditionellen Lehmziegel, gefertigt aus Nilschlamm, Steine aus Kalk und Granit verwendet. Unvermittelt erscheinen die Ägypter *willens und technisch in der Lage,* grandiose Geometrie in Schöpfungen aus Stein umzusetzen. Kunst und Handwerk erreichen eine weder früher noch später übertroffene Höhe.

Das Problem: Eine anerkannte Lehrmeinung, wer diesen Kultursprung auslöste, gibt es nach meinen Kenntnissen nicht. Woher die Fremden kamen, weiß man nicht. Die ägyptische Hochkultur ist in ihrem Ursprung bis heute rätselhaft.

Naturreligionen am Nil

Bisher wurde versucht, ein Eindringen der Megalithiker aus Nordwesteuropa in den Mittelmeerraum im vierten Jahrtausend v.Chr. zu beschreiben. Verwendet wurden in der Beweisführung vor allem Megalithgräber, technische Hinweise zum Bau von Klinkerbooten, Spiralen als Sonnensymbol und biologische Betrachtungen zur Entstehung von blonden Haaren.

Eine weitere Möglichkeit, Hinweise zum Ursprung der neuen Oberschicht in Ägypten zu bekommen, bietet die Religion, denn wenn die Könige des Alten Reiches die Macht hatten, riesige Pyramiden erbauen zu lassen, dann hatten sie auch die Macht, ihre eigene Religion als ›staatstragende Religion‹ durchzusetzen. Naheliegend wäre demnach die Annahme, daß in Ägypten zwei Religionen nachweisbar werden. Die Religion einer fremden, herrschenden Oberschicht und die Religion der unterworfenen Ureinwohner.

Eine brauchbare Hypothese, wenn man die Entwicklung einer ›Naturreligion‹ ins Spiel bringt, bietet Erman (1934). In seinen Überlegungen zur Religion der Ägypter schreibt er über die Entstehung von Naturreligionen:

»Je nach dem Land, in dem ein Volk wohnt, und je nach dem Leben, das es zu führen hat, wird sich dann auch seine Religion gestalten. An der Küste des Meeres sieht sich die Welt doch anders an als in einem Urwald oder in der Steppe, und ein Volk, das in festen Sitzen und auf guten Äckern lebt, wird andere Götter erdenken, als jene armen Stämme, deren Leben nutzlos in Wandern und Kämpfen verrinnt.«

Vor diesem Hintergrund entsteht in Ägypten ein Problem, denn die staatstragende Religion ist im Alten Reich eine Sonnenreligion. Der Pharao ist im Selbstverständnis ein Sohn der Sonne, ein Sohn des Sonnengottes Re (siehe unten). Auf den ersten Blick bestehen klare religiöse Verhältnisse, bis man fragt: »Auf welcher *Naturreligion* gründet in Ägypten die Sonnenreligion der Pharaonen?«

Vordergründig wäre der Hinweis auf die beherrschende Stellung der Sonne in Ägypten. Am Nil scheint die Sonne viel und kräftig. Naheliegend ist deshalb die Annahme, daß die tagtägliche Erfahrung mit der Sonne im Rahmen einer Naturreligion in Ägypten zur Anbetung der Sonne führen müßte - in der Überlegung verständlich, in der Sache aber, aus folgenden Gründen sehr fraglich.

Für den Ägypter besteht die Erde aus zwei Teilen. Das unfruchtbare rote Land der Wüste, wo die Barbaren vom Regen leben müssen und der schmale, fruchtbare Uferstreifen des schwarzen Landes entlang des Nils - ein Lebensraum umgeben von Wüsten, geprägt und geplagt von der sengenden Sonne und Dürre im Sommer. Das Überleben in dieser Flußoase hängt vorrangig nicht vom Sonnenschein ab, sondern nahezu ausschließlich vom Wasser des Nils. Am Nil lebt eine Bevölkerung in Erwartung der jährlichen, lebenspendenden Überflutung, mit Aussaat und Ernte in der kühleren Winterzeit.

Es wäre demnach für den ägyptischen Bauern ›natürlich‹, einen Gott des Nils zu ersinnen, einen Gott, an den er sich wenden kann, um die Not zu wenden, wenn das jährliche Hochwasser des Nils einmal ausbleibt. Der Wasserstand des Nils, die Fruchtbarkeit der Tiere und das Wohlergehen seiner Familie würden wohl den größten Teil seiner Wünsche an die Naturgötter umfassen. Diese Vermutung trügt.

Es gibt tatsächlich einen Gott des Nils, aber im Kreise der Götter hat er nur eine dienende Stellung. In den Tempeln steht er in der Tracht der Schiffer und Fischer und überreicht den großen Göttern die Erzeugnisse seiner Flut. (Erman) Mit anderen Worten: Der Gott des Nils ist ein kleiner, untergeordneter Gott, und damit beginnt das Problem, denn nicht der alles nährende Nil, sondern der Sonnengott Re ist der höchste Gott der fremden Pharaonen.

Im Sargtext 317/122 (Faulkner) wird die Vorherrschaft des Sonnengottes Re deutlich beschrieben.(Sargtexte sind Inschriften auf

Särgen des Mittleren Reiches, siehe unten.) Der Sonnengott Re erschafft den Gott des Nils:

»Ich bin ein junger Gott, Re schuf mich als seinen Sohn, er formte mich in Stein (?) Die Götter des Horizonts beachten mich. Sie sehen mich, als ich als Nil erschien, zusammen mit dem Sonnenvolk, wie Re, als er geboren wurde.«

Der lebenspendende Nil liegt in der Rangordnung weit hinter der im Sommer sengenden Sonne. Aus Sicht einer Naturreligion kann diese Rangfolge der Götter in Ägypten nicht stimmen. (Auf das rätselhafte Sonnenvolk wird noch eingegangen.)

Die Religion der Rinderhirten

Die wesentlichen, schriftlichen Hinweise auf die ägyptischen Religionen stammen aus der 5. und 6. Dynastie (2500–2200 v.Chr.). Es sind die Pyramidentexte, eingemeißelt in die Steine der Pyramiden. Das heißt: Diese für die ägyptische Religionsforschung grundlegenden Texte sind etwa tausend Jahre jünger als die mit Spiralen geschmückten Grabbeigaben in Negade II. (Abb.14) Diese Zeitspanne von 1000 Jahren muß berücksichtigt werden, wenn man versucht, in den Pyramidentexten der voll entwickelten ägyptischen Hochkultur die Anfänge einer Naturreligion nachzuweisen. Die Pyramidentexte können nur ein mehr oder weniger verwaschenes Bild der religiösen Vorstellungen aus der Zeit des Narmers um 3000 v.Chr. widerspiegeln, einer Zeit, in der die Milchgöttin Hathor noch Hörner trug. (Abb. 22 e)

Hinweise auf die Anfänge der Religion der fremden Rinderhirten in Ägypten ermöglichen die beiden Symbole ›Spirale und Horn‹. (Abb. 1) Man findet diese Symbole gemeinsam in Gräbern und Tempeln. Die Spirale als Sonnensymbol wurde bereits besprochen. Das Stierhorn ist ein Statussymbol der Götter, Könige und Krieger. Der Bulle ist in den Pyramidentexten ein häufig verwendetes Symbol. Die auf dem Kopf mit Kappe oder Helm getragenen Stierhörner sind als Statussymbol gut geeignet, denn sie fallen auf; im Kampf sind die Hörner eher hinderlich. Bemerkenswert erscheinen die weite Verbreitung und die lange Zeitdauer der Verwendung der Hornsymbolik. (Abb. 1)

Der älteste Hinweis stammt aus Ägypten. Das Symbol des Narmers auf seinem Schiff ist der Stierkopf (Abb. 31), und die Göttin Hathor trägt Kuhhörner. (Abb. 22 e) Bei den Sumerern sind die

Hörner Statussymbole der Oberschicht. (Abb. 46 d, e) Herodot (VII, 76) berichtet, daß in der Armee des Xerxes Gruppen »einen ehernen Helm trugen, und auf dem Helm saßen Ohren und Hörner von Ochsen aus Erz«. 100 Jahre später trugen die Griechen in persischen Diensten Hörnerhelme, aber ohne Ohren. (Pope 1939), König Khusraw I., Sassaniden-Dynastie von Persien, wird porträtiert mit einem Helm. Baal Sapan (Ugarit), der Gott der Seefahrer, trug eine Hörnerkrone (Abb. 60) (Stadelmann 1967). Um 1200 v.Chr., zur Zeit der Dorischen Wanderung und der Seevölker, erscheint das Symbol in Sardinien, auf Zypern (Abb. 52 b, c, f) und in Dänemark (Abb. 1 e, f). Alexander der Große wird auf einer Münze mit Stierhörnern dargestellt. (Brockhaus)

Das Problem: Wie erklärt man einen prähistorischen Rindermythos, der im Gebiet der Megalithkultur über 4000 Jahre in den Vorstellungen kriegerischer Oberschichten überlebte? Man trägt Hörnerhelme als Zeichen der Macht. Weshalb? Ab wann und wo wurde in grauer Vorzeit der Stier zum mythenprägenden Symbol von Jägern und Nomaden? Man kann nur spekulieren.

Abb. 17 a. *Felsbilder Südfrankreich, Nordspanien.* **b.** *(unten) Rekonstruktion des Urs nach Knochenfunden. Das weibliche Tier war deutlich kleiner als der Stier. Seine Rißhöhe ist etwa 2 m. (Herre 1948)*

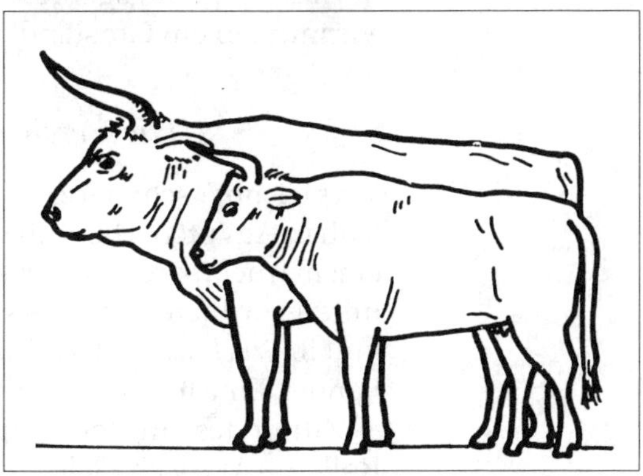

Die ältesten Hinweise auf einen Stierkult stammen in Nordwesteuropa aus dem Gebiet der Pyrenäen und Südfrankreich mit den berühmten Stierbildern der Höhlenmalereien. Aus Anatolien gibt es Hinweise auf einen Stierkult in den Ausgrabungen von Tschatal Hüjük (Mellart) um 6000 v.Chr. Wie ein Stierkult entstanden ist, läßt sich nur vermuten. Sicher erscheint nur, daß es ein Gebiet gewesen sein muß, in dem während der letzten Eiszeit Rinder gelebt haben, das heißt ein Gebiet mit großen Grasflächen.

Das mächtigste Tier um 6000 v.Chr. war der Ur. Dieses Tier war für den Jäger sicher ein respektvoller Gegner. Ein frei herumziehender Stier läßt sich nicht zähmen. Er kann nicht wie Ochse oder Kuh vor den Pflug oder Karren gespannt werden. In seiner Wildheit und Stärke ist er ein gefährlicher Gegner für den Menschen. Es wäre demnach verständlich, wenn der gewaltige Ur mit 2 m Rißhöhe in einer Gemeinschaft von Jägern zum Sinnbild von Kraft und Fruchtbarkeit wurde.

Die fast göttliche Verehrung des Stieres in den alten Hochkulturen setzt voraus, daß der Mensch dem Wildstier in grauer Vorzeit in freier Wildbahn begegnete. Es wäre schwer vorstellbar, daß ein gezähmter Stier Symbol einer kriegerischen Herrenschicht werden konnte. Ein ›unterworfenes‹ Herdentier als Symbol göttlicher Macht? Ein königlicher Symbolträger, der bei Bedarf geschlachtet werden kann? *Der Kult muß entstanden sein, als der Wildstier, vermutlich der Ur, noch nicht domestiziert war.* Da das Tal des Nils aus klimatischen Gründen kaum jemals ein Grasland für frei herumziehende Rinderherden gewesen sein kann, kann eine ›ursprüngliche‹ Naturreligion, in der Rinder verehrt wurden, schwerlich am Nil entstanden sein. (Die Tatsache, daß zur Zeit der Pharaonen über große Rinderherden berichtet wird, sagt nichts aus über den Rinderbestand im Delta zur Zeit von Negade II, zur Zeit von Petries ›New Race‹.) Als bereits ausgeprägte Kult erscheint die Verehrung des Stieres in Ägypten schon lange vor der Vereinigung. In der 1. Dynastie war er bereits gebräuchlich. (Emery)

Für ein hohes Alter des Kultes spricht auch die Überlegung, daß zu einer Zeit, in der in Ägypten bereits die anthropomorphe Göttervorstellung, zum Beispiel als hörnertragende Hathor, geläufig war (Abb. 22 e), *unmöglich ein Tierkult neu eingeführt worden sein kann.*

Das Ursprungsgebiet des Rinderkultes? Man kennt es nicht. Vermutlich ein Grasland, in dem Rinderhirten leben konnten.

Die Verehrung der Kuh in Ägypten

Vergleichbar schwierig zu erklären ist auch die tiefe Verehrung der Kuh in Ägypten. Die Kuh nährt mit ihrer Milch die Rinderhirten. In einem fruchtbaren Ackerland spielt die Milch als Nahrung aber eine untergeordnete Rolle. Es stellt sich damit die Frage, ob ein Rinderkult im *fruchtbaren Ackerland* des Niltals als Naturreligion entstehen konnte. Eine überzeugende Antwort ist mir nicht eingefallen.

Zumindest in der ägyptischen Frühzeit spielen Rinder keine Rolle im Wirtschaftsleben. Man war am Nil nicht abhängig von der Milch der Kühe. Rinder lassen sich zumindest in prädynastischer Zeit auf den dekorierten Gefäßen von Negade II *nicht* nachweisen, wohl aber: 1 Mufflon, 3 Hirsche, 4 Elefanten, 13 Schildkröten, 11 Vögel, 60 Doppelvögel (?) und 120 Fische. (Petrie) Entsteht in einem Gebiet mit solchen Jagdtieren eine Naturreligion, in der die höchste Göttin Kuhhörner als Statussymbol auf dem Kopf trägt (Abb. 22 e) und Hathor, die Milch-Göttin, die Pharaonen nährte?

Die Deutungsschwierigkeiten entstehen nicht, wenn man annimmt, daß der Rinderkult in Ägypten von den Megalithikern eingeführt wurde. Die neuen Herren waren zwar im Ursprung Jägernomaden und Rinderhirten, sie unterwerfen aber am Nil ein Gebiet, das *reichlich* andere Nahrung bietet. Sie besetzen eine fruchtbare Flußoase. Das heißt: Die alte Naturreligion aus dem Norden muß dem Leben in einem südlichen Agrarland angepaßt werden.

Die Rinderhirten machen die für sie neue Erfahrung, daß am Nil die Milch nur *ein* Nahrungsmittel neben vielen anderen ist. Ihr Überleben hängt nicht mehr von der Milchleistung der Kühe ab. Niemand läuft in Ägypten Gefahr zu verhungern, wenn eine Kuh stirbt. Es wäre demnach verständlich, wenn im Laufe der Jahre der jägernomadische Bezug zur lebenspendenden Kuh in einer Gesellschaft von Bauern verlorengeht.

In den Sargtexten des Mittleren Reiches läßt sich der Rinderkult noch sporadisch nachweisen. Es wird auffallend häufig erwähnt der ›Bulle‹ als Synonym für Macht und Stärke im Spiel der Mächte der ›Totenwelt‹. Der Begriff ›Milch‹ erscheint gelegentlich in Zusammenhang mit der Milchgöttin Hathor. (Faulkner) Hathor behält in Ägypten als Symbol die Kuhohren (Abb. 30 b), trägt aber nicht mehr die Hörner wie auf der Narmerpalette. (Abb. 22 e) Die ursprüngliche Milchgöttin wird zur Göttin des Tanzes, des Baumes, der Liebe usw. (siehe auch Abb. 59 a) Auch Stier und Kuh erfahren einen Wertewandel. Der ehemals göttliche Stier wird beim Fang vom Prinzen am Schwanz gehalten. (Abb. 23) Was macht man mit der Kuh? Sie bildet das Himmelsgewölbe. Ihr Bauch symbolisiert die himmlische Wasserfläche (!), auf der die Sonne, der Mond und die Sterne vorübergleiten.

Die Problematik einer logischen, naturbezogenen Deutung des ägyptischen Rinderkultes zeigt die Abbildung 18. Welche mythischen Vorstellungen bringen die Kuh in dieser Form an den ägyptischen Himmel? Erman ist der Meinung, durch die Phantasie des einfachen Menschen, »und der grübelt nicht danach wie Himmel und Erde gestaltet sein könnten. Er nennt dichterisch den Himmel eine Kuh, aber es fällt ihm zunächst nicht ein, in dem runden Himmelsgewölbe wirklich den haarigen Bauch der Kuh mit ihrem Euter zu sehen oder nach ihren Beinen zu suchen; das Bild setzt sich in der poetischen Sprache fest und wird dem Volk immer vertrauter. . . Wozu über etwas nachdenken, was hübsch und poetisch ist, und eine schöne Kuh ist doch etwas, was jedem Ägypter gefällt.«

Abb. 18 *Der Himmel als Kuh, vom Luftgott Schu und anderen Göttern gestützt. Am Bauch der Kuh das Schiff der Sonne, das über den ›Wasserbauch‹ (?) der Kuh gleitet. (Grab Sehtos I.). Gestützt wird der Bauch durch den Ältesten der Götter, Schu, der ursprünglich Himmel und Erde trennte. (siehe unten) Welche Naturreligion erdenkt ein solch verworrenes Bild?*

Hatte Erman doch recht, wenn er vermutet, daß die poetische Phantasie der Ägypter die Himmelbilder geschaffen hat – eine Phantasie mit Folgen, denn »jede Epoche vergrößerte so die Menge der religiösen Details, das die ägyptischen Theologen erfreute und uns ein Greuel ist«.

Das Boot, das Wasser und die Sonne in der ägyptischen Religion

Die Verehrung der Rinder in einem Volk von Rinderhirten bedarf keiner Begründung. Sie ist selbstverständlich. Probleme entstehen aber, wenn in der Religion dieser Rinderhirten ausgerechnet die *Seeschiffahrt* eine zentrale Rolle spielt.

Wie bereits besprochen, wurden im Laufe von Jahrtausenden aus Eiszeitjägern, von der Rachitis geplagt, im Laufe der Entwicklung rotblonde, vermutlich ›seefahrende Rinderhirten‹, vielleicht aus dem Land der homerischen Phäaken. Sie erreichen mit ihren Booten im vierten Jahrtausend auch Ägypten. Diese Annahme würde erklären, weshalb die Religion der äygptischen Machthaber im Alten Reich so auffallend stark von der Schiffahrt geprägt wurde, denn *ohne Schiffahrt ist weder der Sonnen- noch der Totenkult der Pharaonen denkbar.* Die Sonne kann ohne Boot nicht über die himmlischen Gewässer des Firmaments gleiten, und auch für die toten Seelen gibt es fast nur einen Transportweg zu den Gefilden des ewigen Lebens. Die Seele braucht ein Boot und einen Fährmann, um übers offene Wasser zum Horizont und damit zu den Göttern zu gelangen. (siehe unten)

Grundlage dieser ursprünglich ›bootsgebundenen‹ Religion ist eine einfache, technisch begründete, kosmische Konstruktion. Benötigt werden eine Himmelssäule, ein Urozean, ein Urhügel und ein Horizont.

In der Vorstellung der Pharaonen war am Anfang das Chaos. Das Leben konnte beginnen, nachdem der Luftgott Schuh sich zwischen Himmel und Erde stemmte. Das Symbol des Schuh wird die *Himmelssäule*, deren Drehpunkt im Nordpol liegt. Die Erde bzw. ein ›*Urhügel*‹ wird seit dieser Zeit von einem *Urozean* umgeben. (griech. *okeanos*: ›der die Erdscheibe umfließende Weltstrom‹, Kluge) Erde und Ozean bilden eine flache Scheibe. Am Rand der Scheibe, das heißt am *Horizont,* treffen Ozean und Himmel zusammen, wobei auch das Himmelsgewölbe als Wasserfläche verstanden wird. Diese einfache kosmische Konstruktion von Urhügel, Urozean, Horizont und Himmelsgewölbe bildet die ›technische‹ Grundlage des ägyptischen Sonnenkultes.

Auch das entstehende Transportproblem für die Sonne und für die Seelen der Toten wird technisch gelöst. Die einzelnen Stationen, Himmel, Horizont und Unterwelt, können nur übers Wasser mit dem Schiff erreicht werden. Die Sonne bekommt deshalb zwei Barken, mit denen sie über den Himmel und durch die nächtliche Unterwelt fahren kann. Die Toten benötigen ebenfalls ein Boot und zusätzlich einen Lotsen, einen Fährmann, der sie über den Ozean zum Horizont geleitet. Es entsteht der Eindruck, daß diese ›Religion‹ von Realisten, von Praktikern geprägt wurde, von Menschen, die wie die Stonehenger die Bahn von Sonne und Mond ›vermessen‹ und sich dann ein Lunisolarjahr errechnen. Soweit erkennbar stiegen die Philosophen erst später ins Boot.

Es stellt sich die Frage: »Weshalb und wo schuf der Mensch sich eine solche, ans Boot gebundene Sonnenreligion?« Ich meine, die Spur führt in den Norden. Für den Gottsucher im nördlichen Dolmengebiet droht der Sonne für alle erkennbar eine Gefahr, wenn sie im Winter immer schwächer wird, wenn die Nächte immer länger werden. Bemerkenswert ist, daß diese Gefahr sowohl in Ägypten als auch bei den Germanen (siehe unten) durch eine riesige Schlange symbolisiert wird.

In Ägypten ist es die Apophis, die in den Wassern des weltumspannenden Nun, dem Ozean, liegt. Die Schlange versucht die Bootsfahrt der Sonnenbarke zu verhindern. Stürmisches Wetter ist für den alten Ägypter ein vorübergehender Sieg der Schlange. Bei totaler Sonnenfinsternis hat die Schlange die Sonne verschlungen. Während der Nachtfahrt ergreifen deshalb die Toten, die Götter und Dämonen der Unterwelt ein Seil der Barke und ziehen das Schiff durch die Unterwelt zum Morgen. Sie helfen der Sonne auf ihrem gefahrvollen Weg.

Diese Vorstellung einer notwendigen Hilfe für die Sonne wird im religiösen Ritual in die Tat umgesetzt. *Demonstriert wird die symbolische Unterstützung der Sonnenfahrt.* Kultboote stehen im Mittelpunkt der Rituale.

In Ägypten werden Kultboote der Sonne innerhalb oder außerhalb des Tempels aufgestellt. In feierlichen Prozessionen tragen Priester die Boote auf den Schultern, oder man zieht die Boote, auf Kufen oder Räder gestellt, durch Straßen und Tempel. Dieses ›Basisritual‹ der Sonnenreligion wird in vielen Variationen während der ganzen Pharaonenzeit gepflegt. (Dieser Ritus ist auch im Norden nachgewiesen, siehe Abb. 21)

Soweit der religiöse Umgang der Pharaonen mit der übers Wasser fahrenden Sonne. Die Aussage ist eindeutig: *Ohne Schiff, ohne Ozean kein Sonnenschein.*

Es ist bemerkenswert, daß nicht nur die Sonne, sondern auch die Seele des Toten ein Boot benötigt. Die Seele muß zum Horizont, um dort ins Boot des Sonnengottes zu steigen. Das heißt: Die Seele muß den Urozean überwinden, um zum Horizont zu kommen. Der Fährmann mit seinem Boot erscheint. Am östlichen Ho-

rizont angelangt, steigt die Seele nach vielen Prüfungen in die Sonnenbarke ein und gleitet dann zusammen mit dem Sonnengott Re über den Himmel. Das Ziel ist erreicht: Die Seele ist unsterblich geworden. Die Aussage ist eindeutig: *Ohne Schiff und Ozean kann die Seele nicht unsterblich werden.*

Die Vorbereitungen zur letzten Fahrt werden in den Pyramidentexten häufig geschildert. Zum Beispiel wird der Fährmann zur Eile gedrängt:

»Wenn du zögerst, mich überzusetzen mit diesem Fährboot, dann werde ich deinen Namen allen Männern erzählen, die ich kenne, jedem.« (Faulkner, §1223)

Offensichtlich war der Fährmann nicht immer dienstwillig. Er nimmt nicht alle in seinem Boot auf, sondern nur die, von denen es hieß: »da ist kein Übel, das sie getan haben«, oder »der Gerechte, der ohne Boot ist«, oder der, »der gerecht ist vor dem Himmel und der Erde und vor der Insel«. Die Insel ist das Gefilde der Seligen, zu dem sie fahren. Dabei entsteht Gefahr für die Seele, da sie auf ihrer Fahrt vom Fährmann abhängig ist! Was tun, wenn der Fährmann nicht will? Eine Möglichkeit: Man bittet den Gott der Unterwelt Osiris: »Laß mich nicht ohne Boot.«

Abb. 19
a. *Getragenes Boot,*
b. *Gezogenes Boot. (Edfu-Tempel)*
c. *Sonne in einem Boot (aus einem Totenbuch).*
d. *Votivboot aus Holz in einem Grab, spitzoval mit hochlaufendem Steven. (Almgren) Getragene oder gezogene Boote lassen sich auch auf Felsbildern in Skandinavien nachweisen (Abb. 21).*

Vor diesem Hintergrund wird auch der Stellenwert der Grabbeigaben in Form eines Votivbootes erkennbar. Denkbar wäre, daß der Tote, der ein Votivboot bekommt, unabhängiger vom Fährmann wird. Vielleicht umgeht er dadurch die Prüfungen des letzten Gerichtes? Ramses II. schenkte während seiner 31jährigen Regierungszeit verschiedenen Tempeln nicht weniger als 178 Schiffe. (Erman) Die Größe dieser Boote schwankt zwischen handgroßen Votivbooten und Booten in Originalgröße. An der Cheopspyramide wurden fünf Bootsgruben ausgegraben. Cheops erhielt für seine Reise ins Jenseits ein Schiff von 43 m Meter Länge. Es ist gut erhalten. (siehe unten)

Der Sargtext Spell 62/267 lautet: »Ich habe dafür gesorgt, daß du den See und das Meer (mit) der Sohle des Fußes überschreiten kannst, als ob du über Land gingest.« Wer zu Fuß übers Meer gehen kann, braucht nicht die Hilfe des Fährmannes.

Der Osiris-Mythos

Diese relativ einfache, weil im wesentlichen technisch begründete kosmische Konstruktion aus Urhügel, Urozean und schiffbarer Himmelskugel ist bereits im Alten Reich mit dem Osiris-Mythos verwoben. Dadurch verbinden sich zwei religiöse Vorstellungen, die bei naiver Betrachtung wenig miteinander gemein haben.

Die Kennzeichen der megalithischen Sonnenreligion, das heißt Sonne, Ozean und der Horizont, sind täglich für den Menschen sinnlich erfahrbar. Der Betrachter sieht die Kreisbahn der Sonne. Er sieht, wie sie im Westen hinter dem Horizont verschwindet und für ihn anschaulich ins vermutete Reich der Unterwelt eintaucht. Eine primär ›technische‹ Konstruktion.

Diese durch die halbierte Kreisbahn der Sonne für den Gottsucher ›nachgewiesene‹ Unterwelt hat keiner gesehen. Zusätzlich zu den meßbaren Größen wie dem Zeitpunkt der Sonnenwende oder dem Lunisolarjahr tritt etwas ›nicht Meßbares‹, der Glaube an eine Welt der Toten, der Glaube an die Unsterblichkeit des Menschen.

Ob es diesen Jenseitsglauben bereits im vierten Jahrtausend im nördlichen Dolmengebiet gegeben hat, wissen wir nicht. Lediglich die ›Seelenlöcher‹ an den Dolmen mögen auf eine Unsterblichkeit der Seelen hinweisen. (Abb. 26)

In Ägypten ist die Beweislage besser. Aus der Sicht der alten Ägypter wohnten in der Unterwelt die Toten unter ihrem König

Osiris. Er war einst dem Sonnengott als Herrscher auf Erden gefolgt, in der Regierung unterstützt durch seine Schwester und Gemahlin Isis. Er war ein Wohltäter der Menschen, als gerechter Herrscher beliebt, wurde aber von seinem Bruder Seth durch Zauberei betrogen und dann erschlagen. Als Isis nach großen Mühen den Leib ihres Gatten in ihren Besitz gebracht hatte, gelang es ihr, durch mächtige Zaubersprüche den Toten Osiris ins Leben zurückzubringen. Er konnte aber sein irdisches Leben nicht fortführen, sondern wurde zum Herrscher der Unterwelt. Später gebar Isis einen Sohn Horus, der seinen Vater rächte und in einem gewaltigen Kampf dem Seth die Hoden entriß. Er selbst verlor bei dem Kampf ein Auge.

Der gerechte, fürsorgliche Osiris wurde zum Hoffnungsträger der Menschen. Osiris wurde zum Sinnbild des Lebens nach dem Tod. Isis, die treue Gattin und Mutter des Horuskindes, wurde zum Ideal der Frau und Mutter. (Breasted)

Offen bleibt wohl die Frage, ob der Sonnenkult der Pharaonen und der Osiriskult in etwa zeitgleich oder zeitversetzt entstanden. Erkennbar ist zumindest, daß der Osiris-Mythos mit dem Sonnen-Rinder-Mythos der Rinderhirten früh verschmilzt. Aus der Kuhgöttin, der ›Milk-Goddess‹ Hathor, wird die Frau des Osiris.

Bedingt durch ein ausgeprägtes Bedürfnis der Ägypter zur Traditionspflege, ›stirbt‹ keiner der alten Götter. Man ist religiös tolerant. Neue Götter können bei Bedarf neben den alten Göttern ins ›politische‹ Spiel gebracht werden. Letztendlich ist es wohl die Schrift, die den Göttern in Ägypten ein über drei Jahrtausende währendes Überleben ermöglichte. Die Götter konnten überleben, solange die Schriften gelesen wurden.

Da der *ursprüngliche* Sinngehalt einer Naturreligion von Rinderhirten in einer Hochkultur im Laufe der Zeit verlorengehen muß (?), werden die alten Überlieferungen mit neuen Bildern in einer entstehenden neuen Kultur zwanglos und phantasievoll miteinander verknüpft. Die schiffbare Himmelskuh entsteht. (Abb. 18) Man gibt den Toten Briefe in die Hand mit der Bitte, sie im Jenseits zu übergeben. Es entsteht ein kompliziertes religiöses Geflecht, das den Religionswissenschaftlern die Arbeit erschwert. Die ursprüngliche ›geometrische‹ Rationalität der seefahrenden Rinderhirten verdämmert im Laufe von Jahrhunderten.

Soweit Inhalt und Ritual des ägyptischen Sonnenkultes. Vergleichbar dem Rinderkult, gelingt es mir nicht, den Sonnenkult auf eine ägyptische Naturreligion zurückzuführen.

Das aus ägyptischer Sicht Fremdartige im Sonnenkult der Pharaonen wird deutlicher, wenn man die Erfahrung des äygptischen Fellachen mit der Sonne ins Spiel bringt. Sein Problem ist nicht der Mangel an Sonnenschein, im Gegenteil, er hat zuviel davon. Den Stellenwert der Sonne im Bewußtsein des ägyptischen Bauern zeigt seine Einteilung des Jahres. Er kennt keinen Frühling oder Herbst. Er rechnet mit dem Wasserstand des Nils, dadurch entstehen für ihn drei Jahreszeiten: 1. Die *Flut* des Nils. Sie beginnt im Juli und endet im November. 2. Im anschließenden ägyptischen Winter bis zum März wird gesät und geerntet. Die *Saat* wächst im ausgehenden Sommer, auf Feldern, die in der Oberfläche noch nicht ausgetrocknet sind. 3. Vom März bis Juli herrscht die Sonne. Sie bringt für Monate verheerende *Dürre*. Vor diesem Hintergrund überrascht es nicht, daß die Sonne vom Bauern nicht als segenbringende Macht verehrt wird. Die Sonne wird mehr gefürchtet als verehrt. Sie wird als vernichtende Gewalt, als Feind erfahren. (Hamlyn 1968) Zumindest aus der Sicht der Fellachen stimmt am Nil die Rangordnung der Götter nicht. Der Fellache müßte den Gott des Nils verehren.

Anschaulich wird die Problematik einer ›ägyptischen‹ Sonnenreligion, wenn man versucht, sich vorzustellen, daß eine Sonnenwendfeier in Schweden auf Ägypten übertragen wird. Die ausgelassene Lebensfreude auf den traditionellen Sonnenwendfeiern in Nordeuropa sind verständliche Reaktionen auf den langen nordischen Winter. Wenn man heute noch den nächtlichen Tanz um das große Feuer erlebt, fällt es nicht schwer, die zentrale Stellung der Sonne im Glauben der Vorfahren zu verstehen. Spätestens nach Weihnachten sehnt sich auch ein hartgesottener Nordländer nach der Sonne. Eine gedankliche Übertragung dieses Festes auf den Süden wirkt grotesk. Sonnenwendfeiern und überschäumende Lebensfreude am 21. Juni am Nil? Die Fellachen warten nicht auf die sengende Sonne. Sie warten, daß sie in ihrer zerstörenden Kraft endlich nachläßt. Sie warten auf den lebenspendenden Winter.

Es ist denkbar, daß die ägyptische Urbevölkerung andere, ihrem Leben näherstehende Götter verehrten. Erst zum Ende der zweiten Dynastie (2600), etwa 400 Jahre nach Narmer, beginnen die beiden rassischen Gruppen sich zu vermischen. Die unteren Schichten übernehmen in vielen Teilen des Reiches die Bestattungsformen der Oberschicht, und viele der alten Götter werden in den Sonnenkult integriert, mit Ausnahme von Seth. Dieser ›ägyptische‹ Gott blieb während der ganzen ägyptischen Geschichte für die herrschenden Schichten ein Außenseiter. (Emery)

Abb. 20 a. *Hathorpfeiler. (sieheText, Abb. 30)* **b.** *Bildhauermodell für den Tempel von Horneith (Ostdelta): König Djoser 3. Dyn. (um 2700) mit der Krone von Oberägypten. Höhe 16 cm. New York, Metropolitan Museum of Art. (Leclant) Diese ›Spiralkrone‹ läßt sich noch im Neuen Reich nachweisen.*

Die Spirale und die Sonnenreligion

Einen verdeckten Hinweis auf den Ursprung der Sonnenreligion der Pharaonen gibt die ägyptische Krone. »Was bedeutet die Spirale auf der Krone des Königs Djoser?« (Abb. 20 b)

Denkbar wäre eine Verbindung zu den Fremden in Negade II. Die Fremden von Petries ›New Race‹ erhielten in prädynastischer Zeit als Grabbeigabe Keramikgefäße geschmückt mit Spiralen (Abb. 14). Wenn diese Spiralen, entsprechend dem Türstein von Newgrange (Abb. 4), die Sonnenbahn symbolisieren, dann wäre es naheliegend, daß beide, die Fremden in Negade II und der König Djoser, die Sonne verehrten. Es wäre dann folgerichtig, daß ein ›Sonnenkönig‹ seine Krone mit dem Symbol einer Sonnenspirale ziert.

In diesem Zusammenhang ein merkwürdiger Hinweis in den Sargtexten des Mittleren Reiches. Es werden in den Texten 15mal die ›Coiled One‹ erwähnt. Eine für mich nicht näher zu definierende Gruppe von Göttern, häufig in Verbindung mit dem Horizont. (siehe unten) *Coiled* bedeutet ›aufgewickelt, spiralförmig, gelockt‹. Was bedeutet der Hinweis ›1098‹ »*As for the Coiled One which is on his head (Re), it was Isis who brought it to him.*« (Faulkner) Hat Isis (Hathor) dem Sonnengott das Spiralsymbol gebracht?

Auch eine Verbindung zwischen Spirale und der höchsten Göttin, der Kuh-Göttin Hathor (Milk-Goddess), wäre erklärbar. Die Göttin Hathor, auf der Narmerpalette noch mit Hörner dargestellt, erscheint in der Abb. 20 nur noch mit den Kuhohren. Sie trägt ein Tempeltor, flankiert von zwei Spiralen. Dieses Tor symbolisiert die Eintrittspforte der Sonne am östlichen Horizont. Sind die Sonnenspirale auf der Krone des Pharao und das Sonnentor mit den Spiralen auf dem Haupt der obersten Göttin nur ein bedeutungsloser Zufall?

Die Behauptung, daß die Spirale auf der Königskrone ein Symbol der Sonnenbahn sein soll, steht im Widerspruch zur gängigen Annahme, daß diese Spirale eine Schlange darstellt, die Uraeusschlange. (Sind dann die beiden Spiralen am Sonnentor auf dem Kopf der Hathor auch Uraeussschlangen?) (Abb. 20 a) Nach der ägyptischen Mythologie bäumt sich die Uraeusschlange an der Stirn des Sonnengottes oder an der Sonne selbst gegen Feinde auf und vernichtet sie mit ihrem Gluthauch. Ursprünglich war sie das Tier der unterägyptischen ›Kronengöttin‹ Uto, die in der vorgeschichtlichen Deltaresidenz Buto beheimatet war. Später wird die Schlange von Königen und Göttern als Diadem getragen. (*Brockhaus*)

Eine plausible Deutung zum *Ursprung* der Uraeusschlange habe ich nicht gefunden. Im *Lexikon der Ägyptologie* (Harrassowitz) wird vermutet, daß die Uraeusschlange auf die Haarlocke aus dem ›libysch nomadischen Bereich‹ zurückzuführen ist, das heißt auf die Rinderhirten. Diese Haarlocke wurde von den Libyern auf der Stirn getragen. Es wird vermutet, daß diese Haarlocke ›mit einer gewissen Wahrscheinlichkeit transformiert‹ als Uraeus übernommen wurde.

Meine Hypothese ist: Nicht die Haarlocke, sondern die Spirale wurde sinnentleert zur Uraeusschlange. Man könnte einwenden, daß eine Spirale aus Draht (?) nicht ohne intellektuelle ›Verbiegungen‹ in eine feuerspeiende Schlange umgedeutet werden kann. Das ist, zugegeben, sicher schwierig, aber zu bedenken wäre, daß im alten Ägypten auch der Bauch einer Kuh (Abb. 18) zum Himmelsgewölbe, auf dem Schiffe fahren, ohne erkennbare Schwierigkeiten umfunktioniert werden konnte.

Der Sonnen- und Rinderkult im Norden

Im Gegensatz zum Nil läßt sich das religiöse Zusammenspiel von *Rind-Sonne-Schiff-Ozean* im Norden leichter mit einer Naturreligion begründen.

Im Norden droht die Sonne im Winter hinter Nebel- und Wolkenbänken in immer flacheren Bahnen zu verschwinden. Die Nächte werden immer länger. Der in Pelz gehüllte Jäger in Schnee und Dunkelheit, der erkennt, daß das Winterfutter für seine Tiere nicht mehr reicht, hat andere Wünsche an die Sonne als der Bauer am Nil. Der eine fühlt, daß sein Leben von dem Erscheinen der Frühlingssonne abhängt, der andere leidet unter der Sonne und hofft auf den Winter zum Gedeihen seines Getreides.

Im Norden wäre eine Sonnenreligion zumindest hilfreich bei dem Bemühen, eine Not zu wenden. Die Religion würde helfen, aufkommende Lebensängste in den langen Winternächten zu lindern. Der Rinderhirte oder Jäger schafft sich deshalb einen Glauben, der es ihm ermöglicht, sich direkt an die lebenspendende Sonne zu wenden, sie anzusprechen, ihr zu opfern und sogar tätige Hilfe anzubieten. Er gibt sich einen Glauben, der es ihm ermöglicht, durch eigene Bemühungen, sein Schicksal zu beeinflussen. Er kann etwas tun, indem er uralten, eiszeitlichen (?) Ritualen der Vorfahren folgt.

Die Megalithiker im Norden sehen, daß die Sonne abends im Ozean des Westens eintaucht. Es folgt die geheimnisvolle Nacht, und am Morgen erscheint die Sonne am Horizont der unendlich erscheinenden Ostsee. Für eine Bevölkerung im Norden, umgeben von scheinbar unendlichen Wasserflächen, wäre es leichter als für eine im Süden verständlich, wenn der Winter, die Sonne, das Meer, der Horizont und das Boot Bestandteil ihrer Religion werden. Für einen Betrachter erscheint es verständlich, wenn ein Volk, umgeben von wogenrauschenden Meeresküsten wie die Phäaken, glaubt, daß die Sonne abends in einem Boot hinter dem Horizont in eine Unterwelt gleitet. Dieses Verschwinden der Sonne wird als Gefahr empfunden. Was tut die Sonne während der Nacht? Warum wird sie im Winter immer schwächer und erscheint immer kürzer am Himmel? Die Eiszeitjäger und ihre Nachkom-

Sonnenboote

a) Südskandinavien (Brondsted ,S.144) — b) Bronze Amulett (Almgren, Abb.20.b) — c) Vogelsonnenbarke Dänemark (s.u)

Ziehen *der Boote über Land*

d) Kville — e) Eckenberg, Norrköping (d-f Almgren, Abb.41) — f) Brastad

Tragen *der Boote über Land*

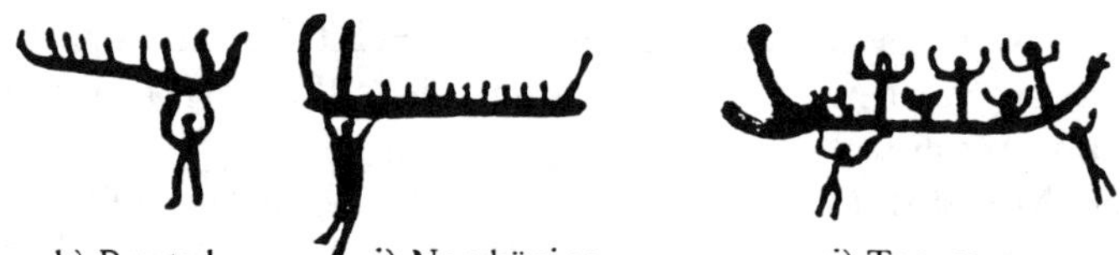

g) Öster-Röd — h) Brastad — i) Norrköping — j) Tanum
(g-j Almgren, Abb.45)

Abb. 21 a. *Die typischen nordischen Boote mit hochlaufenden Steven. In beiden Schiffen ein Sonnensymbol. Die typischen Boote mit den auffallenden Steven lassen sich in großer Zahl auf den skandinavischen Felsbildern nachweisen.*
b. *Amulett mit Sonne in einem Schiff mit Vogelköpfen. Grant, Mittelfrankreich, Ende der Bronzezeit.*
c. *stilisiertes Schiff mit Sonne und Vogelköpfen auf den Steven. Dänemark.*
d–j. *Das Boot wird gezogen oder getragen. Bei dem getragenen Boot* (**j.**) *befindet sich eine Mannschaft an Bord, deutlich als Adoranten zu erkennen. (Almgren)*

men wissen, daß sie den tödlichen Winter nur überstehen, wenn die Sonne im Frühjahr wieder an Kraft gewinnt. Sie hätten einen Grund, die Sonne durch Opfer und tätige Hilfe günstig zu stimmen. Im Kult unterstützen sie, wie die Ägypter, die Bootsfahrt der Sonne. Die nordischen Felsbilder (Abb. 21) geben Auskunft.

Problematisch erscheint auf den ersten Blick die technische Erklärung der Bootsformen auf den skandinavischen Felsbildern. Häufig verwendet wird der ›doppelte Rumpf‹ wie in Abb. 21 a. Ist es nur Zufall, daß die getragenen Boote nur mit einem einfachen Rumpf, einem Strich, dargestellt werden, die gezogenen Boote mit einem Doppelstrich? (d, f–j).

Folgende Deutung wäre möglich. Wenn die Boote der Sonne gezogen werden, dann müssen sie auf Räder (b) oder Schlitten (a, e) gesetzt werden. Die Verwendung von Schlitten wäre für die Kultgemeinschaft in Skandinavien zumindest billiger als Rad und Achse. Hinzu kommt, daß die Sonne besonders im Winter unterstützt werden muß, und dann liegt Schnee. Im Kult braucht keines dieser Boote ein Segel oder eine Rudermannschaft. Der Mensch im Norden will persönlich, durch eigene Anstrengungen, dem Sonnengott dienen.

Man findet keine Segel, selten eine Rudermannnschaft. Erlaubt diese ›Fundlage‹ die gelegentliche Behauptung, daß Segel erst zur Römerzeit im Norden bekannt wurden? Es erscheint mir logisch, daß man in Kultbooten Segel und Rudermannschaften nicht findet. Die Sonnenboote werden getragen oder gezogen.

Diese Deutungen der skandinavischen Kultbilder lassen sich auch auf Ägypten übertragen. Auch in Ägypten werden die Kultboote getragen oder auf Schlitten gezogen. (Abb. 20) In der späten Zeit der Ptolemäer zieht ein Pharao ein Boot auf einem Schlitten. Der begleitende Text läßt den König sagen: »Ich ziehe den Gott auf seinem Schlittenboot um den Tempel herum, so wie man es mit ihm in der Stadt Memphis macht.« (Almgren) (Eine bedacht politische Traditionspflege eines nichtägyptischen Herrschers mit Hinweis auf einen uralten Ritus, dessen Sinn längst vergessen ist?)

Almgren hat in einer ausführlichen Untersuchung auf den möglichen Zusammenhang zwischen dem ägyptischen und dem nordischen Sonnenkult hingewiesen. Seine Meinung:

»Die Übersicht ergab, daß die Kultschiffe in Ägypten oder Babylon eine allgemein übliche Erscheinung waren und daß man ihre Spuren bis etwa 2600 v.Chr. verfolgen kann. Es erscheint mir kein

Zweifel darüber zu bestehen, daß wir in diesem machtvollen orientalischen Brauch den Ursprung sowohl der Kultschiffe der griechisch-römischen Antike als auch der mittelalterlichen und modernen Karnevalsschiffe des kontinentalen Europas zu suchen haben. . . In Nordeuropa gibt es in jüngerer Zeit nur schwache, äußerst rudimentäre Gebräuche und dunkle Sagen an Kultschiffe. Die Spuren deuten aber darauf hin, daß Kultschiffe auch einmal im Norden waren, obgleich ihre eigentliche Blütezeit sehr weit zurückliegt. . . die ältesten Angaben über orientalische Kultschiffe stammen ja aus einer Zeit, die älter ist als die nordischen Ganggräber.« (eine relative, heute als falsch erkannte Datierung vor dem Gebrauch der C-14-Methode)

Nach Almgren sind es die orientalischen Hochkulturen, die Bildsymbole und den Mythos in den Norden gebracht haben. Der Weg läuft seiner Meinung nach zum Teil über Griechenland im Verlauf der vormykenischen und mykenischen Zeit. Es wäre demnach die gleiche Kulturverbreitung, die auch die Anregungen zum Bau der Dolmen in den Norden gebracht haben soll.

Die auffallende Form der nordischen Schiffe wird von Malmer 1980 in einem Bericht über die Felsbilder in Skandinavien auf andere Weise gedeutet. »Zweifellos werden mögliche Prototypen der skandinavischen Schiffe, wie sie auf den Felsen dargestellt sind, auch im Mittelmeer gefunden. Aber warum wurde dieses Motiv in Skandinavien übernommen?« Seine Erklärung ist einfach und umfassend: »Diese Schiffe symbolisieren nahezu alles. Die Wanderung der Sonne über den Himmel, die Fahrt der Toten in eine andere Welt. . . Solche Deutungen gelten für alle Zeiten in allen Ländern.« (Wie bereits besprochen: Kulturell nicht einzuordnende Mythen, Megalithgräber, Spiralen, hochlaufende Steven oder blonde Haare entstehen auf der Welt, entsprechend den Gesetzen der *›überall- und-zufällig-Hypothese‹*.)

Der nordische Stierkult

Vergleichbar dem ägyptischen Sonnenkult ist auch der Stierkult auf skandinavischen Felsbildern nachgewiesen. Almgren machte 1934 darauf aufmerksam, daß der ägyptische Stierkult und der Sonnenkult in fast identischer Form auch auf den Felsbildern im Norden nachzuweisen sind. (Abb. 22) (Die Bilder stammen vermutlich aus der mittleren Bronzezeit.)

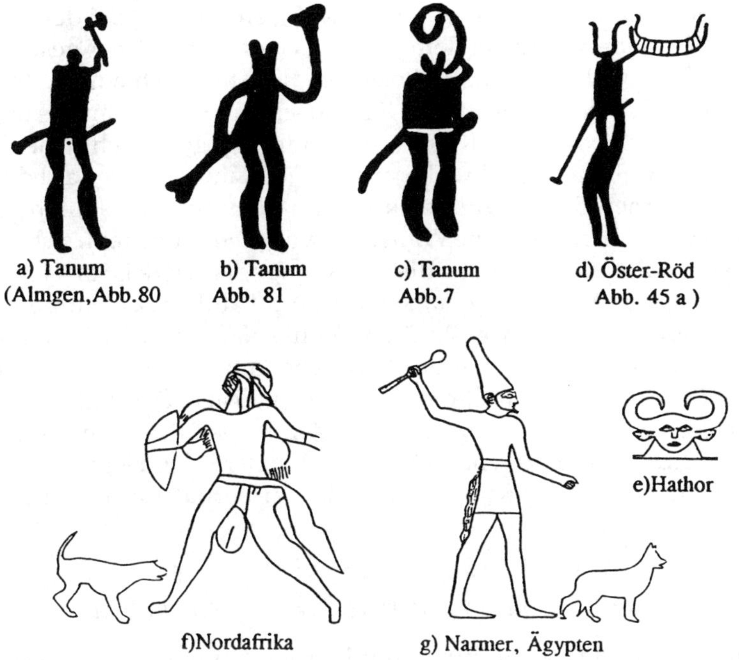

Abb. 22 *Skandinavische Felsbilder.*

a. *Gott (?) mit Axt, Phallus und Tierschwanz.*

b,c,d. *Die gleichen Götter mit Hörnern, sie tragen Axt, Lure und ein Schiff.*

f. *Felsbild in Nordafrika (Hugot).* **g.** *Narmer auf der Narmer-Palette, an seinem Gürtel hängt ein langes Bündel von Haaren (?), in langen Strichen dargestellt. Ein Kultschwanz, der von den meisten Pharaonen auf den ägyptischen Abbildungen getragen wird, bis in die Spätzeit. Ebenfalls auf der Narmer-Palette abgebildet ist die Göttin Hathor.*

e. *Hörner mit einem Menschengesicht, das heißt, die Kuh ist bereits anthropomorphisiert.*

Bemerkenswert ist die Darstellung der Figuren. Wenig beachtet ist das von der Hüfte nach hinten abstehende ›Gebilde‹, gelegentlich als Schwert gedeutet. Nach Almgren sind die vom Leib herabhängenden Striche nicht Schwertscheiden, sondern Schwänze von Tierfellen, die als Kulttracht getragen werden, auch zusammen mit Stierhörnern. Auch der ägyptische König (g) trägt am Gürtel einen Tierschwanz. Er wird als Kultsymbol von den Pharaonen bis in die Spätzeit getragen. (siehe auch im Vergleich Abb. 22 a mit der sumerischen Abb. 46 c)

Beim Pharao liegt dieser Schwanz eng am Körper. Bei den nordischen Bildern und bei dem Jäger aus Nordafrika ist er gestrafft vom Körper abgehoben. Vielleicht ist diese unterschiedliche Haltung des Schwanzes nicht zufällig. Die schwarzen Figuren aus dem Norden symbolisieren Kampf, Anspannung, geschlechtliche Erregung als Symbol der Fruchtbarkeit. Die Kämpfer tragen auf dem Kopf Hörner. Sie identifizieren sich mit dem Stier. Auf alten Bildern wird überliefert, wie Wildstiere, von Jägern umstellt, sich zur Wehr setzen. Der Schwanz dieser kämpfenden Tiere ist fast rechtwinklig vom Körper abgehoben, vergleichbar dem Schwanz eines wütenden Hundes (Abb. 22 f). Der König Narmer in seiner kämpferischen Pose wirkt wie der friedliche Hund zu seinen Füßen. Der Schwanz am Gürtel des Königs signalisiert freundliches Interesse, wie der Schwanz zwischen den Beinen des Hundes. Der Vergleich mit dem jagenden Rinderhirten der Sahara legt den Verdacht nahe, daß der Künstler, der die Narmerpalette entwarf, nie einen Wildstier gesehen hat.

Der Fang des Wildstieres nur mit einem Seil

Eine verdeckte Verbindung zum Norden könnte die Abbildung 23 enthüllen. Der Pharao fängt mit seinem Sohn einen Stier. Vater benutzt ein Seil. Der Sohn hilft, indem er den Stier am Schwanz festhält. Der Sohn hindert das ursprüngliche Symbol göttlich, königlicher Macht, fortzulaufen. Ohne Kontext wohl eine verwunderliche Darstellung.

Die gleiche Geschichte mit dem Seil und dem Stier erfährt Solon (640–559 v.Chr.), als er Ägypten besucht und die Priester in Saïs über seine Heimat Griechenland befragt. Die Priester erzählen ihm die berühmte Atlantissage, die später von Platon (427–347 v.Chr.) überliefert wurde. Folgender Bericht beschreibt einen Stierfang in Atlantis (*Kritias* 119d–e):

»Nun veranstalteten sie, die Zehn (Könige von Atlantis) allein bleibend, nach einem Gebet zu Gott, er möchte ein ihm genehmes Opfer ergreifen, ohne Eisengerät, nur mit Holzknüppeln und Stricken eine Jagd. Denjenigen von den Stieren, den sie fingen, schafften sie auf eine Säule hinauf und schlachteten ihn auf der Höhe derselben, so daß das Blut auf die Inschrift hinunterfloß. Auf der Säule befand sich außer den Gesetzen auch noch eine Eidesformel, die schwere Verwünschungen über die Ungehorsamen herabrief.«

Gemeinsam ist beiden Überlieferungen, daß die Könige in Atlantis und die Pharonen in Ägypten in der Lage sind, einen Stier, *mit nur einem Tau bewaffnet,* zu fangen und zu opfern. Zusätzlich bemerkenswert ist, daß die Opferung des Stieres in Atlantis auf einer Säule vorgenommen wurde.

Bemerkenswert ist ebenfalls, daß das gleiche Opferritual auch auf einer ägyptischen Stele überliefert ist. Im Giebelbild einer oben

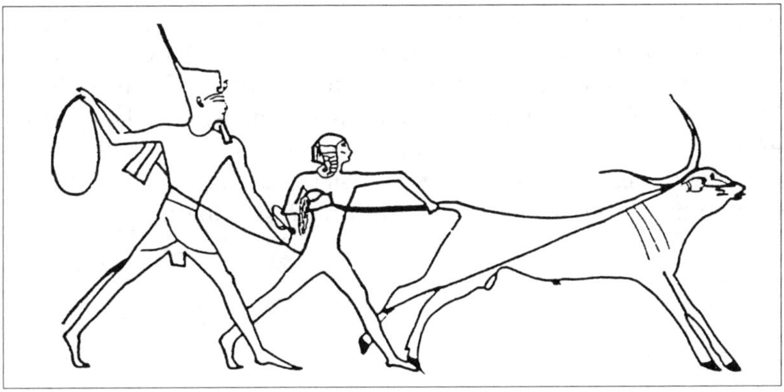

Abb. 23 *Tempel des Königs Sethos I. (1304–1290 v.Chr.) in Abydos.*

Der jugendliche König Ramses II. und ein Prinz mit Seitenlocke beim Fang eines Opferstieres. Bemerkenswert ist, daß zum Fang nur ein Seil verwendet wird. Am Rücken des Pharao ist der traditionelle Stierschwanz zu erkennen. Trotz Kampf entspannt nach unten. Welche Vorstellungen hatten die Ägypter im Neuen Reich von einem Wildstier, den man am Schwanz festhalten kann?

gerundeten Stele wird in der 12. Dynastie (1900 v.Chr.) ein auf dem Rücken liegender Stier von zwei Männer geschlachtet. (siehe S. 139 f.) ›Beweist‹ diese Übereinstimmung, daß die Pharaonen und die Atlanter verwandte religiöse Vorstellungen hatten? Waren beide ursprünglich Rinderhirten aus dem Norden? Waren die Atlanter im Norden die Nachfahren der Rentierjäger und Rinderhirten? Mußte die Opferung, den Götter angenähert, am oberen Ende einer Säule oder im Giebel einer mannshohen Stele erfolgen? (Der Zusammenhang wird noch besprochen.)

Der Hinweis im *Atlantisbericht* »ohne Eisengerät« deutet auf einen Ursprung des Kultes in einer Voreisenzeit, deutet auf Traditionspflege hin. Offensichtlich schien es die Überzeugung zu sein, daß das Opfer entweiht wird, wenn es mit Eisen in Berührung kommt. Dieser Glaube findet sich später auch im Alten Testament als Warnung, Steine mit Eisen zu entweihen. unter anderem bei 5. Mose 27,5: »und du sollst daselbst dem Herrn, deinem Gott einen steinernen Altar bauen, darüber kein Eisen fährt«.

Der Fang eines Stieres nur mit einem Seil ermöglicht einen fairen Kampf. Auf Kreta wird in der Bronzezeit der Jüngling, der die Hörner des Stieres ergreift, von diesem in einem hohen Bogen nach hinten geschleudert. Auch im heutigen Spanien gibt es noch einen vergleichbaren Stierkampf. Eine Gruppe junger Männer versucht, den Stier nur mit den Händen aufs Kreuz zu legen. Das Vorgehen dabei ist: Einer reizt den Stier. Der greift an. Der ›Torero‹ legt sich zwischen die Hörner des angreifenden Tieres und hält sich am Hals des Tieres fest. Der Stier sieht nichts mehr, und die Gruppe ergreift das Tier an den Beinen, bis es am Boden liegt. Nicht immer gewinnen die jungen Leute. Nach Aussage der Mitstreiter besucht man sich nach dem Kampf im Krankenhaus.

Dolmen, Mastabas, Pyramiden und blonde Haare

Soweit die Probleme, die entstehen, wenn man versucht, die Sonnen- und Rinderverehrung der alten Ägypter auf eine ursprünglich am Nil entstandene Naturreligion zurückzuführen. Zurück auf den festeren Boden der Archäologie und Technik.

Wenn die Gräber der ›New Race‹ in Negade die Gräber einer neuen Herrenschicht sind, dann müßte ein Zusammenhang zwischen diesen Gräbern und den späteren Pyramiden bestehen. Bei der Beharrungskraft religiöser Überlieferungen wäre es nicht verständlich, daß die neuen Herren am Nil die eigenen Tradition ablegen und die Grabkultur und den Totenkult der Unterworfenen übernehmen. Demnach müßte es einen architektonischen Zusammenhang geben zwischen den ersten Gräbern der Fremden in Negade II und den Gräbern in den Pyramiden 400 Jahre später. Demnach wäre die Vermutung naheliegend, daß ein Zusammenhang zwischen den Dolmen im Norden und den Pyramiden besteht.

Es ist »nicht unwahrscheinlich, daß die Pyramiden verfeinerte Abkömmlinge der Dolmen sind. Auch bei jenen sind die Wände aus gewaltigen, auf die Kanten gestellten Steinblöcke errichtet und das Dach aus großen von Wand zu Wand reichenden Steinen gebildet. Der eigentliche Unterschied liegt darin, daß die Steine in den Kammern der Pyramiden fein behauen sind und der ganze Bau überhaupt äußerst sorgfältig ausgeführt ist«. (Montelius)

»Erwachsen sind die Grabbauten (im Norden) aus denselben Vorstellungen, die in Ägypten schon wesentlich früher zur Entwicklung des dortigen Totenkultes mit seinen großen Grabbauten geführt haben.« (E. Meyer)

Bemerkenswert ist, daß hier von »denselben Vorstellungen« gesprochen wird. Mit einer Kulturdrift wird demnach nicht nur die Bauweise der Dolmen in den Norden transportiert, sondern zugleich auch ein orientalischer Toten- und Ahnenkult. Die Annahme, daß im vierten Jahrtausend v.Chr. auch Religionen in den Norden ›diffundierten‹, erscheint mir bedenklich. Wie funktioniert eine Kulturdrift, die bereits im vierten Jahrtausend v.Chr. bewirkt, daß Rinderhirten und Fischer im Norden die ägyptischen Vorstellungen über das Leben nach dem Tode übernehmen? Überwältigt von der neuen Religion, brechen die ehemaligen Rentierjäger mit den Traditionen ihrer Ahnen und beginnen dann, die ersten Dolmen zu bauen? Zu berücksichten wäre, daß im vierten Jahrtausend die verfügbaren Siedlungsspuren entlang des Nils eine solche Kulturübertragung nicht rechtfertigen können.

Weniger Schwierigkeiten entstehen, wenn angenommen wird, daß die vermutete Kulturdrift nicht von Ägypten nach Nordwesteuropa gelaufen ist, sondern umgekehrt von Nord nach Süd. Nicht Händler, sondern kriegerische Rinderhirten verbreiten im vierten Jahrtausend in Nordafrika und Ägypten ihren Glauben, daß Tote in unvergänglichen Megalithgräbern bestattet werden müssen und daß die Sonne auch nachts ihre Bahn nicht verläßt.

Die beiden hier verglichenen Gräber, Dolmen und Pyramiden, erscheinen mir weniger für die Logik als fürs Gefühl unvergleichbar. Die 2,3 Millionen Steinblöcke der Cheopspyramide in Ägypten passen nicht zu fünf unbehauenen Findlingen am Rande der Welt in Dänemark. Einen Ausweg für das sich sperrende Gefühl bot bisher die problematisch erscheinende Hilfskonstruktion einer Kulturverbreitung von Süd nach Nord.

Unabhängig vom Ausgang weiterer Deutungsversuche begrenzt heute die Physik die alte Problematik einer von Südost nach Nord gerichteten Kulturdrift. Nach der C-14-Methode entstanden die ältesten Dolmen in Nordwesteuropa im vierten Jahrtausend. Sie sind damit fast 1000 Jahre älter als die Pyramiden, das heißt, zumindest die Grabkultur im Norden kann aus zeitlichen Gründen nicht aus dem Orient gekommen sein. Wenn tatsächlich ein Zusammenhang zwischen nordischem Dolmen und ägyptischer Pyramide bestehen sollte, dann beweist (?) die Physik eine Drift der Grabkultur in umgekehrter Richtung.

Dolmen am Nil

Bei einem *wertenden* Vergleich von Dolmen und Pyramiden muß die Entstehungsgeschichte der Gräber berücksichtigt werden.

Die Dolmen im Norden sind Familien- oder Sippengräber. Das heißt, die Mitglieder einer verhältnismäßig kleinen Gemeinschaft errichteten für ihre Toten unvergängliche ›Steinhäuser‹. Die Größe der Bauten ist durch die Arbeitskraft der Familien begrenzt. Sklaven in großer Zahl gab es im isolierten Norden des Neolithikums vermutlich nicht, da benachbarte Völker, die man unterwerfen könnte, nicht erreichbar waren. (Nausikaa: »Wir haben mit keinem Gemeinschaft«, S. 16)

Es ist denkbar, daß sich die Form dieser nordischen Sippengräber ändert, wenn die Erbauer in ein dichter besiedeltes, fruchtbares Land wie Ägypten einfallen und die Herrschaft über eine größere Bevölkerung erlangen. Als herrschende Schicht können sie ihre alten Traditionen beibehalten. Ihre Toten werden wie bisher in Megalithgräbern beigesetzt. Der entscheidende Unterschied ist die zur Verfügung stehende Arbeitskraft. Gebaut werden die Gräber nicht mehr von der eigenen Sippe, sondern durch Untergebene. An Stelle von fünf Findlingen können am Nil auf Befehl in rund 30 Jahren 2,3 Millionen Kalksteine zum Bau eines ›Megadolmens‹ bewegt werden. Das heißt: Die religiösen Vorstellungen der Bauherren haben sich nicht verändert, nur die verfügbare Arbeitskraft ist, vergleichend gesehen, ins ›Pyramidale‹ angestiegen.

Auch das verwunderliche Bedürfnis in Ägypten, plötzlich aus religiösen Gründen tonnenschwere Steine zu bewegen, ist nicht spezifisch ägyptisch. Für Stonehenge wurden 50 Tonnen schwere Steine über 250 km transportiert. Der größte Menhir der Welt stand in der Bretagne. (Er ist umgefallen und zerbrochen) Es ist der ›Feenstein‹. Sein Gewicht wird auf 350 Tonnen geschätzt. (v. Reden)

Ein Übergang von den Dolmen im Norden zu den Pyramiden in Ägypten ist archäologisch, zumindest in prädynastischer Zeit, nur angedeutet zu erkennen. In Handbuchartikeln der Altertumswissenschaften erscheinen Megalithgräber selten im Register. Die Gräber sind für die Forschung ein sperriges, archäologisch meist wenig ergiebiges Material. Baumgärtel (1926) meint: »Leider hat die in Ägypten übliche Ausgrabungsmethode die Dolmen meist zerstört, anstatt sie als solche aus dem Boden herauszuholen. Die Erkenntnis der Steinkammern aus den Publikationen ist daher nicht immer leicht.« Trotzdem ist die Entwicklung der megalithischen Grabkultur in Ägypten erkennbar; die Entwicklung vom einfachen Grubengrab zur Pyramide.

Der Friedhof von Nagade II zeigt im kleinen, wie sich die ägyptische Grabform vom Hügelgrab zur Pyramide entwickelt hat. Der Oberbau der einfachen Gräber in Negade II ist ein Hügel aus rohen Steinen und Nilschlamm. (Abb. 25 a) Der Grabhügel wird eingefaßt durch einen Mantel aus mehr oder weniger sorgfältig gepackten Steinen (b), vergleichbar den Steinsetzungen an den

Abb. 24 *Megalithgrab in Hierakonpolis. (Gibell and Green,* Hierakonpolis, *II, Pl. 58)*

»Es ist bisher nur ein einziger prädynastischer Dolmen in Ägypten bekannt, in Hierakonpolis. Die Grabkammer liegt oberirdisch und ist aus drei oder vier Steinplatten errichtet, abgedeckt mit einer einzigen Steinplatte. Eine genaue Beschreibung fehlt. Es ist nicht vermerkt, ob ein Grabhügel vorhanden war. Da die Abbildung eine Ummauerung zeigt, möchte man ihn annehmen. Diese rechteckige Stützmauer ist aus Ziegeln geformt.« (Baumgärtel)

Hügelgräbern in Nordwesteuropa (u. a. Newgrange). Später beginnt man, die bislang üblichen nordafrikanischen Steinsetzungen durch den ägyptischen Ziegelbau zu ersetzen. Die großen Steine der rechteckigen Grabkammer werden durch senkrechte Ziegelwände abgelöst. Die ursprünglich lose geschütteten Steine des Grabhügels werden von einer Ziegelmauer eingefaßt. Es entsteht die typische Mastaba (c) (arab. ›Bank‹). Eine frei stehende

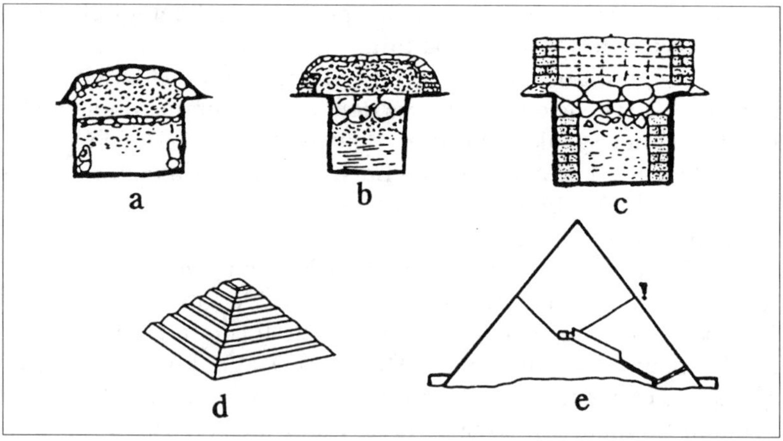

Abb. 25 *Entwicklung der Grabkultur in Ägypten. (siehe Text)*

Grabform mit rechteckigem Grundriß und schräg ansteigenden Seitenwänden aus ungebrannten Ziegeln, später aus Steinquadern. Die eigentliche Grabkammer befindet sich unter der Mastaba in einem Schacht, der nach der Grablegung mit Steinen gefüllt wird.

Im Bestreben, die Grabbauten zu vergrößern, werden abgeschrägte Wände in *Stufenform* notwendig, um ein Einstürzen der Wand zu verhindern (d). Durch die Verwendung einer schrägen Wand sind die technischen Voraussetzungen für statisch stabile Großbauten gegeben. Über die Stufenmastaba des Djoser erreicht der ursprüngliche Stein- oder Erdhügel seinen technisch-organisatorisch möglichen ›*Höhe*punkt‹, die Pyramide.

Eine besondere Art eines Megalithheiligtums beschreibt Herodot (2/155): »Und der Name dieser Stadt mit der Weissagung der Leto heißt Buto. Es ist in diesem Heiligtum der Leto ein Tempel, der ist aus *einem* Stein gemacht in der Höhe und in der Breite, und so ist jegliche Wand und jede Seite ist von 40 Ellen (ca. 20 m), und oben als Decke liegt auch ein Stein darüber. . . Dieser Tempel also ist von den Dingen, die man zu sehen bekommt in diesem Heiligtum, das größte Wunder.«

Stelen und Obelisken

Eine Besonderheit der ägyptischen Gräber sind Stelen und Obelisken.

Stele ist die Bezeichnung allgemein für ein (frei) hochragendes Mal. Die Stele ist nachgewiesen in Nordeuropa, Nordafrika, Ägypten, Sumer bis Indien. Der gesetzte Stein, Vorläufer der späteren Statuen und Bilder, erinnert nicht nur an den Toten, sondern *verkörpert* ihn. Mit anderen Worten: Stein, Statuen, Bilder und Namen sind in ihrer Bedeutung vergleichbar den späteren Ikonen der orthodoxen christlichen Religion. Der auf dem Bild dargestellte Heilige ist für den Gläubigen *gegenwärtig*. Deshalb kann der Heilige oder der Verstorbene als Person im Bild angesprochen werden. Mit diesem Glauben gibt es einen Sinn, einem ›leblosen‹ Stein Opfer anzubieten und ihn zu verehren. Es wird damit auch erklärbar, daß ein Stein in der Megalithkultur der Rinderhirten zum zentralen Symbol des Totenkultes werden konnte.

Wir wissen nicht, aus welcher Vorstellung heraus gerade ein Stein ›heilig‹ werden konnte. Auf die Besonderheit der Findlinge im Norden wurde bereits hingewiesen. Gesichert erscheint zumindest in schriftlicher Zeit, daß für einen Gläubigen ein Stein ›heilig‹ sein konnte, solange man ihn nicht durch die Berührung mit einem eisernen Messer entweihte (siehe oben, 5. Mose 27,5).

Die Kombination von Grab und Opferstätte, bestehend aus Stele mit Opfertisch, ist bereits in prädynastischer Zeit nachweisbar in den Gräbern der ›ägyptischen‹ Rinderhirten.

»Die Residenz des jägernomadischen Herrschers (in Ägypten) ist ein Mattenzelt, sein Grab ein Hügelgrab. In Abydos ist der König unter einem Tumulus in einer Grube beigesetzt worden, in der aus Holz das Zelt seiner Lebenstage aufgeschlagen war. Vor dem Tumulus standen zwei Säulen, in denen sich der Tote verkörperte und die zwischen ihnen niedergelegten Opfer in Empfang nahm.« (Helck 1968)

Dieses Opferritual bestimmt in den folgenden 3000 Jahren den ägyptischen Totenkult. Um unsterblich zu werden und zu bleiben, braucht der Tote materielle Hilfe. Es entwickelt sich ein kompliziertes Ritual. Man versorgt die Toten, das heißt die Grabstelen, mit Speise und Trank. Man bemüht sich, mit dem Verstorbenen in Verbindung zu bleiben. Das Ritual wird im Laufe der Zeit immer komplizierter. Zwangsläufig entsteht dadurch eine Kaste von Priestern, denn nur sie wissen, was die Götter wollen, nur sie wissen, wie man sich den Göttern nähern kann. Die Priester beanspruchen die Vermittlung zum Jenseits und schaffen sich damit ihre Machtstellungen.

Die uralte Sitte, vor dem Grabeingang zwei Steine aufzustellen, wird in Ägypten bis zum Ende der Pharaonenzeit beibehalten. Mit einer wesentlichen Veränderung: Nicht mehr vor den Gräbern, sondern vor den Tempeln erscheinen die Säulen. Riesige, fein bearbeitete Obelisken. Technische Wunderwerke. Ob tatsächlich ein religiöser Zusammenhang zwischen den einfachen Steinen in Abydos und den monumentalen Obelisken besteht, habe ich nicht erfahren können.

Im *Lexikon der Ägyptologie* (Helck) ist zu lesen, daß der Obelisk ein sich nach oben verjüngender vierkantiger Steinpfeiler mit einer pyramidenförmigen Spitze ist. Er soll eine kennzeichnend ägyptische Kunstform eines freistehenden Steinmals sein. Meist wird der Obelisk als monumentale Stilisierung des Urhügels oder eine seiner Nachbildungen (des Benben-Steins) gedeutet. Schon aus dem Alten Reich sind monolithische Tempel-Obelisken durch archäologische und schriftliche Quellen sicher nachgewiesen.

Aus der Sicht des naiven Betrachters erheben sich die Fragen: Wie kommt man in der Phantasie von einer riesigen, spitzigen Nadel auf einen Urhügel, auf dem die ersten Menschen lebten? Ist es den doppelten Stelen vor dem Grab der Rinderhirten in Abydos ebenso ergangen wie der heiligen Kuh, deren Bauch im Laufe der Zeit zum schiffbaren Sternenhimmel werden konnte, oder der Sonnenspirale, die zur giftspeienden Uraeusschlange wurde?

Seelenlöcher und Scheintüren

Soweit bisher erkennbar, entsteht in der Grabkultur des Alten Reiches in Ägypten, beim Übergang von den Rinderhirten zu den Pharaonen *im Grundsatz* nichts Neues. Die religiösen Ideen der Rinderhirten bleiben unverändert. Der Tote kann bei entsprechender Fürsorge seiner Sippe unsterblich werden. Der Tote bleibt Mitglied der Gemeinschaft, und der rituelle Treffpunkt mit dem Toten bleibt der stehende Stein am Eingang zum Grab.

Einen Zugang zum Verständnis der prädynastischen Grabkultur eröffnet ein unscheinbares Loch in einem Stein. In Megalithgräbern findet man im Giebelstein vereinzelt in der Mitte des Steines oder am Boden, ein rundes oder rechteckiges Loch. (Abb. 5) Es wird vermutet, daß dieses Loch der Seele des Toten einen ständigen Zugang zu ihrem steinernen Haus gewähren soll. Es wird als Seelenloch oder vorsichtiger als ›port-hole‹ bezeichnet.

Die neutrale Bezeichnung ›port-hole‹ ist in jedem Fall zutreffend, aber nichtssagend. Wenn aber das Loch in einem Dolmenstein tatsächlich die vermutete Funktion eines ›Seelenloches‹ hatte, dann verhielt sich die Seele des ägyptischen Toten in Sakkara (Abb. 26) vermutlich wie die Seele des Toten in Südschweden. Im Norden wie am Nil will die Seele des Toten das Grab verlassen und ins Steinhaus zurückkehren können. Man erfüllt ihr den Wunsch.

Für den Norden ist die Deutung des Loches in der Frontplatte eines Dolmens, bedingt durch fehlende Informationen, eine Vermutung. In Ägypten ist die Beweislage günstiger, denn es gibt schriftliche Hinweise.

Für den alten Ägypter bedeutet der Tod nicht das Ende. Mit dem Tod trennt sich nur die Seele vom Körper. Grundlage des ägyptischen Totenkults ist deshalb die Überzeugung, daß nach dem Tod ein Weiterleben möglich ist, *solange die Seele in ihren Kör-*

-a-

-b-

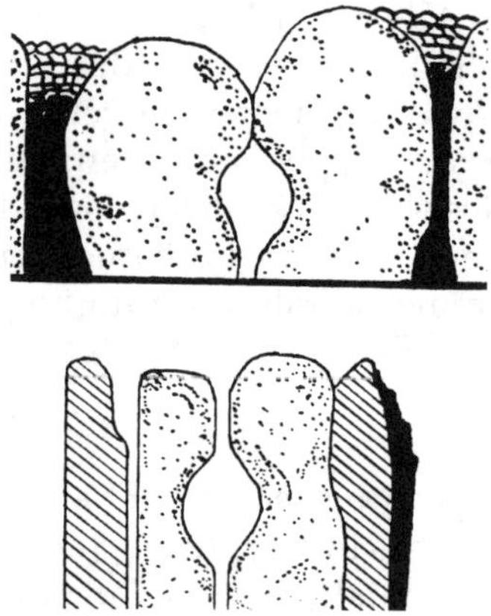

-c-

Abb. 26 *Seelenloch und Steinplatte bei Megalithgräbern.*

a. *Der Zugang zu einer Grabkammer in Sakkara wird durch einen flachen Stein gesperrt. Der Stein wird von oben mit Seilen in den Gang eingelassen. Auffallend ist unten eine halbrunde Öffnung in der Steinplatte. (Emery). Bemerkenswert, daß das Loch nicht in der Mitte des Türsteines eingelassen ist, sondern am Boden der Steinplatte. Eine Erleichterung für den Handwerker. Er kann mit Kraft den Stein höhlen, ohne zu befürchten, daß er bricht. Ein Mittelloch verlangt Feingefühl und viel Zeit.*

b. *Megalithgrab mit Bodenloch, Bohuslän, Südschweden. (Montelius). (siehe auch Abb. 52 e, Sardinien)*

c. *Seelenloch (nach Müller)*

per, ihren Gedenkstein oder Statue zurückkehren kann. Das heißt: Der mumifizierte Körper oder das entsprechende Symbol des Toten muß erhalten bleiben. Dieser Gedanke klingt nach im Christentum, wo nach Hildegard von Bingen »der Körper das Gewand der Seele« ist.

Damit die vom Körper sich lösende Seele nicht ans Grab gefesselt wird, bietet man ihr einen Ausweg durch das Seelenloch. Im Laufe der Zeit wird das Seelenloch der alten Megalithiker in Ägypten durch eine Scheintür ersetzt. Man glaubt, daß die Seele auch eine *Scheintür,* die an die Grabwand gemalt oder modeliert wird, durchschreiten kann, denn der Geist kann »öffnen, was verschlossen ist«. Die Seele des Toten verläßt das Grab nicht mehr durch ein einfaches Loch, sie schreitet in einer Hochkultur durch eine repräsentablere Scheintür.

Der ›Seelengang‹ der Cheopspyramide und der Polarstern

In einer ägyptischen Pyramide ist die Grabkammer immer durch einen *schräg nach oben* führenden Gang mit der Außenwelt verbunden. Bemerkenswert: *Der Gang führt immer in einem Winkel von rund 30 Grad zum nördlichen Himmel.* (Abb. 27) Die Richtung des Grabkorridors nach Norden ist in den Königsgräbern von Sakkara seit der Mitte der 1. Dynastie festgelegt und bleibt für das ganze Alte Reich unverändert.

Diese nach Norden ausgerichteten Grabgänge sind religiös begründet. Nach den Pyramidentexten (siehe unten) wünscht der tote König zu den Fixsternen, den ›Unvergänglichen‹ des Nordhimmels, emporzusteigen; unvergänglich, weil diese Sterne sich um den Drehpunkt des Himmelsgewölbes drehen, ohne je hinter dem Horizont zu versinken, das heißt, diese Sterne tauchen nie in

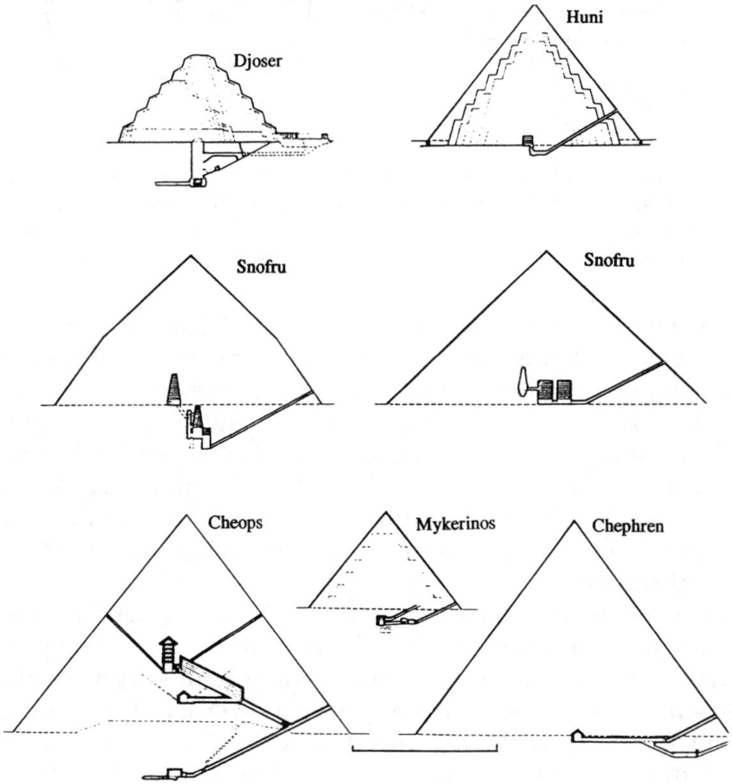

Abb. 27 *Querschnitte im Vergleich. Die Stufenpyramide von Djoser in Sakkara, von Huni in Meidum (3. Dyn.), die beiden Pyramiden von Snofru in Daschur, und die Pyramiden von Cheops, Chephren und Mykerinos in Gizeh (4. Dyn.)*

die Unterwelt, in die Welt der Toten, ein. Es ist demnach verständlich, daß der König ein ›Fixstern‹ werden möchte. Dieser Glaube an eine Verwandlung in einen Stern, der nie das Totenreich erreicht, wird in der Pyramidenarchitektur nachweisbar. Der *ansteigende* Grabgang führt den toten König bei seiner nächtlichen Auferstehung aus seiner Grabkammer direkt zum Nordhimmel, und zwar genau zum Drehpunkt der Gestirne zum heutigen Polarstern, *wenn der Gang im Winkel von 30 Grad angelegt wird.* (Abb. 28)

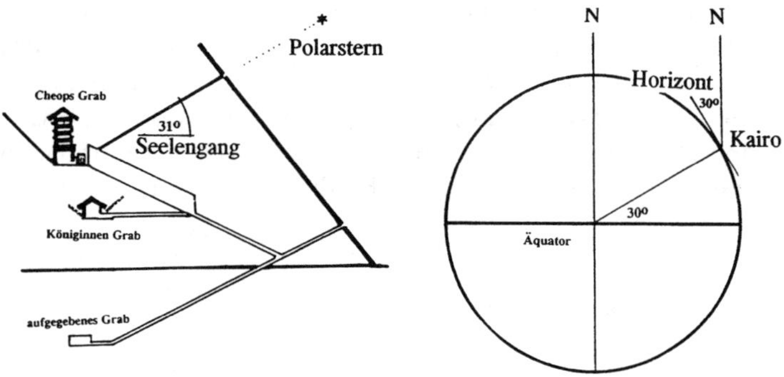

Abb. 28
Die Gänge der Cheopspyramide und die Erdkugel.

Der 30 Grad-Schacht aus der Grabkammer des Cheops zeigt genau auf den heutigen Polarstern, denn Kairo/Gizeh liegt auf dem 60. Breitengrad, das heißt, der Polarstern ist in Kairo unter einem Winkel von 30 Grad über dem nördlichen Horizont erkennbar.

Bemerkenswert in diesem Zusammenhang ist die Lage der Grabkammer in der Pyramide des Cheops. Die Grabkammer liegt nicht wie sonst üblich *unter*, sondern in der Mitte der Pyramide. (Abb. 28) Diese zentrale Grabkammer hat drei Zugänge. Den eigentlichen Grabgang und zwei rechteckige Schächte (Querschnitt: 15 x 20 cm, Länge: 53 und 71 m), die quer durch die Pyramide zur Außenwelt laufen. Weshalb diese Abweichungen von der traditionellen Baunorm? Diskutiert werden Belüftungsprobleme und eventuelle religiöse Hintergründe.

Eine zwingende Notwendigkeit zur Belüftung der Grabkammer ist nicht zu erkennen. Da die Pyramide scheibenförmig von unten nach ober errichtet wurde, konnte immer in nach oben offenen Räumen und Gängen gearbeitet werden. Die Arbeiten konnten bei Tageslicht ausgeführt werden. Goyon (1987) ist der Meinung, daß die Öffnungen lediglich während der Bestattungsfeierlichkeiten gebraucht wurden. Eine Vermutung. Die Grabräuber, die später enge Gänge in die Pyramide schlugen, um an die Kammer des Cheops zu gelangen, verwendeten offenes Licht, arbeiteten in einem schmalen Gang und benötigten offensichtlich keine künstliche Belüftung.

Wenn demnach die ›Luftgänge‹ in der Cheopspyramide keinem profanen Zweck dienten, dann bliebe ein religiöser Hintergrund als Erklärung. Stadelmann (1985) ist der Meinung, daß die ›Luftgänge‹ der Cheopspyramide eher aus der Tradition der ansteigenden Korridore zu erklären sind. Das heißt: *Das ägyptische ›port-hole‹ in Sakkara und der ›Luftgang‹ in der Cheopspyramide könnten den Seelenlöchern entsprechen, vergleichbar den ›port-holes‹ in den Dolmen.* (Abb. 5 u. 26 b) Der Mann, der in der Cheopspyramide bestattet wurde, schuf sich dann als Grabmal ein gigantisches Symbol seiner Macht. Gewaltig in der Ausführung, aber unverändert nach den religiösen Vorstellungen seiner nordeuropäischen Ahnen.

Es bliebe zu erklären, warum die Grabkammer in die Mitte der Pyramide gelegt wurde. Als Ursache für die Änderung des ursprünglichen Bauplanes vermutet man technische Probleme, die erst beim Bau der Pyramide erkannt wurden. Ursprünglich war wohl geplant, die Grabkammer, wie bisher ins Erdreich unter die Pyramidenbasis zu legen. Dieses Vorhaben wurde vielleicht aus technischen Gründen aufgegeben, und die Grabkammer des Königs wurden deshalb, nur in diesem Fall, in die Mitte der Pyramide gelegt.

Mit der Anlage einer *zentralen* Grabkammer entstand aber ein schwerwiegendes religiöses Problem. Der gewohnte, in den bisherigen Pyramiden von der Grabkammer schräg nach oben gen Norden gerichtete Korridor war, aus welchen Gründen immer, nicht mehr möglich. Dadurch entstand ein Problem für die Seele des toten Königs. Denn wenn Cheops bei seiner nächtlichen Auferstehung wie bisher denselben Weg benutzte, durch den auch die Grablegung erfolgte, dann wanderte er abwärts ins Erdreich in die Unterwelt, nicht aufwärts zu den nördlichen Sternen. Eine ›tödliche‹ Gefahr für die Wanderung seiner Seele. Sie könnte ihr Ziel, den Treffpunkt mit den Göttern am Drehpunkt des Himmels, verfehlen. Der Ausweg ist der schmale Schacht, der mit einem Winkel von 31 Grad zur Horizontalen nach Norden zeigt, zum Drehpunkt des Himmels.

Der Wunsch eines ägyptischen Königs, am Ende seiner Tage zum himmlischen Nordpol zu gelangen, muß den unbefangenen Betrachter überraschen. Weshalb will ein ägyptischer König am Ende seiner Tage zum himmlischen Nordpol?

Auskunft könnten die Pyramidentexte geben. Diese Schriften sind die ältesten überlieferten schriftlichen Hinweise zur Religion der herrschenden Schicht im Alten Reich. (Faulkner 1969) In den Texten sind die Anschauungen der alten Ägypter über das Jenseits überliefert. Die Schriften waren in den Wänden von Königspyramiden der 5. und 6. Dynastie (2500–2200 v.Chr.) eingraviert und sind dort in langen Reihen noch erhalten. Viele von diesen Texten sind gewiß schon in vor- oder frühdynastischer Zeit entstanden. Einige von ihnen haben, noch deutlich erkennbar, Änderungen erfahren, durch die sie dem späteren Osirisglauben, *mit dem sie ursprünglich keine Verbindung hatten (!)*, angepaßt wurden. Ein Prozeß, der zu einer unlösbaren Verwirrungen von ursprünglich verschiedenen Anschauungen über das Leben der Toten im Jenseits führte. (Breasted)

Die Pyramidentexte dienten als Vorbereitung für die Fahrt der Toten zu den Göttern. Da diese Texte dem Toten bei seiner gefährlichen Fahrt helfen sollten, kann man wohl davon ausgehen, daß sie sorgfältig bedacht und formuliert wurden, und nicht auf Zufälligkeiten beruhen.

(§ 1168) »*My father ascends to the sky among the gods who are in the sky; he stands at the Great Polar Region, and learns the speech of the sun-folk. . . he who is north of waterway, the end of the sky.*«

(§ 559) »*Hail to you, Great Flood, butler of the gods, leader of the sun-folk!*«

(§ 1567) »*I (am saved?) by my father Osiris, the sun-folk have guarded me.*«

(§ 1886) »*O my father Osiris the King, on the thron of Re-Atum, that you may lead the sun-folk.*«

(§ 1766) »*. . . The sun-folk in his two boats. My name is there in the horizont.*«

(§ 2187) »*.The sun-folk shall come to you.*«

Es erscheint mir erkennbar, daß diese Hinweise keine Verbindung zum mystischen Osiriskult haben. Das ›sun-folk‹ müßte wie der ›Wild Bull‹ oder die ›Wild Cow‹ und die ›Milk-Goddess‹ (Abb.

22 e) schon zur Zeit des Narmers um 3000 v.Chr., das heißt min destens 500 Jahre vor der Formulierung der Pyramidentexte, vor handen gewesen sein.

Das Problem: »Wie entsteht in einer ›ägyptischen‹ Religion das Bild eines ›Sonnenvolkes‹ hoch im Norden in der ›Polar Region‹? Denkbar wäre, daß die flachsblonde Haarfarbe der Fremden der Auslöser war. Zumindest ermöglichte die auffallende Haarfarbe eine gedankliche Verbindung mit Sonnenstrahlen und Sonnenreligion. Die Verwunderung bei der schwarzhaarigen Urbevölkerung wäre politisch verwertbar. Der Pharao erklärt sich glaubhaft (?) zum Sohn eines Sonnengottes mit engen Verbindungen zu einem mythischen blonden (?) Volk der Vorfahren, im Laufe von Jahrhunderten mystisch verklärt, unerreichbar im hohen Norden. Eine Vermutung.

Sargtexte

Einen Hinweis in dieser Richtung geben auch Inschriften auf den Särgen des Mittleren Reiches. Diese späteren ›Sargtexte‹ haben die gleiche Bestimmung wie die Pyramidentexte des Alten Reiches. Sie helfen der Seele auf ihrem Weg zu den Göttern. Auch in den Sargtexten wird ein Sonnenvolk mehrfach erwähnt.

Das Sonnenvolk lebt am Horizont mit dem Ältesten der Götter, dem Luftgott Schu. Es ist der Gott, der am Anfang durch eine Stemmbewegung Himmel und Erde trennte und damit das Leben auf der Erde ermöglichte. Die Sargtexte (Faulkner 1978) geben Hinweise u. a.

(317(288)) *»when Shu is at the head of the sun-folk«.*

(317/122) Sonnengott Re erschafft den Gott des Nils.

»BECOMING the NIL. I am a young God, it was Re who created me as his son, he modelled me in stonework (?) The Gods of the horizon concerning me. They see me when I have appeared as the Nil, with the sun folk with me like Re when he was born.«

(1126) Die Mannschaft für die Sonnenbarke wird vom Sonnenvolk gestellt:

»The sun-folk. The crew of Re, whose number is unknown.«

Zur Vermutung, daß das Sonnenvolk, irgendwie verbunden mit den Göttern am Horizont im Norden lebte, würden die blauen Augen des Sonnengottes passen.

(586) »Hail to you, O Re. . . O Blue-eyed one, who freshens eyes, whose power is severe«, und Spell (467) *»heads are given to me, and I knit on the head of the Blue-eyed Horus«.*

Die Seele des Pharao will demnach zum ›Ende des Himmels‹, am Ende des Wasserweges, das heißt, sie will zum Horizont, unter anderem, weil dort das ›sun-folk‹ (Sonnenvolk) lebt. Bemerkenswert ist in diesem Zusammenhang der Name der Cheopspyramide. Der Name einer Pyramide ist der Name des Königs zusammen mit einem Attribut. Der Name der Cheopspyramide ist: ›Achti-Chufuf‹, das heißt: *»Cheops ist der, der dem Horizont zugehört.«* (Goyon 1987) Glaubte Cheops, daß er ursprünglich zum Sonnenvolk gehörte? Warum ist der Horizont so wichtig, daß er als einziges und damit als wichtigstes (?) Kennzeichen für den König verwendet wird? Wo liegt die religiöse Verbindung zwischen dem ägyptischen Pharao, dem Sonnenvolk und dem Horizont »nördlich des Wasserweges«? (Das ist eine, wie ich meine, kulturhistorisch zentrale Frage, siehe unten)

Die blonde Tochter des Cheops

Wenn vermutet wird, daß die ›Luftgänge‹ in der Cheopspyramide und die Seelenlöcher in den Dolmen Dänemarks die gleiche religiöse Bedeutung hatten, wenn Re und Horus blaue Augen hatten, dann überrascht es nicht, daß die Tochter des Cheops in ihrem Grab *mit blonden Haaren* abgebildet wurde. (Hölscher 1937)

Scharff (1959) stellt folgende Überlegung an. Der Thronfolger von Cheops war »der König Dedefre mit acht überlieferten Regierungsjahren. Er war der Gatte einer Tochter des Cheops, also seiner Halbschwester, was in Ägypten nichts Ungewöhnliches ist. Diese Dame, Hetepheres nach ihrer Großmutter benannt, ist im Grab ihrer eigenen Tochter später mit voller Königinnentitulatur dargestellt, und zwar erstaunlicherweise mit blonden Haar und hellen Augen, dazu fremdartig gekleidet. Diese Darstellung der blondhaarigen Cheopstochter zwingt zu der Annahme der historisch immerhin beachtenswerten Tatsache, daß König Cheops die Mutter der Dargestellten, also eine fremdrassige, blonde Libyerin in seinem Harem aufgenommen hat.«

Für das Alte Reich mag der Begriff ›fremdrassig‹ problematisch erscheinen. Wer waren ›die Ägypter‹ zur Zeit des Alten Reiches? Waren die Pharaonen in bezug auf die Libyer fremdrassig, oder waren sie selber Libyer? Man weiß es nicht.

Wenn Cheops eine leibliche, blonde Tochter hatte, die *mit voller Königinnentitulatur* dargestellt wird (das heißt, sie ist kaum eine ›Fremde‹), dann gibt es aus Sicht der Genetik zwei Möglichkeiten:

1. Cheops *und* die Königin waren blond oder braun. 2. Cheops *oder* die Königin war blond oder braun. Es wäre demnach theoretisch möglich, daß Cheops nicht eine blonde Fremde in seinem Harem aufnahm, sondern eine Frau aus der herrschenden Oberschicht. Zu bedenken wäre auch, daß die Haarfarbe des Cheops nicht überliefert ist. Er könnte schwarz, braun oder blond gewesen sein.

Es gibt noch einen weiteren ›genetisch‹ verwertbaren Hinweis. Zum Ende der IV. Dynastie wird die Frau des Seshem-nofer in ihrem Mastaba-Grab mit gelbem Haar abgebildet. Sie ist die Frau eines hohen Würdenträgers. (Stevenson-Smith 1949)

Zusammenfassung. Der Seelengang in der Cheopspyramide und das offensichtliche Bemühen des toten Pharaos in die ›Polarregion‹, zum Drehpunkt des Himmels, zu gelangen, deuten auf eine enge (?) religiöse Verbindung zwischen den nordischen Dolmen und den ägyptischen Pyramiden. Die Spiralen in Newgrange (Abb. 4), in Negade (Abb. 14) und auf der Königskrone (Abb. 20), das gelegentliche Loch im Giebelstein der Dolmengräber (Abb. 5), der Seelengang in der Cheopspyramide oder im Grab von Sakkara (Abb. 26) wären dann Symbole eines gemeinsamen, ursprünglich nordischen Totenkultes. Die blauen Augen von Re und Horus und die blonden Haare der Cheopstochter geben einen zusätzlichen Hinweis. (Problematisch, das Sonnenvolk, dessen Sprache der Pharao lernen will.)

Die Entwicklung der Grabbauten und die schriftlichen Quellen belegen, daß sich die ursprünglichen Rinderhirten nach Übernahme der Macht in Ägypten in ihren religiösen Grundüberzeugungen nicht wesentlich verändern. Aus Rinderhirten, die eine Kuhgöttin verehrten, solange sie im wesentlichen von der Milch der Kühe lebten, werden in Ägypten machtbewußte Halbgötter. Die lebenspendende Kuh der Vorfahren wird in einem reichen Agrarland schnell zur rituellen Nebensächlichkeit. Sie glauben aber weiterhin, daß die Seele unsterblich sein kann, bei entsprechender Fürsorge der Verwandten. Sie errichten weiterhin Häuser aus großen Steinen. Den Dolmen folgen die Pyramiden.

Der wesentliche Unterschied liegt wohl im veränderten Selbstverständnis der Menschen. In Ägypten bauen nicht mehr, wie im Norden, Familienmitglieder das Totenhaus, sondern ein Pharao befiehlt den Bau. Entscheidend verändert sich nur die Zielrichtung der wandernden Seele. Im Norden bleibt die Seele vermutlich in der Nähe der Familie oder Sippe. Auch der tote Pharao braucht noch für seine Wanderung, wie seine ›normalen‹ Vorfahren, ein Loch oder eine Scheintür in seinem Grab, auch er braucht Opfergaben, aber das Haus für seine unsterbliche Seele ist nicht mehr das Familien- oder Sippengrab, sondern die Pyramide. Das Ziel seiner Seele ist ein Treffen mit seinesgleichen. Der Pharao will zum Drehpunkt der Himmelssäule. Er wird, erkennbar für die Zurückgebliebenen, ein unvergänglicher Fixstern, der den Pol des Himmels umkreist, ohne je unter den Horizont zu sinken. Er gelangt, für alle sichtbar, nie in das Totenreich des Osiris. Er ist unsterblich.

Diese auf den ersten Blick verwirrend erscheinende Verflechtung aus Seelenwanderung, Polarstern, Sonnenvolk, Drehpunkt des Himmels, Horizont und Schiffahrt ergibt bei näherer Betrachtung eine deutlich strukturierte Urreligion mit den Symbolen: Sonnenspirale und Rinderhorn.

Zur Bedeutung der Säulen im ägyptischen Grab- und Tempelbau

Zur Erinnerung sei wiederholt: Der Gott der Luft Schu stemmt sich zwischen Himmel und Erde und trennt beide. Die Erde ist am Anfang ein Urhügel, inmitten eines weltumfassenden Urmeeres. Der Himmel bleibt eine unendlich große, gewölbte Wasserfläche. Folgerichtig erfolgt der notwendige Transport von Sonne und Seelen mit dem Boot. Auf den ersten Blick sind das klare technische Verhältnisse.

Die Schwierigkeiten beginnen mit dem Luftgott Schu. Logisch erscheint, daß er als Schöpfer des irdischen Lebens der älteste aller Götter sein muß. Nach den Sargtexten (Spell 75) ist er ein

»selbst geschaffener Gott, der allein ins Sein kam, älter als die Götter, er, der die Höhe des Himmels durchstieß. . . die Sturmwolke des Himmels ist mein Ausfluß; Hagelstürme und Halbdunkel sind mein Schweiß . . . Ich bin gebunden an meinen Platz der Ewigkeit.«

Soweit, leicht verständlich, die religiösen Vorstellungen. Aus technischer Sicht ist Schu aber ein schwieriger Gott, wenn er seine himmelstützende Arbeit in Ägypten verrichten soll. Aus folgendem Grund: Für jeden Betrachter wird der unsichtbare Himmel durch die Sterne gegenständlich, sinnlich begreifbar. Jeder kann erkennen, daß in weiter Ferne unzählige helle Punkte sich in Kreisbahnen um einen Mittelpunkt im Norden um den Polarstern bewegen. Es gibt helle Punkte, die am Himmelsgewölbe befestigt sind, die Fixsterne. Die Kreisbahn der Sterne, oder ihr Auftauchen im Osten und ihr Verschwinden im Westen, wirkt auf den Betrachter wie ein ›Beweis‹, daß der Himmel ein Gewölbe voller angehefteter Sterne sein muß.

Kinder fragen den Großvater: »Warum fallen die Sterne nicht herunter?« Der Großvater rettet sich mit der Antwort: »Weil ein Gott den Himmel stützt.« Das Kind und der Gottsucher am Nil sind zufrieden.

Für den Techniker stellt sich zusätzlich die Frage: »*Wo* stemmt sich der Gott gegen das Himmelsgewölbe?« Ein technisches Problem, denn fast überall am Himmel bewegen sich die Sterne, das heißt, der Gott muß in der Vorstellung des Betrachters ständig nachfassen, oder auf der Erde hinter den Sternen herlaufen, oder den Himmel über seine Hände rutschen lassen. Diese Probleme hätte Schu nicht, wenn er auf der Erdachse am Nordpol steht, dann hätte er den Drehpunkt des Himmelsgewölbe genau über sich. Er braucht dann nicht mehr zu laufen. Nur einmal, bei der Erschaffung der Welt, muß er mit einer Stemmbewegung Himmel und Erde trennen, danach kann er fast regungslos, mit gelegentlichen Handbewegungen, sein Amt verrichten. (*»gebunden an meinen Platz der Ewigkeit«)*

Das technische Problem insbesondere für einen Gottsucher am Nil ist, daß der Drehpunkt des Himmels nicht senkrecht *über* ihm erscheint, sondern unter einem flachen Winkel von 30 Grad am nördlichen Horizont, *neben* ihm. Wenn Schu ein ägyptischer Gott gewesen ist, dann müßte er den Himmel in einer ungewöhnlichen Stellung, weit nach vorne gebeugt, stützen. Diese Stellung widerspricht aber der praktischen Erfahrung. Der grübelnde Gottsucher am Nil müßte bei Betrachtung der Weltachse intellektuell resignieren und feststellen: »Götter können eben alles«.

Die Bewohner in Skandinavien hätten es mit ihrer Phantasie leichter. Der Polarstern steht in Mittelschweden mit einem Winkel von 60 Grad über ihnen. Die Bewohner wissen aus Erfahrung, daß dieser Stern immer höher steigt, je weiter sie mit ihren Booten nach Norden fahren. In Nordnorwegen steht der Drehpunkt des Himmels mit einem Winkel von 70 Grad über ihnen. Noch weiter nördlich, unerreichbar für sie im Eismeer, müßte demnach die Weltachse zu finden sein.

Die religiöse Verbindung zwischen Skandinavien und Ägypten ist offenkundig. Die Mythologie des ägyptischen Schu als personifizierter Weltachse ist im Norden, zumindest in historischer Zeit, nachgewiesen. In der germanischen Mythologie gibt es die Weltesche Yggdrasil, die ihre Zweige über das Weltall ausbreitet und mit ihrer Spitze bis an den Himmel reicht. Rudolf von Fulda (um 850) hat über die Verehrung der Weltsäule durch die Sachsen folgendes berichtet:

»Einen hölzernen Stamm von nicht geringer Größe, in die Höhe aufgerichtet, verehren sie unter freiem Himmel, in der Volkssprache wurde er ›Irminsul‹ genannt, das bedeutet ›Weltallsäule‹, die gleichsam alles stützt.«

Karl der Große zerstörte die Irminsul. Man benötigte drei Tage, um das höchste Heiligtum der aufständischen Sachsen zu vernichten. (Kuhlmann 1888) Mit der Säule fallen auch Schu und seine

Nachfolger. Mit der Überzeugungskraft der Waffen werden im Norden neue Götter inthronisiert.

Es scheint, als ob der Weltsäulenkult auch aus ägyptischer Sicht nicht am Nil, sondern im Norden entstanden sein müßte, denn Ramses II. (1292–1232) behauptet, daß seine Macht »bis an die Marschländer an den Grenzen der Finsternis (reicht), wo die vier Säulen des Himmels stehen«. (Breasted 1906) In einem Zauberbuch aus den Tagen des Ramses III. ist von »Trägergöttern, die in der Dunkelheit«, also im hohen Norden leben, die Rede. (Roeder 1919) Bei den Griechen ist es nach Homer (*Odyssee* I/54) Poseidon, der selber die langen Säulen hält, die bewirken, daß Himmel und Erde getrennt sind.

Mit den vier Säulen oder Göttern in Ägypten, die in späterer Zeit die Funktion des Schu übernehmen, zeigt sich, daß die ursprüngliche, ›technisch begründete‹ Idee fast vergessen ist. Der tote Pharao wollte im Alten Reich noch zum Drehpunkt der Weltachse, das heißt zum Stützpunkt des Schu, um dort in der ›Polarregion‹ die Götter zu treffen (siehe Ausrichtung der Pyramiden). Später wird die sich drehende Himmelskugel von vier Stützen gehalten, die am Horizont in Nord, Süd, West und Ost stehen, mit anderen Worten: Der ursprüngliche Nordpol-Bezug der ägyptischen Sonnenreligion ist im Mittleren Reich bereits verlorengegangen. (Für den Techniker eine verwunderliche Konstruktion. Eine sich drehende Halbkugel, die über vier Säulen läuft! Ein technischer Leckerbissen.)

Es geht dem Schu wie der ›Milchgöttin‹ Hathor. Beide waren im Alten Reich Götter der fremden Rinderhirten. Beide werden im Laufe der Jahrhunderte der Erlebniswelt der Nilbewohner angepaßt. Die Funktion von Schu übernehmen vier Säulen. Hathor wird zur Baumgöttin, zur Göttin der Liebe, der Musik und des Tanzes. In der Darstellung verliert sie ihre Hörner, behält aber die Kuhohren, von den überraschenden technischen Funktionsmöglichkeiten des Bauches einer ehemals göttlichen Milchkuh (Abb. 18) ganz zu schweigen.

Reuter (1934) kommt bei der Besprechung der germanischen Himmelskunde zum Schluß, daß die Vorstellung einer himmelstragenden Säule »nur im Norden Europas entstanden sein (kann), wo die Säule, wenn auch nach Norden geneigt, doch einigermaßen senkrecht empor zum Himmel ragt, nicht aber im Süden, wo der Pol sich tief und tiefer zum nördlichen Himmelsrand neigt. . .

Wenn Spuren dieser Vorstellung auch bei den südlichen Völkern auftauchen, so müssen sie mit Wanderungen der Völker dorthin gekommen sein... Der astronomische Befund läßt eine Umkehrung der Entlehnungsrichtung nicht zu.«

Kannelierte ›protodorische‹ Säulen und der Djed-Pfeiler in Ägypten

Es gibt in Altägypten eine architektonische Überraschung. Es gibt kannelierte ›protodorische‹ Säulen. Man bezeichnet diese Säulen als ›kanneliert‹, weil sie durch senkrechte Einkehlungen (abgeleitet von lat. *canna* = ›Rohr‹) gegliedert sind. Die kannelierte Säule läßt sich in Ägypten bis zum Ende der Pharaonenzeit nachweisen. Es wird die verwunderliche Bezeichnung ›protodorisch‹ verwendet, weil die Säulen mit ihren auffallenden Kanneluren vergleichbar sind mit den griechischen Säulen, die mit der Dorischen Wanderung um 700 v.Chr. in Griechenland erscheinen. (siehe S. 255)

Es ist diese auffallende Ähnlichkeit zwischen den ägyptischen und den späteren griechischen Säulen, die zu Spekulationen reizt. Bei der Besprechnung der ägyptischen Baukunst bezweifelt Arnold (1994) einen Zusammenhang: »Zahlreiche Beispiele mit echten Kanneluren gleichen dem Schaft griechischer Säulen, (aber) ob die kannelierten Halbsäulen im Djoser-Bezirk geschälte Koniferenstämme mit Knaggenkapitellen darstellen, ist nicht gewiß. Auch ist ihr Zusammenhang mit den späteren kannelierten ›protodorischen‹ Säulen nicht sicher.«

Ein kultureller Zusammenhang ist bisher nicht faßbar, da die ägyptischen Beispiele aus dem 3.–2. Jahrtausend stammen, die frühesten griechischen aus dem 7. Jhd. v.Chr. Deshalb muß die Vorstellung einer kulturellen Verwandtschaft zwischen den orientalischen Hochkulturen und den barbarischen Dorern zumindest bedenklich erscheinen. Die lexikalische Formulierung ›protodorische Säulen‹ könnte demnach irreführend sein.

Da die dorischen Säulen um 700 v.Chr. in Griechenland erscheinen, wäre es möglich, daß die Dorer die ›protodorischen‹ ägyptischen Säulen für ihren Tempelbau übernommen haben. Warum? Wieder eine Kulturübertragung der ägyptischen Hochkultur auf primitivere, barbarische ›Neugriechen‹, auf die Dorer, die späteren Spartaner?

Die in jedem Fall sperrigen Überlegungen gelingen leichter, wenn Schu und die Weltensäule ins Spiel gebracht werden. Ägypter und Griechen haben offensichtlich eines gemeinsam: Beide glauben an die Trennung von Erde und Himmel durch einen Gott. Die Tragfunktionen übernehmen Götter, Bäume oder Säulen. Es erscheint demnach naheliegend, daß Ägypter und Dorer mit ihren kannelierten Säulen auf eine gemeinsame Religion hinweisen.

Die religiöse Bedeutung dieser Säulen wird erkennbar in ägyptischen Gräbern. In Ägypten stützen kannelierte Säulen im Grabe des Fürsten Amenenhet (Abb. 29 a) einen gestirnten Himmel. Eine

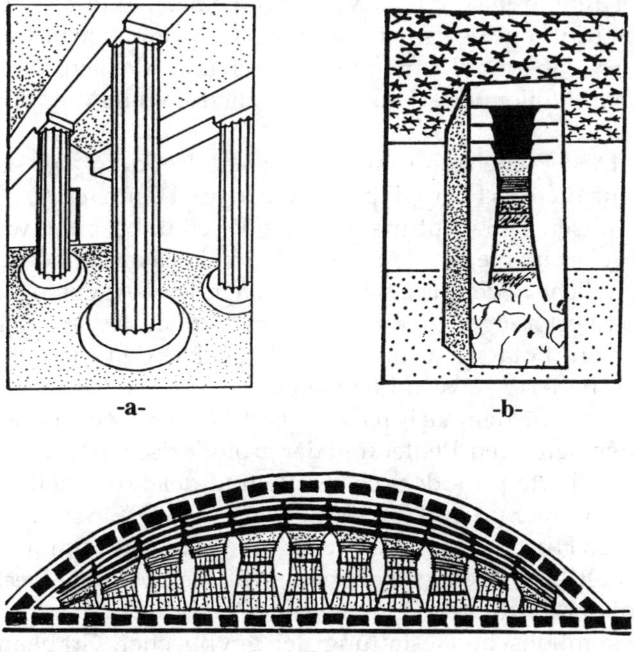

-a- -b- -c-

Abb. 29 *Kannelierte Säulen und Djed-Pfeiler-Darstellung.*

a. *Beni Hassan, Felsengrab des Fürsten Amenenhet. Opferraum mit kannelierten Säulen unter einem Sternenhimmel. 12.Dyn. (Der Sternenhimmel war auf dem Foto zum Zeichnen zu undeutlich)*
b. *Theben, Tal der Königinnen. Grab der Nefertarie. 19. Dyn. Sargraum (8,5 x 10 m), dessen rechteckige Pfeiler eine gestirnte Decke tragen. Auf dem Pfeiler abgebildet ein Djed-Pfeiler.*
c. *Sakkara, Djoser-Bezirk. Paneel aus blauen Fayence-Kacheln mit einer Djed-Pfeilerdarstellung, rekonstruiert. Eine Reihe von elf Djed-Pfeilern stützt eine gewölbte Decke (einen Himmel?), Stufenpyramide 3.Dyn. (Nach Foto, Leclant 1979)*

vergleichbare Aufgabe hat offensichtlich auch der rechteckige Pfeiler in der Abb.29 b. Auch dieser Pfeiler steht in einer Grabkammer und stützt einen Sternenhimmel. Farbig aufgetragen ist das Symbol des Djed-Pfeilers. Der Ursprung dieses Symbols ist nicht bekannt. Es wird vermutet, das es ursprünglich ein freistehender Pfahl gewesen ist, um den in mehreren Stufen kreisförmig pflanzliches Material herumgebunden wurde. Im Alten Reich soll das Oberteil des Djed aus den angebundenen Zweigen eines Laubbaumes oder aus Schilfstangen bestanden haben. (Lexikon).

Es wäre denkbar, daß die eindringenden Rinderhirten versuchten, das religiöse Ritual der Verehrung einer Weltesche auch am Nil fortzuführen. Sie kamen aus einem Gebiet mit Hochwald, fanden am Nil aber nur Palmen, Sycomoren und Akazien. Der künstliche Djed-Pfeiler wäre dann ursprünglich ein religiöser ›Baumersatz‹.

Der Djed-Pfeiler mit seinen typischen drei oder vier ›Etagen‹ erscheint auch als Hieroglyphe und bedeutet dann ›*beständig-dauerhaft*‹. In seiner Bedeutung im Alten Reich unbekannt, wird der Djed-Pfeiler im Neuen Reich zum Symbol des ewigen Osiris. Die ursprüngliche Bedeutung des Djed-Pfeilers ist in Ägypten im Laufe der Zeit verlorengegangen, vielleicht, weil am Nil ein religiöser Bezug zum Polarstern und einer Weltachse den Menschen auf Dauer schwierig zu vermitteln war?

Es erscheint demnach naheliegend, daß ein Zusammenhang zwischen dem Djed-Pfeiler und der protodorischen Säule besteht. Die kannelierte protodorische Säule und der Djed-Pfeiler haben in Grabkammer (a) und (b) die gleiche Aufgabe. Sie stützen einen gestirnten Himmel. In Abb. (c) wird eine gewölbte Himmelsdecke (?) von elf Djed-Pfeilern getragen. War die gewölbte Decke das Symbol der gewölbten Himmelskugel?

Die symbolische Gestaltung der ägyptischen Grabkammern spiegelt die Religion der Pharaonen im Alten Reich wider. Im Alten Reich möchte die Seele des Pharaos zur Spitze der Weltsäule, zum Haltepunkt des Luftgottes Schu, zum Drehpunkt des Weltalls werden. Der Tote liegt folgerichtig in einer Grabkammer, deren Decke ein gestirnter Himmel ist, getragen von kannelierten Säulen oder Djed-Pfeilern.

Ein Problem bleibt: Im Sargtext 1011 (227) steht geschrieben »Ich komme und gehe zwischen den beiden Pfeilern des Re und zwischen den beiden Djed-Pfeilern des Geb«. (Faulkner) Das heißt:

Im Mittleren Reich stützt nicht mehr Schu, sondern vier Säulen stützen den Himmel. In diesem Spruch bedeutet der Djed-Pfeiler offensichtlich eine Weltsäule. Im Neuen Reich ist der Djed-Pfeiler sinnentstellt (?) Symbol des unsterblichen Osiris. Ein deutlicher Bedeutungswandel. Wurde die ursprünglich technisch geprägte Konstruktion des Kosmos (Himmelssäule, Urhügel, Urozan, Schifffahrt) vergessen, wurden die überlieferten Symbole aber durch Phantasie zu einem neuen, ›unpassenden‹ Ersatzbild zusammengefügt?

Nicht tragende Säulen und Nischengliederung

Soweit die Bedeutung einer ›Himmelstütze‹ in der Religion des Alten Reichs. Schu, der Älteste der Götter, trennt am Anfang Himmel und Erde. Die nachfolgende Entwicklung des Kosmos und der Sonnenreligion erscheint verständlich. Transportprobleme für Sonne und Seelen werden per Schiff bewältigt. Aus der Sicht des Technikers bereitet diese ›rationale Religion‹ keine Deutungsprobleme.

Schwieriger wird es aber mit der technischen Erklärung der ägyptischen Grab- und Tempelarchitektur. Es ist die einfach erscheinende Frage zu beantworten: »Welche Aufgabe hat eine Säule in der ägyptischen Architektur?« Die Antwort erscheint eindeutig: Säulen sind Stützelemente. Säulen stehen unter einer Brücke. Säulen tragen ein Dach. Dieser technisch eindeutige Bezug muß für Altägypten eingeschränkt werden. Es gibt im ägyptischen Tempelbau Säulen, die *offensichtlich keine Tragfunktion haben.*

Im *Lexikon der Ägyptologie* liest man unter dem Stichwort ›Säule‹: »Nur im ägyptischen Profanbau erschöpft sich die Funktion der Säule im rein Statisch-Technischen. Im Kultbau besitzt die Säule darüber hinaus oder ausschließlich symbolisch darstellende Aufgaben, als eine Art Wappenzeichen auf eine bestimmte Gottheit oder einen mythischen Ort hinweisend, oder eine symbolische Darstellung emporsprießender Vegetation, die den Himmel trägt.«

Bemerkenswert ist der Hinweis auf eine symbolische Darstellung emporsprießender Vegetation (siehe Djed-Pfeiler), die den Himmel trägt.

Es stellt sich im folgenden die Frage, ob die Säulen in der ägyptischen Grab- und Tempelarchitektur symbolisch die Trennung von Himmel und Erde darstellen, das heißt, ob die Säulen den Anfang des Lebens auf der Erde symbolisieren. Die Tempelsäulen wären dann ›tragendes Symbol‹ der ägyptischen Kosmologie und Religion. Ohne Weltsäule ist ein Leben auf der Erde nicht möglich, denn ohne Schu beginnt wieder das ursprüngliche Chaos. (1. Mose 1, »Am Anfang schuf Gott Himmel und Erde.«)

Einen Hinweis auf die religiöse Bedeutung der ägyptischen Tempelsäulen gibt die verwunderliche Gestaltung der Tempelwände im Alten Reich und in Sumer. Es ist die *Nischenarchitektur*, eine Gestaltung der Tempelaußenwände in Form einer regelmäßigen Abfolge von vor- und rückspringenden Wandteilen. Die Nischengliederung einer Fassade zeigt Abb. 30. Der erhaltende Denkmälerbestand belegt in Ägypten diese Nischengliederung besonders für Graboberbauten der Gründerzeit der 1. und 2. Dynastie (!). In Mesopotamien erscheint die Nischengliederung bereits in der Tempelanlage von Obaid um 3500 v.Chr. (Abb. 49). Das heißt: Die Nischengliederung stammt aus der *Gründungszeit* der beiden orientalischen Hochkulturen.

Diese verwunderliche Konstruktion einer Wand provoziert Erklärungsversuche. Bei der Besprechung sumerischer Tempel vermutet Garbini (1968) ein dekoratives Moment: »Obgleich als Baumaterial, statt der sonst im sumerischen Tempelbau üblichen Ziegel, Stein verwendet wurde, sind die für den Ziegeltempel charkteristischen Wandpfeiler beibehalten. Sie sind ein markantes Merkmal sumerischer Sakralbaukunst und haben sogar in Ägypten Nachahmung gefunden. Ursprünglich basierten sie auf hohen hölzernen Konstruktionen, die man mit einer kompakten Masse aus ungebranntem Lehm auffüllte. In späterer Zeit nutzten die sumerischen Architekten das Pfeilermotiv als wirkungsvolles Schmuckelement, das die Wand durch rhythmischen Wechsel von Pfeilern und Nischen, von Licht und Schatten, belebte. Im Grundriß wie im Aufriß ist strengste Symmetrie gewahrt.«

Eine, wie ich meine, verwunderliche Vermutung. Ein rein ästhetisches Wandpfeilermotiv im Sakralbau, das in ›strengster Symmetrie‹ in Jahrhunderten, zumindest in Mesopotamien, unverändert beibehalten wird? Problematisch ist die Vorstellung, daß in *Sakralbauten* eine nicht religiös gegründete, oberflächliche Dekoration als architektonisch *dominierendes* Element verwendet wird.

Problematisch ist auch die Vorstellung, daß die Erbauer von Obaid in Sumer um 3500 v.Chr. (Abb. 49) beim Betrachten glatter Ziegelwände das gleiche ästhetische Unbehagen hatten wie die

Kollegen in Ägypten. Kamen beide Architekten, unabhängig voneinander, auf die Idee, man müßte die tristen Außenwände der Tempel mit einer Wandpfeilerfassade auflockern?

Die zweite Möglichkeit zur Erklärung wäre, daß die Nischengliederung keine Dekoration, sondern ein religiöses Symbol ist – ausgeführt von Baumeistern am Nil und in Mesopotamien, die den gleichen Glauben hatten, den Glauben, daß die Götter am Anfang Himmel und Erde trennten. Übereinstimmend ist auch der Zeitpunkt der Entstehung der Nischenarchitektur. Sowohl in Ägypten wie in Sumer sind die *ältesten* Sakralbauten in Nischengliederung überliefert, das heißt, die Idee einer Himmelstütze und die Nischengliederung wurde von den *Begründern* der Hochkulturen in Ägypten und Sumer eingeführt.

Der Ursprung dieser technisch verwunderlichen Konstruktion könnte mit dem ägyptischen Glauben zusammenhängen. In der ägyptischen und der sumerischen Mythologie stützen Götter den Himmel. Es wäre demnach naheliegend, diese *Grundidee des Glaubens* bei der Gestaltung der sakralen Gebäude bevorzugt zu berücksichtigen. Der Priester möchte vom Baumeister einen Tempel, der wesentliche Grundlagen der Religion der Herrschenden architektonisch symbolisiert, das heißt, er braucht für seinen Tempel vor allem ein Symbol des Ursprungs, ein Symbol der Himmelssäule. Naheliegend erscheint, einen Baumstamm als Symbol zu verwenden.

»Die Säule ist seit frühester Zeit in Ägypten gebräuchlich, hat meist eine steinerne Basis, einen hölzernen, konstruktiv bruchlos in das Kapitell übergehenden Schaft. Aus Darstellungen läßt sich auf einen weit größeren Formenreichtum an Holzsäulen schließen. Die Säulen waren bemalt oder sogar vergoldet.« (Lexikon)

Das Problem: In den Himmel ragende Bäume gibt es nicht am Nil. Da der Säulenkult bereits in der Gründungsphase der Hochkulturen nachweisbar ist, deutet der Hinweis auf den Formenreichtum von Holzsäulen auf das Ursprungsgebiet des Kultes. Es müßte ein Gebiet gewesen sein, bewaldet mit hohen Bäumen.

Zurück zum ägyptischen Baumeister. Er hat um 3000 v.Chr. am Nil keine hohen Bäume zur Verfügung, sondern nur Ziegel, gefertigt aus Nilschlamm. Ziegel sind ideal zum Bau von Mauern, für freitragende, hohe Säulen aber denkbar ungeeignet. Sie sind zerbrechlich. Sie knicken bei stärkerer Belastung ein. Man findet aber einen Ausweg und stützt die bruchgefährdete symbolische Zie-

Abb. 30 a. *Vorderfront einer Kapelle mit schlanken Säulen, die mit dem hinteren Viertel ihres Durchmessers in die Mauer eingelassen sind. Die Säulen haben, deutlich erkennbar, keine Tragfunktion. Die Säule ist lediglich ein schmaler rundlicher Vorsprung in der Mauer. Die Mauer, nicht die Säule, trägt das gewölbte Dach. (Himmelsdach?)*

b. *Eine Hathor-Säule, die Göttin trägt auf dem Kopf einen Tempel (?), der von zwei (Sonnen?) Spiralen flankiert wird.*

c. *Steinmauer mit schmalen Vorsprüngen, die für die Statik einer massiven Mauer ohne Bedeutung sind. (Großer Hof, Teil einer Gesamtansicht der Mauer mit Uräenfries (nicht eingezeichnet. 3. Dyn. Djoser, Sakkara)*

gelsäule durch eine Mauer, durch eine Tempelwand. Es entsteht die Nischenarchitektur. Das architektonische Ziel ist erreicht. Das Bild einer Säule, wenn auch zerbrechlich, stützt zumindest symbolisch das Tempeldach. In Ägypten nachgewiesen in Abydos in Kultanlagen der 1. und 2. Dynastie (2900–2700 v.Chr.) (Abb. 30), in Sumer im Tempel von Obaid 3500 v.Chr. (Abb. 49).

Mit der weiteren Entwicklung des Bauens in Stein tritt die Nischengliederung in Ägypten schnell zurück. (Helck) Die Begründung erscheint logisch. *Wer Steinsäulen errichten kann, braucht nicht den Kompromiß einer Ziegelsäule,* die von einer Mauer gestützt werden muß.

Diese Behauptung erlaubt einen, wie ich meine, zwingenden Umkehrschluß: Wenn keine Steine verarbeitet werden können, dann *muß* die ursprüngliche Ziegel-Nischenarchitektur aus technischen Gründen fortgeführt werden, zumindest solange der Glaube an eine Trennung von Himmel und Erde in der Religion eine prägende Rolle spielt. Dieser Umkehrschluß wird durch den Tempelbau in Mesopotamien bestätigt. Auch die Sumerer haben in ihrer Religion, wie die Ägypter, am Anfang die Trennung von Himmel und Erde (siehe unten), aber sie haben in ihrem alluvialen Schwemmland keine Steine und, wie die Ägypter, keine hochstämmigen Bäume. Ihre Säulensymbolik, ursprünglich technisch gebunden an den Lehmziegel, kann sich nicht ›freistehend‹ entwikkeln. Da in Mesopotamien im wesentlichen nur Ziegel zum Bau verwendet werden konnten, bleibt die ursprüngliche Nischenarchitektur erhalten. Sie wird nicht, wie in Ägypten, von einer Steinsäulenarchitektur verdrängt.

In Obaid wurden zwei Holzsäulen gefunden (Abb. 51 c). Sie flankierten vermutlich den Eingang zur Tempelplattform.

Gottesdienst an einem erhöhten, geweihten Ort

Eine Überlegung zur Säule im Ritual des ›megalithischen‹ Gottesdienstes sei angeführt. Nach Auskunft der Pyramidentexte glauben die alten Ägypter, daß die Götter unter anderem am Drehpunkt des Himmelsgewölbes, im Bereich der Fixsterne, leben. Angenommen, die Gläubigen möchten ihren Gottesdienst in der Nähe, vielleicht sogar in Gegenwart (?) der Göttern verrichten, dann bietet es sich an, den Göttern *am oberen Ende einer symbolischen Himmelssäule zu opfern.* Die Spitze der symbolischen Himmelssäule wäre dann ein geweihter Ort.

Eine Vermutung, die sich in Ägypten durch die besondere Bedeutung des Giebels bei oben gerundeten, beschrifteten Steinen, den Stelen, stützen läßt. Die überwiegende Mehrheit der oben gerundeten Stelen stammt aus Abydos, wo sie entlang der Prozessionsstraße aufgestellt waren. Der gerundete Abschluß der Stele wird als Nachahmung des Himmelsgewölbes gedeutet. (Westendorf, zit. Hölzl)

Fast ›beweiskräftig‹ erscheint mir die besondere Gestaltung der Giebelfläche. Im Giebel der gerundeten Stelen (und damit götternah) werden Opfertische und Speiseszenen dargestellt. (Hölzl 1990) Bemerkenswert ist eine Opferszene auf einer Stele aus Abydos. In der Mitte des Giebelfeldes einer gerundeten Stele aus der 12. Dynastie (um 2000 v.Chr.) schlachten zwei Männer einen auf

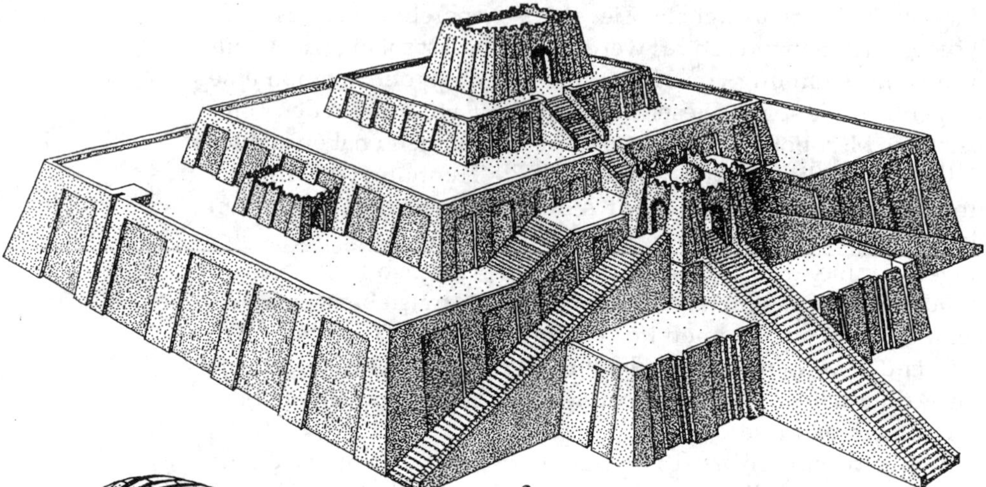

a.

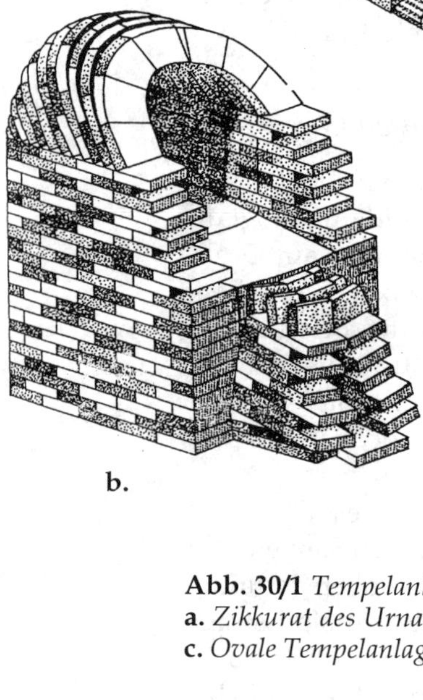

b.

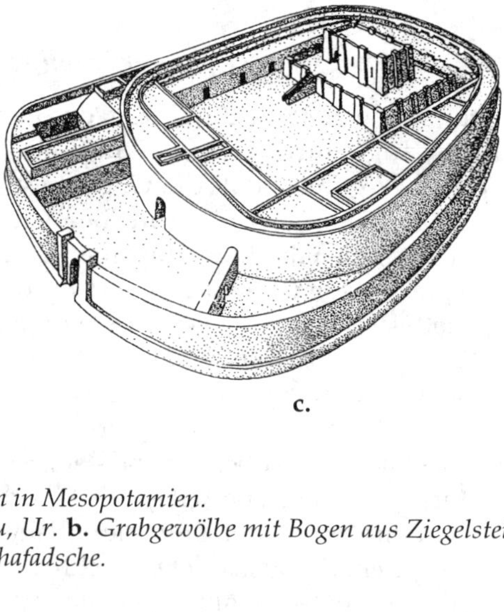

c.

Abb. 30/1 *Tempelanlagen in Mesopotamien.*
a. *Zikkurat des Urnammu, Ur.* **b.** *Grabgewölbe mit Bogen aus Ziegelstein, Ur*
c. *Ovale Tempelanlage, Chafadsche.*

dem Rücken liegenden Stier. Es folgt eine Beschriftung mit Opferformel und Namen. Das ist bemerkenswert, weil im Atlantisbericht dieselbe Szene beschrieben wird. (S. 110) Die Könige der Atlanter fangen einen Stier nur mit einem Seil. Sie ziehen ihn auf eine Säule, töten ihn, und das Blut läuft über die Gesetzestafeln, die an der Säule angebracht waren. (Nach Spanuth kommen die Atlanter um 1100 v.Chr. aus dem Gebiet der westlichen Ostsee; siehe unten)

Die Opferung des Stieres am oberen Ende einer Säule in Ägypten und bei den Atlantern erscheint in der Idee vergleichbar mit der Opferung in Mesopotamien. Das Opfer wird an erhöhter Stelle den Göttern angeboten.

In Mesopotamien entsteht der Hochtempel, die Zikkurat um 3500 v.Chr. (Eridu, Abb. 30/1). Er ist ursprünglich eine unregelmäßig geformte niedrige Plattform, wie in Obaid (Abb. 49), die sich durch spätere Überbauungen allmählich erhöhte. Die Zikkurat-Terrassen des 2. und 1. Jahrtausends v.Chr. waren rechteckig oder quadratisch; seit 2000 v.Chr. sind auch Stufentürme bezeugt. Es ist die gleiche technische Entwicklung wie bei den ägyptischen Stufenpyramiden. Die Aufgänge zur oberen Plattform waren meist dreiteilige Freitreppen. Die Ziegelwände der Terrassenanlage waren in Nischenform ausgeführt, wie in Obaid.

Die Vorstellung, die der sumerischen Zikkurat zugrunde liegt, ist von Anfang an ein Hügel, der Götterberg, auf dem ein Heiligtum errichtet wird. Gemeinsam ist Ägypten und Sumer die Grundüberlegung, man möchte einen heiligen Bezirk symbolisieren, einen Bereich, der über dem Erdboden liegen muß, symbolisch den Göttern genähert. Das heißt: Auf der oberen Plattform der Zikkurat oder am oberen Ende einer Steinsäule, einer Stele oder eines Altars, gefertigt aus einem Stein, werden die Opferrituale verrichtet. (2. Mose 25)

Die Vermutung, daß die orientalischen ›Megalithiker‹, Ägypter und Sumerer, sich bemühten, die Opfergabe den Göttern möglichst nah anzubieten, würde auch zum späteren griechischen ›Konvolutenaltar‹ passen (Abb. 56 c): ein Altarstein, der mit einer Doppelspirale abschließt. Mit anderen Worten: Die Opfergaben werden bei den ›megalithischen‹ Griechen (siehe unten) symbolisch in Höhe der Sonnenbahn den Göttern, dem Sonnengott Apoll, (?) angeboten. Die Spartaner opferten nach einer siegreichen Schlacht 456 v.Chr. dem Zeus einen goldenen Schild, der in Olympia im Dachfirst des Zeustempels angebracht wurde. (Herrmann)

Der Horizont, der Fährmann und der Urozean

Wir kehren zurück zum Anfang, zur Entstehung einer megalithischen Naturreligion. Dazu folgt eine Überlegung zum Begriff ›Horizont‹. In den ägyptischen Pyramiden- und Sargtexten erscheint der Horizont häufig. Er ist ein *grundlegendes* Bindeglied zwischen Himmel und Urmeer. *Ohne Horizont ist die ägyptische Religion, zumindest im Alten Reich, ›technich nicht funktionsfähig‹.*

Wie bereits besprochen, benötigten die alten Ägypter zum Bau ihres Kosmos dieVorstellung eines Trägergottes Schu, der mit einer Stemmbewegung Himmel und Urmeer trennt und damit das Chaos beendet. Im Urmeer erhebt sich dann ein Urhügel, auf dem die Menschen leben können – eine religiöse Grundidee, die später im Alten Testament wieder erscheint.

1. Mose 9,10: »Und Gott sprach: Es sammele sich das Wasser unter dem Himmel an besondere Örter, daß man das Trockene sehe. Und es geschah also. Und Gott nannte das Trockene Erde, und die Sammlung der Wasser nannte er Meer. Und Gott sah, daß es gut war.«

In diese solide und realistisch anmutende ›technische‹ Konstruktion schmuggelt sich bei den Ägyptern ein ›religiöser‹ Strich. Ein deutlich sichtbarer Kreisbogen, am Ende des Meeres, an dem Himmel und Erde zusammentreffen. Die Pyramiden- und späteren Sargtexte belegen die besondere Bedeutung des Horizonts im Glauben der Ägypter. Die Griechen nennen den Strich ›Horizont‹. Das Problem: Wie kommt der Horizont in die Sonnenreligion der Pharaonen? Wo entstand die Anregung, den Urozean, den Horizont und das Boot als grundlegende Konstruktionsmerkmale in eine ›orientalische‹ Naturreligion einzufügen? Welche Überlegung zwang den ägyptischen Gottsucher, irgendwann in der Frühzeit, zum Ausruf: »Dort hinten ist der Horizont, und deshalb brauche ich für meine Seele einen Fährmann und ein Boot.«

Wenn es zutrifft, daß eine Naturreligion von den besonderen Lebensbedingungen in einem Siedlungsgebiet geprägt wird, dann enthält eine Naturreligion vermutlich spezielle Hinweise auf die ›Natur‹ ihres Ursprungsgebietes, eine Überlegung, die bereits bei der Einordnung der Sonnenreligion der Pharaonen versucht wurde. (siehe oben) Im Fall der Sonnenreligion war die Lokalisierung des Ursprungsgebietes relativ einfach. Die Beweisführung stützte sich im Norden auf Eis, Schnee und einen langen, dunklen Winter, im Süden auf Dürre und Hitze am Nil. Das sind verhältnismäßig klare Verhältnisse. Schwieriger ist es, in die Sonnenreligion der Pharaonen einen Horizont als prägendes Naturereignis einzugliedern.

Das Problem ist: »In welchem Siedlungsgebiet erschien der Horizont und der Ozean so beeindruckend, daß er als *wesentliches* Merkmal in eine Naturreligion der Frühzeit eingefügt wurde?«

Zum Versuch einer Problemlösung stellt sich eine naive Frage: »Was ist eigentlich ein Horizont, und wodurch wird ein normaler Horizont zum *›religionsfähigen‹* Horizont?«

Angenommen, ein ägyptischer Vater versucht seiner kleinen Tochter zu erklären, wo am Horizont im Alten Reich die Götter wohnten. Er führt sie an den Rand der Wüste und deutet auf das optische Ende einer unendlich erscheinenden Sandfläche. Er deutet auf einen waagerechten Strich ›ganz weit hinten‹. Kein Baum, kein Strauch, zu sehen ist nur Sand. Beginnt an diesem Strich etwas Besonderes? Könnten dort hinten die Götter wohnen? Die kleine Tochter mag dem Vater glauben, aber ein wüstenkundiger Beduine wird sagen: »Mit meinen Kamelen bin ich in einigen Stunden an der Stelle.« Ihm zu erklären, daß die optische Begrenzung der Wüste ein besonderer, geheiligter Ort sein soll, dürfte schwer fallen.

Für den Ägypter, der am Nil die umgebende Wüste betrachtet, verbindet ein langgesteckter, *jederzeit erreichbarer Horizont* Himmel und Wüste. Ein optischer Zusammenhang zwischen einem Strich ›ganz weit dahinten‹ und einem unendlichen Urmeer besteht am Nil nicht. Es ist für mich deshalb nicht erkennbar, welche Lebensbedingungen am Nil so eindrucksvoll gewesen sein sollen, daß der Begriff eines ›trennenden‹ Horizonts zusammen mit einem Urmeer in eine ägyptische Naturreligion aufgenommen werden mußte. (Es sei denn, man erkennt in einer örtlich übersehbaren, zeitlich begrenzten Überschwemmung des Nils das religiöse Urmeer. Das gegenüberliegende Ufer müßte dann der Horizont der Pharaonen gewesen sein.) Unbeantwortet bleibt für mich die Frage: »Wie kommt der Horizont als Begrenzung eines Urmeeres in die Sonnenreligion der Pharaonen?«

Verglichen mit Ägypten, erscheint die religiöse Deutung von Horizont und Urmeer im Norden relativ einfach. Der Dolmenbauer im Gebiet der westlichen Ostsee sieht, daß der Himmel und ein unendlich erscheinendes Meer durch einen horizontalen Kreisbogen ›ganz weit draußen‹ getrennt werden. Der steinzeitliche Gottsucher im Küstengebiet ist selber Seefahrer und weiß aus Erfahrung, daß dieser Strich von Menschen nicht zu erreichen ist, denn keiner seiner wagemutigeren Kollegen ist je wieder zurückgekommen. Niemand fährt ungestraft ins offene Wasser, ins Gebiet der giftspeienden, die Welt umschlingenden Midgardschlange. Der Dolmenbauer glaubt, daß es selbst für seinen mächtigen Wettergott Thor gefährlich ist, im offenen Meer zu fischen. (siehe unten, ›Edda‹)

Der grundsätzliche religiöse Unterschied zwischen einem ägyptischen *›landgebundenen‹* und einem nördlichen *›seegebundenen‹* Horizont liegt auf der Hand. Der Mensch im Binnenland sieht immer einen Horizont in erreichbarer Nachbarschaft. Es ist der nächste Hügel, der nächste Wald. *Zum ›religionsfähigen‹ Horizont gehört aber eine Wegstrecke, die von Menschen nicht überwunden werden kann.* Diese Wegstrecke ist im nördlichen Dolmengebiet das umgebende Meer. Das Meer schafft für alle sichtbar einen unerreichbarer Ort voller Geheimnisse. Dort könnten die Götter wohnen.

Diese Unerreichbarkeit gilt auch für die Himmelssäule. Die Menschen gelangten entlang der Küste bereits in der Steinzeit bis ans Nordkap. Sie machten die Erfahrung, daß weiter nordwärts ein Gebiet liegt, das für Menschen nicht zugänglich ist, das heißt, sie entdeckten einen ›religionsfähigen‹ Standort für ihre Himmelssäule, für Schu und seine Nachfolger.

Es wäre noch die Frage zu klären: »Was geschieht mit dem Horizont der nördlichen Megalithiker im Laufe ihrer Wanderung? Wie überleben Erinnerungen an Ozean und horizontalen Strich, wenn sie nicht mehr sinnlich erfahrbar sind?«

Die ursprüngliche Naturreligion der Rinderhirten überlebt im Vorderen Orient vor allem durch Traditionspflege, nicht mehr durch tägliche Erfahrung. Die Erinnerung an einen Urozean mit dem begrenzenden Horizont geht im Laufe der Zeiten in einer von Wüsten umgebenen Flußoase verloren. Aus den Augen, aus dem Sinn.

In den Pyramidentexten des Alten Reiches ist das Zusammenspiel von Seele, Horizont, Fährmann und Boot noch deutlich zu erkennen. Cheops bezeichnet sich noch als ›zum Horizont gehörig‹. Später im Neuen Reich geht der ›technisch‹ erklärbare Zusammenhang des Kosmos verloren. Der ursprüngliche, religiöse

Sinngehalt des Begriffes ›Horizont‹ wird vergessen, deutlich erkennbar in der ägyptischen Schrift. Im Ägyptischen wird das Schriftbild des Horizonts ein Berg mit zwei Gipfeln. Es ist das Tor, in dem am Morgen im Osten die Sonne erscheint. (Abb. 19 a) Der Horizont wird wie der ›schiffbare‹ Bauch der Himmelskuh im Laufe der Jahrhunderte mit viel Phantasie den jeweiligen religiösen Vorstellungen angepaßt. Am Horizont erscheinen Tempel, Städte mit Patriziern, Plebejern und das Sonnenvolk, das die Rudermannschaft für die Sonnenbarke stellt. Götter und Seelen steigen in die Tag- oder Nachtbarke der Sonne. Eine betriebsame Gegend. Ein Verkehrsknotenpunkt der religiösen Schiffahrt. Für den Menschen zudem ein kritischer Bereich, denn zum Horizont muß die Seele unter anderem, wenn sie im Kreis der Götter aufgenommen werden will.

Bemerkenswert in der megalithischen Religion ist der fließende Übergang vom Urmeer zum Fluß. In Ägypten, Mesopotamien (›Gilgamesch‹ s. S. 186 ff.) und im Griechenland der Dorer (?) (*Odyssee* 11/157) bleibt zwar anfänglich die Erinnerung an ein Meer, das von den Seelen überwunden werden muß, aber aus dem Ozean der Gründerzeit wird allmählich ein Fluß. Man braucht auch nicht mehr unbedingt ein Boot und einen Fährmann, man kann auch mit einer Leiter oder entlang der Sonnenstrahlen zu den Göttern am himmlischen Firmament gelangen.

Die einfachste Möglichkeit, man schreitet zu Fuß übers Wasser. »Ich habe dir ermöglicht,. . . barfuß (with the sole of the foot) über das Meer zu wandern, so als wärest du an Land.« (Faulkner Spell 62)

Diese Möglichkeit, die Schwierigkeiten der ›megalithischen‹ Seelenschiffahrt zu umgehen und einfach übers Meer zu laufen, wird wie die Leiter (Mose 1,28) später auch in der *Bibel* überliefert. Jesus schreitet zum Erstaunen seiner Jünger über die Wogen des Meeres. (Johannes 6,19)

Das sind Hinweise, daß im Alten Testament Informationen, Sagen und Geschichten aus der ägyptischen Religion aufgenommen wurden, für die Religionswissenschaften sicherlich nichts Neues. Gewöhnungsbedürftig ist vermutlich die Möglichkeit, daß die alte ägyptische Religion aus dem vierten Jahrtausend (?) Teil einer noch älteren megalithischen Religion gewesen sein könnte. Verständlich ist dann die Folge: Im Alten Testament gibt es megalithische Spuren. (siehe S. 273 ff.)

Der Bedeutungswandel von Horizont und Urozean im Laufe von Jahrtausenden wird verständlich aus der Lebenserfahrung: »*Aus den Augen, aus dem Sinn.*« Vor diesem Hintergrund ist bemerkenswert, daß nur im Norden die Erinnerung an den Horizont und den Ozean der Vorfahren auch nach 5000 Jahren nicht verlorengegangen ist. Die friesischen Sagen berichteten noch im vorigen Jahrhundert vom Fährmann, der die Seelen nachts übers Meer geleitet (siehe S. 200). Die heutigen Friesen sehen immer noch wie die Rentierjäger der Steinzeit den Horizont, wie er Himmel und Ozean trennt. (Nicht aus den Augen, nicht aus dem Sinn.)

Das Schiff als Symbol der Macht von Rinderhirten in Ägypten

Soweit die ägyptische Religion, Sonnenspiralen und Rinderhörner, Dolmen und Pyramiden, blauäugige Götter, blonde Töchter und Seelen, die mit der Sonne im Boot über den symbolischen Bauch einer Kuh fahren.

Zurück zum Anfang. Die Begründer der ägyptischen Hochkultur sollen kriegerische Rinderhirten aus dem Norden gewesen sein, von denen angenommen wird, daß sie zur See fahren. Das heißt, neben einer religiösen Bedeutung muß die Schiffahrt von praktischer Bedeutung für die Rinderhirten gewesen sein, eine Bedeutung, die nichts mit der Rinderhaltung zu tun haben kann. Denn wozu brauchen Rinderhirten Seeschiffe? Hinweise aus dem Alten Ägypten der Gründerzeit ergeben folgendes Bild.

Die eindringenden Rinderhirten finden am Ende des vierten Jahrtausends v.Chr. am Nil und vor allem im Delta günstige Voraussetzungen, um das Land zu unterwerfen. Das Gebiet ist durch Wüsten in Ost und West und durch das Mittelmeer im Norden begrenzt. Weitverzweigte Wasserwege bieten ein natürliches Verkehrsnetz, das mehr oder weniger flächendeckend eine Kontrolle des Landes durch seefahrende Angreifer ermöglicht.

Die Voraussetzungen für die eindringenden Rinderhirten waren günstig. Sie waren mit einer vermutlichen ›nord-megalithischen‹ Körpergröße von 170 cm (?) (Bröndsted) den Einwohnern an Kampfkraft überlegen und fanden für ihre Boote ein natürliches Wegenetz, besonders im Delta. Sie waren dadurch mit ihren Booten auf den Flußläufen allgegenwärtig. Sie schufen in kurzer Zeit eine straffe Verwaltung, die eine flächendeckende Zählung der Bewohner ermöglichte. (siehe oben, Palermo-Stein) Die verwaltungstechnischen Voraussetzung für die Erhebung von Abgaben und Dienstleistungen waren damit gegeben. Eine, bei ausreichender Dichte der Bevölkerung, gewaltige Arbeitskraft stand zur Verfügung einer disziplinierten, gesetzgebenden, machtbewußten Zentralgewalt, das heißt, *eine* Voraussetzung für die Entwicklung einer archäologisch nachweisbaren Hochkultur war erfüllt.

In diesem Zusammenhang mag der Bericht einer Expedition zu den südlichen Steinbrüchen von Assuan unter Mernere die Bedeutung der Schiffe als Machtfaktor verdeutlichen. Der Leiter der Expedition berichtet: »dann segelte ich den Fluß herunter . . . mit 6 Frachtschiffen, . . . mit nur einem Kriegsschiff. Niemals wurde Ibhet und Elephantine, während der Zeit irgend eines Königs, besucht mit nur einem Kriegsschiff«. (Breasted)

Es war zu dieser Zeit offensichtlich ein ungewöhnlicher Vorgang, mit nur *einem Kriegsschiff* nach Assuan zu fahren. Ein Hinweis, daß in der Vergangenheit, eine größere Zahl von Kriegsschiffen eingesetzt werden mußte, um den Willen des Pharaos in Oberägypten durchzusetzen. Vor diesem Hintergrund wird es verständlich, daß bei den fremden Rinderhirten das Schiff eine zentrale Bedeutung haben mußte.

»Das Schiff wird zum Symbol der königlichen Herrschermacht einer ursprünglich jägernomadisch ausgerichteten herrschenden Schicht.« (Helck)

Die auf den ersten Blick verwunderlich erscheinende Annahme, daß ausgerechnet Rinderhirten zu See fahren, bekommt allmählich einen Sinn.

Die Hörner auf der Narmer-Palette

Die Eroberung Ägyptens durch die Rinderhirten wird kaum friedlich abgelaufen sein. Auf einen anfänglichen Bruderkampf deutet die Narmerpalette. Unter Narmer bekämpften sich zwei Gruppen, die ein sehr alter Kult miteinander verbindet, denn sowohl Narmer als auch seine Gegner führen im Kampf das Symbol der Stierhörner. Diese Stierhörner als Symbol der Macht erscheinen auf der Narmer-Palette um 3000 v.Chr. wohl in der ältesten ägyptischen Darstellung. (Abb. 31)

Auf der Narmer-Palette liegen unterhalb eines Schiffes Menschen aufgereiht. Ihr abgeschlagener Kopf liegt zwischen den gespreizten Beinen. *Die Erschlagenen tragen einen Bart und einen Hörnerhelm.* Zumindest der Bart und die Hörner sind auf der kleinen Darstellung (8 mm) deutlich zu erkennen. Bemerkenswert ist, daß das Schiff ebenfalls durch einen *Stierkopf,* das Zeichen des Narmers, gekennzeichnet ist. Hinter dem Stierkopf befindet sich eine längliche Hütte. (Es wäre denkbar, daß die Boote anfangs auch als Schlafplatz benutzt wurden.) Der Stierkopf auf dem Boot und die Hörnerhelme auf den Köpfen der Erschlagenen deuten auf Gegner mit gleicher Mythologie. Wenn das Symbol der Hörner typisch für die eindringenden Rinderhirten gewesen ist, dann kämpften um 3000 v.Chr. am Nil nicht Fremde gegen Einheimische. Es kämpften rivalisierende Gruppen von megalithischen Rinderhirten, die als Statussymbol (?) einen Hörnerhelm trugen.

1800 Jahre später gibt es im Delta wieder einen Kampf mit Booten. Die Seevölker versuchen um 1190 v.Chr. ins Delta einzudringen. Auch in diesem Seegefecht trägt ein Teil der Kämpfer einen Hörnerhelm. (Abb. 31 b) Die Hörnerhelme von Medinet Habu und die Hörner an der Köpfen der Erschlagenen auf der Palette des Narmers sind vergleichbar.

Abb. 31 a. *Narmer-Palette. Das Boot des Narmers, gekennzeichnet durch einen Stierkopf vor der Hütte. Die erschlagenen Feinde mit Hörnern auf den Köpfen. (um 3000 v.Chr.)*

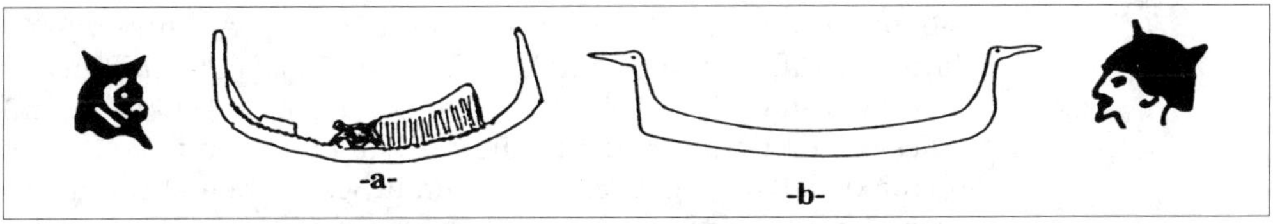

b. *Vergleichbar das Boot der Seevölker in der Schlacht gegen Ramses III. im Delta.*

Bemerkenswert ist auch die Form des Schiffe. Trotz *2000 Jahren Zeitunterschied* sind die Schiffe vergleichbar. Es sind spitzovale Boote mit hochlaufendem Bug- und Hecksteven; bei den Seevölkern mit Vogelkopf. Es sind keine rechteckigen Flußbarken! Die Seevölker wurden von Ramses geschlagen. Ihre Invasion mißglückte. Waren ihre Vorgänger unter der Führung Narmers um 3000 v.Chr. erfolgreicher? Wurde Ägypten von frühen Seevölkern des vierten Jahrtausends unterworfen? (Auf den von Spanuth vermuteten nördlichen Ursprung der Seevölker wird noch eingegangen.)

Wer baute die Schiffe im Alten Reich?

Wenn bisher angenommen wird, daß die Seeschiffahrt (!) im Altägypten die Religion der ›Gründungsväter‹ stark beeinflußte und daß am Nil Schiffe sogar ein Machtsymbol der Herrschenden waren, dann gibt es ein technisches Problem:

In Ägypten gibt es zum Bau von Seeschiffen kein geeignetes Holz!

Dieser Holzmangel ruft aus technischer Sicht zwei Fragen hervor: »Wer hat die ägyptischen Schiffe um 3000 v.Chr. *gebaut*?« und, für eine Beweisführung vielleicht noch gewichtiger: »*Wo* wurden die Schiffe der Pharaonen *entwickelt*?«

Die vorherrschende Meinung bestimmt die alten Ägypter als die führenden Schiffsbauer im Mittelmeer. So sollen unter anderem die alten Ägypter weitgehend die Lehrmeister der Phönizier (!) gewesen sein, weil diese sich erst gegen Ende der Ramesidenzeit (um 1000 v.Chr.) in die durch den Niedergang der ägyptischen Vorherrschaft auf See entstehende Lücke einschieben. Helck (1985) dagegen meint, daß die äygptischen Schiffe zur Fahrt übers offene Wasser nicht geeignet waren. Es wird vermutet, daß der Transport von fremden Seeleuten (Syriern) durchgeführt wurde.

Die ältesten Hinweise auf eine ägyptische Schiffahrt überliefert der Palermo-Stein. Es wird berichtet, daß Snefru um 2600 v.Chr. Schiffe aus Holz baut und damit Holz aus dem Libanon holt. In der Übersetzung von Breasted:

»Bau von 100 cubit-Schiffen aus meru-Holz. . . Ankunft von 40 Schiffen, gefüllt mit Zedernholz. . . Bau von 100 cubit-Schiffen aus Zedernholz und 2100 cubit-Schiffen aus meru Holz.« (1 cubit = 0,5 m)

Dieser oft zitierte Bericht ist die wesentliche Grundlage für die Annahme, daß die Ägypter die führende Seemacht im Mittelmeer waren, denn sie waren offensichtlich bereits im Alten Reich in der Lage, mit großen Schiffen (50 m?) Holz übers offene Meer von Syrien und Palästina nach Ägypten zu transportieren.

Übersehen wird, daß der zitierte Bericht nicht sagt, *wo* die Schiffe des Snefru gebaut wurden. Es gäbe theoretisch zwei Möglichkeiten. Entweder wurden die Schiffe um 3000 v.Chr. im holzarmen Ägypten gebaut, oder die Schiffe entstanden im Gebiet der Zedernwälder des Libanons. Eine begründete Bestimmung des Ortes hätte kulturhistorische Folgen. Der Ort, an dem die Schiffe des Snefru gebaut wurden, könnte im vierten Jahrtausend v.Chr. die ›technische Zentrale‹ im Vorderen Orient gewesen sein. Vieles spricht dagegen, daß diese ›Zentrale‹ Ägypten gewesen ist.

Motivation zum Bau von Seeschiffen in Ägypten

Es sind kulturelle und vor allem technische Gründe, die Bedenken aufkommen lassen bei der Annahme, daß in Altägypten *seegängige* Schiffe erdacht und gebaut wurden. Im folgenden werden zwei Annahmen als zutreffend bewertet:

1. Wenn am Nil seegängige Schiffe gebaut wurden, dann muß zunächst eine Motivation, eine Notwendigkeit zum Bau vorhanden gewesen sein. Der Ägypter muß einen Grund gehabt haben, den gewohnten Nil zu verlassen und aufs offene Mittelmeer zu fahren.

2. Wenn es notwendig war, aus welchen Gründen auch immer, am Nil Seeschiffe zu bauen, dann konnte der Bau nur gelingen, wenn ausreichend handwerkliches Können und *langjährige Seeerfahrung* vorhanden war. Die Bootsbauer am Nil brauchten den Schiffbruch im Sturm, um die notwendige Erfahrung zur technischen Weiterentwicklung von Seeschiffen zu erlangen. Sie mußten erfahren, wo und wann das Schiff bricht. Für die Weiterentwicklung der Boote benötigten sie Erfahrungen, die teuer mit dem Leben der Seeleute bezahlt werden mußten.

Der Nachweis einer Motivation zum Bau ägyptischer *Seeschiffe* im dritten Jahrtausend v.Chr. gelingt mir nicht. Die ältesten Darstellungen von Booten aus vordynastischer Zeit zeigen Boote, die aus Papyrusbündeln geschnürt sind. Diese Boote sind optimal den örtlichen Bedürfnissen angepaßt. Sie sind billig und leicht zu bauen, geeignet für die Jagd im Fayum und zum Transport kleiner Güter auf dem Nil. Warum soll aber ein Ägypter um 3000 v.Chr. darüber nachdenken und dann beschließen, sich mit wenig geeignetem ägyptischen Akazienholz ein großes Boot zu bauen, und dann mit diesem Holzboot das Delta verlassen, um aufs Mittelmeer hinauszufahren? Was soll er da? Warum sollte er den Wunsch haben, eine Seereise zu unternehmen, die nach Berichten von Schiffbrüchigen noch in späterer Zeit so gefährlich war, daß nur Experten, »*die Himmel und Erde betrachten, bestehen konnten*«. (Helck 1975)

Technische Möglichkeiten zum Bau von Seeschiffen in Ägypten

Neben der Motivation fehlt auch das zum Bau von Seeschiffen notwendige Langholz in Ägypten. Zur Konsequenz dieses ›Rohstoffmangels‹ in Ägypten meint Emery: »In der Frühzeit waren Einfuhren aus dem Ausland, wenn auch quantitativ begrenzt, unentbehrlich, besonders Bauholz. Zweifellos florierte bereits in der ersten Dynastie ein lebhafter Holzhandel. Die Baumeister waren auf den Import von beträchtlichen Mengen von Zedern- und Zypressenholz aus dem Libanon und aus Syrien angewiesen.«

Das ist eine Aussage, die in der Konsequenz ebenso problematisch ist wie die zeitliche Abfolge von Ei und Huhn. Zum Bau eines Seeschiffes braucht der Ägypter Langholz. Bevor er sein Schiff in Ägypten bauen kann, muß er das Langholz übers Meer von der Küste des Libanons holen. Mit welchen Schiffen?

Das zum Bootsbau am besten geeignete Langholz *wächst nicht am Nil.* Palmen haben eine locker-faserige Struktur, sie werden meist als Dachbalken oder Stützen verwendet. Sycomoren erreichen 15 Meter, aber das Holz ist relativ weich und wenig haltbar. Akazien sind krumm, ziemlich fest und spröde, aber sie liefern nur kurze Bretter von 0,6 m bis maximal ca. 3 m Länge.

Wenn angenommen wird, daß die Holzschiffe des Snefru in Ägypten entwickelt und gebaut wurden, dann müßten einheimische Fischer, wohl vertraut mit dem Papyrus als Baustoff, die Handwerker und Bootsleute des Snefru gewesen sein. Sie könnten theoretisch mit einem großen seegängigen Papyrusboot das Delta verlassen und entlang der Küste nach Palästina fahren und dort Zedernstämme übernehmen. Sie kehrten dann ins Delta zurück und bauten dort die seegängigen Boote des Pharao aus Zedernholz. Das Problem: Wo haben die alteingesessenen Ägypter, wer immer das gewesen sein mag, die Technik erlernt? Wo sammelten sie die notwendige Erfahrung ?

Außer dem Mangel an Bauholz besteht ein weiteres Problem: »Mit welchen Werkzeugen wurden die Schiffe im alten Ägypten gebaut?« Wenn Bauholz am Nil nicht ausreichend vorhanden ist, dann besteht auch keine Notwendigkeit, Werkzeug zur Holzbearbeitung in Ägypten zu entwickeln. Es erscheint demnach folgerichtig, daß *aus prädynastischer Zeit* besondere Werkzeuge zur Holzbearbeitung in Ägypten nicht gefunden wurden. Es gibt am Nil aus dieser frühen Zeit keine Beile, Queräxte (Dechsel) und Keile aus Stein oder Flint, geeignet zum Bau größerer Holzschiffe. Kupfer, verarbeitet als Schmuck und Einlagen, ist aus prädynastischer Zeit nur in geringen Mengen gefunden worden. (Negade II, siehe Abb. 14 b, c) Es ist zudem zweifelhaft, ob dieses frühe Kupfer aus Ägypten stammt. Die früheste Axt aus Kupfer wurde von Brunton in El-Matmar gefunden. Die chemische Analyse ergab 1,28 % Nickel. Da Nickel im ägyptischen Kupfer bisher nicht gefunden wurde, wird ein Import aus Mesopotamien vermutet. »Es sieht gewiß nicht wie der erste Versuch eines ägyptischen Schmieds aus.« (Carpenter 1932) Erst um 2700 v.Chr. wird die Verhüttung von Kupfer in Ägypten nachweisbar. (Lucas) Die Kupfervorkommen liegen im benachbarten Palästina, im Sinai und in Zypern.

Lucas (1962) ist der Meinung, daß in prädynastischer Zeit die Holzbearbeitung in Ägypten nicht möglich war, weil Kupfer noch nicht verfügbar war. Es wird demnach angenommen, daß Holz *fachmännisch* nur mit einem Metallbeil bearbeitet werden kann – vielleicht eine Unterschätzung der technischen Möglichkeiten des Neolithikums. Im Norden werden um 3000 v.Chr. Wagenräder aus dicken Eichen gefertigt ›nur‹ mit Steinwerkzeugen. (siehe oben)

Vergleichbar der sprunghaften Entwicklung der Grabkultur, der Schrift und der straffen Verwaltung fehlen in Altägypten auch *das kulturelle Umfeld und die nötige Zeitspanne zum Bau von Seeschiffen.* Zwischen den Papyrusbooten und einem seegängigen Langschiff aus Holz liegen Welten. Es ist dieser zu große Sprung im Schiffbau, der nicht zur Vorstellung eines professionellen altägyptischen Bootsbauers paßt. Ohne archäologische ›Vorwarnung‹ erfolgt der Bau von *seetüchtigen* Booten. Snefru baut Schiffe und kommt mit Schiffen, beladen mit Zedernholz, aus Palästina zurück. Wenn seine Schiffe *ursprünglich* in Ägypten entwickelt und gebaut wurden, dann kann die Reihenfolge nicht stimmen.

Das auffallende Fehlen einer ausreichenden Motivation und Zeitspanne zur Entwicklung von Holzschiffen in Ägypten wird noch deutlicher, wenn die Bedingungen in Ägypten mit dem Bootsbau im Norden verglichen werden. Das nordische Plankenboot ist eine logische Weiterentwicklung der Fellboote der Rentierjäger. Zum Bau der ältesten *Holzboote* im Norden kann die Nähtechnik, überliefert von den Vorfahren, verwendet werden. An Stelle einer Tierhaut werden Holzplanken ›vernäht‹. Das heißt, nicht die gewohnte Technik verändert sich grundsätzlich im Laufe der Jahrhunderte, sondern nur das verwendete Material. Die Megalithiker des Nordens hatten ein technisches Vorbild, das beständig, während Tausende von Jahren, weiterentwickelt werden konnte. Als Herausforderung zum Bau seegängiger Schiffe reizte die Jagd entlang der Küsten, das offene Meer und vermutlich die Lust am Abenteuer. Auf offener See, im Kampf mit den Wellen konnte man, zumindest bei den Phäaken und später bei den Wikingern, Ruhm und Ehre in der Gemeinschaft erlangen.

In Ägypten wäre das technische Vorbild zum Bau von Seeschiffen das geschnürte Boot aus Papyrusbündeln, die Herausforderung der gemächlich fließende Nil.

Stand der ägyptischen Holztechnik und das Totenboot des Cheops

Der Holztransport des Snefru wird häufig angeführt als Beweis für die hochentwickelten technischen Möglichkeiten bereits im Alten Reich. Archäologisch lassen sich die Fragen nach Form und Konstruktion der Seeschiffe des Snefru bisher nicht eindeutig beantworten.

Einen indirekten Hinweis gibt aber die Konstruktion des Totenbootes des Cheops, des Sohnes des Libanonfahrers Snefru. Dieser befiehlt, ihm ein gewaltiges Grabmal zu errichten. Ein Weltwunder, die Cheopspyramide wird geplant, und der Bau gelingt. Die Baumeister hatten seit dem Bau der Stufenpyramide des Djoser 100 Jahre vorher Erfahrung im Umgang mit großen Steinblökken sammeln können. Es gelingt ihnen, die gewaltige Pyramide zu errichten. Schwieriger wird es aber mit einem zweiten Auftrag des Königs. Um zu seinen Verwandten, den Göttern im Himmel, zu gelangen, benötigt Cheops ein eigenes Boot. Es ergeht die Anweisung, ein großes Boot zu bauen. Dem Selbstverständnis des mächtigen Königs entsprechend, muß es ein entsprechend großes Boot sein, größer als alles Vorhergehende. Ein solches Boot ist an der Südseite der Cheopspyramide 1954 in einer Steinkammer gefunden worden (43,4 m lang, 5,9 m breit, Beplankung aus Zedernholz, etwa 14 cm dick, Gewicht 40 000 kg).

Dieses Totenboot gibt technische Hinweise auf den Stand der Holztechnik im Alten Reich, denn die bislang unbekannten Seeschiffe, mit denen der Vater des Cheops die Zedernstämme aus dem Libanon geholt hat, sind etwa *zeitgleich* entstanden wie das Toten-boot des Cheops. Es ist demnach anzunehmen, daß die besten Techniker seiner Zeit für die Schiffe des Pharaos gearbeitet haben, sowohl für die Libanon-Schiffe des Snefru als auch für das Totenboot des Sohnes. Begründet wäre damit die Annahme, daß die Bootsbauer des Snefru und des Cheops über denselben Stand der Technik verfügten.

Wenn die Bootsbauer des Snefru ursprünglich Rinderhirten aus dem Norden waren, dann waren sie spezialisiert auf die Verwendung von 20 Meter langen Spaltplanken, die aber nur wenige Zentimeter dick waren. Diese relativ dünnen Planken konnten in Klinkertechnik leicht vernäht werden: das typisch nordische Verfahren. Es entstand aber ein technisches Problem, als sie in Ägypten ein

Boot bauen mußten, das 43 Meter lang sein sollte. Sie gerieten auf ein technisch nicht erprobtes Gebiet, denn das große Boot konnte nicht, wie gewohnt, mit *durchlaufenden*, 2 bis 5 cm (?) starken Planken gebaut werden. Da es 40 Meter lange Planken nicht gab, mußten kürzere, stärkere Planken aneinander gefügt werden. Das technische Problem dabei ist: Wie verbindet man 15 cm starke Balken oder Bohlen miteinander? Heute werden zwei Balken übereinander gelegt, durch beide Balken wird ein Loch gebohrt, und in dieses Loch wird ein starker Holzstift, ein Dübel, geschlagen. Diese Loch-Stift-Methode war den Altägyptern wohl noch nicht bekannt, deshalb wurden auch starke *Bohlen wie dünne Planken vernäht.* (Abb. 32)

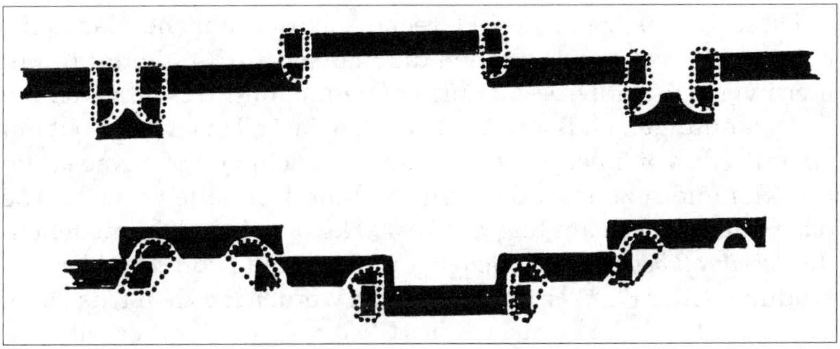

Abb. 32 *Verbindung von starken Holzbohlen zum Bau von Holzwänden (Petrie, Tharkan, Ägypten), überlappend (Klinker) vernäht, wie beim Bootsbau im Norden. Die Führung der Naht entspricht der Technik, wie sie beim Boot des Cheops verwendet wurde. (Abb. 33) Es werden in die Bohlen halbkreisförmige Seilkanäle geschlagen. (Petrie ist der Meinung, daß diese Bohlenkonstruktion Vorbild für die ägyptische Nischenarchitektur war.)*

Erkennbar wird die altägyptische Technik um 2500 v.Chr. beim Bau von hölzernen Sarkophagen in Kafr Amar (Petri, 1951). In einer Grabkammer wurden starke Holzbalken (20 x 20 cm) angebohrt und dann *mit Seilen vernäht,* eine für die Verbindung von starken Balken überraschende Verbindungstechnik. Sie wirkt ›nicht professionell‹. Der erkennbare Stand der Technik offenbart eine Unerfahrenheit im Umgang mit Balken.

Diese Fortführung der alten Nähtechnik schafft Probleme für die Bootsbauer, die dem Cheops ein 43 Meter langen Totenboot bauen sollen. Man näht wie bisher, paßt aber die Nähtechnik den dicken Bohlen an. Die technisch notwendigen 15 cm starken Planken werden zur Nahtführung nicht mehr *angebohrt*, sondern die Seilkanäle werden winkelförmig in die Bohlen geschlagen. (Abb. 33)

Diese Technik signalisiert den Übergang von der nordischen Klinkermethode zur später vorherrschenden mediterranen Kraweel-Methode. Bohlen werden nicht mehr überlappend in Klinkertechnik vernäht, sondern aneinandergelegt und weiterhin, trotz Kraweel-Technik, *vernäht!* Die angewendete Kraweel-Technik zeigt, daß die Handwerker im Alten Reich bereits in der Lage waren, starke, über viele Meter lange Bohlen in der Breite so genau zu bearbeiten, daß die Bohlen in Kraweel-Technik ›paßdicht‹ aneinandergelegt werden konnten. Die fortschreitend technische Entwicklung im Bootsbau wird erkennbar.

Diese ›verrückte‹ Kraweel-Technik hat erhebliche Nachteile. Beim Boot des Cheops werden die Planken stirnseitig mit Klammern verbunden. Diese Klammern nehmen im wesentlichen die Zugspannungen im Boot auf – bei einem fast 50 m langen Boot mit einer Breite von über 5 m und einem Gewicht von 40 t eine kaum mit Klammern zu lösende Aufgabe. Eine 1 m hohe Welle würde das Boot plötzlich am Bug mit 10 000 kg anheben. Die entstehende *Hebelkraft bei einer Bootslänge von 40 m* müßte von den Stirnverbindungen der Planken aufgenommen werden, das heißt, das Boot des Cheops war mit Sicherheit nicht seetüchtig.

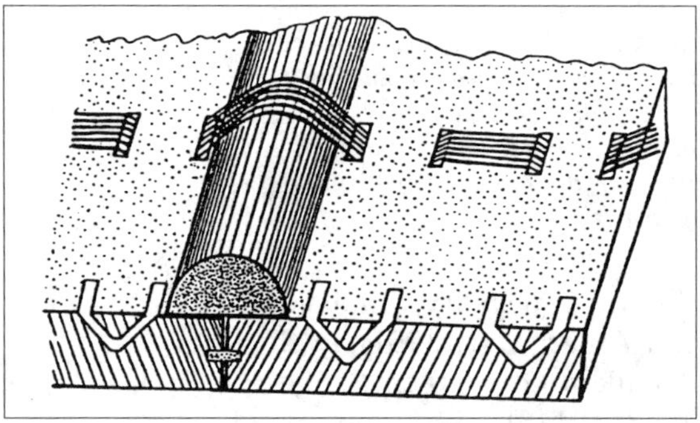

Abb. 33 *Die Verbindung der 15 cm starken Bohlen (Planken) im Boot des Cheops. Die Bohlen sind paßdicht aneinander gelegt, d.h. die Bootswand ist in Kraweel-Bauweise ausgeführt. (Abb. 9 c) In die Bohlen werden winkelförmige Kanäle geschlagen, durch die Seile aus Palmenfasern gezogen werden, das heißt, die alte Nähtechnik der Klinkerbauweise wird angewendet, um aneinander liegende Bohlen in Kraweelbauweise zu verbinden.*

Zurück zu den unbekannten Booten des Snefru, mit denen das Zedernholz aus dem Libanon geholt wurde. Auf einer Holztafel aus Abydos sind Schiffe zu erkennen. (Abb. 34) Die Boote sind verhältnismäßig wenig gekrümmt. *Sie liegen lang im Wasser.* Es sind offensichtlich keine sichelförmigen ägyptischen Flußboote. (Abb. 35) Das Boot mit dem ›Gitter‹ könnte für den prädynastischen Holztransport von Palästina nach Ägypten gedient haben. Zumindest ist in beiden Schiffen die Bordwand relativ hoch, verglichen mit der Bootslänge. Sie sind dadurch weniger gefährdet

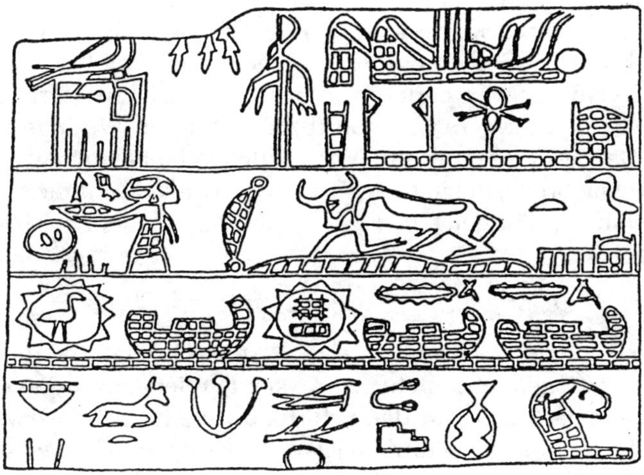

-a-

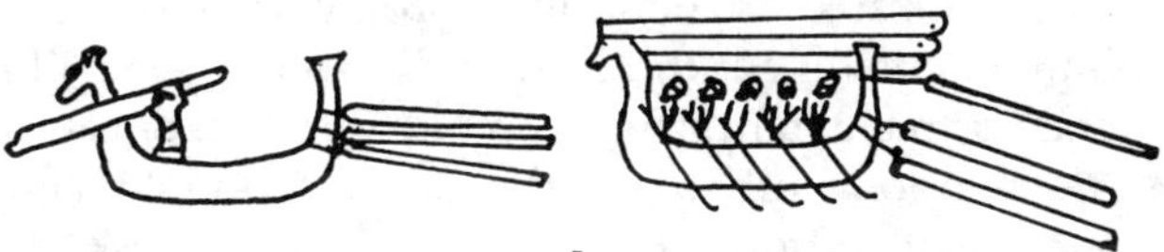

-b-

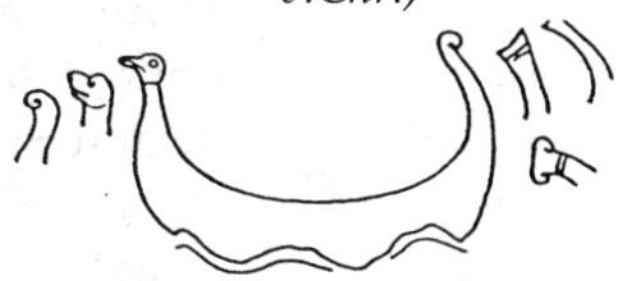

-c-

Abb. 34 a. *Ritzung auf einer Holzplatte (!) aus Abydos, eine Art seegehendes Frachtschiff?(Grab König Aha,1. Dyn. 3000 v.Chr.)*
b. *Holztransport mit Hilfe von Langschiffen. (Khorsabad, Sargon II., 710 v.Chr.)*
c. *Wikingerschiffe (11. Jhd.) mit unterschiedlich geformten Stevenenden. Beachte den Hecksteven in b. und c. Sowohl in Syrien als auch in England oben flach, etwas geweitet. (Wernick 1980) Siehe auch den Hecksteven der Sonnenboote in Abb. 22 c. (Die symbolische Bedeutung ist nicht bekannt.)*

durch überschlagende Wellen. Dieser Unterschied ist auffallend. Nach Emery wäre es möglich, daß die Schiffe »ausländisch« sind, das heißt »nichtägyptisch«.

Bemerkenswert ist auch ein späterer Holztransport, der aus Khorsabad (16 km nördlich Ninive, Sargon II. von Assyrien 721–705 v.Chr.) überliefert ist. (Abb. 34 b) Dargestellt werden 10 Schiffe, gerudert von jeweils acht Mann. Jedes Boot transportiert sechs Baumstämme. Drei Stämme werden geladen (?), drei weitere werden im Wasser hinterhergezogen. Dieser Schlepptransport von Baumstämmen um 700 v.Chr. entlang der Küste Palästinas paßt zu einer Beschreibung auf dem Palermo-Stein. Eine Inschrift berichtet, daß zur Flotte des Snefru unter anderem »tow boats«, das heißt Schleppboote, gehörten. Zogen solche Schleppboote bereits um 2500 v.Chr. Zedernstämme vom Libanon nach Ägypten?

Die transportierten Baumstämme und die Schiffe sind etwa gleich lang, das heißt, es könnten geklinkerte Spitzgattboote sein. Die Bug- und Hecksteven der assyrisch-phönizischen (?) Transportschiffe sind in der Form identisch mit Abbildungen aus einer englischen Kirchenchronik. (11. Jh.) Wikinger rudern ihre Boote nach England. Bemerkenswert ist die Gestaltung der Stevenenden: Der Bugsteven endet in (b) und (c) in einem Tierkopf. Der Hecksteven endet im Libanon (b) und bei den Wikingern (c) in einer flachen Verbreiterung. Verwendete oder beauftragte Sargon spitzovale Boote, die in Länge, Form und Stevenschmuck mit den Booten der Wikinger 1700 Jahre später vergleichbar sind?

Das typisch gebogene ägyptische Flußboot

In der Technik bestimmt unter anderem das Material die Form. Eine aus Ziegeln errichtete Brücke sieht anders aus als eine Stahlbrücke. Übertragen auf den Schiffbau im Altertum, verwundert es nicht, daß das im Schiffbau jeweils verfügbare Holz wesentlich die Form des Schiffes bestimmt. Im Norden werden lange, verhältnismäßig dünne Spaltplanken verwendet, in Ägypten kurze, starke Balken, vor allem aus Akazienholz. Durch Verwendung der langen Spaltplanken entstehen im Norden die spitzovalen Klinkerboote. Welche Form entsteht, wenn am Nil zum Bau der Schiffe nur kurzes Akazienholz verbaut werden kann? Es entsteht eine technisch geniale Konstruktion.

Im Gegensatz zu den Seeschiffen sind in Ägypten Flußboote häufig abgebildet. (Abb. 35 a, b) Auffallend mondförmig gebogen

a

b

Abb. 35 a. *Große Flußboote mit weit vorspringenden Bug- und Heckpartien, anfänglich mit Mast am Bug und vertikalem Segel. Der Mast entspricht in seiner Stellung dem Mast in Abb. 39 b.*
b. *Später um 1500 v.Chr. mit Mast in der Mitte und horizontalem Segel. (s. Entwicklung der Segelschiffe)*

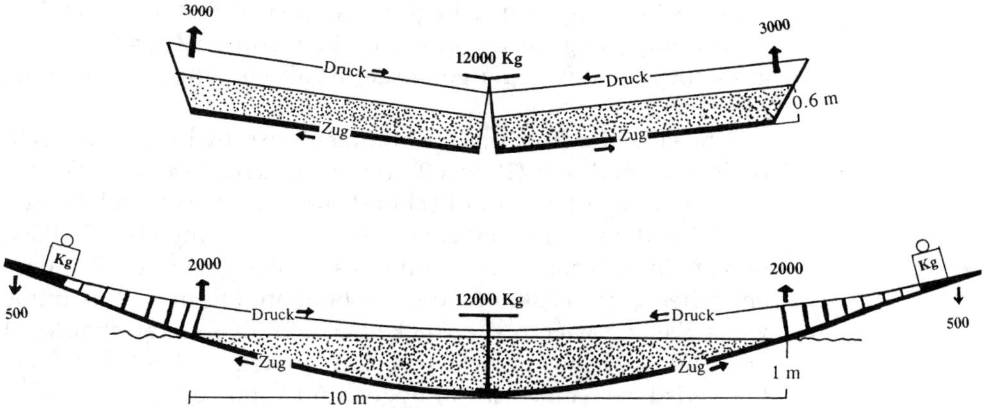

mit weit vorspringenden Bug- und Heckpartien, reizt das ägyptische Flußboot zu technischen Erklärungsversuchen.

Abb. 36 *Biegekräfte an zwei Booten mit gleicher Tragkraft. Die Biegekräfte beim mondförmigen Boot sind deutlich kleiner als bei einem Langboot.*

Vermutet wird bisher, daß die auffallende Bogenform der ägyptischen Schiffe und die hohen Aufbiegungen durch die Verhältnisse der Flußschiffahrt bedingt sind. Der vorspringende Bug und das Heck sollen das Abkommen im seichten Wasser erleichtern. Hinweise auf den Mond werden erkannt, oder das flache Fahrwasser des Nils soll die flachgewölbten Bodenformen ohne Kiel bedingen. Es sind zum Teil eindeutig falsche Überlegungen. Zum Beispiel hat ein gebogenes Boot immer einen größeren Tiefgang als ein langgestrecktes Boot.

Der Grund für die ›Mondform‹ der ägyptischen Flußboote ist technisch bedingt. Das verfügbare ägyptische Akazienholz erzwingt aus technischen Gründen die gebogene Bauweise der Flußschiffe.

Alle Bootsbauer haben mit einem gleichen technischen Problem zu kämpfen. Sie müssen optimale Lösungen finden, um die gefährlichen Zug- und Biegekräfte entlang der Bootswand aufzufangen. Biegekräfte, ausgelöst durch den Windruck auf das Segel, können das Schiff zerbrechen. Vergleichbare Biegekräfte entstehen, wenn ein Schiff durch eine Welle läuft oder wenn die Ladung nicht gleichmäßig im Schiff verteilt wird. (Wenn zehn Mann in der Mitte eines 10 m langen Schiffes stehen, sind die Biegekräfte weit größer, als wenn, verteilt übers ganze Schiff, je Meter ein Mann steht.)

Die entstehenden Hebelwirkungen sind im Prinzip in Abb. 36 skizziert – als Beispiel mit einer *extrem* ungünstigen Verteilung der Ladung von 12 t, vielleicht ein Granitblock, der in der Mitte einer rechteckigen Barke liegt. Es zeigt sich, daß das typisch sichelförmig gebogene ägyptische Flußboot durch Zugspannungen am Bootsboden weniger gefährdet ist als ein lang im Wasser liegendes Schiff.

Eine kurze Rechnung. Angenommen, ein schwimmender, rechteckiger Hohlkörper (10 m x 2 m) wird in der Mitte mit 12 000 kg beladen. Es werden damit 12 cbm Wasser verdrängt, und das Boot wird 0,6 Meter tief eintauchen. Wenn die Ladung von 12 000 kg nur an einer Stelle in der Mitte des Bootes gelagert wird, dann entstehen Auftriebskräfte, die das Boot an Bug und Heck mit jeweils 3000 kg nach oben drücken (Summe von Kraft mal Kraftarm). Dadurch entstehen Hebelkräfte entlang der Bootswand. Das Boot wird gespannt wie ein Bogen und kann zerbrechen wie ein Bogen bei Überlastung.

Dieselbe Ladung in einem Boot mit gebogenem Rumpf (b). Die Auftriebskräfte sind nicht mehr *gleichmäßig* über die Bootslänge verteilt wie in a. Die Auftriebskräfte, entsprechend der Eintauchtiefe, nehmen also von einem Maximum in der Mitte des Schiffes bis zum Minimum an der Spitze kontinuierlich ab. Die Summe der entstehenden Hebelkräfte beträgt deshalb bei gleicher Tragkraft von 12 000 kg nur 2000 kg am Bug und Heck. Entsprechend niedriger wird die Zugspannung am Boden des Bootes. Ein Nachteil besteht jedoch: Die gebogenen Boote haben einen größeren Tiefgang als flach im Wasser liegende Schiffe.

Ein genialer Trick bei den mondförmigen Booten sind die weit vorspringenden, *über* dem Wasser liegenden Bug- und Heckpartien. (Abb. 36) Sie ziehen mit ihrem Gewicht Bug und Heck nach unten, das heißt, sie wirken der ›Bogenspannung‹ am Bootsboden entgegen. Diese Kräfte können durch Verlagerung der Ladung, 500 kg an Heck und Bug, wirkungsvoll verstärkt werden. Die Kraft dieser nach ›unten‹ drückenden Ladung kann bei entsprechender Verteilung der Ladung so stark werden, daß ein Spanntau zwischen Bug und Heck gespannt wird, um damit die entstehenden Zugkräfte in der oberen Hälfte des Bootes aufzunehmen. Dieses Spanntau ist häufig abgebildet. Die durch die Wasserverdrängung ausgelöste gefährliche Hebelkraft von 2000 kg wird durch die Ladung im Bug- und Heckbereich auf rund1300 kg vermindert. Das heißt: Durch gebogene Form und überragende Bug- und Heckpartien wird das gekrümmte ägyptische Flußboot (b) bei gleicher Ladung um das 2,3fache weniger durch Zugkräfte belastet als ein vergleichbares Langschiff (a).

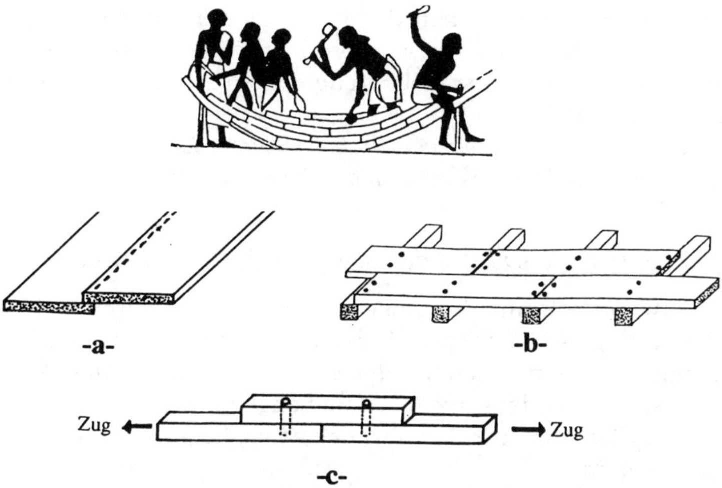

Abb. 37 a. *Bau eines gebogenen Holzschiffes mit kurzen Balken. Männer mit Dechsel, Holzhammer, Beil und Meißel bearbeiten das Holz. Drei Möglichkeiten, eine Bootswand zu fertigen:* **a.** *Klinker, genäht* **b.** *kraweel, auf Spanten genagelt* **c.** *ägyptisch, gedübelt.*

Es sind Zug- und Biegekräfte und das kurze ägyptische Akazienholz, die den Bootsbauer am Nil zwingen, bogenförmige Schiffe zu bauen, mit weit vorspringendem Bug und Heck.

Ein Problem bleibt jedoch: Wie verbindet man die kurzen Balken? Für das Akazienholz wurde in Ägypten eine typisch ›ägyptische‹ Konstruktion entwickelt. Die kurzen Balken, 0,6 bis 2 Meter lang, werden *ziegelförmig übereinander gelegt* und durch Holznägel (Dübel) miteinander verbunden; eine Technik, die zur Zeit des Snefru wohl noch unbekannt war. Der Schwachpunkt dieser Konstruktion ist leicht zu erkennen. Die Zugfestigkeit dieser zusammengesetzten Balken hängt wesentlich von der Scherfestigkeit der Dübel ab. Die gefahrdrohende Scherkraft an den Holznägeln wird vermindert, wenn an Stelle von lang im Wasser liegenden Schiffen bogenförmige Boote gebaut werden. Das heißt: Das gebogene Flußboot mit vorragendem Bug und Heck ist aus technischer Sicht die optimale Bootsform, wenn nur *kurzes* Holz verfügbar ist.

Diese technisch geniale gebogene Konstruktion hat aber einen schwerwiegenden Nachteil. Das gebogene Boot eignet sich nur für ruhige Gewässer. Für das offene Wasser, schon gar nicht für die windige Ägäis, sind diese Boote wenig geeignet. Bedingt durch ihre gebogene Form, taucht nur ein Teil der Bootslänge in das Wasser ein, deshalb fehlt die Führung durch einen gestreckten Bootskörper. Wegen der fehlenden Länge können die Boote wie ein Topf im Wasser gedreht werden. Wechselnde Seitenkräfte, wie

Wellen oder Wind, drehen das Boot aus der Fahrtrichtung. Im unruhigen, offenen Wasser ist ein sichelförmiges Boot nur schwer auf Kurs zu halten, entsprechend der Erfahrung, daß ›nur ein langes Schiff läuft‹.

Mit diesen mondförmigen ›Kurzholz-Booten‹ kann eine ägyptische Seeherrschaft im Mittelmeer kaum begründet werden.

Zur Entwicklung der Segelschiffe im Mittelmeer

Irgendwann entstand aus einem seegängigen Ruderboot ein seegängiges Segelschiff. Dieser Übergang vom Ruder- zum Segelschiff ist eine interessante technische Herausforderung, zudem kulturhistorisch von Bedeutung. Mit dem Segel werden die ehemaligen ›Rinderhirten‹ mit ihren Booten noch beweglicher. (Um 1000 v.Chr. erscheinen Megalithgräber in Südindien.) (Ghosh) Im Mittelmeer läßt sich verfolgen, wie dieses technische Problem schrittweise im Laufe der Zeit gelöst wurde.

Die ersten Hinweise geben die ältesten Schiffsbilder aus dem prädynastischen Ägypten. Es sind die typisch geformten Papyrusboote der Jäger und Fischer, langgestreckt, flach und gebogen, aus Papyrusbündeln zusammengeschnürt (a). Bemerkenswert, daß auf dem Gefäß (Abb. 38 a) nur das Boot mit dem hohen Steven schwarz dargestellt ist, die anderen, gebogenen Boote sind weiß. Offensichtlich wurde das schwarze Boot hervorgehoben. (Holzboot?) Dieses auffallende Stevenboot erscheint, umgeben von einem ›Meer‹ von Spiralen auf einer Bronzeschale, die auf einer Insel der Kykladen gefunden wurde. (c)

-a

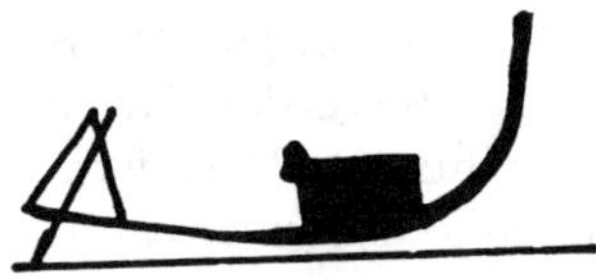

-b-

-c-

Abb. 38 a. *Boote gemeinsam auf einer Keramik aus einem Grab in Hierakonpolis (3200 v.Chr.). Eine Gruppe von weißen, gebogenen Booten (nur eines gezeichnet) zusammen mit einem einzelnen Boot, schwarz mit einem steil aufsteigendem Steven.* **b.** *Nubt, Statue von Sennefer. (Petrie)* **c.** *Schiff auf der Rückseite einer Griffschale aus Syros, Ägäis (2800–2200 v.Chr.).*

Allen Bildern gemeinsam ist der hochlaufende Steven. Die Bedeutung der Steven geht aus den Abbildungen nicht hervor. Die Funktion ist unbekannt.

Ist der hochlaufende Steven ein Mast?

Bei einem ›normalen‹ Segelschiff (Abb. 39 a) steht der Mast etwa in der Mitte des Bootes. Bei Wind von achtern drückt das Segel die Mastspitze nach vorne in Richtung zum Bug. Das Spanntau von der Mastspitze zum Heck nimmt diese Kraft auf. Die Pfeile geben die Zug- und Druckrichtungen an.

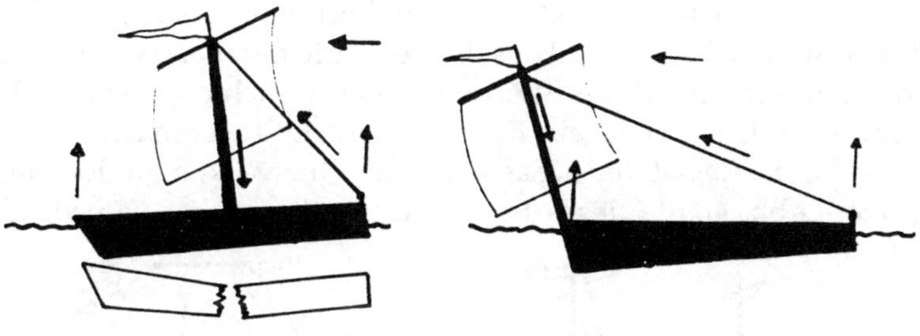

Abb. 39 a. *Normales Segelboot mit Mast in der Mitte des Bootes. Die Pfeilrichtung zeigt die Windrichtung, die Druckkräfte am Mast und die Zugkräfte am Abspanntau. Bruchgefahr besteht mittschiffs. (siehe Text)*
b. *Verlängerter Steven mit Rahe dient als Mast. Entscheidend bei dieser Konstruktion ist die gemeinsame Position von Mastfuß und Bugspitze. Da ein Vorschiff nicht vorhanden ist, gibt es kein Biegemoment zwischen Mastfuß und Vorschiff. Es entsteht lediglich ein ›ungefährliches‹ Kräftedreieck aus Mastspitze, Mastfuß und Heck. Der Bug wird durch die Hebelwirkung des Mastes tiefer ins Wasser gedrückt, während das Heck durch das Abspanntau etwas aus dem Wasser herausgehoben wird.* Biegekräfte am Mastfuß treten dabei nicht auf!

Für die frühen Bootsbauer war der Mastfuß ein Problem, denn der Mast drückt bei steifen Winden mit großer Kraft auf den Boden des Schiffes (siehe Pfeil am Mast). Benötigt wird deshalb ein kräftiger Boden aus dicken, möglichst langen Planken. Optimal wäre der Einbau eines vom Bug zum Heck laufenden Baumstammes, der den Mastfuß aufnimmt und zusätzlich als Kiel die Laufeigenschaften des Bootes verbessert.

Neben dem Druck des Mastfußes auf den Boden des Schiffes gibt es für den Bootsbauer ein weiteres Problem: Es ist die vom Segeldruck ausgelöste Bruchgefährdung des Vorschiffes. Durch den Winddruck auf den Mast entsteht am Boot eine Kippbewegung. Das Heck hebt sich, und der Bug wird tiefer ins Wasser gedrückt. Der Auftrieb von Bug und Vorderschiff nimmt entsprechend zu. Die mögliche Bruchstelle ist das Mittelschiff *vor* dem Mastfuß. (Abb. 39 a)

Das Problem für den megalithischen Bootsbauer war also: »Wie konstruiere ich ein Segelschiff, das auch bei stärkerem Wind nicht zerbricht?« Die Problemlösung ist genial. *Der Mast wird an den Bug gestellt.*

In Kreta wurde um 1700 v.Chr. der berühmte Diskus von Phaistos gefunden. Es ist eine Tonscheibe, in die mit Stempeln Figuren und Zeichen eingedrückt wurden – vermutlich eine Schrift. Ein Stempeleindruck zeigt ein Boot mit einem Stevenmast. *Deutlich erkennbar die Rahtakelung,* das heißt der Querbalken an der Mastspitze. (Abb. 40 b) Dieses Boot, mit Segel versehen, würde der

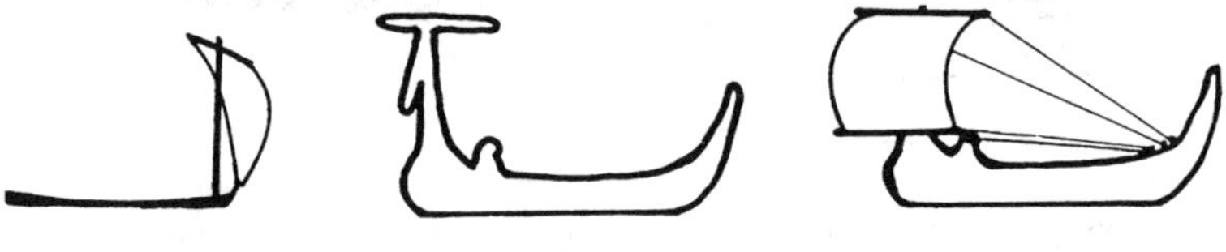

-a- -b- -c-

Abb. 40 a. *Boot auf einem alten japanischen Gemälde. (Museum Tokio) Ein Bild mit einer Landschaft und einem Wasser (See oder Fluß). Das Boot zeigt einen hohen Mast mit Rahtakelung. Der Mast steht vorne im Bug.* **b.** *Boot als Stempeldruck im Diskus von Phaistos. Stevenmast mit Rahe?* **c.** *Das Boot von Phaistos mit einem gedachten Segel. Das Boot der Megalithiker um 2000 v. Chr. im Mittelmeer?*

Abbildung (c) entsprechen. Wurde mit diesen Segelbooten um 1700 v.Chr. der kretische Fernhandel, unter anderem mit Zinn, über See betrieben ?

Diese konstruktive ›Bruchvermeidung‹ durch den Stevenmast fordert einen hohen Preis. Für die Schiffahrt über lange Strecken auf dem offenen Meer sind die Boote mit Stevenmast nur mit Einschränkungen zu gebrauchen. Diese Boote können mit geringen Abweichungen nur in Richtung des Windes laufen. Nur bei ›gutem Wind‹ von hinten ist ein solches Bugsegel eine Hilfe für die Rudermannschaft. Bei Seitenwind drückt die Segelkraft das Boot über den Bug schnell aus dem Kurs. Das Boot dreht ab. Mit anderen Worten: Bei Seitenwind muß gerudert werden. Die einzig mögliche Lösung dieses Problems: Der Mast muß in die Mitte des Bootes!

Die Entwicklung bei den ägyptischen Flußbooten bestätigt die Überlegung. (siehe Abb. 35) Die Masten der Flußboote wandern im Laufe der Zeit vom Bug zur Bootsmitte. Man war offensichtlich in der Lage, den Rumpf des Bootes stabiler zu bauen. Eine weitere Verbesserung gelang mit der Veränderung der Form des Segels. Im Alten Reich und noch im Mittleren Reich waren die Segel *vertikal* rechteckig, an einem hohen Mast, der im vorderen Teil des Schiffes stand. Im Neuen Reich, um 1500 v.Chr., waren die Segel größer und *horizontal* rechteckig, an einem niedrigeren Mast, der in der Mitte des Bootes stand.

Ein horizontales Segel kann tiefer gesetzt werden, das heißt, der Kraftarm wird kürzer. Kraft x Kraftarm = Biegemoment, d. h. Winddruck x Masthöhe = c x Bruchgefährdung.

Zusammenfassung. Aus der Sicht des Technikers ist es unwahrscheinlich, daß im Alten Reich Seeschiffe entwickelt und gebaut wurden. Am Nil fehlen wesentliche Voraussetzungen:

1. Es ist keine Notwendigkeit und damit keine Motivation zu erkennen, weshalb der ägyptische ›Ureinwohner‹, wer immer das gewesen ist, mit seinem Papyrusboot um 3400 v.Chr. den vertrauten Nil verlassen soll, um aufs offene Meer zu fahren. Was soll er dort?
2. Es gibt am Nil keine erkennbare technische Entwicklung vom Papyrusboot zum Seeschiff des Snefru. Es fehlt in prädynastischer Zeit an geeignetem Werkzeug zur entsprechenden Holzbearbeitung, und es fehlt vor allem geeignetes Langholz.
3. Die Bootsbauer des Cheops verwendeten *zwei* technisch unterschiedliche Verfahren zum Bau einer Bordwand: die Nähtechnik der nordischen Klinkermethode und die später bei den Griechen vorherrschende mediterrane Kraweel-Methode. (Abb. 32 u. 33) Es ist unwahrscheinlich, daß beide Methoden aus einer Weiterentwicklung der Papyrusboote entstanden.
4. Die Bootsbauer im Alten Reich waren erfahrene Holztechniker. Mit einheimischem Akazienholz gelingt ihnen die geniale Konstruktion der gebogenen Flußschiffe. Sie bauen diese typisch ägyptischen ›Kurzholzschiffe‹, weil sie Langholz nur aus dem Libanon beschaffen können – vermutlich ein sehr teurer Einkauf.
5. Eine vergleichbare technische Entwicklung vom Ruderboot zum Segelschiff ist sowohl am Nil wie in Kreta zu erkennen. Der

Mast wird zwischen 1700 bis 1500 v.Chr. langsam von der Bugspitze ins Mittelschiff verschoben.

Diese Einwände deuten auf das Land der Zedern, auf den Libanon, auf die Hafenstadt Byblos als mögliches technisches Zentrum im auslaufenden vierten Jahrtausend v.Chr.

War Palästina/Syrien das Ausgangsgebiet der alten Hochkulturen?

Vergleichbar mit Ägypten entsteht um 3000 v.Chr. auch in Mesopotamien eine Hochkultur aus dem Stand. Kulturhistorisch das gleiche Problem: Der Ursprung der sumerischen Kultur ist wie in Ägypten unbekannt.

Zwischen 1926 und 1931 werden von Woolley im Süden Mesopotamiens die Königsgräber von Ur freigelegt. Die Ausgrabung ist eine Sensation. Gold, Silber, Kupfer und Bronze, handwerklich auf einem Stand, der auch später nicht übertroffen wird. Wie in Nordafrika und Ägypten wird festgestellt, daß auch die sumerische Kultur ohne erkennbare Vorentwicklung entsteht. Moortgat (1945) faßt zusammen: » Riesenhaft steht die Leistung der sumerischen Frühgeschichte da. (Erkenntnis des Kreislaufs von Leben und Tod als höchstes Prinzip der Weltordnung, Gottesstaat, Tempelstadt, Zikkurat, Relief, Rundbild und Steinschneiderei im Dienste der religiösen Bildersprache, Schrifterfindung). Alle diese Schöpfungen stehen mit einem Male vor uns, vielfach in überraschender Vollendung in dem Augenblick, wo wir das Volk der Sumerer zum ersten Mal zu fassen glauben. Die Frage nach der Herkunft und dem Alter dieses Volkes ist also durchaus begreiflich, wenn auch wahrscheinlich niemals zu beantworten.«

Voller Bewunderung auch die Beurteilung von Taeger (1958): ». . . so bestimmt die mesopotamische Kultur die innere Entwicklung fast ganz Vorderasiens. . . Daran ändert auch das Vordringen neuer Völker seit dem Ende des dritten Jahrtausends nichts; denn noch besitzen die ersten indogermanischen Eroberer nicht die innere Kraft, der alten Kultur Herr zu werden. . . Über Syrien und Kleinasien dringt der Einfluß der mesopotamischen Welt bis in die äußersten Grenzen des Mittelmeeres vor. . . Kein Land der Alten Welt vor den Griechen hat einen so weitgehenden Einfluß auf die Entwicklung des Mittelmeergebietes und darüber hinaus ganz Vorderasien, ja Asien überhaupt ausgelöst wie Sumer und Akkad«.

Für Ägypten wurde versucht, eine Verbindung zwischen den fremd erscheinenden Rinderhirten am Nil mit dem Dolmengebiet im Norden aufzuzeigen. Im Prinzip wiederholt sich die bisher vorgetragene ›ägyptische‹ Beweisführung auch für Sumer. Wieder spielen Götter, die Himmel und Erde trennen, Könige und Götter, die einen Hörnerhelm tragen, Rinderhirten, Schiffe und Spiralen eine Rolle.

Das Problem: Um 3000 v.Chr. entstehen zwei Hochkulturen ›sprunghaft‹ auf verhältnismäßig engem Raum. Die *Vermutung:* Beide Kulturen haben denselben Ursprung. Die rätselhaften Rinderhirten im prädynastischen Ägypten und die rätselhaften Rinderhirten in Sumer gehörten zum selben Stamm - eine Hypothese, die mit folgenden Überlegungen begründet wird.

Megalithgräber am Jordan

Das Rätsel der Kulturentwicklung in Ägypten und Sumer könnte mit den gleichfalls rätselhaften Megalithgräbern am Jordan zusammenhängen. (Abb. 41) Glueck (1945–1949), gestützt auf eine vierjährige Ausgrabungskampagne, berichtet, »daß Tausende von Megalithgräbern über die Höhen und Hänge der Hügel im Westjordan-Gebiet verstreut sind«.

Die Dolmen liegen meist stark zerstört an der Oberfläche. Es wird aber angenommen, daß sie ursprünglich unter einem Hügel gelegen haben. Keramikscherben wurden in den Dolmen bisher nicht gefunden, deshalb wird geschlossen, daß die Dolmenbauer »ohne jeden Zweifel« (?) keine Töpferware herstellten. Trotzdem steht die Behauptung, daß die Erbauer der Dolmen bereits im ›keramikfreien‹ 6. Jahrtausend eine »fortgeschrittene landwirtschaftliche Zivilisation« entwickelten. Das ist aber eine Vermutung.

Wenn diese jordanischen Megalithiker keine Töpferwaren hinterließen, dann gäbe es zwei Möglichkeiten zur Erklärung. Entweder die Dolmenbauer kannten Töpferwaren noch nicht, oder sie hatten als Rinderhirten für zerbrechliche Töpferwaren keine Verwendung. Butter stampft sich einfacher in Gefäßen aus Holz.

Kempinski (1979) meint, daß die ursprünglich von einem Hügel bedeckten Dolmen am Ende der Frühbronzezeit in den Nomadenkulturen von Transjordanien und Syrien entstanden.

Die Megalithgräber am Jordan sind für die Vorgeschichtsforschung ein bisher nicht zu lösendes Problem. Verwunderlich erscheint, daß diese nicht zu übersehenden Großsteinbauten, wenn überhaupt, nur zögerlich am Rande der Diskussionen erwähnt werden. In einer umfassenden Beschreibung (Cambridge I, 1, 536) der kulturellen Entwicklung im frühen Palästina gibt es nur einen kurzen, allgemein gehaltenen Hinweis auf »eine Megalithkultur, die schwierig in den Verlauf der Entwicklung einzufügen ist«.

Es gibt in diesem Gebiet keine hinreichend archäologischen Hinweise dafür, ob Ackerbau oder Viehzucht betrieben wurde. Möglich erscheint aber, daß die Dolmenbauer vornehmlich Rinderhirten waren.

»Es ist bemerkenswert, daß die Megalithgräber in Palästina wie in Transjordanien in gebirgigen Gebieten gefunden werden, in Gebieten, die für die Viehzucht günstiger sind als für die Landwirtschaft. . . In jedem Fall ist das große Interesse am Leben nach dem Tode die bislang einzige Information, die diese problematischen Monumente überliefern.«

Übereinstimmend wird lediglich angenommen, daß die Träger der palästinensischen Megalithultur keine primitiven Stämme waren.

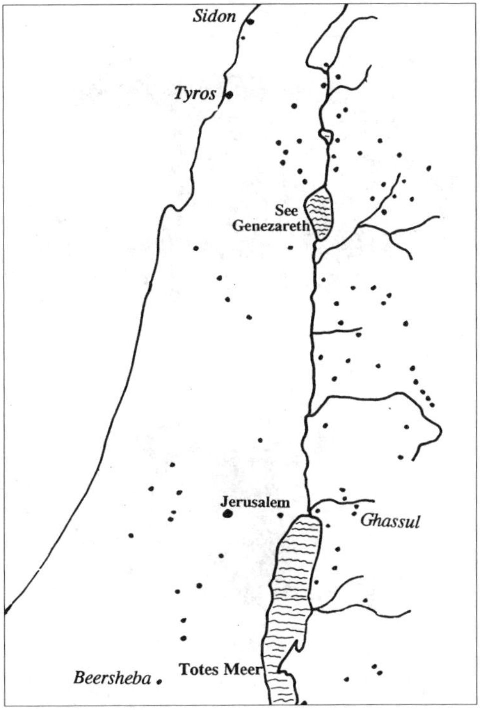

Abb. 41 *Megalithgräber im Jordangebiet. Die einzelnen Punkte können mehrere Gräber kennzeichnen. (Thomsen 1914)*

Die Ausdehnung der megalithischen ›Friedhöfe‹ deutet auf eine intensive Besiedlung, auf eine stabile soziale Struktur hin. Ein rassisch-kultureller Zusammenhang mit den Dolmen im Norden und dem Südosten, zum Beispiel mit dem Kaukasus, wird allgemein abgelehnt. Unter anderem wird argumentiert, daß die Entfernungen zwischen den Siedlungsgebieten zu groß seien. Als gesichert wird lediglich angenommen, daß die Dolmen (mit Türloch!) in Palästina und die Dolmen in Europa Grabstätten waren – Zeugnisse einer Religion, die auf ein Weiterleben nach dem Tod beruhte. Die Megalithgräber in Syrien-Palästina bleiben rätselhaft. Sie passen in keine gängige Vorstellung, mit Ausnahme der Hypothese Petries, der einen Zusammenhang zwischen den blonden Libyern und den Dolmen am Jordan vermutete.

Das Problem einer Erklärung ist wie bei der Wanderung der Indogermanen und bei der Verbreitung der Megalithgräber wieder die Entfernung. Wie kann dieser Glauben im hohen Norden

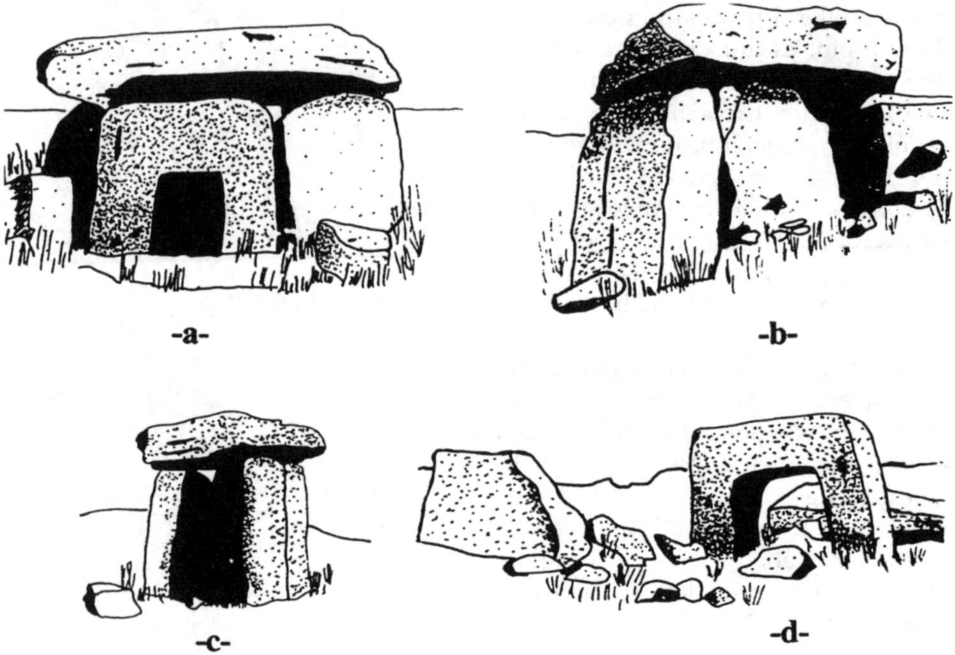

Abb. 42 *Megalithgräber in Palästina. Nach Fotos, Glueck (1951):* **a.** *Tell ed-Damich, Jordan, (Abb. 108) mit ›Tür‹ eines ursprünglich Doppelkammer-Dolmens;* **b.** *Rajm Abu Qail (Abb. 123), Totes Meer;* **c.** *Natfeh (Abb. 63);* **d.** *Tell Um el-Qetein (Abb. 118). Reste eines großen rechteckigen Zweikammer-Dolmens mit einem Torgang in der Mitte.*

und nahezu gleichzeitig (?) im weit entfernten Palästina entstehen? Zufall, weil alle Menschen in ihren religiösen Grundbedürfnissen Verwandtes empfinden und deshalb in Dänemark, Ägypten und Palästina vergleichbare Totenhäuser unter anderem mit Seelenloch errichten? Oder sind die Beziehungen des Nordens zur Megalithkultur des Heiligen Landes nur in der Form einer Ideenübertragung vorstellbar? Immerhin eine Ideenübertragung im vierten Jahrtausend! Die Kraft einer Religion aus dem Osten, die so mächtig ist, daß sie die unbekannten religiösen Vorstellungen einer eingeborenen Bevölkerung im fernen Norden verdrängen konnte? Wieweit blockiert die Vorstellung einer nördlichen kulturellen ›empty wilderness‹ unsere Überlegungen?

Zur Problematik bemerkt v. Reden: »Direkte Beziehungen zwischen der Großsteinkultur des heiligen Landes und dem westeuropäischen Megalithikum sind, nach den neuen frühen Daten für das letztere, mehr denn je auszuschließen, und eine Beinflussung in umgekehrter Richtung ist ebenfalls höchst unwahrscheinlich. Der Radius der südfranzösischen und iberischen Zivilisation reichte schwerlich über Sardinien hinaus. Beruhte die Gleichartigkeit der Grab- und Kultanlagen und gewisser Opferhandlungen in so weit auseinander liegenden Bereichen auf purem Zufall? Kann man annehmen, daß mehr oder weniger identische religiöse Erlebnisse und Impulse allen Menschen innewohnen und unter bestimmten ökologischen und sozialen Voraussetzungen zur Entstehung ähnlicher religiöser Strukturen führen? Die Formel geht zum Beispiel für Länder wie Jordanien und die Bretagne, deren Umweltbedingungen sicher sehr wenig miteinander gemein hatten, sicher nicht auf. Und warum verbreitete sich der Kult, der mit der Forderung eines festen Hauses für die Verstorbenen verbunden war, wohl im Bereich des Mittelmeeres und der atlantischen Länder Europas aus, während er auf dem Balkan und in Mitteleuropa, deren neolithische Zivilisation eine frühe glänzende Entfaltung mit komplizierten religiösen Institutionen um die Zentralgestalt der Großen Mutter erlebten, in derselben Epoche nirgends Fuß faßte?«

Die Antwort könnte lauten: »Weil der Balkan und Mitteleuropa nicht am ›seegestützten‹ Wanderweg der Nordmegalithiker lagen, wie Dänemark, Bretagne/England, Spanien, Nordafrika, Nildelta, Palästina, Kreta, Mykene, Bosporus/Troja, Kaukasus/Pontos.

Megalithgräber und Petries ›New Race‹

Mit den bisherigen Überlegungen wurde versucht, Nordafrika, Ägypten und Syrien/Palästina mit den Megalithikern in Nordwesteuropa zu verbinden. Unabhängig vom Ausgang weiterer Deutungsversuche erscheint es mir verwunderlich, daß man bei der Suche nach den Ursprüngen der Megalithkultur fast ›automatisch‹ von einem Rätsel zum nächsten gelangt. Es beginnt mit dem rätselhaften Ursprung und dem rätselhaften Wanderweg der Indogermanen. Rätselhaft ist die ›weltweite‹ Verbreitung der Megalithgräber. Rätselhaft ist auch die Entstehung der orientalischen Hochkulturen in Ägypter und Sumer. Hinzu kommen nun die technischen Probleme mit dem Holztransport des Snefru, den blonden Haaren der Libyer und der Tochter des Cheops und jetzt auch noch die rätselhaften Megalithgräber am Jordan.

Die Behandlung dieser Megalithgräber in der Vorgeschichtsforschung verwundert. Die Megalithgräber in Palästina liegen in großer Zahl offen auf der Erdoberfläche. Sie sind nicht zu übersehen, werden aber auffallend wenig erwähnt. Offenbar lassen sich

Megalithgräber und die blonden Haare der alten Libyer im Vorderen Orient in gängige Vorstellungen nicht zwanglos einfügen.

Vor dem Hintergrund dieser Schwierigkeiten lohnt es sich, Petries umstrittene Annahme einer ›New Race‹ neu zu überdenken. Zumindest mir erscheint die ursprüngliche Meinung Petries weniger rätselfördernd zu sein als die nachfolgenden Postulate. Petrie verweist auf einen angenommenen, im einzelnen durchaus problematischen Zusammenhang zwischen seiner ›New Race‹ und den Amoritern.

»Die Amoriter waren ein blondes (fair) Volk wie die Libyer. Beide waren große Dolmenbauer... Wir folgern, daß die ›New Race‹ ein Zweig derselben libyschen Rasse war, die auch das Reich der Amoriter begründete. In ihren Hinterlassenschaften haben wir Beispiele einer Zivilisation im Gebiet des südlichen Mittelmeeres um 3200 v.Chr., die Zeit der ersten Nutzung von Metall.«

Unabhängig von der vielleicht unsicheren Beurteilung der Amoriter, sie werden heute meist als Semiten, das heißt als dunkelhaarige Stämme, beschrieben, stellte Petrie zumindest eine eindeutige Erklärung für die Entstehung der Megalithgräber am Jordan zur Diskussion. Er vermutete einen Zusammenhang zwischen den blonden Libyern und den Megalithgräbern am Jordan.

Heute wird Petries Hypothese zusätzlich gestützt durch Hinweise aus der Biologie. Die für die Libyer bezeugten blonden Haare und der dadurch, wie ich meine, *bezeugte* nordische Ursprung seiner ›Libyan Race‹ könnten helfen, die oft rätselhaften Entwicklungen der Kulturen in Vorderasien zu entschlüsseln.

Im weiteren Vorgehen bei der Suche nach den Spuren der Megalithiker gibt es im Rahmen dieser Arbeit zwei Möglichkeiten:

1. Entweder es gelingt, die bisher vorgelegten Argumente hinsichtlich der Bedeutung der blonden Haare, der Spiralen und der Megalithgräber im Vorderen Orient zu widerlegen, dann muß die bisherige Argumentation weitgehend aufgegeben werden, oder
2. wenn es nicht gelingt, den Ursprung der blonden Haare in Frage zu stellen, dann mag man versuchen, gestützt durch die Megalithgräber am Jordan, Spuren von Petries ›New Race‹ auch in Mesopotamien zu suchen.

Das sind die Amoriter. (Perrot 1978) Um 2200 v.Chr. wurde Byblos durch eine Feuersbrunst zerstört. Die meisten Ortschaften in Palästina erlitten das gleiche Geschick. Es ist der Anfang der großen Invasion der Amoriter; das ist ein Nomadenvolk aus der syrischen Steppe im Umkreis der syroarabischen Wüste vom Persischen Golf bis zum Roten Meer. Die Amoriter zerstören die Kultur in Sumer und bedrohen Ägypten. Die Megalithgräber am Jordan werden in dieser umfassenden Übersichtsarbeit nicht erwähnt.

Palästina/Syrien im 4. Jahrtausend v.Chr.

Bei der Besprechung der Siedlungsbedingungen im Dolmengebiet der westlichen Ostsee wurde vermutet, daß in diesem Gebiet die Voraussetzungen zum Bau seegängiger Schiffe bereits im 4. Jahrtausend v.Chr. gegeben waren. Die Motivation zum Bau von Seeschiffen war gegeben, denn im ›Wogen umrauschten‹ Dolmengebiet erreichte man nach einer Wanderung von etwa 40 km immer eine Küste. Die See bot den ehemaligen Eiszeitjägern ein zusätzliches Jagdgebiet. Sie lernten, mit Werkzeugen aus Stein das Holz der hochstämmigen Wälder zu bearbeiten. Sie konnten Baumstämme in ganzer Länge spalten. Es entstand das nordische Klinkerboot.

Im Küstengebiet von Syrien/Palästina könnten vergleichbare Bedingungen geherrscht haben. Megalithiker, bezeugt durch die Megalithgräber, siedeln als Rinderhirten in der Nähe der Küste. Im Libanon finden sie die hochstämmigen Zedernwälder und damit die Möglichkeit, ihre Klinkerboote weiterzubauen. Sie errichten, gestützt auf ihre Schiffe, die Machtstrukturen in Ägypten. Ihr Machtsymbol wird das Schiff. (siehe unter anderem die Zedern im *Gilgamesch-Epos,* S. 186 ff.)

Vor diesem Hintergrund zurück zum Holztransport des Snefru. Wie bereits besprochen, deutet der Holztransport des Snefru um 2600 v.Chr. auf Palästina/Syrien als Ursprungsgebiet der antiken Holz- und Schiffsbautechnik, zumindest gibt es keine Hinweise, daß die Seeschiffe des Snefru in Ägypten entwickelt und gebaut werden konnten (keine erkennbare Motivation, kein Langholz). Wenn aber die Schiffe des Snefru, wie vermutet, in Syrien/Palästina gebaut wurden, dann wäre das Küstengebiet des östlichen Mittelmeeres technisch weiter entwickelt gewesen als das prädynastische Ägypten. Es stellt sich dann die Frage: »Welchen Einfluß hatte das technisch weiter entwickelte Syrien/Palästina auf die sprunghafte Kulturentwicklung um 3000 v.Chr. in Ägypten und Sumer?«

Aus Sicht der Ägyptologie wäre nach Helck(1968) für Ägypten

mit folgender Ausgangslage zu rechnen: »Über Beziehungen zwischen dem Niltal und Vorderasien in vorgeschichtlicher Zeit zu sprechen ist schwierig, weil wir über die äußeren Verhältnisse im Ostdelta und den angrenzenden Gebieten kaum etwas wissen. Wir können nur vermuten, daß im Ausgang der vorgeschichtlichen Zeit im Westdelta auf alten Schuttdünen Orte gelegen haben, die in engem Handelsverkehr mit der asiatischen Mittelmeerküste gestanden haben. Zwar sind Saïs oder Buto, die dafür in Frage kommen, wegen der Aufschüttung des Nils nicht auszugraben, so daß wir archäologisch über diesen Handel nichts erfahren, doch wissen wir durch Funde, daß etwa Lapislazuli und besonders Nadelhölzer nach Ägypten eingeführt worden sind, und diese können nur aus Vorderasien gekommen sein. Da wir aber aus dem Alten Reich wissen, daß diese Produkte zu Schiff von den Orten der phönizischen Küste in das Westdelta angeliefert worden sind, wo anscheinend der einzige vom Meer her schiffbare Nilarm mündete, so werden wir die gleichen Verhältnisse auch für die ausgehende Vorgeschichte annehmen dürfen.«

Burney (1977) kommt zu einer ähnlichen Einschätzung der prähistorischen Entwicklung in Palästina: »Seit etwa der Mitte des vierten Jahrtausends v.Chr. kommt es zu einem beschleunigten Anstieg der materiellen Kultur entlang der Küste und im Inland. Obwohl eine gesicherte Chronologie fehlt, wird angenommen, daß das Küstengebiet in der Umgebung von Byblos weiter entwickelt war als das Inland... Ägyptischer Einfluß kann vernachlässigt werden, da die Vereinigung der beiden Länder nicht vor 3300 v.Chr. erfolgte. Auch gibt es keine Verbindungen außerhalb von Byblos und den Kupferminen des Sinai. .. Es ist die Küste um Byblos, wo die Ursprünge der kulturellen Einflüsse auf Palästina gesucht werden müssen, in einem Zeitraum vom frühen 5. bis zum mittleren 4. Jahrtausend.«

Demnach wäre es möglich, daß lange vor Snefru (2600 v.Chr.) bereits in *vorgeschichtlicher* Zeit ein Seeverkehr zwischen Ägypten und Palästina bestanden hat. (Mit welchen Seeschiffen?) Zumindest deuten die verfügbaren Informationen auf Byblos mit seinen benachbarten Zedernwäldern als Ausgangsgebiet der technischen Entwicklung im Vorderen Orient im vierten Jahrtausend. Naheliegend ist zudem die Vermutung, daß zwischen dem Seehafen Byblos und den Megalithgräbern in Palästina ein Zusammenhang bestehen könnte.

Umgeben von Megalithgräbern liegt am Zufluß des Jordans ins Tote Meer *Ghassul*, eine Siedlung aus dem Chalkolithikum (Abb. 41), die vor allem durch Keramikfunde zeitlich einzuordnen ist. Die Megalithgräber in der Umgebung von Ghassul sind archäologische ›Fremdkörper‹. Sie lassen sich kulturell bislang nicht eingliedern.

Es ist nicht bekannt, woher die Bewohner von Ghassul gekommen sind. Burney (1977) vermutet ohne nähere Angaben, daß die Bewohner von Ghassul die Nachfahren der Dolmenbauer gewesen seien. Hennessy (1967) meint, daß die Bewohner von Ghassul aus dem Osten einwanderten, eine Wanderung, von der angenommen wird, daß sie auch in Mesopotamien (Obaid, siehe unten) und in Syrien die Entwicklung beschleunigte.

Wenn tatsächlich Nomaden aus dem Osten oder aus Anatolien im fünften Jahrtausend in Palästina eingedrungen sind, dann wäre es naheliegend, einen Zusammenhang zwischen den Einwanderern aus dem Osten und den Megalithgräbern am Jordan zu vermuten. Der mögliche Einwand: Im vermuteten östlichen Ursprungsgebiet der Nomaden gibt es keine Megalithgräber. Wie wirklichkeitsnah wäre vor diesem Hintergrund die Annahme, daß Nomaden von Osten nach Westen ziehen, um dann, nach Erreichen des Jordans, aus dem Stand Megalithgräber mit ›Seelenloch‹ zu bauen? Es ist immerhin eine Grabkultur und eine Religion, die in den vermuteten östlichen oder anatolischen Ursprungsgebieten im ausgehenden vierten Jahrtausend bisher nicht nachgewiesen werden konnte. (Ich meine, daß jede Hypothese, die Ursprung und Entwicklung der Kultur in Palästina/Syrien beschreiben will, die Megalithgräber nicht ohne Bedenken ausklammern kann.)

Die bisher nur schemenhaft zu erkennende Herkunft der Megalithgräber am Jordan wird deutlicher, wenn man bei den Spekulationen den Seeweg berücksichtigt. Die bisherige Vermutung, daß im Vorderen Orient eine Wanderung aus dem Hinterland in Richtung Küste erfolgte, erscheint naheliegend, denn im Westen liegt als Sperriegel für wandernde Nomaden das Mittelmeer. Das heißt: Eine Besiedlung der Küstengebiete kann auf den ersten Blick nur vom Osten her erfolgt sein, es sei denn, aus dem Westen kamen Einwanderer mit Schiffen. Die Vorstellung, daß Einwanderer im vierten Jahrtausend übers Meer gekommen sein könnten, ist wohl etwas gewöhnungsbedürftig, aber eine Einwanderung über See könnte zumindest das Rätsel der palästinensischen Megalithgräber etwas aufhellen. Dieser Seeweg ist gesäumt von Megalithgräbern. Am nördlichen Ende liegen die nordwest-europäischen Megalithgräber (etwa 3500 v.Chr.), am anderen Ende dieses Seeweges liegen die Megalithgräber in Palästina und am Schwarzen Meer (etwa 2400 v.Chr.). Soweit die Spekulation.

Für die Zeit um 3350–3000 v.Chr. gibt es archäologische Hinweise auf eine Einwanderung fremder ›*Proto-Urban groups*‹ in das Gebiet der bereits bestehenden Ghassul-Kultur. Bemerkenswert ist, daß diese fremden Gruppen sich auch an der Küste in Byblos nachweisen lassen. Im Verlauf dieser Einwanderung kommt es in Palästina zu einem Anstieg der materiellen Kultur sowohl entlang der Küste als auch im Inland. Die Keramik verändert sich, und die Kupferverarbeitung breitet sich aus.

Vor diesem Hintergrund und mit Blick auf die ›rätselhaften‹ Megalithgräber der Abb. 41 stellt sich die Frage, ob dieser kulturelle Schub von eindringenden Seefahrern aus dem Norden ausgelöst werden konnte. Die Voraussetzungen wären günstig. Die zur See fahrenden Megalithiker finden im gebirgigen Hinterland von Byblos die zum Bootsbau benötigten gut spaltbaren, hochstämmigen Bäume. Sie finden die Libanon-Zedern. Als erfahrene Seeleute lösen sie mit ihren technischen Kenntnissen einen Schub in der Holzverarbeitung und in der Schiffahrt aus.

Diese Hypothese wird gestützt durch die Archäologie. Es finden sich in Ghassul Hinweise, daß in der ›Ghassulien Flint Industry‹ eine Spezialisierung zur *Holzverarbeitung* erfolgte – ein Befund, der auch in Byblos nachzuweisen ist. Es finden sich Axt, Meißel und Bohrer. (Elliot 1978)

»Als Ganzes betrachtet, spiegelt die Flintindustrie von Ghassul eine Spezialisierung auf Werkzeuge zur Holzbearbeitung wider. Die Zahl von Axt, Meißel und Bohrer nehmen zu. Diese Entwicklung läßt sich auch in Byblos nachweisen.«

Axt, Meißel, Bohrer und hochstämmige Bäume braucht man zum Bau von geklinkerten Langbooten. Besonders der Bohrer läßt an Klinkerboote denken, denn ohne Bohrer sind die überlappenden Planken der Klinkerboote nicht zu verbinden. (Es sind die gleichen Werkzeuge, die auch in den Königsgräbern von Ur gefunden wurden.) (Abb. 50 u. 51)

Demnach wäre es möglich, daß die technische Entwicklung im Libanon durch zwei Besonderheiten geprägt wurde: 1. Die hochstämmigen, gut spaltbaren Libanon-Zedern sind ein ›exklusiver‹ Rohstoff in Reichweite der Küstenbewohner. 2. Das Erscheinen von Spezialisten, die aus diesen hochstämmigen Bäumen seegängige Schiffe bauen konnten. Alles zusammen, Holz, Holztechnik und Schiffahrt übers offene Wasser, mag dann eine beschleunigte Entwicklung in diesem Gebiet ausgelöst haben.

Mit Blick auf die besprochene Entwicklung in Ägypten könnte Byblos demnach mit seinen Zedern bereits in ägyptisch *prädynastischer* Zeit ein technisches Zentrum in Vorderasien gewesen sein.

Eine technische Sonderstellung der libanesischen Hafenstädte würde auch den langen Fortbestand dieser Seestädte über zwei Jahrtausende erklären. Der Grund liegt auf der Hand. Für jeden Herrscher aus dem Binnenland wäre es aus kommmerziellen Gründen wenig sinnvoll, diese Hafenstädte zu vernichten. Hinzu kommt, daß Seefahrer von einer einzelnen Landmacht nur bedingt in ihren Handlungen eingeschränkt werden können. Sie zahlen Steuern, solange man sie *einigermaßen* in Ruhe läßt. Wenn der Druck zu groß wird, werden sie versuchen, über See auszuweichen. Die libanesischen Küstenstädte boten Dienstleistungen, auf die man als Binnenländer mehr oder weniger angewiesen war. Das ist eine Hypothese, die vom Verlauf der Geschichte gestützt wird.

Für eine *dauerhaft und ortsgebundene* Spezialisierung zur Verarbeitung von Holz in diesem Küstengebiet spricht ein Hinweis im Alten Testament. König Salomon (etwa 950 v.Chr.) bittet den Philister Hiram, ihm beim Bau eines Tempels zu helfen. Er schließt mit dem König von Tyros einen Bauvertrag. (1. Könige 5, 20)

»So befiehl nun, daß man mir Zedern aus dem Libanon haue und daß deine Knechte mit meinen Knechten seien. Und den Lohn deiner Knechte will ich dir geben, alles, wie du sagst. Denn du weißt, *daß bei uns niemand ist, der Holz zu hauen wisse wie die Sidonier.*« (Der Philister Hiram gehört zu den ›Seevölkern‹, 1000 v.Chr., siehe unten.)

Vielleicht beachtenswert ist, daß eine handwerkliche Tätigkeit im Alten Testament verwendet wird, um ein Volk zu kennzeichnen, das dem König Salomon seinen Tempel baute und Schiffe mit Besatzung zur Verfügung stellte. »Und Hiram sandte seine Knechte im Schiff, die gute Schiffsleute und auf dem Meer erfahren waren, mit den Knechten des Salomos.« (1. Könige 9, 27)

Es gibt ferner einen Hinweis, daß die Küstenstädte neben dem Schiffsbau auch über die Religion mit den ursprünglichen Dolmenbauern am Jordan verbunden waren. Ägyptische Priester berichten Herodot (2/44), daß in Tyros ein Tempel des Herakles stehen soll und daß Herakles, der Nationalheld der Dorer, ein uralter Gott aus Ägypten (?!) sei. Herodot fährt mit dem Schiff nach Tyros: »Ich habe ihn gesehen (den Tempel) und er war sehr reich ausgeschmückt mit vielen Weihgeschenken, und waren unter anderem in demselben *zwei Säulen*, die eine aus lauterem Gold, die andere aus Smaragden.«

Herodot (400 v.Chr.) fragt nach dem Alter des Tempels. Die Priester antworten: »Gleich bei dem Bau von Tyros wäre der Tempel auch mit errichtet und Tyros stände nun schon 2300 Jahre.«

Das Alter und die beiden Säulen würden zu den Megalithikern passen. Tyros wäre um 2700 v.Chr., das heißt zur Zeit des Alten Reiches, gegründet. Die beiden Säulen im Tempel würden der religiösen Tradition der Megalithiker entsprechen, sind doch zwei Steine typische Kennzeichen der Gräber der Rinderhirten im prädynastischen Ägypten. (Helck)

Bemerkenswert ist, daß in der Nachbarschaft des Tempels in Tyros, auch im *Tempel von Salomon, zwei Säulen* am Eingang stehen. Sie heißen Jachin und Boas. (1. Könige 7, 21) War der Tempel des Salomon ursprünglich ein Tempel der Megalithiker? (siehe unten)

Zurück noch einmal nach Ägypten. Zwischen dem Hinweis aus dem Alten Testament und dem Holztransport des Pharao Snefru liegen etwa 1700 Jahre: für eine übergreifende Beweisführung sicherlich eine bedenklich lange Zeit. Wenn aber zutrifft, daß aus technischen Gründen die ersten *seegängigen* Schiffe nicht in Ägypten gebaut werden konnten (kein Holz, keine Werkzeuge, keine See-Erfahrung, keine Motivation), dann deutet der frühe Holztransport über See nicht auf Ägypten, sondern auf Syrien/Palästina als treibende Kraft, unter anderem auf Tyros, wo man seit 2000 Jahren (?) wußte, ›wie das Holz zu hauen ist‹.

Das Giebeldach am Toten Meer

Unmittelbare Hinweise für eine Besiedlung des Jordangebietes durch Megalithiker aus dem Norden gibt es, abgesehen von den problematischen Megalithgräbern, (noch) nicht. Im Gebiet der palästinensischen Megalithgräber findet man aber Hausurnen mit einer Dachform, die nicht ursprünglich im Orient ist. Es ist das

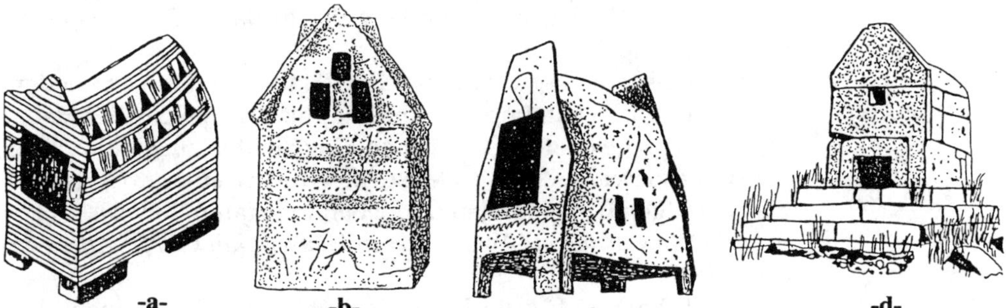

Giebeldach. Vielleicht ein zusätzlich brauchbarer Hinweis auf den Norden.

Im Vorderen Orient wird die Bauweise der Häuser bestimmt durch die Hitze im Sommer, durch die ziemlich trockene Witterung und durch den Mangel an geeignetem Bauholz. Die profanen Dächer in Kleinasien und Griechenland der Bronzezeit sind Flachdächer aus Stangenholz, bedeckt mit einer 30 bis 50 cm starken Lehmschicht. (Nauman 1971)

Bei der Besprechung der Bauweise im Norden wurde darauf hingewiesen, daß bei Verwendung von Bäumen oder Langholz im Häuserbau bevorzugt ein rechteckiger Grundriß entstehen müßte. (Ein Haus, gefügt aus langen Balken, wird eckig, nicht rund.) Im feuchten atlantischen Klima ist es naheliegend, ein Giebeldach zu entwickeln. Mit anderen Worten: Die Entstehung des nordischen Rechteckhauses mit Giebeldach läßt sich technisch und klimatisch begründen. In diesem Zusammenhang dann bemerkenswert die Beobachtung, daß in Byblos, Ghassul und Beersheba (Abb. 43) Häuser und Hausurnen mit Giebeldächern nachgewiesen wurden. (Perrot 1978)

Unter Hausurnen im engeren Sinne versteht man Keramikgefäße in Form eines Hauses, in dem die Asche des Toten beigesetzt wurde. Solche Urnen sind gefunden in Deutschland, Holland, Dänemark, Schweden, Südslawien, Griechenland, Italien, Ägypten und Japan. (Lexikon)

Die Seefahrer in Byblos konnten es sich leisten, Häuser mit Giebeldächern zu bauen, denn man hatte Langholz im benachbarten Gebirge zur Genüge. Warum hatten aber die Hausurnen im vierten Jahrtausend am Toten Meer ein Giebeldach? Bestand eine Verbindung zwischen dem bewaldeten Gebiet des Holzhafens Byb-

Abb. 43
a. *Hausurne aus Ghassul,* **b,c.** *aus Beersheba. In diesen Hausurnen wurden Knochen/Asche der Verstorbenen beigesetzt. (ca. 60 cm) (Perrot)* **d.** *Bahram II (276–293), Iran, Grabeingang 0,7x 0,9 m, Grab 4,45 x 5,1 x 4 m (Vanden Berghe).*

-a- -b- -c- -dlos und den Weidegebieten entlang des Jordans? Dort das Holz, hier die Rinder?

Der Hausgedanke, der im Ritus der Hausurnen seinen Niederschlag gefunden hat, und die Sorgfalt, mit der manche der Hausurnen bis in die letzten technischen Einzelheiten ausgeführt sind, geben die Gewähr, daß die Hausurnen die getreuen Abbilder der gleichzeitigen Behausungen der Lebenden waren. *Demnach könnten die Dolmenbauer am Toten Meer in Häusern mit Giebeldächern gewohnt haben.*

Megalithgräber für die Toten, gebaut aus großen Steinen, sind mühsam und teuer zu errichten. War die Hausurne der einfachere, fortentwickelte Nachfolger der aufwendigen Megalithgräber?

Vor dem religiösen Hintergrund einer europäisch-vorderasiatischen Megalithkultur, die bis zu den Griechen nachzuweisen ist (siehe unten), gäbe es einen Sinn, daß noch um 300 v.Chr. ein persischer König in einer ›königlichen‹ Hausurne beigesetzt wurde. (Abb. 43) Auffallend ist der kleine, nur 70 cm hohe Eingang zum Grab. Der Eingang wurde wohl nicht für Menschen geschaffen, es sei denn, sie sollten demütig kriechen. Wenn dieser Zugang die Bedeutung eines Seelenloches oder Scheintür hatte (siehe auch Abb. 42 a, d), dann würden auch die Hörnerhelme in der Armee der Perser eine Erklärung finden. Nach Herodot (VII, 76) kämpften in der persischen Armee des Xerxes Gruppen, »die einen ehernen Helm trugen, und auf dem Helm saßen Ohren und Hörner von Ochsen (?) aus Erz«.

Megalithgrab mit Seelenloch, Hausurne und Königsgrab mit kleinem Eingang und Giebeldach und der Hörnerhelm bei den Persern könnten zwanglos in die bisher beschriebene Megalithkultur eingeordnet werden.

Noch erwähnenswert ist, daß die beiden Giebel eines Hauses durch den ›*Firstbalken*‹ verbunden sind. *first* ist im Ursprung indogermanisch in der Bedeutung ›der hervorstehende‹ (Gipfel, Pfeiler Pfosten) (Kluge). Demnach hätten aus der Sicht der Sprachforschung die Indogermanen in ihrer Urheimat Giebelhäuser gebaut?

Der Wanderweg der Rinderhirten

Zurück zum Anfang der Entwicklung im küstenfernen Hinterland von Byblos, zur Entwicklung im Zweistromland Mesopotamien.

Zwischen der syrischen Wüste im Westen, dem Gebirge im Norden und den iranischen Gebirgen im Osten liegt das Zweistromland mit den Flüssen Euphrat und Tigris. (Abb. 44) Mesopotamien mit den umgebenden Gebirgen ist klimatisch ein ungünstiges Siedlungsgebiet. Es ist im Sommer zu trocken. Während der Erntezeit im Frühjahr führen die Flüsse Hochwasser, bedingt durch die Schneeschmelze im Gebirge. Die Vernichtung der Ernte durch Überflutungen war eine ständige Gefahr. Es folgt die Dürre des Sommers. Geerntet wird während der heißen, trockenen Jahreszeit. Das heißt: Die Bedingungen sind ungünstiger als in Ägypten. Am Nil gedeiht die Ernte, vor der Sonne geschützt, im Winter.

In Mesopotamien und Susa vergrößern Bewässerungskanäle in späterer Zeit die Anbau- und Weideflächen, aber das Wasser aus den Bergen ist zum Teil salzhaltig. Im Laufe der Jahre versalzt der Boden während der heißen Jahreszeit. Landstriche müssen aufgegeben werden.

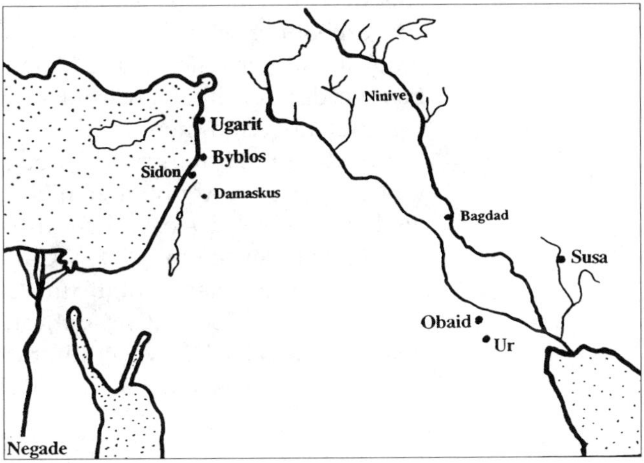

Abb. 44 *Mesopotamien*

Es ist ursprünglich ein Land für Wanderhirten. Auf der Suche nach Weideplätzen für ihre Tiere (Schaf, Ziege, Rind) müssen weite Wege entlang der wasserreicheren Gebirgsränder zurückgelegt werden. Noch in den dreißiger Jahren zogen iranische Hirten bis 1000 km zwischen ihren Winter- und Sommerweideplätzen. (Alizadeh 1992) Siedlungen werden nach kurzer Zeit aufgegeben und nach Jahren erneut bewohnt.

In dieses Bild müssen die Megalithgräber entlang des Jordans irgendwie eingepaßt werden. Gesichert ist bisher lediglich, daß Menschen, die Megalithgräber bauten, sich im Gebiet des östlichen Mittelmeeres in *ausreichender* Zahl festsetzen konnten, ausreichend, um größere Gräberfelder anlegen zu können. Die große Zahl der Gräber und die Konzentrierung auf Palästina deuten auf einen ›megalitischen‹ Einwanderungsschub, vielleicht die ›Proto-Urban groups‹ im Gebiet von Ghassul. (siehe oben)

Von der Küste ausgehend, ist der weitere Wanderweg der Fremden geographisch vorgegeben. Wenn die Megalithiker im 4. Jahrtausend v.Chr. auf der Suche nach guten Weideflächen für ihre Tiere die küstennahen, fruchtbaren Gebiete und das Tal des Jordans besiedeln, dann stoßen sie im Osten auf die Syrisch-Arabische Wüste. (Abb. 44) Da das Klima in diesem Gebiet sich seit 10 000 Jahren nicht wesentlich verändert hat (Glueck 1951), muß die syrische Wüste für Rinderhirten ein unüberwindliches Hindernis gewesen sein. Denkbar wäre, daß sie diese Wüste umgehen.

Die Einwanderer folgen mit ihren Tieren dem Wasser und erreichen das fruchtbare Marschland von Euphrat und Tigris. Wie in Ägypten treffen sie auf eine seßhafte Bevölkerung, die unterworfen wird. Damit steht den kriegerischen Fremden eine ausreichende Zahl von Arbeitskräften zur Verfügung, ausreichend, um eine archäologisch faßbare Hochkultur zu schaffen. Die Entwicklung der sumerischen Kultur kann beginnen, und die Archäologen werden fündig. Es wäre die gleiche Entwicklung, wie sie für Ägypten angenommen wurde.

Vor diesem Hintergrund ist bemerkenswert, daß die Anfänge von Sumer und Ägypten zeitlich in eine kulturelle Gründungswelle im Gebiet des östlichen Mittelmeeres passen. Die Anfänge von Troja I werden mit 2800 v.Chr. angegeben. Der Beginn der 1. Dynastie in Ägypten erfolgte um 2800 v.Ch. Die Königsgräber von Ur werden auf 2600 v.Chr. datiert. Die erste helladische Periode beginnt um 2700. Die Megalithgräber im Kaukasus entstehen um 2400 v.Chr. Das ist nach meiner Meinung kaum ein zufälliges Zusammenfallen.

Sumer

Vergleichbare Kosmologie der Sumerer und Ägypter

Im folgenden werden wie bei der vorangegangenen ›ägyptischen Beweisführung‹ drei Gebiete besprochen. Es sind Hinweise aus der Religion, der Archäologie und der Technik.

Bei der Frage, ob die kosmologischen Vorstellungen der Ägypter im Alten Reich auf eine ägyptische Naturreligion zurückzuführen sind, wurden Zweifel geäußert. Die Weltachse, die Fahrt der Sonne mit einem Boot, die Spiralsymbolik und der Urozean mit Horizont passen nicht zum Leben in einer Flußoase auf dem 30. Breitengrad. Es erscheint bemerkenswert, daß, bei Betrachtung der sumerischen Entwicklung, vergleichbare Probleme erkennbar werden. (Zu berücksichtigen wäre aber, daß archäologisch-schriftliche Hinweise zur Religion im frühen Mesopotamien weit spärlicher überliefert sind als in Ägypten. Es gibt im Zweistromland keine Quelle, vergleichbar den Pyramiden-Texten in Ägypten.)

Nach Kramer (1959) ergibt sich aus den vorhandenen Keilschrifttexten folgende kosmologische Vorstellung der Sumerer. Am Anfang war das *Urmeer.* Das Urmeer erzeugte den kosmischen Berg, der aus Himmel und Erde zusammen bestand. Als Gottheiten in Menschengestalt angesehen war der männliche *An,* der Himmel, und die weibliche *Ki,* die Erde. Aus ihrer Vereinigung entstand der Luftgott *Enlil.* Enlil trennte dann Himmel und Erde. Während sein Vater An den Himmel wegtrug, trug Enlil selber die Erde, seine Mutter, weg. Die Vereinigung Enlils mit seiner Mutter Erde schuf den Schauplatz für die Organisation des Weltalls, die Erschaffung des Menschen, der Tiere und Pflanzen und die Einführung der menschlichen Zivilisation.

Diese sumerischen Mythen sind demnach im wesentlichen identisch mit den ägyptischen Vorstellungen. Auch in Ägypten ist der Kosmos am Anfang mit Wasser gefüllt. Es war das Chaos. Der ägyptische Gott der Luft, Schu, hat die gleiche Aufgabe wie der sumerische Luftgott Enlil. Beide stemmen sich zwischen Himmel und Erde und trennen sie. Diese Trennung schafft die Voraussetzung fürs Leben. Das Leben kann beginnen. Am Ende des Lebens braucht die ägyptische und die sumerische Seele ein Boot, um zu den Göttern zu gelangen (siehe unten). Votivboote sind sowohl in den Gräbern der Pharaonen als auch in den Gräbern von Ur nachgewiesen. (Abb. 45)

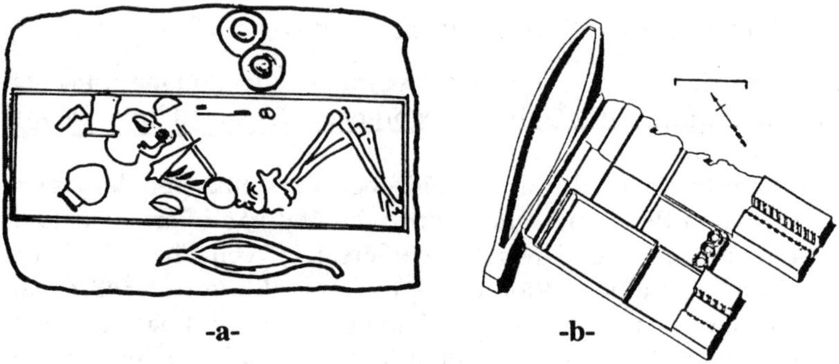

Abb. 45 a. *Grab, Ur, 2. Dyn., mit Votivboot aus Bitumen;* **b.** *Modell des Grabes von Hor-Aha. 1.Dyn. Ägypten. Länge der Bootskammer ca. 15 m. (Emery) (Bemerkenswert: Es sind spitzovale Boote, keine rechteckigen Barken!) siehe auch Abb. 9. Das Nydamboot ist auch ein ›Votivboot‹.*

Bei dem Versuch, die mythologische Herkunft des sumerischen Urmeeres zu erklären, ergeben sich die gleichen Schwierigkeiten wie in Ägypten. Welche Lebenserfahrungen könnten im südlichen Mesopotamien eine Naturreligion begründen, die in ihrem Ursprung auf ein Urmeer zurückgeht? Suggerierte der Anblick des persischen Golfes die Existenz eines riesigen, weltumfassenden Ozeans?

Das Gilgamesch-Epos, der Fährmann, das Meer und die Zedern

Einen weiterführenden Hinweis gibt ein sumerisches Epos. Das älteste Epos der Menschheit erzählt die Geschichte des sumerischen Königs Gilgamesch. Vor dem Hintergrund der bisherigen Überlegungen zum vermuteten nordeuropäischen Ursprung der Megalithkulturen erscheint es als eine verwunderliche Geschichte.

Die Sagenbildung um Gilgamesch muß sehr früh eingesetzt haben. Dabei werden sich vermutlich weitaus ältere mythische Überlieferungen an die Sagen mit geschichtlichem Hintergrund angehängt haben. Die Mehrzahl der bekannten sumerischen Mythendichtungen ist durch Abschriften aus der Zeit um 1700 v.Chr. überliefert. Die Gilgamesch-Dichtungen sind in vier Sprachen in der Zeit vom 2100–600 v.Chr. im Raum von Südbabylonien bis Kleinasien überliefert worden.

Es wird vermutet, daß Gilgamesch als König des südbabylonischen Uruk wirklich gelebt hat, etwa zwischen 2750 und 2600 v.Chr. In der Sage wird er von den Göttern als ›Wildstier‹ bezeichnet. In seiner Kraft allen überlegen, ungestüm und fordernd, bringt er Unruhe in seine Stadt. Er besteht auf dem Recht als Erstwerber, er besteht auf dem Recht der ›Ersten Nacht‹ (jus primae noctis).

»Die so zu Ehefrauen bestimmt sind, beschläft er
Er zuvor, dann erst der Ehemann,
nach göttlichem Rat ist´s geboten.«

Ist seine Kraft zu ungestüm, so schaffen die Götter einen Mann, der an Kraft ihm ebenbürtig ist. »Wettstreiten sollen sie - Uruk erhole sich.« Die Götter wollen Ruhe und schaffen deshalb dem Gilgamesch einen Gegner, einen Wilden gleicher Stärke, der wie ein Tier mit anderen Tieren im Wald lebt. Er heißt Enkidu.

Ein Jäger sieht diesen kraftstrotzenden Wilden und fürchtet sich. Es sagt seinem Sohn, eine schöne Dirne herbeizuholen. Diese Frau bekommt vom Jäger den Auftrag, den Wilden zu verführen. Sie tut es während sechs Tage und sieben Nächte. Danach fliehen die Tiere des Waldes vor Enkidu, denn er ist kein Tier mehr. Durch die Frau ist aus dem Wilden ein Mensch geworden. Die Dirne führt Enkidu in die Stadt Uruk. Dort trifft er Gilgamesch. Nach einem kurzen Handgemenge werden beide unzertrennliche Freunde.

Eines Tages beschließt Gilgamesch, berühmt zu werden.

»Einen Namen, der dauert - mir will ich ihn setzen.
. . . Ich will Hand anlegen, die Zedern abhauen.«

Der König von Uruk beschließt, im Libanon als ruhmträchtige Heldentat die Zedern zu schlagen. Ein verwunderliches Unternehmen. Uruk lag vor 5000 Jahren noch in der Nähe der Küste des Persischen Golfs, etwa 1000 km entfernt von den Zedernwäldern des Libanons. Es war zudem ein gefahrvolles Unterfangen, denn die Zedern im Libanon standen unter dem Schutz der Götter. Der Wächter Chumbabu hütete die Zedern.

»Zu bewahren die Zedern hat Enlil ihn (Chumbabu)
Als Schrecknis bestimmt für die Leute.«

Obwohl die Zedern unter göttlichem Schutz stehen, beschließt Gilgamesch, zusammen mit Enkidu in den Zedernwald zu ziehen, um dort den Wächter des Waldes zu erschlagen.

» Im Wald wohnt der reckenhafte Chumbabu
Ich und du, wir wollen ihn töten,
Aus dem Lande tilgen jegliches Böse!
Laß uns fällen den Zederbaum!«

Die beiden erreichen den Zedernwald im Libanon und töten den Wächter. Sie verstoßen damit gegen den Willen der Götter. Enlil ist verärgert und verlangt den Tod der beiden. Die Götter beschließen, daß nur Enkidu sterben soll, Gilgamesch aber nicht. Enkidu erkrankt und stirbt nach zwölf Tagen. Bemerkenswert sind seine letzten Worte:

»Da rief er Gilgamesch und sprach zu ihm:
›Mich hat, Freund, verwünscht eine böse Verwünschung!
Nicht wie wer mitten im Streite fällt, sterb´ ich,
Mich schreckte die Schlacht, so sterb ich ruhmlos,
Freund, wer da fällt in der Schlacht, ist glücklich,
Ich aber dulde Schmach im Sterben.‹«

Bemerkenswert, weil diese Bewertung des tödlichen Kampfes mit Angaben aus germanischer Zeit übereinstimmt. Nur wer mit der Waffe in der Hand fällt, gelangt zu Odin nach Walhall. Wer im Bett stirbt, dem geht es wie Enkidu, dem im Tode Würmer das Gesicht zerfressen. Weshalb »duldet Enkidu Schmach im Sterben«? Schämt sich Enkidu, weil er einem religiös begründeten Ehrenkodex einer indogermanischen (?) Kriegerkaste nicht genügen konnte, weil ihn, im Gegensatz zu Gilgamesch, die Schlacht »schreckte«?

Der Tod seines Freundes grämt Gilgamesch sehr. Er sieht, daß Würmer das Gesicht seines Freundes befallen. »Mir graute vor meines Freundes Aussehen.« Seine verzweifelte Frage: »Werd ich mich nicht auch so betten und nicht aufstehen in der Dauer der Ewigkeit?« Er ist verzweifelt und fragt nach einem Leben nach dem Tod. Er wandert umher, durch Steppen und über Meere. Endlich kommt er zur Schenkin Siduri, »die da wohnt in des Meeres Abgeschiedenheit«. Er fragt sie:

»›Du wohnst, meine Schenkin, am Gestade des Meeres,
Daher weiß du Bescheid, dein Herz umfaßt alles.
Wohin ich gehen soll, weise mir. . .!
Wenn es möglich ist, will ich das Meer überschreiten!‹
Die Schenkin sprach zu ihm, zu Gilgamesch:
›Nicht gab es, Gilgamesch, je eine Übergangsstelle
Und niemand, der seit vergangenen Zeiten herkommt, geht
[übers Meer.‹«

Bemerkenswert ist, daß hier noch von einem Meer gesprochen wird, während in der späteren Liebesgeschichte Enlil einen Fluß überquert. (siehe unten) Dieser Teil der *Gilgamesch*-Sage müßte demnach wesentlich älter sein.

Die Schenkin rät ihm, Urschanabi, den Fährmann, aufzusuchen, der drinnen im Wald wohnt, denn dem gehören die »Steinernen«. (Die ›Steinernen‹ sind gewaltige Ruderstangen, die nur für den Fährmann nutzbar waren, nicht aber für die Menschen. Sie waren so gestaltet, daß sie das drohende Wasser des Todes ablaufen ließen, ohne daß ein Tropfen ins Fährboot fallen konnte.) Gilgamesch stürmt in den Wald, um die ›Steinernen‹ zu erlangen. Der Fährmann weigert sich. Es kommt zum Kampf. Am Ende vertragen sie sich, aber die Ruder aus Stein sind beim Kampf zerbrochen. Der Fährmann sagt:

»Die Steinernen, Gilgamesch, waren es, welche mich hinüber [bringen
Auf daß ich nicht berühre die Wasser des Todes.«

Das Ungestüm des Gilgamesch hat ein Problem geschaffen. »Wie kommt man ohne steinerne Ruder durch das Wasser des Todes?« Der Fährmann findet einen Ausweg. Gilgamesch soll im Wald 120 Stangen schlagen. Jede Stange wird nur einmal gebraucht und nicht ins Boot zurückgezogen. Kein Tropfen des Todeswassers kann deshalb ins Boot fallen. Gilgamesch überquert das Meer und das abschließende Wasser des Todes. Der Gott Utnapischtim, am Ende des Meeres, wundert sich:

»Weshalb sind des Schiffes Steinerne zerschlagen?
Und fährt wer im Schiff, der kein Recht darauf hat?
Der da gekommen, der Mensch, ist doch keiner der meinen?«

Gilgamesch klagt dem Gott sein Leid, seine Angst vor dem Tode. Der Gott sagt, er soll mit seinem Schicksal zufrieden sein. Unsterblich sind nur die Götter.

»Warum Gilgamesch vermehrst du die Klage,
Der du aus Fleisch der Götter und Menschen herrlich gestaltet bist?«

Die Grundhaltung des Epos ist offenkundig. Die Götter haben den Menschen den Tod zugewiesen. Sie sollen sich damit abfinden, nicht herumgrübeln, sondern das Leben genießen.

»Feiere täglich ein Freudenfest!
Tanz und spiel bei Tag und Nacht!
. . . Schau den Kleinen an deiner Hand,
Die Gattin freu sich auf deinem Schoß!
Solcher Art ist das Werk des Menschen!«

Soweit das *Gilgamesch*-Epos. Es könnte sein, daß in diesem sumerischen Epos Spuren der Megalithiker aus dem Norden zu finden sind. Es stellen sich drei Fragen:

1. Wie kommen die Zedern des Libanons in ein sumerisches (!) Epos? Eine Vermutung: Die Geschichten um Gilgamesch könnten zum Teil auf überlieferten Sagen der *sumerischen Frühzeit* beruhen. In dieser Zeit um 3500 v.Chr. sind Ghassul und Byblos entstanden. Archäologische Hinweise deuten in diesem Gebiet auf eine bereits im vierten Jahrtausend sich entwickelnde Holzindustrie, auf eine Spezialisierung auf Werkzeuge zur Holzverarbeitung (Axt, Meißel, Bohrer). (siehe oben) Im gebirgigen Hinterland von Byblos liegen die Zedernwälder, spaltbare, hochstämmige Bäume.

Enkidu sagt zu Gilgamesch:

»Wir sind nun herabgestiegen in den Zedernwald,
Nun wollen wird den Baum spalten und abreißen sein Astwerk.«

Vor diesem Hintergrund im Epos steht die Aussage, daß zur Zeit des Königs Gilgamesch von Uruk die Zedern des Libanons unter dem Schutz des Gottes Enlil standen. Die Bäume wurden von Chumbabu bewacht. Kein Mensch konnte sie fällen. Das heißt: Die Götter verboten dem Menschen, die Zedern des Libanons für sich zu nutzen. Unter diesen Bedingungen kann in Byblos eine Holztechnik nicht entstanden sein.

Denkbar wäre, daß Gilgamesch das Problem löste. Er tötet den Wächter des Waldes und zahlt den Göttern einen hohen Preis. Sein geliebter Freund Enkidu muß sterben. Das Problem: Wo ist der mythische Bezug dieser Geschichte zu Uruk? Welchen Nutzen hätte Uruk, wenn ihr König im weit entfernten Libanon die Götter herausfordert? Weshalb schützt der sumerische Gott Enlil die Zedern im entfernten Libanon?

Vielleicht gelingt die Kombination, wenn man die Megalithgräber in Palästina ins Spiel bringt. Denkbar wäre, daß Gilgamesch durch seinen Kampf mit dem Wächter die mythische Voraussetzung für die Gründung von Byblos schuf. Die Dolmenbauer waren, wenn sie aus dem Norden gekommen sind, vermutlich Seefahrer. Die Zedern des Libanon ermöglichen den Bau ihrer Klinkerboote. Byblos entsteht. Um 2600 v.Chr. werden die Boote des Cheops gebaut, mit Bäumen, die einmal unter dem Schutz der Götter standen. Eine Vermutung: War Gilgamesch ein Megalithiker?

Fest steht, daß zumindest im Norden Bäume verehrt wurden. Ein Baum, symbolisiert unter anderem in der Irminsul der Sachsen, stützte den ›megalithisch-europäisch-kleinasiatischen‹ Himmel. Ohne Baum keine Trennung von Himmel und Erde, das heißt, ohne stützenden Baum kein Leben. Naheliegend wäre dann, daß ›seefahrende‹ Rinderhirten aus dem Norden mit ihren Megalithgräbern auch den Baumkult nach Syrien/Palästina brachten. Die herrlichen, hochstämmigen Zedern werden gefällt, vielleicht mit einem etwas schlechten Gewissen, denn als Gilgamesch mit seinem Freund Enkidu den Zedernwald erreicht, bleiben sie stehen:

»Still standen sie am Rande des Waldes,
Die Höhe bestaunten sie an den Zedern.«

2. Weshalb benutzt der Fährmann verwunderliche Ruder aus Stein? Ruder, die den Tod vom Fährboot fernhalten! Die Megalithiker verehrten Steine. Warum, wissen wir nicht. Neben dem steinernen Ruder gibt es noch einen Stein im Epos. Ohne erkennbaren Zusammenhang findet Gilgamesch einen Meteoriten. Warum wird der Meteorit erwähnt?

»Da sammelten sich um mich die Sterne des Himmels –
Das Werk des Anu (ein Meteorstein) stürzte auf mich herab,
Heben wollt ich´s, da war mir´s zu schwer.«

3. Warum kommt die häufigere Nennung des »Meeres« in südmesopotamischen Sagen der sumerischen Frühzeit vor? Gilgamesch sagt: »Fuhr ich hin über alle Meere.« Es wird nicht von einem See oder einem Fluß gesprochen. Reicht der Anblick des Persischen Golfs zur Erklärung? Ich meine, daß die häufige Erwähnung des Meeres so wenig zu Uruk in Südmesopotamien paßt wie die ›göttlichen‹ Zedernwälder am Mittelmeer.

Deutungen von Sagen sind wohl immer nur Vermutungen. Deshalb die Frage: » Entstand die Sage des Gilgamesch ursprünglich im Megalithgebiet des Jordans? Gelangte die Sage mit den einwandernden Sumerern – zusammen mit den Spiralen (Abb. 50 d) – nach Südmesopotamien, und wurde sie dort etwa 1000 Jahre später aufgeschrieben?« Zumindest wären die Deutungsschwierigkeiten des *Gilgamesch*-Epos dann etwas kleiner.

Zum Gilgamesch noch eine Überlegung zur Kultur der Megalithiker: Spiegelt die Bemerkung von Gilgamesch: »Einen Namen, der dauert – mir will ich ihn setzen« das Selbstverständnis einer ruhelosen Kriegerkaste wider? Einer Kaste, deren Ehrenkodex Enkidu nicht gerecht werden konnte, weil er sich im Kampf fürchtete?

Bei seinem Aufbruch zum bewachten Zedernwald sagt Gilgamesch:

»Einen Kampf besteh' ich, den ich nicht kenne,
Einen Weg befahr' ich, den ich nicht kenne.«

Kommt es ihm nicht darauf an, wofür oder gegen wen er kämpft? Ist es für ihn nur wichtig, *wie* man kämpft? Vielleicht ein Leitmotiv der frühen indogermanischen Wanderungen? Ein Leitmotiv, das die ruhelosen Megalithiker letztendlich über Indien bis nach Korea und Japan brachte?

Der helläugige Luftgott der Sumerer

Eine später überlieferte Liebesgeschichte des obersten sumerischen Gottes Enlil gibt einen Hinweis auf das Leben der Götter. (Kramer 1959)

Als der Mensch noch nicht erschaffen war und in der Stadt Nippur nur Götter wohnten, war ›ihr Jüngling‹ der Gott Enlil, ›ihre Jungfrau‹ die Göttin Ninlil, und ihre ›Alte‹ war Ninlis Mutter Nunbarschegunu. Eines Tages erteilte die Alte, deren Sinn und Trachten offenbar darauf gerichtet war, Ninlil mit Enlil zu verheiraten, ihrer Tochter folgende Instruktion:

»Im reinen Strome, Weib, bade im reinen Strom, Ninlil, ... schreite entlang amUfer des Stromes Nunbirdu... Der helläugige, der Herr, der Helläugige, der ›große Berg‹, Vater Enlil der Helläugige, wird dich erblicken... Der Hirte, welcher die Geschikke bestimmt, der Helläugige wird dich erblicken... wird dich auf der Stelle umarmen (?), dich küssen.«

Ninlil folgt der Weisung ihrer Mutter:

»Im reinen Strome badet das Weib, im reinen Strome... Ninlil schreitet entlang am Ufer des Stromes Nunbirdu... Der Helläugige, der Herr, der Helläugige... Der große Berg, Vater Enlil, der Helläugige, erblickt sie... Der Hirte... welcher die Geschicke bestimmt, der Helläugige erblickt sie... Der Herr spricht zu ihr vom Beischlaf (?), sie will nicht... Enlil spricht zu ihr vom Beischlaf (?), sie will nicht. ›Meine Vagina ist zu klein, sie versteht den Beischlaf nicht... Meine Lippen sind zu klein, sie verstehen nicht zu küssen.‹«

Während einer Bootsfahrt vergewaltigt Enlil die schöne Ninlil und schwängert sie mit dem Mondgott Sin. Die Götter sind empört über diese unmoralische Handlung, und obwohl Enlil ihr König ist, packen sie ihn und verbannen ihn aus der Stadt in die

Unterwelt. Enlil gehorcht. Ninlil, schwanger, will nicht zurückbleiben. Sie folgt ihm. Das stört Enlil, denn wenn ihr Kind, der Mondgott Sin, im Hades geboren wird, dann muß er dort bleiben, und der Mond erhält keinen Betreuer. Auf dem Weg von Nippur in den Hades begegnen dem göttlichen, verbannten Wanderer drei Personen (wahrscheinlich untergeordnete Götter): der Torhüter, der ›Mann des Unterweltstromes‹ und der Fährmann (der sumerische ›Charon‹, der die Toten in den Hades übersetzt). Enlil nimmt nacheinander die Gestalt dieser Personen an und schwängert Ninlil mit drei Unterweltgottheiten als Stellvertreter für den älteren (bereits geborenen) Bruder Sin, dem es nun freisteht, den Hades zu verlassen und in den Himmel zurückzukehren, um den Mond zu pflegen.

Bemerkenswert ist der Unterschied zum *Gilgamesch*-Epos: der eingeschlagene Wanderweg. Gilgamesch überquert zum Schluß ein Meer, Enlil nur noch einen Fluß. Kein Zufall, wie sich zeigen wird.

Die Haarfarbe der Götter

Eine Vermutung: Wie bereits besprochen, haben Re und Horus in den ägyptischen Sargtexten blaue Augen. Die Tochter des ›Halbgottes‹ Cheops hatte blonde Haare. Indra, der oberste Wettergott der Arier in Indien, hatte nach Aussage der religiösen Schriften (Veden) rotblonde Haare. In der sumerisch-babylonischen Überlieferung wird Enlil, der oberste Gott der Sumerer, als ›helläugig‹ beschrieben. Die Haarfarbe der germanischen Götter dürfte der Haarfarbe der Germanen entsprechen.

Naheliegend erscheint demnach, daß im Machtbereich der Megalithiker die jeweils herrschende Klasse sich Götter schaffte, die im Aussehen der eigenen Rasse ähnelten. Vor diesem ›haarigen‹ Hintergrund sei ein interessanter Hinweis aus der sumerischen Geschichte gegeben.

Die sumerische Herrschaft endet um 2300 v.Chr. Sargon von Akkad übernimmt die Herrschaft. Sargon ist ein Semit, das heißt, *eine semitische Oberschicht übernimmt nach 300 Jahren in Sumer die Führung.* Wenn, wie vermutet, die Sumerer blonde Megalithiker aus dem Norden waren, dann übernimmt mit Sargon eine andere Rasse die Oberherrschaft. Semiten mit dunklen Haaren bestimmen während der akkadischen Dynastie bis 2150 v.Chr. in Mesopotamien. Ethnische Spannungen zwischen hell- und dunkelhaarigen Gruppen wären denkbar.

Bemerkenswert in diesem Zusammenhang ist folgende Geschichte. Wie bereits erwähnt, wird Enlil, der oberste Gott der Sumerer, als ›helläugig‹ beschrieben. Die oberste Göttin der Sumerer war Nin-khursag, ursprünglich wohl eine ›Kuhgöttin‹, vergleichbar der ägyptischen Hathor. Der *helläugige* Enlil zeugt nun mit der *sumerischen* Nin-khursag in *semitischer* Zeit »*the black-headed human race*«. (Poebel) Ein solcher verwunderlicher, immerhin ›göttlicher‹ Hinweis auf die schwarze Kopf/Haarfarbe eines Volkes könnte auf ethnische Spannungen in Sumer hinweisen. Wurde durch Sargon die ›nicht schwarzhaarige‹ Oberschicht der Sumerer entmachtet? Es wäre dann naheliegend, daß die Priester sich den neuen Machtverhältnissen anpassen. Sie verschaffen der neuen herrschenden Rasse den entsprechenden religiösen Hintergrund. Die oberste, ursprünglich sumerische Göttin Nin-khursag gebiert eine neue, diesmal dunkelhaarige ›Herrenrasse‹. Eine Erwiderung auf eine vormals *hellhaarige* Oberschicht?

Der Rinderkult in Sumer

Die Verehrung der sumerischen ›Milchgöttin‹ Nin-khursag deutet auf eine Kultur von Rinderhirten, eine Annahme, die durch die offensichtliche Verehrung der Kuh in Sumer bestätigt wird.

Problematisch ist wie in Ägypten die Erklärung einer Viehwirtschaft in einem dafür klimatisch ungünstigen Gebiet. Ein Rindermythos kann, zumindest im südlichen Mesopotamien, aus klimatischen Gründen kaum aus einer Naturreligion entstanden sein. Euphrat und Tigris fließen durch eine im Sommer ausgedörrte Landschaft. Die Niederschläge sind, besonders im Süden, zu gering. Das Land eignet sich eingeschränkt nur als großflächiges Weidegebiet für genügsame Schafe und Ziegen. Ökonomisch gesehen ist eine Kuh in einem trockenen Land eine Fehlinvestition, volkswirtschaftlich eine Belastung.

Ausreichende Weideflächen für Herdentiere wie Rinder entstehen in Trockengebieten nur, wenn über ein Kanalsystem größere Flächen bewässert werden können. Ein solches Bewässerungssystem setzt aber eine hochentwickelte, hierarchisch gegliederte Verwaltung voraus. Das heißt: *erst* die Hochkultur, *dann,* aus welchen Gründen auch immer, die Rinderherden.

-a- 

-b-

 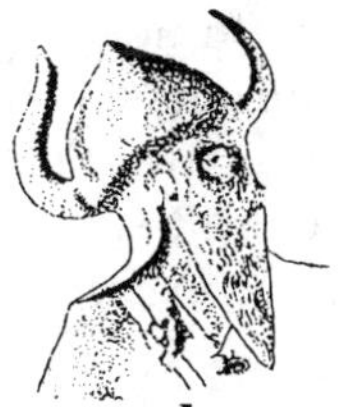 

-c- -d- -e-

-f- -g-

Abb. 46 a. *Fries an der Tempelwand von Obaid: Vögel aus Kalkstein und* **b.** *Rinder aus Muschelstücken, Einlegearbeiten.* **c.** *Rollsiegel nach Fara, Meselimzeit 2600 v.Chr.: Stiermensch führt eine eigenartige Waffe.* **d.** *Naramsin, 2200.* **e.** *Urnammu, Ur, 2100. Die Hörner von vier Rindern übereinander gelegt. Dem Künstler ist die perspektivische Darstellung der Hörner noch nicht geläufig.* **f.** *Rollsiegel, Rind mit Gerstenähre.* **g.** *Fragment aus einem Wandgemälde aus dem Statthalterpalast in Nuzzi. (Churri-Mitanni, 1500 v.Chr.) Ein Bukranion, ein uraltes Symbol, das schon für die Tell Halaf-Keramik im Chalkolithikum verwendet wurde. (Die Figur der Abb. 46 c erscheint vergleichbar mit der Figur der Abb. 22 b aus Skandinavien (Hörner, Axt, Schwanz).*

Beachte Abb. 46 g. Neben dem Stierkopf ein Frauenkopf mit abstehenden Ohren, schulterlangen Haaren mit Außenrolle und einem Ring (?) auf dem Kopf. Die Ohren deuten auf Hathor. Zur Frisur siehe Abb. 59 u. 60, zum Ring Abb. 48.

Naheliegender erscheint mir, daß der Rinderkult in Sumer aus religiösen Gründen von den Einwanderern ins Land gebracht wurde. Auf Abbildungen erscheinen Rinder mit einer Gerstenähre. (Abb. 46 f) Gedeutet werden diese Bilder mit dem Hinweis, daß Süd-Mesopotamien keine *natürlichen* Weiden hatte. Auf Kalksteinreliefs und Siegeln ist zu erkennen, wie Rinder in heiligen Bezirken von Priestern betreut werden. *Die Priester tragen eine Kappe mit Hörnern.* (Moortgat 1959)

Wie in Ägypten sind in Sumer die Kuh und der Stier ein Symbol der Götter. Wie beim Narmer in Ägypten ist das Horn des Stieres ein Zeichen der Könige. (46 d, e) Die Milch der Göttin Ninkhursag, entsprechend der ägyptischen Milch-Göttin Hathor, dient dem König und den Priestern in Sumer als göttliche Speise (Woolley). Die Tradition der Rinderhirten ist unverkennbar.

Megalithgräber gibt es im alluvialen Schwemmland Mesopotamiens nicht. Auf einen Sonnenkult der frühen Sumerer deuten Goldspiralen im Grab von Ur. (Abb. 50)

Schlangen, der Urozean, der Fährmann und der göttliche Horizont

Die Hinweise auf die Religion in Sumer sind deutlich spärlicher als die ägyptischen Quellen des Alten Reiches. Es gibt aber eine Reihe bemerkenswerter ›Nebensächlichkeiten‹, die zusammengefügt zumindest auf eine engere religiöse Verbindung des Vorderen Orients mit dem Norden hinweisen.

Da sind im Bereich der Megalithkultur Schlangen, die den Menschen gefährden. Im Norden ist es die Midgardschlange. Sie wird in der *Edda* beschrieben. Der germanische Wettergott Thor unternimmt mit Ägir, einem Riesen, eine Bootsfahrt. Der Ägir beherrscht nur die landnahen Gewässer, nicht aber den Ozean mit der in der Tiefe liegenden Midgardschlange. Thor macht den Vorschlag, aufs offene Meer zu rudern und dort zu fischen. Ägir warnt vor den Gefahren. Thor wirft trotzdem eine Angel aus. Als Köder dient der Kopf eines schwarzen Stieres (Abb. 47 e). Die Midgardschlange packt zu, und Thor schlägt sie. Das Meer bleibt bis zum Herbst ruhig. Die Götter feiern, und die Megalithiker können, nach Uhland, mit ihren Booten aufs offene Meer fahren, unbehelligt von der Midgardschlange. (siehe unten)

Besonders im Winter versucht die Midgardschlange, den Lebensraum der Menschen durch gewaltige Stürme zu vernichten. In der germanischen Götterdämmerung gelingt es ihr. In der *Edda* vernichtet die Schlange den Wohnsitz der Menschen, unterstützt vom Fenriswolf, der die Sonne frißt. Danach entsteht eine neue Welt.

Wenn Naturreligion aus der Lebenserfahrung des Menschen entsteht, dann paßt im Norden die Midgardschlange in eine landesspezifische Naturreligion. Wie wirkt ein tobender Winterorkan an der jütischen Nordseeküste, die damals noch nicht durch Deiche geschützt wurde? Eine tobende Naturgewalt, die alles vernichtet, was sie erreichen kann.

Vergleichbar der Midgardschlange im Norden treibt im weltumschlingenden Ozean der Ägypter die Apophis ihr Unwesen. Die Schlange versucht, die Fahrt der Sonnenbarke durch die nächtliche Unterwelt zu verhindern. Ihr Sieg würde den Tod allen Lebens bedeuten. Sturm und Unwetter bedeuten im Glauben der

Ägypter einen vorübergehenden Sieg der Schlange. Bei Sonnenfinsternis hat sie die Sonne verschlungen.

Im Orient bedroht die Schlange die Bootsfahrt der Götter und Seelen, im Norden gefährdet sie das Land, die Seefahrer und Fischer. *In beiden Fällen, im Norden und in Ägypten, ist es eine Schlange, die im Ozean liegt und unter anderem die Schiffahrt gefährdet.* Trotzdem gibt es einen wesentlichen Unterschied.

In Ägypten ist die Bedrohung durch die Apophis jenseits der sinnlichen Wahrnehmung, transzendent. Die Schlange des Ozeans existiert nur in der Phantasie. Der ägyptische Priester muß, in vermutlich grauslichen Bildern, den Gläubigen die Schlange vor Augen führen. Im Gegensatz zu Ägypten erscheint die ›Schlange‹ im Norden in mörderischer Wirklichkeit. Sie zeigt sich als tobender Winterorkan an der jütischen Nordseeküste: eine tobende Naturgewalt, die alles vernichtet, was sie erreichen kann. In der Zeit der Segelschiffe galt im Norden noch die Erfahrung: *Nordsee gleich Mordsee!* Es ist die gleiche Einschätzung des Meeres, die gleiche tödliche Erfahrung, die vermutlich auch der Rentierjäger und der Dolmenbauer vor 7000 Jahren machen mußten.

Als Besonderheit in der Schlangen-Mythologie der Megalithiker erscheint eine ›gehörnte Schlange‹. (Abb. 47) Sie gibt es in den Mythen im Norden und im Orient. In Mesopotamien umschlingt

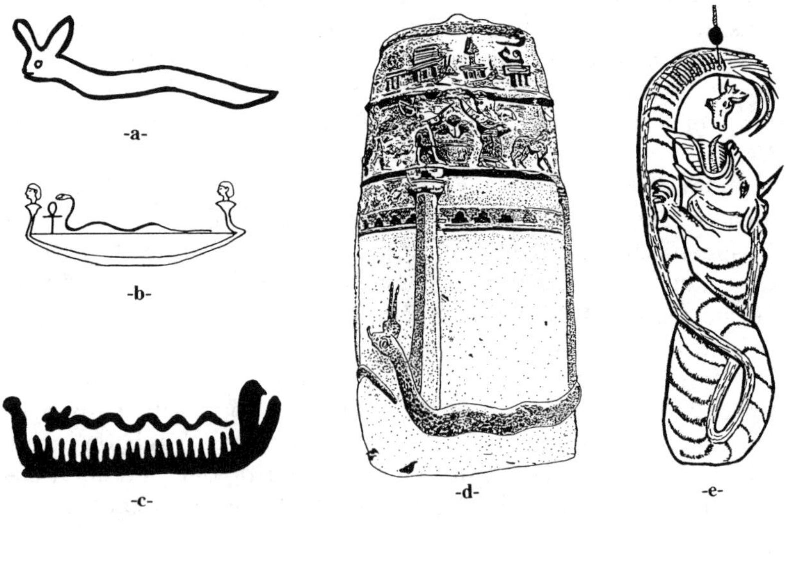

Abb. 47
a. *Ägyptisches Schriftzeichen -f-*
b. *Boot mit darüberliegender Schlange; ägyptisches Totenbuch.*
c. *dito, Felsbild mit einer gehörnten Schlange, Südschweden. (Almgren)* **d.** *Stele aus Susa, 1200 v.Chr.*
e. *Die Midgardschlange, geködert mit dem Kopf eines Stieres. (Det Arnamagnaeanske Institut, Kopenhagen)*

eine gehörnte Riesenschlange den Fuß einer Steinsäule aus Susa, die vermutlich den Bau des Kosmos symbolisiert. Moortgart ist der Meinung: »Daß diese turmbewehrte Burg nicht das bloße Abbild einer fortifikatorischen Anlage bedeutet, sondern selbst einen höheren symbolischen Wert hat, erhellt der Umstand, daß sie auf einer Riesenschlange gegründet ist, die den Fuß ihres Fundamentes umschlingt, während eine zweite sich um die Spitze des Turmes gerollt hat und in ihrer Mitte einen liegenden Stier trägt. Die untere Schlange hat dieselben zwei spitzen Hörner auf dem Kopf wie der Mushus, das Tier des Marduk und mehrere Unterweltsgötter.«

Marduk ist ursprünglich nur Stadtgott von Babylon, seinem Namen nach (sumerisch ›Jungstier des Sonnengottes‹) vielleicht der Gott der Frühsonne. Nach der Befestigung der Vormachtstellung Babylons durch Hammurabi stieg Marduk allmählich zum Reichsgott auf. (*Brockhaus*)

In Ägypten läßt sich ebenfalls eine ›gehörnte‹ Schlange nachweisen (Abb. 47 a). Es ist ein Schriftzeichen und entspricht dem Buchstaben ›f‹. Die Bedeutung des ursprünglichen *Bildes* einer gehörnten Schlange ist nicht bekannt.

Verwunderlich ist, daß neben Ägypten und Mesopotamien die gehörnte Schlange auch im Norden auftaucht. Almgren macht auf drei Felsbilder mit gehörnten Schlangen in Südschweden aufmerksam (Abb. 47 c). Bemerkenswert für ihn ist, daß diese Kombination von Boot mit darüberliegender Schlange auch in einem ägyptischen Totenbuch auftaucht (b). Diese Schlange soll die kosmische Schlange sein, die Himmel und Erde umschlingt. Zusammenfassend meint Almgren: »Was die nordischen Schlangenbilder anbetrifft, so ist es merkwürdig, daß sie in einigen Fällen mit Hörnern versehen werden. Nordman vergleicht sie mit den gehörnten Schlangenfiguren auf dem Gundestrup-Kessel. Schlangenfiguren, die auch in der keltischen religiösen Kunst wieder auftauchen, ferner, wie S. Reinach mitteilt, im griechischen Mythos. . . Die schlagende Ähnlichkeit zwischen dem ägyptischen Schlangenschiff (b) und dem nordischen (c) kann unmöglich wegerklärt werden und wird daher zum besten Beweis für die Berechtigung der in dieser Untersuchung (siehe oben) vorgenommenen Gegenüberstellung orientalischer und nordischen Kultformen«.

Gehörnte Schlangen kommen im Norden in der Natur nicht vor, wohl aber im Orient. In Nordamerika gibt es eine gehörnte

Klapperschlange, im Orient unter anderem eine gehörnte Sandviper. Da eine ständige Verbindung zwischen dem Norden und den Siedlungsgebieten der Megalithiker im Süden angenommen werden kann, könnte das Symbol der gehörnten Schlange im Norden ›eingeführt‹ worden sein. Die offenkundig gewollte Darstellung einer Verbindung von Boot und Schlange könnte ein ›Reimport‹ einer ursprünglich nordischen Vorstellung gewesen sein. In diesem Fall ist es vielleicht eine ›Kulturverbreitung‹ von Süd nach Nord.

Der Fährmann in Ägypten, Sumer, Griechenland und Germanien

Eine weitere Gemeinsamkeit der megalithischen Kultur ist der Fährmann. Bei der Besprechung der Konstruktion des megalithischen Weltbildes aus Urhügel, Urozean, Horizont und gewölbtem Himmel wurde versucht, den Ursprung des Fährmannes mit dem Urmeer zu erklären. Es wurde argumentiert, daß ein Fährmann benötigt wird, um die Seele über den Urozean zum Horizont zu bringen. Überliefert sind demnach vergleichbare, religiöse Transportberichte mit leichten Variationen im Verlaufe von Jahrtausenden. Der Fährmann überquert entweder ein Meer oder einen Fluß. Warum?

Die Seelen der Verstorbenen wurden um 3000 v.Chr. in Ägypten vom Fährmann über den Ozean zum Horizont gebracht. Etwa zur gleichen Zeit überquert in Sumer der König von Ur, Gilgamesch, ein Meer. Bemerkenswert, daß später der sumerische Gott Enlil bei seiner Verdammung nur noch einen Fluß zu überqueren hat, um in die Unterwelt zu gelangen. Um 800 v.Chr. gibt es wieder Informationen. Der alte Grieche Odysseus überquert bei seinem Abstecher in die Unterwelt wieder ein Meer. (siehe unten) Später müssen die Griechen nur noch einen Fluß, den Styx, überwinden, um in die Welt der Toten zu gelangen. Um die Verwirrung zu vollenden, werden in historischer Zeit die Küstenbewohner des nördlichen Dolmengebietes, die Friesen, mit einem Boot des Nachts übers Meer zur Insel der Seeligen gebracht. (siehe unten) In diesem scheinbaren Durcheinander steckt ein System. Der Wechsel von Meer und Fluß ist nicht zufällig. Der Weg des Toten wird im Rahmen der megalithischen Religion vom Siedlungsgebiet bestimmt.

Der Schlüssel zum Verständnis liegt vermutlich im Ursprungsgebiet, liegt im nördlichen Dolmengebiet. Der Fährmann war ein notwendiger Helfer, um die Seelen eines Küstenvolkes übers Wasser zum Jenseits zu bringen. Das Jenseits beginnt für ein Küstenvolk am unerreichbaren Horizont. Dieses Volk beginnt im vierten Jahrtausend eine (indogermanische) Wanderung, verläßt die Küsten und siedelt in Nordafrika und Kleinasien, unter anderem in einer Flußoase, umgeben von Wüsten. Die im nördlichen Dolmengebiet täglich sinnliche Erfahrung mit einen Ozean muß im Laufe von Jahrhunderten verlorengehen; entsprechend der Lebenserfahrung: *Aus den Augen, aus dem Sinn.* Erhalten bleibt in den Erzählungen nur der uralte Mythos an ein Wasser, das die Seelen mit einem Boot überwinden müssen. Aus dem nicht mehr vorhandenen Meer wird ein Fluß.

Der Mythos der Megalithiker überlebt wenigstens 5000 Jahre: nachweisbar um 3000 v.Chr. bei den Ägyptern (Pyramidentexte) und Gilgamesch, um 800 v.Chr. bei Homer und um 1900 bei den Friesen.

Vor diesem Hintergrund die verwunderliche Übereinstimmung von Gilgamesch, Odysseus und friesischen Sagen (siehe auch Spanuth). Homer berichtet, daß es Odysseus gelingt, als Lebender die Unterwelt zu betreten. (*Od.*11/157) Er überquert ein Meer und trifft seine verstorbene Mutter. Sie ist erstaunt,

»denn schwer wird Lebenden dieses (die Unterwelt) zu schauen.
Große Ströme fließen und furchtbare Fluten dazwischen;
und vor allem der Strom des Ozeans, welchen zu Fuß
niemand, sondern allein im rüstigen Schiffe durchwandert.«

Die Parallelen zu *Gilgamesch* (»und niemand... geht übers Meer«) und dem ägyptischen Fährmann der Pyramidentexte sind offenkundig. Überraschend ist, daß friesische Sagen 5000 Jahre später vergleichbare Geschichten überliefern.

Nach einer altfriesischen Sage war es an der Nordseeküste seit uralten Zeiten Brauch, daß bestimmte Fischer gedungen wurden, um bei Nacht und Nebel die Seelen der Verstorbenen zum ›weißen Aland‹ zu bringen. Diese Fischer mußten ihre Schiffe in der dunkelsten Nacht des Jahres, der Julnacht, das heißt zur Wintersonnenwende, bereithalten. In völliger Dunkelheit wurden die Seelen der Toten an Bord gebracht. Wenn das Schiff vollbeladen war, begann die Fahrt »gegen Wind und Wogen schneller als ein Vogel« nach der Insel der Toten. Die Fischer brauchten den Weg nicht zu wissen, denn die Schiffe »steuern von selbst« ihren Kurs. Im tiefen Schweigen ging die Fahrt vor sich, und »es war nichts zu hören, als etwas Geflüster und Gewisper, wie wenn Mäuse leise unter dem Stroh rascheln«. Am ›weißen Aland‹ angekommen, wurde die Ladung gelöscht und die Seelen an Land gebracht. Dann jagten die Schiffe in schnellster Fahrt wieder zurück, denn wenn der Morgen graute, mußten die Schiffe wieder an Ort und Stelle sein. (Lübbing 1929)

Bemerkenswert ist, daß diese friesische Sage in *wesentlichen* Punkten auch bei Homer erscheint. Es ist der Transport des schlafenden Odysseus mit einem Schiff, das wie bei den Friesen *von Gedanken* gesteuert wird. Der König der Phäaken Alkinoos sagt zu Odysseus (*Od.* 8, 555 ff.):

> »Sage mir auch dein Land, dein Volk und deine Geburtsstadt,
> daß dorthin, durch Gedanken gelenkt, die Schiffe dich bringen,
> denn ohne Steuermann fahr´n unsere phäakischen Schiffe,
> noch brauchen sie Steuer, wie andere Schiffe sie führen,
> sondern *sie wissen von selbst der Männer Gedanken und Willen,*
> wissen nah und ferne die Städte und fruchtbare Länder
> jeglichen Volkes und laufen im Fluge die Fluten des Meeres,
> eingehüllt in Nebel und Nacht, auch fürchten sie nimmer
> daß das stürmende Meer sie beschädige oder verschlänge.«

Demnach haben die Altägypter, die Sumerer, die Griechen und noch 5000 Jahre später die Friesen an der Nordseeküste vergleichbare Vorstellungen. Zwischen den Lebenden und den Toten befindet sich ein Meer oder ein Fluß, überwindbar nur mit dem Boot und einem Fährmann.

Mit den Sagen der Friesen schließt sich ein Kreis. Das Siedlungsgebiet der heutigen Nordfriesen liegt im Gebiet der nördlichen Dolmen. Vor 6000 verlassen Megalithiker dieses Gebiet und begründen die alten Hochkulturen in Ägypten und Sumer. Bemerkenswert ist, daß die Mythen von Meer und Fährmann vornehmlich aus der Gründerzeit dieser Kulturen überliefert sind. Später verblaßt die Erinnerung. Das Meer wird durch einen Fluß ersetzt. Überlieferungen aus dem Norden gibt es aus dieser frühen Zeit nicht. Aber die ›Seelenwanderung‹ in den heutigen Sagen der Friesen und die Bootsbestattungen der Wikinger (Abb. 1 h) stimmen im wesentlichen mit den Ägyptern und Sumerern der Gründungszeit überein.

Wenn die Friesen nicht vom Homer abgeschrieben haben, dann sind ihre Sagen aus kulturhistorischer Sicht in der Konsequenz ein sperriges Material. Zur Deutung gäbe es zwei Möglichkeiten:

1. Die Friesen haben irgendwann, im Verlauf einer Kulturverbreitung, den Fährmann-Mythos und damit auch die Grundlagen der megalithischen Urreligion von den orientalischen Hochkulturen übernommen, oder
2. die überlieferten Sagen von der Küste des nördlichen Dolmengebietes sind uralt. Sie gehören in ihren Anfängen bereits zur Urreligion der Megalithiker. Sie sind eingebettet in das Zusammenspiel von Sonne, Horizont, Urozean, Schiffahrt und Fährmann.

Vor diesem Hintergrund noch einmal zurück zu Homer. Wie bereits besprochen, beschreibt Homer das Land der Phäaken mit vier Angaben, die zum Dolmengebiet der westlichen Ostsee passen: 1. am Ende der Welt, 2. abgesondert im wogenrauschenden Meer, 3. mit keinem in Gemeinschaft und 4. umweht vom täglich und stündlich wehenden Westwind. Als 5. Punkt könnte man die Seele-Ozean-Fährmann-Überlieferungen einfügen. Die Punkte 1 bis 5 passen zur Westküste der Abb. 2.

Der Ring und die Krone als Symbol des ›göttlichen‹ Horizonts

Bei der Besprechung der Ägypter wurde behauptet, daß der Horizont in der Sonnenreligion der Pharaonen das technische Bindeglied ist, notwendig in der Konstruktion des megalithischen Kosmos. Der Horizont verbindet den Himmel mit dem Urmeer und mit der Unterwelt. Dieser sakrale Horizont ist in Abänderungen durchgehend nachweisbarer Bestandteil der megalithischen Religion (Ägypten, Sumer, Griechenland, Friesland).

Der Horizont erscheint dem Betrachter auf dem offenen Meer oder auf Helgoland wie ein scharf gezeichneter Kreis. Naheliegend wäre, daß dieser Kreis, wenn er in einen Mythos eingebunden wird, symbolisch durch einen Ring dargestellt wird. (Vergleichbar Weltachse-Irminsul.)

Vor diesem Hintergrund folgende Hypothese:

Der Horizont, betrachtet von einer Insel oder einem Boot ›weit draußen‹, erscheint als Kreis. In den Pyramidentexten ist es der

›*Winding Waterway*‹, der mit *einer Windung* den Erdkreis umströmt. An diesem geheimnisvollen Kreis leben jenseits des Ozeans die ägyptischen Götter und unter anderem auch das Sonnenvolk, deren Sprache Cheops lernen will. Cheops behauptet zudem, daß er als Sohn des Re »*dem Horizont zugehört*« (siehe oben). Naheliegend dann die Möglichkeit, daß jemand, der zum sakralen Horizont gehört, als sichtbares Zeichen seiner Herkunft einen symbolischen Horizont, einen Ring, trägt. Diese Vermutung wird durch den Sargtext Spell (586) gestützt. Der blauäugige Sonnengott Re trägt einen Ring in Form eines Stirnbandes. Er trägt ein ›*circlet*‹, einen kleinen Kreis.

»Hail to you, O Re, wearing your circlet... O blue-eyed one who freshens eyes... Re in his circlet... Re will stand up, for I have my circlet which is in my hand.«

Anmerkung des Übersetzers Faulkner: »Dies, besser geschrieben in 207 c, und bestimmt mit einer Krone, erscheint in der Tat ein Kopfband oder Ring gewesen zu sein.«, vgl. § Pyr. 2274 (Nt 43)

Wenn der blauäugige Sonnengott Re ein ›circlet‹, ein Stirnband, trägt, dann wäre es naheliegend, daß auch sein Sohn, der Pharao, als Zeichen seiner Gottähnlichkeit ein solches Stirnband trägt. Gewicht bekommt diese Hypothese, weil vergleichbar sakrale Stirnbänder in Ägypten, Sumer, in Mohenjo-Daro am Indus und in Griechenland gefunden wurden. (Abb. 48)

Die Induskultur könnte zum megalithischen Kulturkreis gehören, da auch der Stierkult in diesen Gebieten nachweisbar ist, am Indus allerdings nur in Form von Hörnerhelmen auf drei Siegelabdrücken. Handelskontakte zwischen Sumer und dem Indus sind nachgewiesen. (*Vergessene Städte am Indus,* 1988, Hörnerkrone Abb. C 83, 85, Langboot Abb. C 62).

Ein Stirnband oder Ring, getragen auf dem Kopf, und die Behauptung des Cheops, daß er zum Horizont gehört, erlauben die Deutung, daß der Ring im Bereich der megalithischen Religion das höchste Zeichen göttlicher Abstammung war. Der Ring, gedeutet als Symbol des megalithischen Horizonts, kennzeichnet den Träger ›als zum Horizont gehörig‹. (Ein sakrales Symbol wie die Spirale auf der Krone des König Djoser? Abb. 20 b)

Megalithische Götter und Könige tragen einen Ring auf dem Kopf

Deutlich erkennbar ist die ursprüngliche Bedeutung des Ringes noch bei den Römern. Die deutschen Lehnwörter ›Kranz und Krone‹ entsprechen im Ursprung dem lateinischen ›corona‹. Bei den Römern trugen Priester und Opfernde die ›corona‹, die ursprünglich noch den Göttern vorbehalten war. Bekränzt wurden alle mit den Göttern in Beziehung stehenden Menschen und Gegenstände (Tempel, Opfertiere, Grenzsteine, Gräber, Teilnehmer an Festen). Als Auszeichnung wurde die ›corona‹ für friedliche Wettkämpfe und als militärische Orden verliehen. Später wurde die Verwendung des Blätterkranzes aus Eichenlaub auf die Kaiser beschränkt. (*Brockhaus*)

Weniger deutlich, aber erkennbar ist diese Bedeutung eines ›geheiligten‹ Ringes auch im Norden.(Hauck 1954) Im Jahre 360 wird in Paris der römische Kaiser Julian von seinen Truppen zum Kaiser gekrönt, dabei treffen römische und germanische Traditionen aufeinander. Die Truppen des Julian wollen ihn auf den Schild heben und ihm ein Diadem aufsetzen. Befremdlich für Julian. Er weigert sich, einen Frauenschmuck, ein Diadem, aufzusetzen. Er stimmt aber zu, daß ihm an Stelle des Diadems als Zeichen seiner Kaiserwürde ein Ring, ein *torques,* als ›Krönung‹ aufs Haupt gesetzt wird. Der als sicher erwiesene germanische Ursprung der Schilderhebung macht den germanischen Ursprung auch für die *torques*-Krönung wahrscheinlich.

Zwei Jahrhunderte später wird der Ring dem Herrscher Ostroms bei der Krönung um den Hals gelegt. In der weiteren Entwicklung folgt der Arm- und Fingerring als Zeichen der Würde.

In der heidnischen Zeit ist im Norden der goldene Halsring, gut dokumentiert bei den Goten, in allererster Linie ein Sinnzeichen höchster Heiligkeit. Aus Island ist der ›heilige Eidring‹ überliefert. Um 925 beginnen die isländischen Zeugnisse aus den Ulfjot-Gesetzen mit:

»Dies war der Anfang der heidnischen Gesetze. . . Ein Ring von zwei oder mehr Unzen soll in jedem Haupttempel auf dem Altar liegen. Diesen Ring soll jeder Gode zu den Versammlungen, die er selbst abhält, in der Hand halten, nachdem er ihn vorher in dem Blute des Opfertieres gerötet hatte, das er selbst dort opferte.«

Jeder Mann, der vor dem Gericht eine Rechtshandlung zu erledigen hatte, sollte vorher einen Eid auf diesen Ring schwören. (Der

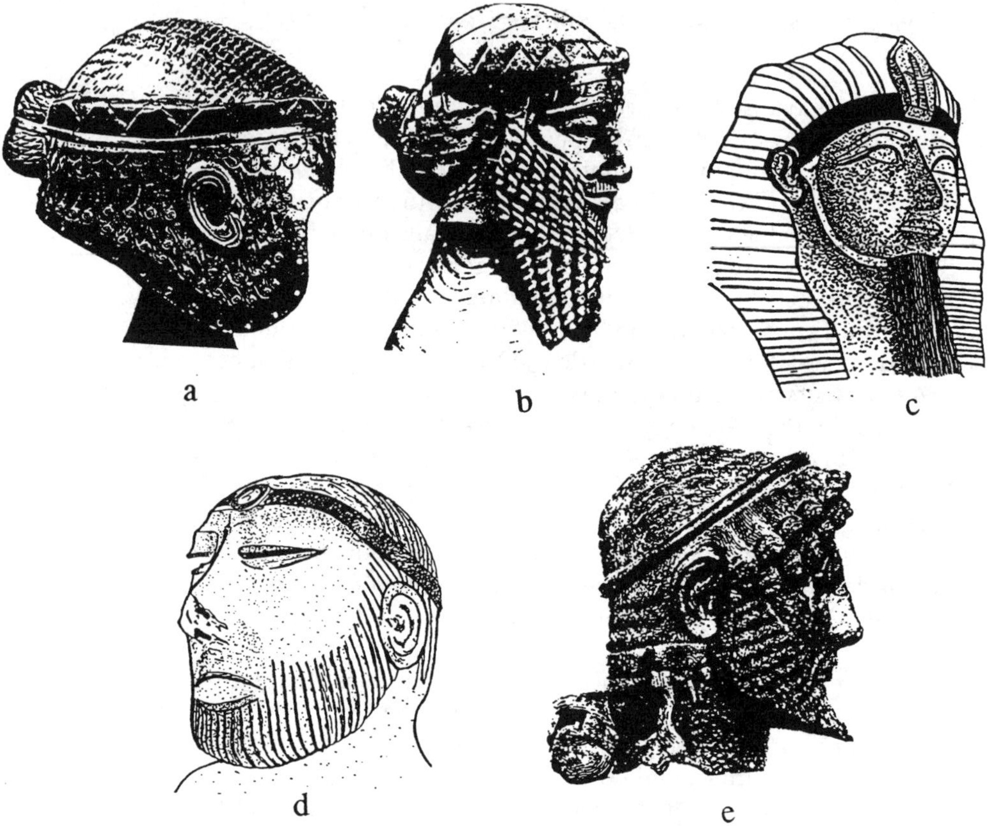

Abb. 48 a. *Helm des Meskalamidug aus Ur. II, frühdynastische Periode, 2600–2400 v.Chr. Gold (Iraq-Museum, Bagdad). Der aus einem einzigen Goldblech gearbeitete Perückenhelm bildet Ohren und gelockte Haare geschickt mit Hilfe einer zusätzlichen Gravierung. Stark gelocktes Haar am Hinterkopf zu einem Knoten verbunden.*

b. *Bronzekopf aus Ninive, akkadische Plastik, vielleicht König Sargon. (2350–2150 v.Chr.) Das Haar ist nach sumerischer Art geflochten (Iraq Museum Bagdad).*

c. *Thutmosis III., Neues Reich, 18. Dynastie.*

d. *Büste, sogenannter ›Priesterkönig‹ Mohenjo-Daro (Indus 2400-1700 v.Chr.), weißer Steatit.*

e. *Kopf einer Bronzeszatue des Zeus aus Olympia, um 520 v.Chr. National Museum Athen.*

König der Dänen, Alfred der Große, schwört 876 auf einen solchen Ring einen besonders heiligen Eid.)

Die Verbreitung des *torques* ist bei den Goten gut dokumentiert, aber die *ursprüngliche* symbolische Bedeutung des Ringes ist vermutlich nicht mehr bekannt. Das kulturelle Gedächtnis, in Europa nicht gestützt durch schriftliche Überlieferungen aus der Vorzeit, verkümmert. Hauck versucht die offensichtlich sakrale Funktion der *torques* zu deuten. Er meint, das wäre in seiner Übersichtarbeit »das schwerste Stück des Weges«. Warum aber ein Ring zum sakralen Würdezeichen werden konnte, bleibt unbekannt.

Ich bin der Meinung, daß die megalithische Urreligion und der Name der Cheopspyramide das Rätsel der germanischen Ringe und *torques* lösen könnten. Denn »Cheops ist der, der dem Horizont zugehört«. Wer den Ring trägt, gehört zum Horizont, gehört zu den altmegalithischen Göttern, die ursprünglich wie der Sonnengott Re mit Schiffen übers Weltmeer fuhren und, zumindest nach Aussage der Pyramidentexte, auch in Ägypten vermutlich blaue Augen hatten.

Unbeweisbar, aber zumindest denkbar wäre es, daß unser Ehering in seiner sakralen Bedeutung auf den Horizont, der heute noch Helgoland umschließt, zurückzuführen ist.

Stand der Technik in Sumer

Nach den bisherigen Hinweisen sind die mythisch-religiösen Vorstellungen in Ägypten, Sumer, Griechenland und Nordeuropa auffallend ähnlich. In diesen Gebieten werden am Anfang Himmel und Erde von Göttern getrennt. Die Hörnerkrone ist das Statussymbol der Götter und Könige, und die lebenspendende Kuh wird verehrt. Der Versuch, diese Glaubensvorstellungen aus einer ägyptisch oder sumerisch zu begründenden *Naturreligion* abzuleiten, gelang nicht. Es wurde unter anderem argumentiert, daß beide ›Flußoasen‹ im vierten Jahrtausend v.Chr. kein Weidegebiet für Rinderherden und damit kein Siedlungsgebiet für Rinderhirten waren.

Die im wesentlichen übereinstimmenden kosmologischen Vorstellungen in Ägypten und Sumer stützen aber die Annahme, daß die entstehenden Hochkulturen am Nil und in Mesopotamien einen *gemeinsamen* Ursprung hatten, einen Ursprung, der im Norden liegen könnte. Die Entwicklung der Technik in Sumer mag einen weiteren Hinweis geben auf eine mögliche Verbindung der orientalischen Hochkulturen zum Norden.

Tempel aus Stein und Ziegeln

Die Ausgrabungen von Obaid und Ur (Abb. 44) geben ein deutliches Bild vom Beginn der sumerischen Hochkultur. Die Grabanlage von Obaid (um 3200 v.Chr.) bestand aus einem Tempel, umgeben von Gräbern.

Die Mauern aus gebrannten und luftgetrockneten Ziegeln umfassen einen rechteckigen Kubus, der mit Erde gefüllt ist. Dadurch entsteht oben auf dem Kubus eine Tempelplattform (33 x 26 m). Die Höhe der Plattform lag vermutlich zwischen maximal 6 m und minimal 3,5 m. Zur Plattform führte eine gut erhaltene Steintreppe, die oben durch zwei dekorierte Holzsäulen flankiert wurde. (Abb. 51 c) Die Ziegelmauern liegen auf einem Fundament aus Felssteinen. Nach Woolley deuten diese Steinfundamente auf fremde Einwanderer, die aus einer gebirgigen Gegend gekommen sein müssen: aus einem Land, in dem Steine keine ›Kostbarkeit‹ waren. Er vermutet, daß Steine aus traditionellen Gründen zum Bau von Gräbern und Tempeln weiter verwendet wurden.

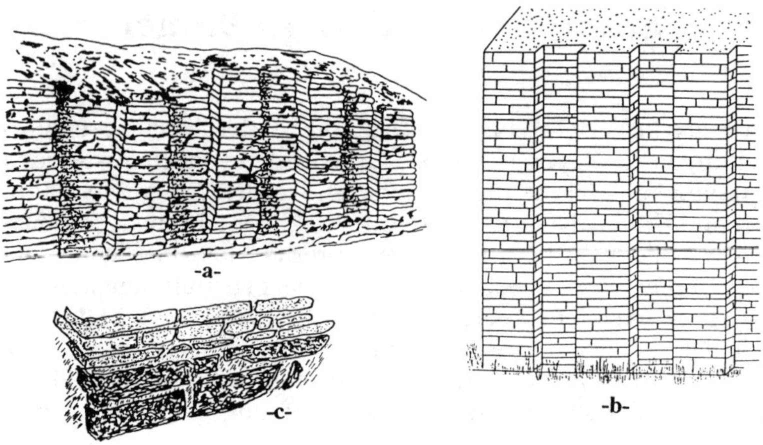

Abb. 49 a. *Die Ziegelmauer des Tempels von Obaid (nach Foto Woolley).* **b.** *Die Ziegelmauer im vermuteten ursprünglichen Zustand.* **c.** *Die Ziegelmauer des Tempels gründet auf einer Schicht von großen Kalksteinen, die 40 km entfernt, herbeigeholt wurden.*

Auffallend ist die eigentümliche Gestaltung der Mauern in Obaid. Die etwa 60 cm breiten Vorsprünge sind *nur 15 cm* nach vorn aus der Mauer herausgehoben. Woolley weist darauf hin, daß diese flachen Mauervorsprünge keinen Einfluß haben können auf die Stabilität der Wand. Wenn man aber akzeptiert, daß die Nischenarchitektur keine Modeerscheinung gewesen ist, ausgeführt in Ägypten (Abb. 30) und Sumer (Abb. 49), um ästhetisch triste Ziegelwände aufzulockern, dann könnte diese auffallende Struktur auf einen gemeinsamen sakralen Ursprung verweisen.

Wie bereits besprochen, wurde für Ägypten die Nischenarchitektur als symbolisierende Säulenarchitektur gedeutet. Die Vorsprünge der Mauern und später die freistehenden Steinsäulen könnten die Himmelssäulen symbolisieren. (Aus technischer Sicht ist bemerkenswert, daß es in beiden Hochkulturen mit so unterschiedlich verfügbarem Baumaterial, wie Lehm und Stein, gelang, die gleiche sakrale Grundüberzeugung symbolisch zu gestalten.

Bemerkenswert ist außerdem, daß zwischen dem Symbol der den Himmel tragenden Säulen und dem *Opferritual* der Megalithiker eine enge ›technische‹ Verbindung besteht. Den Hinweis gibt wieder die Grundüberzeugung: Am Anfang wird Himmel und Erde von den Göttern getrennt. Mit dem Himmel entfernten sich auch die Götter räumlich von den Menschen, und damit war das Opferritual festgelegt. Man versuchte, die Opfergabe den Göttern entgegenzubringen. Man versuchte symbolisch, *götternah* zu opfern.

Die Ägypter opferten ihren Göttern auf Altären in Tempeln oder im oberen Halbrund von Stelen gefügt aus Steinen (siehe S. 150). Die Sumerer opferten auf der obersten Plattform der Zikkurat. Die Atlanter opferten ihren Stier auf einer Steinsäule (siehe S. 111). Auslöser für dieses ›erhobene‹ Opferritual ist letztendlich der Älteste aller alten Götter, der Gott, der Himmel und Erde in Ägypten, Sumer und Griechenland trennte, und damit auch die Naturgötter räumlich von den Menschen trennte.

Welches Gewicht hat in den Spekulationen die Übereinstimmung der komplizierten Opferung eines Stieres auf der Höhe einer Stele in Ägypten oder einer Steinsäule in Atlantis? Geopfert wird ein Stier, der zudem sowohl in Ägypten als auch im sagenhaften Atlantis nur mit einem Seil gefangen werden durfte. Ist es wirklich nur Ausdruck einer ›wissenschaftlich‹ nicht zu begründenden Phantasie eines Außenseiters, wenn Spanuth diese Szene aus dem Atlantisbericht mit den Seevölkern aus dem Norden in Verbindung bringt? (siehe unten)

Das Boot und die goldene Dechsel im Königsgrab von Ur

Bei der Suche nach den Spuren der Megalithiker sind aus der Sicht des Technikers die Königsgräber von Ur eine archäologische Fundgrube. Der Stand der Metallverarbeitung im frühen Sumer wird erkennbar in den Königsgräbern von Ur. Woolley fand ein sehr gut erhaltenes, spitzovales Votivboot aus Silber. (Abb. 45 b) Bei einer Höhe der Bordwand von angenommen 50 cm müßte dieses Boot *in natura* etwa 10 m lang gewesen sein. Erkennbar ist, daß 8 bis 10 Personen das Boot gepaddelt oder gerudert haben. (8 Personen besetzen auch die Schiffe von Sargon II., Abb. 34 b.) Die Höhe der Bordwand, zusammen mit den hochlaufenden Steven, ermöglichen theoretisch die Fahrt auch in etwas unruhigeren Gewässern. Das Boot erscheint ›bedingt‹ seetüchtig zu sein.

Andere in den Gräbern von Ur gefundene Votivboote sind aus Schilfmatten gefertigt, die mit Bitumen wasserdicht gemacht wurden (0,5 bis 2,4 m lang). Diese ›schwarzen Boote‹ wurden später noch von Strabo (63 v.Chr bis 20 n.Chr.) beschrieben. Eines dieser Boote aus Bitumen zeigt in Längsrichtung weiße Farbstreifen. Woolley ist der Meinung, daß es sich um Imitationen von Planken handelt. Das heißt: Das Boot aus Bitumen könnte eine Imitation eines aus Holzplanken gefertigten Bootes gewesen sein.

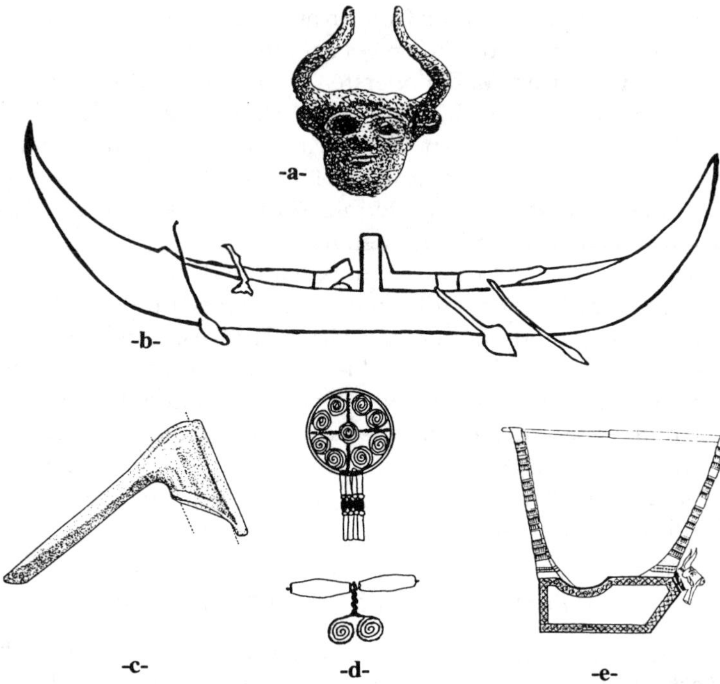

Abb. 50 Ur
a. *Anthropomorphisch gestalteter Stierkopf, Bronze, gegossen.*
b. *Silbernes Boot mit 10 Ruderplätzen, 60 cm lang.*
c. *Dechsel (Queraxt), aus Gold, gegossen, 15 cm.*
d. *Schmuck, Spiralen, Halskette mit Doppelspirale aus Gold.*
e. *Bootsförmige Lyra, Holz-Gold, Höhe 160 cm*

Die eigentliche Sensation aus der Sicht der Megalithforschung ist aber das Handwerkzeug, das in den Königsgräbern von Ur und in Obaid gefunden wurde. Es sind unter anderem *die vier Werkzeuge, die man zum Bau eines Klinkerbootes braucht:* eine Axt, um den Baum zu fällen, ein Keil, um den Baum in Längsrichtung zu spalten, eine Queraxt, um die Planken zu richten (wie mit einem Hobel), und eine Ahle, um in die Holzplanken Löcher für die Naht zu bohren. (Abb. 50 u. 51) Dabei ist verwunderlich, daß ein Zimmermannsbeil, die Dechsel, im Grab des Königs gefunden wurde, *gefertigt aus purem Gold.* (Abb. 50 c) Zar und Zimmermann bereits bei den Sumerern? Woolley vermutet, daß der König der ›Master Craftsman‹ der Sumerer gewesen sein könnte. Der König als Chef der Bootsbauer? (Keil und Ahle auch in Negade, siehe Abb. 14 b, c)

Die Erklärung für diese bemerkenswerte Fundkombination in einem Königsgrab könnte in der zentralen Bedeutung der Boote liegen. Es wäre denkbar, daß die Boote, zumindest im frühen Sumer vergleichbar mit den Booten in Ägypten, ein Machtsymbol der Herrschenden waren.

Wenn die Sumerer ursprünglich Rinderhirten waren, die mit ihren Booten das östliche Mittelmeer erreichten, dann sind ihre Schiffe eine Voraussetzung für ihre Machtentfaltung im Mittelmeergebiet. Die Langboote verleihen ihnen eine Beweglichkeit, vergleichbar den Pferden der späteren mongolischen Reitervölker. Wer in der Gesellschaft der Megalithiker diese seegängigen Boote baut oder über sie verfügt, ist Herr, zumindest solange diese Boote Grundlage von Macht und Handelsreichtum sind. Das technische Können des ›Master Craftsman‹ entscheidet über die Qualität der Boote. Die vier Werkzeuge im Grab des Königs wären dann folgerichtig seine Statussymbole.

Die besondere Stellung des Bootes im Königsgrab von Ur paßt auch zu Musikinstrumenten in Bootsform. Es sind Saiteninstrumente, deren Form den späteren griechischen Lyren vergleichbar ist. Das eine Instrument (Abb. 50 e) wird von Woolley als ›boatlyra‹ bezeichnet. Auf einem hölzernen Resonanzboden stehen zwei goldene ›Steven‹, verbunden durch eine Querstange zum Befestigen der Saiten. Vorn befindet sich ein hölzerner Stierkopf, der mit Gold überzogen ist. Die goldenen Seitenarme sind mit Dreiecken geschmückt. (Dem Symbol der Urmutter?) Dreieck und Stierkopf deuten auf ein rituelles Musikinstrument. Für den König das goldene Zimmermannsbeil, für die Königin die goldene Lyra? Zwei Statussymbole notwendig fürs nächste Leben, das mit dem Silberboot erreicht wird?(Ein König benötigt keinen Fährmann?)

Bermerkenswert sind auch die aus Gold gefertigten Spiralen. In Ägypten findet Petrie in den Gräbern der ›New Race‹ Tongefäße bedeckt mit Spiralen (Abb. 14) wie in der Sahara (Abb. 11 b) oder Newgrange/Irland (Abb. 4). Verehrten bereits die Begründer der sumerischen Hochkultur die Sonne? Hatten die Sumerer Verbindung zu Byblos und Newgrange? Der Verdacht liegt nahe. In Obaid wurden 17 Skelette vermessen. (Kein Skelett stammte aus Gräbern *vor* der ersten Dynastie). Die Schädel waren relativ schmal und lang, dilchocephalisch, »mit langer Nase vergleichbar den Langschädel-Rassen in Europa«. (Keith)

Für die Bedeutung des Schiffes für die Sumerer spricht auch die Verbindung mit dem Industal. Es ist archäologisch nachgewiesen, daß Verbindungen zwischen Mesopotamien, Bahrein, Oman und dem Industal bestanden. Aus der Induskultur in Mohenjo-Dahro (2500–1600 v.Chr.) sind drei Schiffsbilder bekannt. Es sind lang im Wasser liegende Boote mit hochgezogenem Bug und Hecksteven. Mehrfach sind auf Siegeln Personen mit Hörnerkrone abgebildet. Der Priester trägt ein Stirnband (Abb. 48). Gefunden wurde auch eine technisch vollkommene Schaftlochaxt aus Bronze, zweischneidig kombiniert als Axt und Dechsel. Wer die Begründer der Induskultur waren, ist nicht bekannt. (*Vergessene Städte*, 1988)

Eine Spekulation mag erlaubt sein: Ur und Obaid (Abb. 44) lagen im vierten Jahrtausend v.Chr. vermutlich *an oder in der Nähe der Küste* des Persischen Golfes. Wurde Ur gegründet von megalithischen Seefahrern als Ausgangshafen für weitere Expeditionen nach Indien? Gegründet vielleicht von Gilgamesch mit seinen Verbindungen zum Meer und den Zedern des Libanons? Zumindest lassen die Grabbeigaben in Ur (Abb. 50) an Seefahrer denken.

Wer entwickelte die sumerischen Langboote?

Ein 10 m langes Boot in der Form der Abb. 50 ist vermutlich nicht ursprünglich auf den Flüssen Sumers entstanden. Zumindest verwendeten die Babylonier andere, dem Fluß angepaßte Boote. Das in späterer Zeit typische, für den täglichen Gebrauch verwendete mesopotamische Flußboot wird von Herodot beschrieben, der Babylon um 420 v.Chr. besuchte (1/194):

»Was mich aber die größte Merkwürdigkeit dünkt in dem Lande, nächst der Stadt selber versteht sich, will ich gleich erzählen. Ich meine ihre Fahrzeuge, auf welchen sie den Fluß herunter nach Babylon fahren; dieselben sind rund und alle von Leder. Nämlich in der Armenier Lande, das oberhalb Assyrien liegt, schneiden sie Weiden ab und machen daraus des Schiffes Bauch, und darüber spannen sie die Felle aus wie ein Estrich, aber Schnabel und Spiegel machen sie nicht dran, sondern alles ist rund wie ein Schild. Sodann füllen sie dieses Fahrzeug mit Stroh an und bringen ihre Ladung hinein und dann geht es den Fluß hinunter. Dergleichen Fahrzeuge machen sie von verschiedener Größe; die allergrößten tragen wohl eine Last von 5000 Pfund. Auf einem jeden ist ein lebendiger Esel. . . Wenn sie nun auf ihrer Fahrt nach Babylon gekommen und ihre Waren los sind, so bieten sie auch des Schiffes Bauch und alles Stroh feil, die Felle aber packen sie auf die Esel und so treiben sie heim nach Armenien. Denn Fluß hinauf kann man durchaus nicht fahren, weil er so reißend ist, und eben deswegen machen sie ihre Fahrzeuge nicht aus Holz, sondern aus Leder.«

Die fellbespannten Rundboote des Herodot und die Langschiffe mit den hochlaufenden Steven spiegeln zwei Konstruktionen wider, die technisch fast nichts miteinander gemein haben, obwohl beide Bauarten bestens den jeweiligen Erfordernissen entsprechen.

Interessant ist der Hinweis: »aber Schnabel und Spiegel machen sie nicht dran«. In der Vorstellung Herodots gehören offensichtlich zu einem Schiff, wie er es gewohnt ist, besondere Steven.

Die gleichen Gründe, die dafür angeführt wurden, daß seegängige Boote nicht in Ägypten entwickelt werden konnten (kein geeignetes Holz, keine Werkzeuge, keine See-Erfahrung, keine Motivation), gelten auch für die präsumerische Zeit in Mesopotamien. In der Konstruktion von Langbooten wird die Erfahrung von Generationen erkennbar – See-Erfahrungen, die kaum an den ›reißenden Flüssen‹ Mesopotamiens gesammelt werden konnten. Die Vorstellung, daß diese lang gestreckt im Wasser liegenden Boote »von mesopotamischem Charakter« sind (Frankfort), erscheint aus technischer Sicht kaum begründbar. Vereinfacht würde aber die technische Deutungsproblematik, wenn nicht von ›mesopotamisch-ägyptischen‹ Booten ausgegangen wird, sondern von *megalithischen Booten.*

Bei aller gebotenen Vorsicht in der Deutung von Vorgängen, die vor 5000 Jahren abliefen, erscheint zumindest eine Behauptung gut begründbar: *Seegängige Boote und Seefahrer entstehen am Meer, aber kaum im kulturellen Umfeld von Flußoasen, weder in Ägypten noch in Sumer.*

Metallurgie der Bronze in Sumer. Ein Problem

In der Tempel- und Grabanlage von Obaid ist wohl eine der ältesten Figuren aus Metall gefunden worden (Abb. 51 b): das Modell eines Stieres, geformt aus einem Holzkörper, an dem Kopf, Beine und Schwanz mit Bändern und Kupfernägeln befestigt wurden. Dann wurde die Figur mit einer dünnen Schicht Bitumen überzogen. Auf diese Bitumenschicht wurden dünn gehämmerte Kupferplatten befestigt. Von diesen Tieren wurden vier gefunden. Offensichtlich war man technisch auch in der Lage, kleinere Figuren und Geräte in ›verlorener‹ Form *aus Kupfer* zu gießen. (a)

Die Methode der verlorenen Form: Der gewünschte Gegenstand, zum Beispiel eine Axt, wurde in Wachs ausgebildet. Das Wachsmodel wurde in Ton gehüllt. Heiße Bronze oder Kupfer wurde dann in die Form gegossen. Das heiße Metall verdrängt das schmelzende Wachs, das heißt, das Wachsmodel geht verloren. Aus dem Wachsmodell wird ein entsprechendes Modell aus Kupfer oder Bronze.

Bronze wurde in Obaid nicht gefunden, wohl aber später in den Gräbern von Ur. (Abb. 51 g, h) Diese Bronzegegenstände aus dem Beginn des dritten Jahrtausends sind ein bisher nicht zu lösendes Rätsel, denn Bronze besteht aus Kupfer und 1–8 % Zinn. Das Problem: *In Mesopotamien und in den umliegenden Gebieten gibt es kein Zinn.* Schriftliche Hinweise auf Zinnlager stammen 3000 Jahre später von Strabo, einem griechischen Geographen. Heute bekannte Lager in Armenien und Persien/Afghanistan helfen nicht weiter. Es ist nicht nachzuweisen, *ab wann* sie ausgebeutet wurden.

Zum sumerischen Zinn bemerkt Plenderleith: »Einheimisches Zinn kann als Quelle für die (sumerische) ›Bronze‹ ausgeschlos-

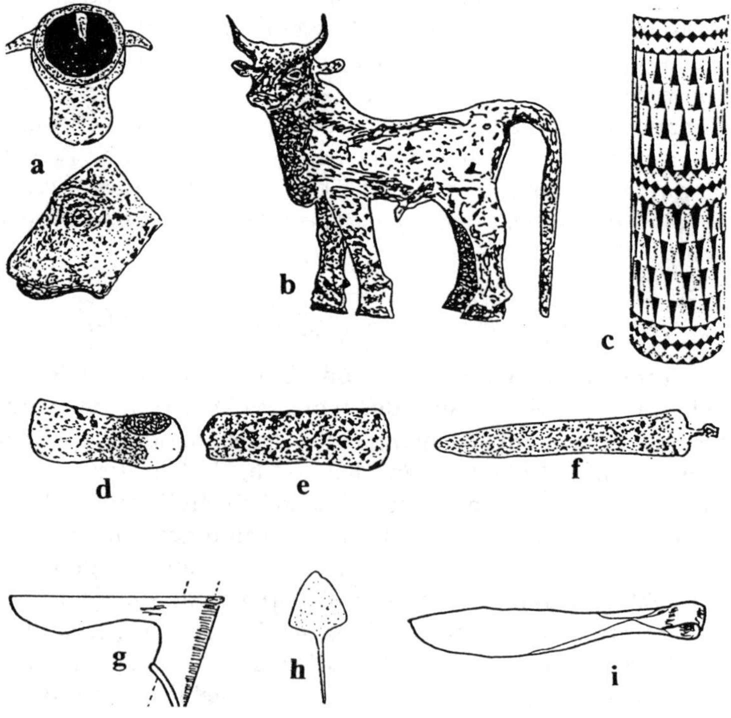

Abb. 51 a. *Kleiner Stierkopf, Kupfer gegossen.* **b.** *Stier Höhe 62 cm.* **c.** *Holzsäule am Tempel von Obaid* **d.** *Modell einer aus Lehm geformter Axt. Modell einer Kupferaxt?* **e.** *Flachbeil oder Meißel aus Kupfer.* **f.** *Dolch aus Kupfer. (a–f aus Obaid)* **g.** *Axt, Bronze, gegossen, Ur.* **h.** *Ahle, Ur.* **i.** *Axt, Kupfer gehämmert (!), Ur, zur Zeit Sargons von Akkad.*

sen werden.« Gadd (1985) vermutet als Zinnlieferant den Kaukasus oder Spanien: »Das Metall muß über den Fernhandel nach Babylon gekommen sein.«

Wenn die unbekannten Zinnlager, zusammen mit Kupfervorkommen, das Ausgangsgebiet der Bronzeentwicklung im Vorderen Orient gewesen sein sollen, dann müßte eine *technische Entwicklung* um 3000 v.Chr. in diesen Gebieten erkennbar sein: vom Stein übers Kupfer zur ausgereiften Bronze. Das ist im Vorderen Orient nicht der Fall. Es ist nicht erkennbar, daß die sumerische Bronze im Vorderen Orient *schrittweise* entwickelt wurde. Die Bronze erscheint in Ur sofort als *ausgereifte Gußbronze.* Es sind technisch vollkommene Werkstücke, die offensichtlich eine längere technische Entwicklung hinter sich haben. Es bleibt damit die Frage: »Wo wurde die Gußtechnik der sumerischen Bronze entwikkelt?« Woolley, der Ausgräber von Ur, meint: »Die Sumerer brachten den Gebrauch von Metall aus ihrer ursprünglichen Heimat mit, wo immer die gelegen haben mag. . . Es wird offenkundig, daß das frühe Bronzealter in Europa der Zivilisation der Sumerer direkt zu Dank verpflichtet ist.«

Das heißt: Trotz der unbekannten Herkunft der Sumerer folgt auch Woolley, wie Gimbutas (s. S. 57), der Annahme, daß eine kulturelle Übertragung aus dem Vorderen Orient die technische Entwicklung in Europa wesentlich beeinflußt habe.

Die ›zinnarme Zeit‹ in Mesopotamien

Die verfügbaren archäologischen Hinweise helfen in der sumerischen Zinnfrage nicht weiter, aber die sumerische Geschichte könnte einen versteckten Hinweis geben. Sargon von Akkad gründet (2350–2170 v.Chr.) die *semitische* Dynastie von Akkad. Die Herrschaft der Sumerer endet. Es entsteht ein Feudalstaat mit stehendem Heer, mit einer Machtausdehnung bis Kleinasien und zum Mittelmeer. Sargon unternimmt Züge nach Ostarabien und Westiran. Mit Indien wird Handel betrieben.

Für die Zinnfrage ist bemerkenswert, daß unter Sargon von Akkad die hochentwickelte *Bronzetechnik* der Sumerer wieder auf die Verarbeitung von *Kupfer* umgestellt werden muß. Der Grund ist wohl: In den sumerischen Werkstätten fehlt das Zinn. Der Mangel an Zinn erzeugt ein technisches Problem. An Stelle von Bronze muß in den Werkstätten wieder reines Kupfer verarbeitet werden.

Geschmolzenes Kupfer ist aber, verglichen mit der Bronze, zähflüssig, das heißt zum Guß weniger geeignet. Die Bronzeäxte können deshalb nicht mehr in vorgefertigten Gußformen hergestellt werden. Man sucht nach einem technischen Ausweg und findet ihn. Die ›sargonische‹ Axt wird nicht mehr in Bronze gegossen, sondern aus Kupfer *geschmiedet.* Der hintere Teil der Axt wird flach geschlagen und umgebogen. Dadurch entsteht eine geschmiedete Schafttülle (Abb. 51 i). (Woolley, Plenderleith, Witter)

Royal Cemetry (Ur)	n =11	Sn = 9,5%	
Kisch	n = 7	Sn = 8%	
Obaid 1.Dyn.	n = 5	Sn = 4% (n = 1	7,9)%
Sargonid	n = 5	Sn **= 0,7%**	
Susa	n = 6	Sn **= 0%** (n = 1	1,63%)

Tab. 4 *Zinngehalt von Bronzen in Mesopotamien (n = Anzahl)*

Die Vermutung liegt nahe, daß der Mangel an Zinn mit der Machtübernahme Sargons zusammenhängt. Folgender Ablauf der Geschichte wäre möglich. Sargon übernimmt die Herrschaft in Sumer, das heißt, die alte sumerische Herrenschicht wird unterworfen. Die ›long distant‹ Händler in Sidon, Tyros und Byblos, die mit den ursprünglichen Sumerern (siehe Gilgamesch) stammesverwandt sind, blockieren den Handel und entziehen damit den sargonischen Waffenschmieden das Zinn. Harte Schwerter und Lanzenspitzen aus Bronze können nicht mehr gefertigt werden.

Für die Vermutung einer gegen Sargon gerichteten Handelsblockade spricht die Beobachtung, daß während der zinnarmen Zeit in Mesopotamien zinnhaltiges Kupfer in Troja II, Thermi und Alisar weiter verwendet wird (Witter II). Auch dieses Zinn muß über eine ›long distance‹ über See eingeführt worden sein. Der Seeverkehr für diese Gebiete lag aber nicht im Machtbereich des Sargon. Die Zufuhr über See blieb ungestört.

Im Zusammenhang mit den Kriegszügen von Sargon I. wird der Name von Kreta und einem Zinn- oder Bleiland genannt. Sargon behauptet, auch über See so weit gen Westen gesegelt zu sein wie kein mesopotamischer König vor ihm. (Gadd 1985) Offensichtlich ist die Seefahrt übers entfernte Mittelmeer eine Leistung, die aus der Sicht der sargonischen Berichterstattung zum Ruhm des Königs überliefert werden mußte.

Bemerkenswert ist auch, daß nach der Machtübernahme durch Sargon nicht nur die Bronze verschwindet, sondern auch die Dechsel, das Zimmermannsbeil. (Woolley) Der Grund könnte sein, daß die Dechsel in sargonischer Zeit nicht mehr benötigt wird. Im holzarmen Mesopotamien besteht keine Notwendigkeit, eine ursprünglich ›sumerische‹ Holztechnik weiter zu pflegen. Ziegel sind der Baustoff. (Überspitzt formuliert, erscheint und erlischt die sumerische Holz- und Gußtechnik abrupt. Wer mit welchen Booten nach Mohenjo-Daro ins Industal gefahren ist, bleibt offen.)

Das Verschwinden von Bronze und Dechsel deutet auf einen tiefgreifenden Wandel in Mesopotamien. Ein König der ersten sumerischen Dynastien erhält noch ein silbernes Votivboot und ein goldenes Zimmermannsbeil für seine Reise ins Jenseits. Beide Grabbeigaben müssen eine zentrale Bedeutung im Bewußtsein der Sumerer gespielt haben. Mit dem Machtantritt Sargons ändert sich das Bild. Eine hochentwickelte, von den Sumerern eingeführte Holztechnik, dokumentiert durch die Werkzeuge im Grab von Ur, verliert im waldarmen Mesopotamien ihre ursprüngliche Bedeutung. (Schwierig ist zumindest die Vorstellung, daß Sargon als Grabbeigabe ein Zimmermannsbeil bekommt.)

Forbes (1959) vermutet, daß verfügbare Zinnvorkommen im Herrschaftsbereich Sargons erschöpft waren. Die Prospektoren im Vorderen Orient waren dadurch gezwungen, nach neuen Quellen zu suchen. Bemerkenswert ist die Schlußfolgerung: Es entwickelt sich langsam ein Zinnhandel über Troja und Böhmen, mit der Folge, daß die Metalltechnik von den orientalischen Hochkulturen nach Nord- und Mitteleuropa gelangt.

In der 19. Dynastie nennen ägyptische Schultexte Lieferungen von Öl, Kühen aus Alasia (Zypern) sowie »viele Barren von Rohkupfer und Ziegeln von Zinn auf den Schultern der Leute von Alasia als Gaben für seine Majestät in Ägypten«. (Lexikon) Wer lieferte größere Mengen von Zinn auf dem Seeweg nach Zypern? Afghanistan? Cornwall/Kreta?

Wo entstand die Bronze, in Europa oder im Orient?

Die Suche nach der rätselhaften sumerischen Bronze ist nicht neu. Die Annahme einer von Süd nach Nord gerichteten Kulturdiffusion half bisher. In Eberts *Real Lexikon der Vorgeschichte* steht:

»Um 2000 v.Chr. verbreitet sich die Technik der Bronzelegierung vom Orient über Europa. Zum Ende der Steinzeit werden die vom Orient ausgehenden Impulse, soweit sie über das Mittelmeer das nördliche Kulturgebiet erreichen, schwächer. Der jüngere Weg geht über den Balkan.«

Wolley, der Ausgräber von Ur und Obaid, meint: »Die Sumerer brachten den Gebrauch des Metalls mit sich von ihrer ursprünglichen Heimat, wo immer diese gelegen haben mag.«

Das heißt: Das Ursprungsgebiet der sumerischen Bronze ist Gegenstand weitgehender Spekulation. Wenn es aber gelänge nachzuweisen, woher die Sumerer ihr Zinn hatten, dann würde sich die Sachlage verändern.

Archäologische Belege, die eindeutig die Richtung der Ausbreitung der Bronze im Mittelmeerraum aufzeigen könnten, gibt es nicht. Süd-Nord oder Nord-Süd? Man weiß es nicht. Bei naiver Betrachtung des Problems fällt aber auf, daß die Zahl der veröffentlichten analysierten Fundstücke aus Kupfer und Bronze in Nord- und Mitteleuropa etwa zehnfach größer ist als alle Fundstücke zusammen im Mittelmeerraum und im Vorderen Orient.

Nord-Mitteleuropa	1374
Mesopotamien	112
England/Irland	25
Kreta	26
Troja	34
Ägypten	29 (Otto; Witter)

Tab. 5 *Zahl der analysierten Gegenstände aus Kupfer / Bronze*

Es könnte eingewendet werden, daß diese Zahlen nur mit Einschränkung vergleichbar sind, weil die Zahl der Analysen nicht mit der Zahl der Fundstücke übereinzustimmen braucht. Nach den

Angaben von Witter wurden aber die relativ wenigen Fundstücke in Ägypten und Sumer wohl flächendeckend analysiert. Zumindest ist sicher, daß die Zahl der Gegenstände aus Bronze in Ägypten und Sumer, verglichen mit den Funden im Norden, auffallend klein ist.

Ein weiterer möglicher Einwand wäre, daß hier zwei weit auseinander liegende Zeiten verglichen werden, nämlich die Bronzezeit in Sumer um 2600 v.Chr. und die Bronzezeit in Mitteleuropa um 2000 v.Chr. Im Rahmen der vorgelegten Hypothese ein schwerwiegender Einwand, wenn die verhältnismäßig späte Datierung der Bronzezeit für Mitteleuropa tatsächlich stimmt. Zu berücksichtigen wäre aber, daß es sich bei der Bestimmung der Bronzezeiten im wesentlichen um *relative Datierungen* handelt, ein Verfahren, das im Norden die Dolmen mit einem Fehler von 1000 Jahren datierte, ein nach Renfrew »verheerender« Fehler, der erst nach über 100 Jahren Vorgeschichtsforschung mit der C-14-Methode korrigiert werden konnte.

Bronze im Vorderen Orient

In Nord-Syrien, Ägypten und Troja erscheint im 3. Jahrtausend Bronze, fast reines Kupfer legiert mit bis zu 14 % Zinn. In der Zusammensetzung vergleichbar einem Beil aus Mecklenburg.

	Kupfer	Zinn	Blei	Silber	Nickel	Arsen
Sumer	83,2	**9,8**	0	0	0,16	0,23
Ägypten	86	**12,1**	0,77	0	0	0
Troja VI	87,7	**12,1**	0	0	0	0,21
Palästina (Ajjul)	91,4	**7,4**	0,34	0,01	0,07	0,31
Mecklenburg	*86,8*	**13,0**	*Spur*	*Spur*	*Spur*	*0*

Tab. 6 *Sumer, 1.Dyn. Klinge (Witter). Ägypten, eine ›syrische‹ Axt, 12. Dyn. (Witter). Troja VI (Dörpfeld, zit. bei Witter). Bronze Meißel aus Syrien/Palästina (Eliot), Palästina (Philip). Mecklenburg, Randleistenbeil (Otto).*

Ein Anteil von etwa 10% Zinn in den analysierten Gegenständen aus dem Mittelmeerbereich ist problematisch. Woher kommt das Zinn? Auf Zypern gibt es alte Kupfervorkommen, aber kein Zinn. Auf Sardinien gibt es Hinweise auf SnO im Gebirge. Über Ergiebigkeit und eventuellen Zeitpunkt der Verwendung gibt es keine Angaben. (Balmuth 1984) Die Kupfererzlager in Spanien sind zwar schon in frühester Metallzeit benutzt worden, aber die Zinnlagerstätten wurden erst viel später aufgefunden, weil sie nicht leicht auszubeuten waren. Bronze erscheint in Spanien *sofort* mit 5 bis15 % Zinn. (Otto) In den Alpenländern gibt es zahlreiche gangartige Kupfererzlager. Das bekannteste Gebiet um Mitterberg bei Salzburg liefert ein arsen- und nickelhaltiges Kupfer. Zinn oder Zinnerze hat es in diesem Gebiet nicht gegeben. Kein Zinnerz oder Zinnoxyd findet sich in: Italien, Tschechien, Südrußland, Siebenbürgen, Karpathen, Jugoslawien, Bulgarien, Griechenland, Zypern, Kaukasus. (Lit. bei Witter 1938) In Anatolien und Afghanistan gibt es Zinn, es ist aber nicht erkennbar, ob diese Lager um 3000 v.Chr. bereits ausgebeutet wurden.

In Ägypten wurde die früheste Axt aus Kupfer in El-Matmar gefunden. Die chemische Analyse ergab 1,28 % Nickel. (Carpenter) Nickel und Kupfer gibt es in Mitterberg bei Salzburg.

In einer Übersichtsarbeit verweist Muhly auf Afghanistan: »Es ist sogar möglich, daß über Mari und Ugarit afghanisches Zinn zum mittelminoischen Kreta gelangte, dem Land von Kataru.« Ugarit im Libanon wäre über Land via Mesopotamien, Iran mit Afghanistan verbunden oder über See mit Kreta und den Zinnlagern in Cornwall.

Zinn im Machtbereich der Megalither

Der Zinnlieferant des Altertums war die Halbinsel *Cornwall* im Süden Britaniens. Von den seit Jahrtausenden betriebenen Zinn- und Kupferminen waren im 19. Jahrhundert (!) noch zwei im Betrieb. Die geheimnisvollen Zinninseln des Altertums, die ›cassiterides insulae‹, von denen die Phönizier mit ihren Schiffen Zinn und Blei holten, wurden schon früh in Britanien vermutet. Später erkundet der karthagische Admiral Himilko die ›Zinninseln‹, von denen schon seit sehr langer Zeit Zinn zu dem südspanischen Umschlagplatz Tartessos, beim heutigen Cadiz, gelangt war.

Das Zinn in Cornwall lag am Schiffahrtsweg der Megalithiker. Cornwall, Kreta, Ugarit und Troja könnten um 1500 v.Chr. Stützpunkte des seegebundenen Metallhandels gewesen sein. Zur Römerzeit gelangte das Zinn auf Packeseln auf dem Landweg durch Gallien nach Marseille.

Problematisch erscheint letztendlich die Frage, *ab wann* die reichen Zinnlager in Cornwall ausgebeutet wurden. Diese Frage läßt sich aus folgenden Gründen archäologisch kaum beantworten. Zinnhaltige Gesteine können bergmännisch ausgebeutet werden. Der Stein muß dann meist untertage gebrochen werden. Diese Arbeiten im Fels hinterlassen Spuren, und die Archäologen können eine Datierung versuchen. Wenn aber die zinnführenden Gesteine im ›Ausgehenden‹ einer Gesteinsschicht verwittern und eine kleine Geröllhalde bilden, dann kann oxydiertes Zinn durch Regen oder Meeresbrandung aus dem Geröll ausgewaschen werden. Es entstehen die ›Zinnseifen‹. Zinnseifen sind schwerer als Sand. Sie setzen sich deshalb im Flußbett oder entlang einer Küste ab. Sie bilden Bänke und sind offen erkennbar, das heißt, man findet sie zufällig. Diese Zinnseifen können mit der Schaufel aufgenommen werden.

Das Problem für den Archäologen ist dann: Wenn diese offenen Lager erschöpft sind, dann hinterlassen sie für den Archäologen keine Spuren. Es erscheint demnach möglich, daß die Erbauer vom benachbarten Stonehenge oder Newgrange das Zinn bereits um 3000 v.Chr. kannten und verwendeten.

Die Zinnlager von Cornwall und der entsprechende Zinnhandel sind im Altertum gut belegt. Weniger bekannt ist, daß Zinn auch in Mitteldeutschland ausgebeutet wurde. Indirekt verweist bereits Herodot (3/115) auf Zinnvorkommen im Norden. Er berichtet: »Das Zinn kommt von dem äußersten Ende her und auch der Bernstein«. Das »äußerste Ende« ist bei Herodot Nordeuropa. Es ist das Gebiet, aus dem Mykene und Troja ihr Bernstein bezogen.

Auch im Atlantisbericht (*Kritias* 116), der auf ägyptischen Quellen beruht, gibt es einen Hinweis auf Zinn. Die Königsburg der Atlanter wird beschrieben. Sie liegt auf einer Insel und ist von Mauern umgeben: »die innere (Mauer) übergossen sie (die Atlanter) mit Zinn«. Von den Atlantern, von denen Spanuth annimmt, daß sie, wie die Phäaken, im Norden lebten, glaubte man demnach, daß sie Zinn reichlich zur Verfügung hatten. Woher das Zinn gekommen ist, wird nicht gesagt. Erklärungsbedürftig wäre aber der eindeutige Hinweis auf die Koppelung von Zinn und Bernstein.

Vor diesem Hintergrund zurück zum Problem der sumerischen Bronze. Es gibt im Machtbereich der ›megalithischen‹ Sumerer und Ägypter kein Zinn. Es gibt aber Zinn in Nachbarschaft der nördlichen, zur See fahrenden Megalithiker. Das Zinn konnte über See von Cornwall oder *mit Booten über Elbe und Saale aus dem Erzgebirge beschafft worden sein,* im Vogtland von Plauen bis zur oberen Saale. Das sind etwa 400 km ›Seeweg‹. Dort wurden von 1512 bis 1580 noch 250 t Zinn gewonnen. (Otto) Die letzten Zinnminen wurden erst mit Beginn der Industrialisierung geschlossen.

Als Fazit ergibt sich: Die Megalither im Norden hatten zwei Zinnlager zur Verfügung, Cornwall und das Erzgebirge. Beide Lager waren mit dem Schiff zu erreichen. Herodots Hinweis auf Bernstein und Zinn »am äußersten Ende« gibt einen Sinn.

Kupfer auf Helgoland

In die folgende Untersuchung zur Herkunft der Bronze muß ein bislang ›störender‹ Hinweis von Spanuth eingeschoben werden. Es ist wohl übereinstimmend die gängige Meinung, daß Kupfer in Nordeuropa nicht vorkommt. Schwantes (1939): »Kupfer und Zinn, die Grundstoffe der Bronze, waren hier (im nordischen Raum) nicht zu gewinnen, und das Metall mußte auf den Wegen des Tauschhandels teuer erstanden werden.«

Dieser gängigen Annahme widerspricht Spanuth. Er berichtet, es sei seit langem bekannt, daß im Felsen von Helgoland kupferführende Schichten nachzuweisen sind, Schichten, die heute noch gut erkennbar sind. Er zitiert unter anderen F. Hoffmann, der bereits 1822 ausführlich berichtete: »Unter dem Meerespiegel eine Menge isolierter Klippen, die aus der stets fortwährenden Zerstörung des Landes hervorgingen, und allem Anschein nach aus derselben Gebirgsart bestehen. Eine von diesen, welche im N der Insel etwa ˘ Stunde von ihr entfernt liegt, ist unter dem Namen ›Kupfer-Klippe‹ bekannt. Man zieht von hier nicht selten lose Stükke gediegenen Kupfers durch Zufall mit den Netzen herauf; ich selbst erhielt davon zwei Exemplare.«

Spanuth berichtet auch aus eigener Erfahrung, daß man Kupfer an der Abbruchkante der Insel finden kann. Analysen ergaben einen hohen Gehalt an Arsen (0,2–2,4%). Arsenkupfer ist schmiedbar und relativ hart. Es wäre demnach theoretisch möglich, daß die Megalithiker über eigenes Kupfer verfügten. Unbekannt bleibt die geförderte Menge.

Der Felsen von Helgoland wird in 100 Jahren um etwa 10 Meter durch die Brandung abgetragen. Mit anderen Worten: In den vergangenen 5000 Jahren ist der Felsen von Helgoland um 500 Meter kleiner geworden. Wie stark 500 Meter lange (?) Kupferschichten einmal waren, bleibt unbekannt. Es bleibt aber die begründbare Möglichkeit, daß auf Helgoland im Altertum Kupfer abgebaut wurde. Lediglich die *Menge* des Kupfers, das im Laufe der Jahrtausende auf Helgoland gewonnen wurde, ist unbekannt. Waren es Gramm, Kilogramm oder Tonnen ? Da wir es nicht wissen, ist aber die Behauptung, im Norden hätte es kein Kupfer gegeben, lediglich eine Vermutung. Zumindest kann die verallgemeinernde Behauptung, daß es Kupfer im Norden nicht gegeben hat, angezweifelt werden.

Entwicklung der Kupfer-Zinn-Legierungen in Mitteleuropa

Die Ausgangsbedingungen für die Entwicklung einer Bronzemetallurgie sind demnach in Mitteleuropa, verglichen mit dem Orient, günstig. Zinn und Kupfer sind im Erzgebirge vorhanden. Hinzu kommt, daß das erzhaltige Gestein in Mitteldeutschland mehrere Metalle gleichzeitig führt. Wenn diese Erze verwittert am ›ausgehenden‹ Hang liegen oder beim späteren Gangbergbau im Berg geschlagen werden, dann erhält der Bergmann ein *Erzgemisch* zur weiteren Verarbeitung, das heißt, beim Schmelzen der Erzgemische entstehen *zufällige* Legierungen. Diese zufälligen Legierungen haben unterschiedlich starke Beimischungen von Silber, Blei, Zinn oder Arsen. (Tab. 7)

	Kupfer	Zinn	Blei	Silber	Nickel	Arsen
Reinkupfer %	99,9	0	0	0	Spur	0
Erzgemische %	85–95	**0–14**	0–2	0–3	0–3	0–7

Tab. 7 *Analysen der Kupfer-Zinn Legierungen in Mitteleuropa, insgesamt 1323 Analysen. (Otto)*
Aus diesen zufälligen Mischungen entstehen im Laufe der Zeit Kupferbeile mit steigendem Zinngehalt. Später wird reines Zinn bewußt zugegeben.

Die materiellen Voraussetzungen für eine Entwicklung der Bronzemetallurgie wären demnach in Mitteldeutschland gegeben. Es gibt Zinn und Kupfer.

Einen hohen Stellenwert in der Argumentation verdient wohl die Frage nach dem Lauf der technischen Entwicklung. In Sumer war diese Entwicklung nicht zu erkennen. Sumerische Bronze erscheint in Ur ohne Vorstufe, technisch ausgereift. Der Ort der technischen *Vorentwicklung* ist im Vorderen Orient unbekannt.

Verglichen mit den vereinzelten Bronzefunden im Orient, ist die *Entwicklung* vom Kupfer zur Bronze im Norden gut zu verfolgen. Der Bergmann im Norden lernt zufällig, daß bestimmte Lagerstätten ein Metall liefern, das heller als reines Kupfer aussieht und das beim Anschlagen einen helleren Klang gibt. Die daraus gefertigten Beile sind härter. Es beginnt die Entwicklung nach der Methode ›Versuch und Irrtum‹. Die Entwicklung der schwierigen Schmelz- und Gußtechniken muß sich über viele Generationen hingezogen haben. Die Zeitspanne ist in Mitteleuropa nachweisbar.

	Flachbeil	Randleistenbeil	
Rohkupfer, *kein Zinn* (n=)	210	71	*Kupferzeit*
Kupfer + Zinn (1–15%)	27	241	*Bronzezeit*

Tab. 8 *Das ältere Flachbeil ist das vorherrschende Beil der Kupferzeit. (siehe auch Abb. 16 b u. 51 e) Mit dem Aufkommen der Kupfer-Zinn-Legierungen wird das alte Flachbeil durch das technisch weiterentwickelte Randleistenbeil verdrängt. Es hat offensichtlich eine langsame Entwicklung der Bronzetechnik gegeben. (Otto, Witter) Auf den Zusammenhang zwischen Typenalter und Zinngehalt der nordischen Bronze hat bereits Montelius hingewiesen. (Montelius,1898) Je höher der Zinngehalt ist, desto jünger ist das Fundstück.*

Am Anfang der Technik steht das Flachbeil, gefolgt vom Randleistenbeil. Nach Jahrhunderten (?) des Experimentierens gelingt es, reines Kupfer herzustellen und mit reinem metallischen Zinn zu legieren. Neun Teile Kupfer werden mit einem Teil Zinn verschmolzen (im Mittelalter die ›Kanonenbronze‹). Das technische Optimum der Bronzezeit ist erreicht. Die Entwicklung im Norden wird von Witter ausführlich belegt.

Die materiellen Voraussetzungen zur Entwicklung der Bronze waren demnach im Norden gegeben. Bleibt noch die Frage, ob es auch eine *Notwendigkeit* zur Entwicklung gegeben hat. Für den Bergmann und Schmied muß es einen Anreiz gegeben haben, die anfangs zufälligen Legierungen zu untersuchen und konsequent weiterzuentwickeln. Die mühselige Arbeit von Bergmann und Schmied muß sich gelohnt haben, das heißt, das Kupfer- oder das

Bronzebeil muß einen der Mühe entsprechenden und bezahlbaren Marktwert gehabt haben. Der Gebrauchswert eines Statussymbols wie einer ›Streitaxt‹ aus Bronze liegt auf der Hand. Welchen Gebrauchswert hat aber eine Zimmermannsaxt?

In Mittel- und Nordeuropa wäre der notwendige Anreiz zur technischen Weiterentwicklung deutlich zu erkennen. Eine siedlungsfeindliche (?) Bewaldung nach dem Ende der Eiszeit begründet die Entwicklung einer ›Beilkultur‹ im Norden. Um den Lebensraum im *bewaldeten* Nordeuropa nutzen zu können, ist es eine Notwendigkeit, scharfe und harte Schlagwerkzeuge zu entwickeln. Der Waldbewohner muß Bäume fällen, um das Holz als Baumaterial nutzen können. Es entstehen Steinbeile in großer Zahl, vom roh zugeschlagenem Keil bis zur technisch vollendeten, geschliffenen Schaftlochaxt. Diese nordischen Steinbeile können in ihrer Endstufe technisch nicht verbessert werden. Sie sind ausgereift. Im Laufe der Zeit wird das erste Kupfer geschmolzen. Dem verglichen mit der Bronze verhältnismäßig weichen Kupferbeil folgt in *einer langen, deutlich erkennbaren technischen Entwicklung* die Bronze. Much (1907) findet »Bronzebeile aller Stadien der Entwicklung von dem allerersten und allereinfachsten dem Steinbeil folgend bis zu vollendeten reich dekorierten Palstäbe und Kelte (vorgeschichtliches Beil)«.

Bemerkenswert ist, daß im Gegensatz zum Norden eine *fortlaufende Entwicklung* in der Metallverarbeitung im Gebiet des Mittelmeeres und Mesopotamien bislang nur lückenhaft nachweisbar ist. Die verhältnismäßig wenigen Funde lassen einzelne Stufen einer fortlaufenden technischen Entwicklung vom Steinbeil zum ausgereiften Bronzeguß im Mittelmeerraum nicht erkennen.

Wie bereits besprochen, gibt es im Mittelmeerraum Kupfer, aber kein Zinn. Auf der ›Kupferinsel‹ Zypern geht die Metallurgie bis in die Kupfersteinzeit I–II (3500–2300 v.Chr.) zurück. Aus dieser Zeit stammen auch vereinzelt Kupfergegenstände aus Mesopotamien und Ägypten.

Technisch vollkommene Bronze erscheint um 2600 v.Chr. in Sumer. (siehe Abb. 50) Ab 2000 v.Chr. werden Bronzefunde auch im Mittelmeerraum häufiger. Es ist die Zeit, in der auch die indogermanische Einwanderung in die Ägäis und Umgebung nachweisbar wird. (siehe unten) In Syrien und Palästina wurden Dolche aus Bronze (Sn 7–9%) gefunden, datiert auf etwa 2000 v.Chr. (Philip 1991) Um 1700 v.Chr. erscheinen auf Zypern 14 Schaftlochäxte, technisch ausgereift und aus Bronze mit 8,2–17,9 % Zinn gefertigt. Da es auf der Insel Zinn nicht gibt, müssen die Bronzeäxte über See eingeführt worden sein. Woher diese Äxte importiert wurden, ist nicht bekannt. Bemerkenswert ist, daß die hervorragende (sophisticated) Technik auf der Insel von den einheimischen Kupferschmieden nicht übernommen wird oder nicht übernommen werden konnte, weil Zinn als Monopolware gehandelt wurde. (?) Der nächste Bronzefund auf der Insel ist 300 Jahre jünger. (*Early Metallurgy,* 1981)

Diese mediterranen Daten vermitteln das Bild einer Metalltechnik, die ursprünglich in der Umgebung der europäischen Zinnlager (Erzgebirge, Cornwall) entstanden sein könnte. Ein möglicher Ausbreitungsweg dieser Kulturübertragung ist das Meer. Entlang der Küsten von Südschweden bis zum Kaukasus liegen die Megalithgräber. Es ist für mich nicht erkennbar, warum die nordischen Seefahrer ihre Grabkultur (mit Seelenloch) in fernen Ländern beibehalten, ihre technischen Kenntnisse der Holz- und Metallverarbeitung aber im Norden zurücklassen sollten. Die Versorgung ihrer neuen Machtgebiete mit kostbarem Zinn sollte den megalithischen Seefahrern keine unüberwindbaren Schwierigkeiten bereiten. Cornwall, Kreta, Palästina, Troja und auch die Siedlungen im entfernten Kaukasus sind mit den Schiffen im Sommer in wenigen Monaten zu erreichen. Zumindest bereitet mir die Vorstellung einer Versorgung der mediterranen Länder mit Zinn aus dem verhältnismäßig nahe gelegenen Cornwall weniger Schwierigkeiten als die Vorstellung einer Versorgung des Mittelmeergebietes mit afghanischem Zinn auf dem Landweg.

Nach Herodot (1/203) brauchte ein Ruderschiff, um das Kaspische Meer in der Länge zu durchqueren, fünfzehn Tage, für die Breite acht Tage, das sind 40 bis 70 km pro Tag. Demnach konnten in hundert Tagen einige Tausend Kilometer zurückgelegt werden. Vom Kaukasus zu den Dänischen Inseln sind es mit dem Schiff etwa 7000 km, über Land etwa 3000 km. Über Segelschiffe (Abb. 40 c?) im Nord-Südverkehr ist aus dieser Zeit nichts bekannt

Vor diesem Hintergrund erscheint es naheliegend, daß die Megalithiker ihr Zinn aus Cornwall als *Monopol* in einem äußerst ertragreichen Handel verwenden konnten, mit Kreta als ideal gelegenem, sicheren Stützpunkt. *Wer Bronzewaffen erwerben oder herstellen wollte, brauchte das Zinn der Kreter.* Kretische Waffen waren, wie man anhand eines Textes aus der Stadt Mari am mittleren Euphrat erkennen kann, begehrt. So sind die Prunkwaffen, die Amohse seiner Mutter Ahhotep mit ins Grab gab, eindeutig von kretischen Handwerkern für die Königin gearbeitet worden. Ein Hyksoskrieger hatte von seinem König Apophis einen Dolch erhalten, der die Imitation eines kretischen ist. Eine kretische Waffe zu besitzen war also ein Statussymbol; sie müssen die gesuchtesten Waffen der damaligen Zeit gewesen sein. (Helck 1987)

Zur relativen Chronologie der Bronzezeiten

Die vorgelegte Vermutung, daß die sumerische Bronze ursprünglich in Substanz (Zinn) und technischem Vermögen aus dem Norden von den Sumerern ›mitgebracht‹ wurde, erscheint angreifbar. Zum Beispiel meint Forbes (1950): 1. »Es ist keine Verbindung bekannt zwischen Nordeuropa und Mesopotamien.« Das trifft zu, aber es ist auch keine Verbindung in umgekehrter Richtung nachweisbar. 2. »Die Metallurgie von Gold, Kupfer und Blei war im Nahen Osten *weit* vor dem Beginn des Chalkolithikums, der Kupfersteinzeit, im Norden bekannt.« Das ist eine in ihren Auswirkungen schwerwiegende Vermutung. Das Problem in der Argumentation ist wieder die unsichere Zeitbestimmung. Die Zeitangabe ist relativ. Sie ist nicht gestützt durch die absolute C-14-Methode.

Die Schwierigkeiten eines zeitlichen Vergleiches von Nord und Süd sind offenkundig. Eine relative Datierung wird durch den Vergleich von Typen und Lage der Grabungsschichten begründet. Ein grob zugeschlagenes Steinbeil müßte älter sein als ein poliertes Beil. Ein Grab, das *unter* einem anderen liegt, müßte älter sein als das Grab, das *über* dem unteren liegt – ein begründbares Verfahren zur Bestimmung von Zeitabläufen in einem *umschriebenen Gebiet*. Diese Verfahren können aber versagen, wenn Nordeuropa mit dem Vorderen Orient in ein zeitliches Verhältnis gesetzt werden soll. Die Pyramiden liegen nicht unter den Dolmen. Die Bronzeaxt im Grab von Ur liegt nicht unter oder neben der vergleichbaren Axt aus Mecklenburg.

Die bisherige relative Datierung der Bronzezeiten ermöglicht einen schwerwiegenden Einwand gegen die vorgelegte Vermutung, daß die Bronze der Sumerer in Nordeuropa entwickelt wurde. Das Problem: Der Beginn der frühen Bronzezeit wird für Mittel- und Süddeutschland mit 2200 v.Chr. angegeben (Lüning 1996), in der südskandinavisch-norddeutschen Chronologie zwischen 1450 bis 1250 v.Chr. (Struve 1971). Das heißt: Im Vergleich mit Sumer beginnt die Bronzezeit in Norddeutschland etwa tausend Jahre später. Metallurgisch müßte demnach Nordeuropa, verglichen mit der Hochkultur in Sumer, tatsächlich eine kulturelle ›empty wilderness‹ gewesen sein. Hatte Woolley doch Recht mit seiner Annahme, daß Europa den Sumerern Dank schuldet?

Im vorliegenden Fall liegt die Problematik der relativen Datierung auf der Hand. Wenn die erste Bronze im Vorderen Orient in den dynastischen Gräbern in Ur um 2600 v. Chr. nachgewiesen werden kann, dann *muß*, im System der relativen Zeitbestimmung, der Beginn der Bronzezeit im Norden weit nach 2600 angesetzt werden, sonst wäre die Annahme einer Kulturdrift, bezogen auf die Metallurgie, von Süd nach Nord nicht begründbar. Zusätzlich muß eine ausreichende Zeitspanne eingefügt werden, damit die Kenntnis der Metallverarbeitung, wie auch immer, von Mesopotamien nach Sachsen gelangen kann. Mit anderen Worten: Nur wenn man in einer relativen Chronologie den Beginn der Bronzezeit in Mitteldeutschland auf etwa 2200 v.Chr. ansetzt, besteht ein ausreichend erscheinender Abstand von 400 Jahren zur technisch ausgereiften Bronze in den Königsgräbern von Ur. Die Sumerer hätten dann genügend Zeit, durch Vermittlung des technischen ›know how‹ die Entwicklung der mitteleuropäischen Bronze zu ermöglichen. (Störend bliebe lediglich die aus sumerischer Sicht weiterhin ungelöste Zinnfrage.)

Vielleicht stimmt die bisherige relative Chronologie, dann äre meine Beweisführung fehlerhaft oder ein grundsätzlicher Irrtum. Vielleicht stimmt sie aber nicht, und dann bleibt die Frage: »Wie gesichert ist die absolute (!) Datierung der Bronzezeiten in Mitteleuropa?« Die leicht zweifelnde Frage erscheint mir berechtigt, denn in der relativen Datierung der Dolmen überlebte, unangefochten seit dem vorigen Jahrhundert, auch ein fataler Fehler von fast tausend Jahren mit einer nach Renfrew »verheerenden Wirkung auf die weitverbreitete traditionelle Zeitstellung«.

War das Mittelmeer, ein ständiges Einfallstor für seefahrende Megalithiker?

Wenn angenommen wird, daß im vierten Jahrtausend Rinderhirten aus dem Norden ins Mittelmeergebiet eindringen und Nordafrika, Ägypten, Palästina und Sumer erreichen, dann wäre es naheliegend, daß auch in den folgenden Jahrhunderten Schiffe aus dem Norden ins Mittelmeer einfahren und aus dem Mittelmeer in den Norden zurückkehren.

Ein Boot, das von Schweden ins Schwarze Meer fährt, kann auch wieder zurückfahren. Für die Reise benötigt werden vermutlich zwei Sommer. (siehe oben, Herodot 1/203) Es wäre demnach möglich, daß ›phantastische‹ Nachrichten aus dem Süden den Norden erreichen und eine fortwährende indogermanische Auswanderung aus dem Norden ins Mittelmeergebiet auslösen. (Die Spiralen mit Palmen der Abb. 52 a könnten ein unmittelbarer Hinweis sein.)

Wie wirken diese Nachrichten aus dem sonnigen Süden im Winter auf die Bewohner im Norden? Die Nachrichten werden die uralten Sitten und Gebräuche im Norden kaum wesentlich verändern, aber die jungen Männer, die im engen Sippenverband von den Älteren Platz und Aufgabe zugewiesen bekommen, werden gespannt zuhören. Der Fischer am Strand der Ostsee hört staunend die Berichte von den Pyramiden, von der Macht und dem Reichtum, geschaffen von seinen ausgewanderten Vorfahren.

Diese vermutlich oft übertriebenen Geschichten hören auch die jungen Männer, 16 bis 20 Jahre alt. Sie sind erzogen nach den Wertvorstellungen einer uralten Jägerkultur. Ihre Träume sind Abenteuer, Kampf, Ruhm und Ehre. Sie wollen nicht Kühe hüten. Sie träumen wie Gilgamesch: »Einen Namen der dauert. . . mir will ich ihn setzen.« Das sind Träume, die sie im engen Raum ihrer vom Meer isolierten Heimat, nicht erfüllen können.

Der Süden lockt mit der Freiheit von den strengen Gesetzen der Sippe, nicht mehr unterworfen dem Willen des Vaters oder Sippenältesten, der vielleicht schwer zu ertragen ist für freie, junge Männer, mit einer Waffe tatenlos in der Hand. Die jungen Männer gehen auf Fahrt mit Booten, die sie *mit eigenen Mitteln,* mit Axt,

Meißel und Ahle selber bauen können. Sie erreichen das Mittelmeer entlang der Küsten oder über Rhein-Elbe-Oder-Donau.

Sie hinterlassen ihre Spuren in Nordafrika, Ägypten, Mesopotamien, Syrien und Palästina, Kleinasien und Griechenland. Aarchäologische Hinweise, die mit den Funden aus dem Norden vergleichbar sind, zeigen ihren Weg: Stierkult, Hörnerhelm, Bernstein, Doppelaxt, Spiralsymbole, Säule, Schläfenlocke, spitzovale Stevenboote, gelegentlich Hinweise auf blonde Haare und helle Augen.

Die Einwanderung von indogermanisch sprechenden ›Fremden‹ ist für Kreta sowie Mykene und die Ägäis gut dokumentiert. Auf

Abb. 52

a. *Spirale mit Palmen?, Newgrange (Montelius)*

b. *Sardinien, mehrfach stilisierte Stierhörner über dem Grabeingang von Bodrv. Diese vierfachen Hörner sind auch in Sumer als Königskrone nachgewiesen (siehe Abb. 46 e.) In Ägypten in den Pyramidentexten erwähnt (siehe oben).*

c. *Krieger mit Hörnern (Bronze), Sardinien um 1000 v.Chr.*

d. *Die Naveta d´es Tudons auf Menorca nach ihrer Restaurierung. Ein kieloben liegendes Schiff als Grabstätte.(2000 v.Chr.?) Vergleichbar den späteren Bootsgräbern der Wikinger (?).*

e. *Ein Stein mit unten liegendem Seelenloch, Sardinien. (nach v.Reden)*

f. *Apoll von Enkomi/Zypern, Bronze, 1000 v.Chr. (siehe auch Abb. 50 a, Ur)*

Kreta erscheinen in der Vorpalast-Peridode (2600–2000 v.Chr., Ur 2600 v.Chr.!) neue Gruppen. Eine schnelle Entwicklung der Töpferei, Metallarbeiten in Gold und Bronze werden nachweisbar. Als Schrift werden in dieser frühen Zeit noch Hieroglyphen verwendet. In der folgenden Alten Palast-Periode (2000–1700 v.Chr.) entstehen die Paläste, unter ihnen Knossos. Kreta entwickelt sich zum reichen Handelsmittelpunkt (Zinn?). Geschützt durch die eigene Seeherrschaft, bleiben die Paläste unbefestigt. Die an verschiedenen Plätzen zutage geförderten Tontäfelchen mit Linearschrift-B aus der Zeit nach 1500 v.Chr. lassen eine differenzierte politische und soziale Struktur mit ausgebildeter Verwaltung erkennen. Auf den zahlreichen Burgen, deren Reste noch sichtbar sind, saßen ritterliche Herren mit ihren Mannen, zu deren Nutzen die Unterworfenen das umliegende Land bebauten. Durch den Ausbruch des Vulkans Thera (etwa 1450 v.Chr.) wird Knossos zerstört, und die stammesgleichen (?) Mykener können die Herrschaft in Kreta übernehmen. (Sakellarakis 1983)

Um 1500 v.Chr. ist die Gründerzeit der Megalithiker im Mittelmeergebiet vorbei. Die seefahrenden Abenteurer stoßen an den Küsten von Kreta, Griechenland, Ägypten, Palästina und am Schwarzen Meer (Troja) auf fest gefügte Machtstrukturen. Lediglich die Inseln im Mittelmeer bleiben relativ sichere Stützpunkte, gesichert durch die eigenen Schiffe. Auf Sardinien findet man Megalithgräber mit typischem Seelenloch (Abb. 52 e). Um 1500 v.Chr. entstehen kegelförmige Wehrtürme (Nuraghen). Sie sind heute noch in großer Zahl zu sehen. Auf Korsika gibt es Kriegerstatuen mit Hörnerhelmen und auf den Balearen ›Schiffsgräber‹ mit einem kleinen Zugang am Boden. (Ein Seelenloch wie in Abb. 43?)

Die Inseln sind, verglichen mit Ägypten und Sumer, verhältnismäßig klein und ungeeignet, um eine ansehnliche Herrschaft zu errichten. Für eine ›Hochkultur‹ gibt es zu wenige Arbeitskräfte. Die Zuwanderer aus dem Norden müssen sich ihren Unterhalt mit Raubzügen über See oder als Söldner erstreiten. Die wichtigsten Arbeitsgeber sind die Pharaonen. Im Heer der Pharaonen spielen die Krieger aus dem Norden eine gewichtige Rolle. Ramses II. (1290–1224 v.Chr.) bildet ein eigenes Elitekorps aus Sardanas. Er gibt ihnen eigene Uniformen mit den für sie so charakteristischen Hörnerhelmen. Die Sadanas werden von den Ägyptern als gefürchtete Krieger beschrieben und bewundert. Ramses berichtet:

»Was die Sardana mit unerschütterlichem Herzen anbetrifft, so verstand man von jeher nicht, sie zu bekämpfen, wenn sie kraftvoll herankamen und einherfuhren auf ihren Kämpferschiffen von der Mitte des Meeres. Man konnte vor ihnen nicht standhalten.« (Kitchen)

Es entsteht der Eindruck, daß die Macht der Pharaonen im wesentlichen auf fremden Söldnern beruhte. In einer 5000 Mann starken ›ägyptischen‹ Abteilung waren nach Breasted 4000 Scherden oder Libyer, die übrigen stammten aus Nubien. (Die ursprüngliche Herrenschicht bleibt als Krieger unter sich?)

Zur Annahme, daß das nördliche Dolmengebiet bereits in vorgeschichtlicher Zeit ein *ständiges* Auswanderungsland gewesen ist, paßt die Völkererwanderung in historischer Zeit. 105 v.Chr. verlassen die Kimbern den Norden der jütischen Halbinsel. (Vertrieben von einer Sturmflut?) Sie suchen neues Siedlungsland und werden 102 v.Chr. von den Römern vernichtet. In den Wanderungen ab dem 3. bis 5. Jahrhundert verlassen germanische Stämme ihre Siedlungsgebiete im Norden und erreichen als Ostgoten die Krim, als Westgoten Südfrankreich, als Wandalen Nordafrika, als Angelsachsen England, als Franken Gallien und als Normannen die Normandie (und als Angloamerikaner die Neue Welt).

Das dunkle Zeitalter der griechischen Geschichte (Spanuth 1965)

Eigentlich wäre mit diesem Zeitpunkt meine Suche nach den Megalithikern mit blonden Haaren abgeschlossen, wäre da nicht der Pastor Spanuth. Seine These, daß die sagenhaften Atlanter um 1200 v.Chr. aus dem nördlichen Dolmengebiet durch eine Umweltkatastrophe vertrieben wurden, paßt, wie ich meine, zwanglos zu den vorgetragenen Überlegungen. Die Megalithiker des vierten Jahrtausends könnten die Atlanter des zweiten Jahrtausends gewesen sein. Ich möchte die grundlegenden Überlegungen von Spanuth zum Teil ergänzen.

Zum Ende des zweiten Jahrtausends v.Chr. geht die Zeit der von den Megalithikern geprägten Kulturen zu Ende, beschleunigt durch eine rätselhafte (?) Katastrophe. Um etwa 1200 v.Chr. werden Kreta, Mykene, Hattusa, die Hauptstadt der Hethiter, Assur, und zeitgleich (?) die großen Stadtkulturen am Indus vernichtet. Stonehenge in Südengland wird aufgegeben. In Europa kommt es zu den großen Wanderbewegungen der Urnenfelderzeit. Es wird 300 Jahre dauern, bis unter Führung Griechenlands sich neue Kulturen entwickeln. Die möglichen Ursachen dieser folgenreichen Umwälzungen sind viel diskutiert worden. Eine eindeutige Antwort gibt es nicht. Wie der Anfang der megalitischen Kultur, so ist auch das Ende voller Rätsel.

Die Seevölker

Um 1220 v.Chr. erscheinen die ›Seevölker‹ im Gebiet des östlichen Mittelmeeres. Sie versuchen, mit ihren Schiffen und auf dem Landweg über Palästina in Ägypten einzudringen. Sie werden aber von Merenptah und Ramses III. zurückgeschlagen. In dieser Zeit werden Mykene, Kreta, Troja, Palästina und das Reich der Hethiter zerstört. Da die Zerstörung der Länder und das Erscheinen der Seevölker etwa zur gleichen Zeit erfolgt, erscheint die gängige Annahme gut begründet, daß die Zerstörung von den Seevölkern ausgelöst wurde.

Wer diese Seevölker waren und woher sie gekommen sind, ist Gegenstand von weitreichenden Spekulationen. Aus geographischer Sicht bietet sich als Ursprungsgebiet das nördliche Mittelmeergebiet an. Die ägyptischen Hinweise bezeichnen den Norden als Herkunftsrichtung und das Meer, bzw. die ›Inseln in Mitten des Meeres‹ als Siedlungsbereich (Hölbl). Ägyptische Quellen benennen die einzelnen Gruppen der Seevölker. Beteiligt an den Kriegszügen gegen Ägypten waren: die Philister, die mit der Dorischen Wanderung in die Ägäis und Palästina gelangen (siehe unten), die Archäer, d. h. Griechen vielleicht von Kleinasien und Griechenland, Sardinier, Sizilier, Libyer und Hethiter.

Die Wanderungen wurden nach Spanuth ausgelöst durch eine Naturkatastrophe, durch einen Meteoriten (siehe unten), während Breasted annimmt, daß die ›Seevölker‹ »ohne Zweifel unter dem Druck anderer Völkerschaften (standen), die in ihrem Rücken vorwärtsdrängten. Sie gehören offenbar der großen indogermanischen Bewegung an, welche die Phrygier (um 750 v.Chr.) nach Kleinasien brachte«. Das heißt: Spanuth und Breasted vermuten beide einen ›*Zugzwang*‹.

Grundlage der Diskussionen über den Kampf mit den Seevölkern sind zeitgenössische ägyptische Überlieferungen. Vor allem sind es Hinweise aus Schriften und Reliefs aus dem Totentempel des Ramses III. in Medinet Habu. Über den Angriff der Seevölker wird in Medinet Habu mit anschaulichen Darstellungen und Inschriften berichtet:

»Die Fremdvölker (Seevölker) machten eine Verschwörung auf ihren Inseln. Mit einem Male eroberten sie alle Länder und zerstörten deren Streitkräfte im Winde. Kein Land hielt stand vor ihnen. Hatti, Kode, Karkemisch, Arzawa und Alaschija waren vernichtet... Sie zogen, indem ein Feuer vor ihnen herging, auf Ägypten zu... Sie legten ihre Hände auf die Länder bis zum Erdrande; ihre Herzen waren voll Vertrauen, und sie sagten: ›Unsere Pläne gelingen.‹« (zit. nach Spanuth)

Die Angaben erscheinen gut begründet, weil die Ägypter gefangene Feinde in ihr eigenes Heer als eine Art Elitetruppe einstellten und so ihre Information über die feindlichen Angriffsaktionen von den Seevölkern selbst bekommen haben. Die ägyptischen Informationen beruhen demnach auf den Aussagen von Zeitzeugen.

Über den Verlauf der Angriffe bietet sich folgendes Bild: Die Seevölker greifen Ägypten mit zwei Angriffssäulen über Land und über See an, das heißt, der Angriff wurde großflächig geplant. Beide Streitkräfte, zu Lande und zu Wasser, haben die gleiche Bewaffnung und die gleichen Trachten, die auf den Reliefs von Medinet Habu gut erkennenbar sind. Aus den Berichten Ramses' III. geht weiter nichts hervor als das allgemeine Ergebnis der Niederlage des Feindes, aber auf den Reliefs ist erkennbar, wie die Scherdensöldner die erschütterten Reihen des Feindes durchbrechen. Bemerkenswert, daß ein Teil der Krieger der Ägypter *und* der See-

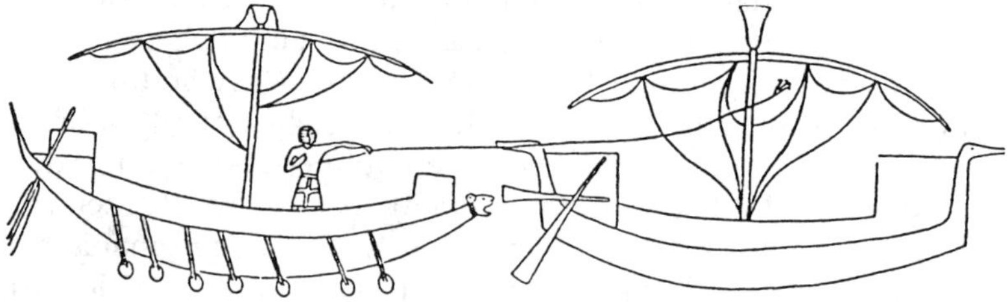

Abb. 53 *Medinet Habu. Die Schiffe der Nordvölker, mit dem typischen Vogelkopf auf den hoch laufenden Steven, im Kampf mit ägyptischen Booten. Ein Haken wird von den Ägyptern in die Rahtakelung der Angreifer geschmissen, um das feindliche Boote zu kentern. (Aus* Earlier Historical Records of Ramses III. *The University of Chicago Press, zit. bei Spanuth)*

völker im Kampf einen Hörnerhelm trägt! Kämpften indogermanische Söldner in ägyptischen Diensten gegen stammverwandte Seevölker? Entstand die gleiche Situation wie bereits 2000 Jahre vorher unter Narmer? (Abb. 31)

Die Kriegszüge der Seevölker sollen so verheerend gewesen sein, daß die alten Kulturen in eine 300jährige kulturelle Agonie versinken. Hommel faßt 1926 zusammen: »So waren denn auch unter den Seevölkern, welche von ca. 1300 v.Chr. an als Verbündete der Hethiter und dann wohl auch aus eigener Initiative (um als Seeräuber auf gewinnbringende Abenteuer auszuziehen) Palästina und Ägypten heimsuchten, gewiß schon Griechen, wenn es auch bei einigen derselben zweifelhaft sein dürfte, ob sie überhaupt Indogermanen waren. Unter all diesen Seevölkern (sind) Kleinasiaten und griechische Stämme in bunter Mischung vertreten. . . (Als Ursprung) kommt dabei überhaupt nur Kleinasien und Griechenland, sowohl Festland wie vor allem die Inseln in Frage. (Das) wird heutzutage von niemand mehr ernstlich geleugnet.«

Diese ältere Vorstellung eines Völkergemisches von kriegerischen Barbaren hatte in der Diskussion den Vorteil, daß ein bestimmtes Ursprungsland für die Seevölker nicht angegeben zu werden brauchte. (Irgendwo in Südrußland/Kaukasus, Kleinasien, Griechenland oder der Ägäis oder in allem zusammen.)

Zweifel

Die gängigen Vermutungen, daß die aggressiven, selbst relativ primitiven Seevölker in ein hochentwickeltes Kulturgebiet einfallen und in babarischer Zerstörungswut alles vernichten, erscheint bedenklich. Zur Vorsicht mahnt vor allem die ungewöhnlich lange Zeitspanne der Verwüstungen. Sie hinterlassen das 300 Jahre dauernde ›dunkle Zeitalter‹ der griechischen Geschichte.

Das Problem ist demnach: Wie soll die lange Zeit, rund 16 Generationen, des kulturellen Rückschlages erklärt werden? Nirgends in der Geschichte sind Kriegszüge beschrieben, die über drei Jahrhunderte das eroberte Land so verwüstet zurücklassen. Zweckmäßig war es immer, die Männer, wenn nötig, zu erschlagen, aber Frauen und Kinder als wertvolle Kriegsbeute zu verschonen. Die Sieger hatten ihr Ziel erreicht. Sie waren die Herren. Sie hatten neues Land und Arbeitskräfte. Sie konnten sich ausbreiten.

Diese zwischenmenschlichen Spielregeln lassen sich nicht auf das vermutete Verhalten der Seevölker übertragen. Vernichtet werden zum Ende des 13. Jahrhunderts die Mykener und das Großreich der Hethiter. Problematisch erscheint dabei vor allem die Vernichtung der Hethiter. Ägypter und Hethiter hatten sich nach langen Kämpfen in Syrien und Palästina politisch arrangiert. Man pflegte freundschaftliche Beziehungen. Merenptah (1224–1214) schickte den Hethitern zur *Zeit einer Hungersnot* sogar Schiffsladungen mit Getreide. Aber schon gegen Ende seines zweiten Regierungsjahres hatte er Gelegenheit, die dem alten Feind seines Vaters erwiesene Freundlichleit zu bereuen. Die Hethiter machten mit den in ägyptisches Gebiet einfallenden Seevölkern gemeinsame Sache. (Breasted) Das Problem: Wieso gibt es dann die Behauptung, daß die mit den Seevölkern verbündeten Hethiter von den Seevölkern so vernichtend geschlagen wurden, daß das Großreich der Hethiter völlig aus der Geschichte verschwindet? (siehe unten)

Wenn angeblich die Seevölker die Großmacht der Mykener und ihre Bundesgenossen die Hethiter vernichteten, weshalb verschwinden dann nicht nur die Unterworfenen, sondern auch die Sieger, die Großmacht (!) der Seevölker für 300 Jahre aus der Geschichte? (Selbst die Folgen der Pest und des Dreißigjährigen Kriegs wurden in Deutschland nach wenigen Generationen zumindest biologisch überwunden.)

Die Annahme, daß die Seevölker auf Beutezügen die Hochkulturen vernichteten, paßt auch nicht mehr zu neueren Erkenntnissen der Archäologie. Archäologische Funde lassen erkennen, daß die Mykener in der letzten Phase ihrer nachweisbaren Existenz zunehmend kleinere und anspruchslosere Gebäude errichtet haben. Im 11. Jahrhundert versiegen die Quellen zur Architektur- und Siedlungsgeschichte fast gänzlich. (Tabelle 9) Erst mit dem 10. Jahrhundert v.Chr., der sogenannten protogeometrischen Zeit, ist langsam eine vorerst noch zögernde, neue Bautätigkeit erkennbar. (Knell 1980) Um 1050/1000 v.Chr., rund 150 Jahre nach der Zerstörung von Troja, beginnt die Gründung der ionischen und äolischen Städte. (Kurgal)

Es bleibt die Frage: »Wer oder was hat *zur gleichen Zeit* die mykenische Welt, Troja und die großen kanaanäischen Städte wie Ugarit und weiter entfernt in Zentral-Anatolien Hattusa zerstört? Es können keine *lokal begrenzten* Geschehnisse gewesen sein. Soziale Unruhen in Mykene mögen das Land zerstören, erklären aber nicht die gleichzeitige Vernichtung von Troja, Ugarit und Hattusa. Es müssen weiträumig wirksame Ereignisse gewesen sein.

Carpenter (1965) ist der Meinung, daß Trockenheit und Hunger Mykene zerstörte. Er diskutiert eine Veränderung der Großwetterlage, unter anderem eine Verschiebung der Passatwinde, wie immer das geschehen soll.

Gebiet	Zahl der bekannten Siedlungsplätze	
	13. Jahrhundert	12. Jahrhundert
Messinien/Triphylen	150	14
Lakonien	30	7
Argolis/Korinth	44	14
Böotien	27	3
Phokis	19	3
Attika	24	12
	294	53

Tab. 9 *Entwicklung der Siedlungsdichte in Griechenland nach der ›Seevölker-Katastrophe‹ (Desborough 1964, zit. bei Spanuth)*

Die kosmische Katastrophe um 1200 v.Chr.

In diese etwas verworren erscheinenden Diskussionen über die Ursache der 300 Jahre währenden ›dunklen‹ Jahre bringt Spanuth einen Meteoriten, der um 1200 v.Chr. weltweit eine Klimakatastrophe ausgelöst haben soll.

Spanuth verweist auf antike Quellen, die berichten, daß ein glühender Stern die Erde verbrennt. Die Sonne verdunkelt sich, und es kommt im Norden, nach Berichten in der isländischen *Edda* (siehe unten), zu einem über drei Jahre anhaltenden Winter. Spanuth ist der Meinung, daß dieser Winter unter anderem die ›Seevölker‹ aus ihren nördlichen Siedlungsgebieten vertrieben hat. Seine grundlegende Aussage ist: Die Nordvölker drängen zum Süden, um zu überleben, nicht vordergründig, um Hochkulturen zu vernichten. *Diese Hypothese wurde von Spanuth ausführlich besprochen und belegt.* Sie ermöglicht eine neue Deutung der bisher rätselhaften ›dunklen Jahre‹. (Gadow 1973)

Die Sage vom Sturz des Phaethons

Ursache der Katastrophe war ein Meteor. Griechische und römische Quellen beschreiben den Sturz des Phaethons, des ›Leuchtenden‹. Die Sage wurde unter anderem von Ovid in den *Metamorphosen* geschildert. Phaethon, der Sohn des Sonnengottes, erhält die Erlaubnis, einmal den Sonnenwagen seines Vaters zu lenken. Unerfahren in der Lenkung der Sonnenpferde, kommt er der Erde zu nahe und verursacht einen großen Brand. Zeus schleuderte ihn mit einem Blitz in den Eridanus, und seine trauernden Schwestern, die Heliaden, beweinten ihren Bruder. Ihre Tränen verwandelten sich in Bernstein! (Nach Spanuth ist der Eridanus die Eider in Schleswig-Holstein.)

Vor diesem Hintergrund ist bemerkenswert, daß ein von Pferden gezogener Sonnenwagen in Dänemark gefunden wurde. Mit anderen Worten: Es ist wahrscheinlich, daß zwischen der mediterranen Überlieferung des Phaethons und dem Norden eine Verbindung bestanden haben muß.

Der fatale Fehler mit dem Sonnenwagen und die dadurch ausgelöste Brandkatastrophe ist vielfältig beschrieben worden, unter

Abb. 54
Sonnenwagen von Trundholm, Dänemark.

Beidseitig verzierte, mit Blattgold belegte Sonnenscheibe aus Bronze, Durchmesser 26,3 cm, konzentrische Kreise als Sonnensymbol, Ende der nordischen Bronzezeit (relative Datierungen 14. Jahrhundert v.Chr.).
Ein Sonnenwagen mit Pferden taucht auch im Alten Testament auf. Der Sonnenwagen stand vor dem Tempel Salomons (2. König 23,11). (siehe unten)

anderem durch ägyptische *Zeitzeugen* um 1200 v.Chr. und später auch im Alten Testament.

Ausführliche Literatur ist bei Spanuth angegeben, u. a.: Der ägyptische Priester, der dem Solon die altägyptischen Texte in griechischer Sprache nacherzählte, erwähnt diese Sage und sagt: »Das was bei euch (den Griechen) erzählt wird, daß Phaethon, der Sohn des Helios, der seines Vaters Wagen bestieg, die Oberfläche der Erde zerstörte, weil er nicht imstande war, die Bahn des Vaters einzuhalten, selbst aber, vom Blitz getroffen, seinen Tod fand, wird zwar in der Form eines Mythos berichtet, es ist aber die Wahrheit und beruht auf der *Abweichung der am Himmel um die Erde kreisenden Gestirne* und der nach langen Zeiträumen erfolgten Vernichtung der auf der Erde befindlichen Dinge durch mächtiges Feuer.« (Tim. 22 b, c)

Im Totentempel des Ramses III. in Medinet Habu wird berichtet: »Libyen ist zur Wüste geworden, eine furchtbare Fackel schleuderte Flammen vom Himmel, ihre (der Libyer) Seelen zu suchen und ihren Stamm zu verwüsten. . . Ihre Knochen brennen und rösten in ihren Gliedern.«

Medinet Habu (Tafel 22,9; 27, 21; 46, 34): »Ägypten lag in vollkommener Verwüstung.« ... »Es ist doch so, es gibt nirgends Menschen mehr... Es ist doch so: Die Krokodile werden satt von dem, was sie geraubt haben; die Leute gehen von selbst zu ihnen... Pest zieht durchs Land, und Blut ist überall... viele Tote sind im Fluß begraben, die Flut ist ihr Grab, und die Flut wird zur Stätte der Einbalsamierung.« (Anm. von A. Erman: das heißt, die Leichen sind zu viel, um sie noch zu begraben, man wirft sie wie totes Vieh ins Wasser.« (Spanuth 1983)

Im Papyrus Eremitage 1116 B: »Wie ist dieses Land? Die Sonne ist verhüllt und leuchtet nicht, daß die Menschen sehen können.«

Im Papyrus ›Weissagungen eines Töpfers‹ wird berichtet, daß »in den Tagen des Typhons (Meteor) der Nil wasserlos und die Sonne verdunkelt war... Der Nil war vertrocknet und das Land der Ausdörrung verfallen«.

Physikalische Überlegungen

Neben der Fülle der *historischen* Hinweise, die Spanuth zitiert, sind es zusätzlich die überlieferten *physikalischen* Daten, die eine technisch begründbare Rekonstruktion der Katastrophe ermöglichen. Für die vorgelegte Arbeit von Bedeutung ist die Tatsache, daß die Physik die Aussagen der ägyptischen Zeitzeugen stützen könnte.

Berichtet wird von drei Wahrnehmungen: Von einer *Finsternis,* einem *Feuer* und zusätzlich im Norden von einem *dreijährigen Winter.*

Die Finsternis ist mit einer Staubschicht in der Stratosphäre erklärbar. Möglich wären Vulkanausbrüche, die Staubmassen in die Stratosphäre schleudern, oder Kometen sowie Meteore, die von der Erdanziehung in eine Umlaufbahn geleitet werden. Die heutigen Erfahrungen mit Vulkanausbrüchen lehren, daß die Staubschichten während vieler Jahre die Erde einhüllen können. Die dadurch verminderte Sonneneinstrahlung führt weltweit zur Abkühlung. Es verdunstet dann weniger Wasser, und Trockenheit kann sich ausbreiten. Im Extremfall bekommt auch Ägypten die Trockenheit zu spüren. Denn wenn weltweit der Monsun ausbleibt, dann führt auch der Nil entsprechend wenig Wasser. Die Folge wäre eine weltweite Hungersnot. (Die Bitte der Hethiter an den Pharao Merenptah, er möge Getreideschiffe senden, um eine Hungersnot zu lindern, würde ins Bild passen.)

Der starke Rückgang der Bevölkerung in Griechenland um 1000 v.Chr. (siehe Tabelle 9) könnte mit katastrophalen Lebensbedingungen erklärt werden. Die kulturell ›dunklen Jahre‹ beginnen, weil eine Bevölkerung, die jahrelang um das *tägliche* Überleben kämpfen muß, keine Muße hat, sich mit der kulturellen Vergangenheit zu beschäftigen. Das kulturelle Gedächtnis verblaßt.

Da die Stärke der vermuteten Staubschicht unbekannt bleibt, bietet diese Überlegung nur eine Möglichkeit, die nicht bewiesen, aber auch nicht widerlegt (!) werden kann.

Die ›feurige Erscheinung, gewunden wie eine Spirale‹

Etwa zeitgleich mit dem Erscheinen der Dorer und der Seevölker im Gebiet des östlichen Mittelmeeres um 1200 v.Chr. lassen sich in Kleinasien verheerende Brände nachweisen. So berichtet Bittel (1952) über die Ausgrabungen in Hattusa, der Hauptstadt der Hethiter. (zit. bei Spanuth)

»Die Stadt ist in einer großen Katastrophe zu Grunde gegangen. . . Wir fanden untrügliche Zeugen einer verheerenden Feuersbrunst, die alles Brennbare verzehrte, Lehmziegel zu roter, harter oder schlackiger Masse durchglüht (!), Kalksteine zersprengt oder zersplittert hat. Manchmal gewann man den Eindruck, das in den Bauten zufällig Vorhandene hätte nicht zur Erzeugung solcher Flammen, solcher Hitze ausreichen können.« (!)

Das Problem: Woher kommt die Hitze? Wenn nicht genügend Holz vorhanden ist, dann kann auch eine gewaltsame Zerstörung von Hattusa durch die Seevölker nicht die Mauern durchglühen. Das heißt, die Seevölker scheiden aus.

Eine andere Möglichkeit bieten alle Überlieferungen. Es wird ein glühender ›Stern‹ beschrieben, der am Himmel erschien. Es könnte ein Meteor gewesen sein. Dieser gelangt in die Atmospäre, glüht und verbrennt einen Teil der Erdoberfläche, unter anderem auch Hattusa. Ein einfaches, überzeugendes Bild, das aber in der physikalischen Berechnung nicht stimmen kann.

Angenommen, es wäre zutreffend, daß die Lehmziegel nicht durch verbrennendes Bauholz durchglüht wurden, dann stellt sich die Frage: »*Welches Feuer verglühte die Tonschichten?*« Das Problem: Die Temperaturen müssen während einer *ausreichend* langen Zeit über 1000 Grad betragen haben!

Der metereologische ›Normalfall‹: Ein Meteorit wird von der Erde angezogen. Er durchdringt *schnell* die relativ schmale Lufthülle und schlägt auf die Erdoberfläche. Die Kontaktzeit mit der Lufthülle beträgt höchstens einige Sekunden. Zu kurz, um *großräumig* die Atmosphäre so stark aufzuheizen, daß eine Tonwand in Hattusa durchglüht. Fast die ganze Bewegungsenergie des Meteors wird für die Ausformung der Einschlagstelle verbraucht, dabei wird verdampftes Material zum größeren Teil senkrecht aus dem Krater in die Atmosphäre geschleudert. Die Sonne mag sich verdunkeln, aber die Mauern entfernter Städte werden nicht glühen.

Eine weitere Möglichkeit: Der Meteor durchschlägt nicht ›senkrecht‹ die Lufthülle, sondern dringt tangential in die Atmosphäre ein. Er verliert dadurch an Geschwindigkeit und sinkt tiefer. Die Reibung in der dichteren Luft nimmt zu. Der Meteor fängt an zu glühen und stürzt letztendlich auf die Erdoberfläche. *Lokal begrenzt* hinterläßt er eine Spur der Vernichtung. Fraglich erscheint aber, ob ein solcher mit *vielfacher Schallgeschwindigkeit* ablaufender Absturz des Meteors die Mauern von Hattusa durchglühen kann. Wie lange ›verweilt‹ ein rasender, glühender Meteor über einer Stadtmauer? Reichen Sekunden zum Durchglühen von Mauern?

Um die Schilderungen der ägyptischen Beobachter – ›Libyen ist zur Wüste geworden‹ – und die archäologischen Brandspuren einer durchglühten (!) Lehmwand physikalisch zu begründen, braucht man eine Masse, *die sehr heiß ist und langsam genug* in der Atmosphäre kreisen kann. Langsam genug, um einen ausreichend großen Teil ihrer Bewegungsenergie durch Reibung an die Luft und durch Hitzestrahlung an die Erdoberfläche abzugeben. Das physikalische Problem liegt auf der Hand: Es fehlt bei ›normalen‹ Meteoriten die Zeit!

Demnach erscheint ein kreisender ›Stern‹ denkbar ungeeignet zu sein, um Ziegelmauern auf 1000 Grad zu erhitzen. Irrte demnach Spanuth in der Annahme, daß der Phaethon die Hethiter verbrannte? Eine eindrucksvolle Hypothese, die aber nicht stimmen kann?

In einem Text aus der Zeit Sethos II., der kurz vor Ramses III., also kurz vor (!) dem großen Angriff der Seevölker, wenige Jahre regierte, wird von einem Stern ›Sekhmet‹ berichtet. Dort heißt es: »Er war ein kreisender Stern, der sein Feuer in Flammen ausstreute, eine Feuerflamme in ihrem Sturm.« (Breasted, *Anc. Rec.* III,117).

Plinius überliefert einen zusätzlichen physikalisch reizvollen Hinweis. Er berichtet von einer »*feurigen Erscheinung, gewunden wie eine Spirale*«. Diese Spirale bietet nach meiner Meinung des Rätsels Lösung.

Angenommen ein Meteor wird von der Erdanziehung in eine Umlaufbahn gezwungen. Die Masse umkreist die Erde, verliert langsam durch Reibung an Geschwindigkeit und sinkt deshalb tiefer in die Atmosphäre ein. Die Reibung nimmt entsprechend zu. Die Masse beginnt sich zu drehen. Sie ›rollt‹ auf der Lufthülle ab. *Durch die Drehung entsteht unter der Masse ein Luftpolster, das der Erdanziehung entgegenwirkt.* Es ist ein glühender, rotierender ›Stern‹ entstanden, der durch seine Rotation glühende Brocken spiralförmig in die Umgebung schleudert. Für den Betrachter eine weithin sichtbare Feuerspirale, die mit anfänglich vielfacher Schallgeschwindigkeit auf der Lufthülle abrollt, *ohne ›sofort‹ abzustürzen.*

Weniger die erhitzte Luft, die schnell nach oben steigt, sondern die Strahlung der glühenden Oberfläche des Meteors könnte bei ausreichender Einwirkzeit die Lehmwände durchglühen. (Der oft erwähnte Ausbruch des Vulkans Thera im Mittelmeer kann mit Meereswellen und Asche lokale Zerstörungen auf Kreta auslösen, er kann aber nicht im entfernten Hattusa die Mauern zum Glühen bringen. (Spanuth ist der Meinung, daß der Komet ›Halley‹ im 13. Jahrhundert die Katastrophe ausgelöst hat.)

Denkbar wäre, daß die nichtlineare(?) Brandspur der ›glühenden Spirale‹ über Libyen, Ugarit, Hattusa gelaufen ist. Naheliegend ist, daß große Mengen Wasser verdunstet sind und daß etwas später ein sintflutartiger Regen niederging. (Vielleicht der Ursprung der sumerisch-alttestamentarischen Sintflutsagen?)

Bemerkenswert in diesem Zusammenhang ist der *totale Verlust* der geschichtlichen Erinnerung. Die Hethiter wurden nicht besiegt. Sie wurden aus kulturhistorischer Sicht ›ausgerottet‹. Die Griechen wissen nichts von dem vergangenen *Großreich* der Hethiter. Herodot hielt rund 700 Jahre nach der Katastrophe hethitische Hieroglyphen für »ägyptische heilige Buchstaben«. Diese griechische Unkenntnis verwundert, da die hethitische Korrespondenz beweist, daß wörtliche Verständigung zwischen Hethitern und mykenischen Griechen möglich war. (Webster 1969)

Die Vermutung von Bittel, daß die Hitze in Hattusa nicht durch das zufällig in den Bauten Vorhandene ausgelöst werden konnte, würde zum spiralförmigen Phaethon passen. Er verbrannte das Siedlungsgebiet der Hethiter und verdunkelte mit einer Staubschicht den Himmel. Es folgten Jahre, in denen jeder ums Überleben kämpfen mußte. Jahre, in denen kulturelle Überlieferungen nicht weitergegeben werden konnten. Der Hunger verdrängte die Erinnerung. Die ›dunklen Jahre‹ begannen. Die Hethiter wurden vergessen und blieben unbekannt bis zum Anfang des vorigen Jahrhunderts, als mit der Entdeckung der hethitischen Sprache die indogermanische Sprache Gegenstand intensiver Forschungen wurde.

Zurück zur anfangs gestellten Frage: »Welches Ereignis löschte für 3000 Jahre die Erinnerung an ein Großreich, das im zweiten Jahrtausend v.Chr. die Geschichte des Vorderen Orients weitgehend mitbestimmte?« Konnte wirklich ein Kriegszug der Seevölker den Stillstand der Geschichte für 300 Jahre in einem kulturell hochentwickelten Gebiet auslösen?«

Ich bin der Meinung, daß der von Spanuth ins Spiel gebrachte Phaethon hilft, die Ursache der ›dunklen Jahre‹ besser zu erklären, als bislang möglich. Zusammengefaßt geben die historischen Überlieferungen und die physikalischen Überlegungen ein tragfähiges Konzept, wenn man annimmt, daß Plinius den spiralförmigen Stern als reale Beobachtung überlieferte. *Ohne ›Spirale‹ sind die überlieferten Brandspuren in ihrer Wirkung physikalisch schwerlich zu begründen.* Mit Spirale bekommen die Brandspuren angenähert ›Beweiskraft‹.

Der Fimbulwinter im Norden

Vom physikalisch problematischen Glutwirbel des Phaethon zurück zur ›ägyptischen Finsternis‹. Eine Staubschicht vermindert die Sonneneinstrahlung. In Ägypten wird es lediglich etwas dunkler und vermutlich etwas kühler, aber im Norden kommt es zur Klimakatastrophe.

Auf eine verheerende Klimaverschlechterung im Norden deutet ein Hinweis in der isländischen *Edda*, in der ein ›Fimbulwinter‹ beschrieben wird. Dieser über Jahre anhaltende Winter soll einen verödenden Einfluß auf die damals lebenden nordischen Stämme gehabt haben. (Serander 1925, Spanuth) In der *Edda* wird der Wettergott Thor (Har) nach der Götterdämmerung gefragt.

»Was für Dinge sind zu sagen von der Götterdämmerung? Er antwortete: Davon sind viele wichtige Dinge zu sagen. Zum ersten, daß ein Winter kommen wird, Fimbulwinter genannt. Da stöbert Schnee von allen Seiten, da ist der Frost groß und sind die

Winde scharf, und die Sonne hat ihre Kraft verloren. Dieser Winter kommt dreimal nacheinander und kein Sommer dazwischen.« (*Gylfaginning*, 51)

»Schwarz wird die Sonne, die Erde sinkt ins Meer, vom Himmel fallen die heiteren Sterne; Glutwirbel umwühlen den allnährenden Weltbaum. Die heiße Lohe bedeckt den Himmel.« (*Völuspa*, 56)

»Der Sonne Schein dunkelt in kommenden Sommern.« (*Völupsa*, 33)

»Wer lebt noch, wenn der Fimbulwinter enden wird?« (*Waftrudnislied*, 4)

Es besteht demnach eine Verbindung zwischen den nordischen und den mediterranen Quellen. In beiden werden die Verdunklung der Sonne und die Glutwirbel in der Atmosphäre erwähnt. Das Problem: *Zusätzlich und ausschließlich* erscheint in der *Edda* die Beschreibung eines tödlichen Winters. Daß nur im Norden ein Winter erwähnt wird, wäre physikalisch erklärbar. Die Staubwolken in den hohen Luftschichten bewirken weltweit eine Verminderung der Sonneneinstrahlung mit der Folge einer Abkühlung und Trockenheit. Eine Abkühlung um einige Grad wird in Ägypten als nicht bemerkenswert empfunden. Im Gebiet der westlichen Ostsee wird aber die Absenkung der Temperatur um einige Grad eine Katastrophe auslösen. Die kurze, normalerweise schon subkritische nördliche Vegetationszeit wird weiter verkürzt. »Wer lebt noch, wenn der Fimbulwinter enden wird?«

Es bleibt die Frage: »Wie kommt, 2200 Jahre nach der Katastrophe, der Fimbulwinter in die isländische *Edda*?« Die Isländer traten im Jahre 1000 zum Christentum über. Die isländischen Autoren der *Edda* waren gebildete Geistliche, vermutlich wohlvertraut mit dem christlichen Gedankengut und den mediterranen Überlieferungen. Sie könnten die mediterrane Trias ›Dunkelheit-Feuer-Trockenheit‹ auf den Norden übertragen und dann aufgrund eigener physikalischer Überlegungen gefolgert haben, daß der glühende Meteorit im Norden, *zusätzlich* zu den anderen Plagen, einen tödlichen Winter ausgelöst haben müßte. Es wäre zumindest eine bemerkenswerte intellektuelle Leistung, beruhend auf fundierten physikalischen Kenntnissen.

Die andere Möglichkeit wäre, daß die Nachricht vom Fimbulwinter in uralten nordischen Sagen überlebte und als Sage, ohne missionarischen Absichten, aufgeschrieben wurde.

Die Eiszeit, der Fimbulwinter und das CO_2

Abb. 55 *Schneegrenze in Norwegen in den letzten 12 000 Jahren. (Nach O. Liestöl in O. Holtedahl 1960, zit. bei Schwarzenbach). Die Zeitskala ist logarithmisch gestreckt! (Bestimmung gegründet zum Teil durch Bänderton-Untersuchungen und C-14 Bestimmungen.)*

Aus der Sicht des Historikers mag der Fimbulwinter interessant erscheinen, wäre da nicht die problematische Quelle: Welchen Wert hat die *Edda* in einer historischen oder gar vorgeschichtlichen Beweisführung?

Absolute Datierungen der Göttersagen in der *Edda* sind bisher aus naheliegenden Gründen nicht möglich, es sei denn, man versucht es mit dem Fimbulwinter, denn dieser Fimbulwinter in der *Edda* könnte die Folge einer Abkühlung sein, die um 1200 v.Chr. vom Phaethon ausgelöst wurde. Eine Naturkatastrophe, die in antiken Quellen nur beschrieben wird, aber von der *modernen Klimaforschung bestätigt werden kann.* Es gibt einen physikalisch einfachen Zusammenhang zwischen den Eiszeiten, der Temperatur des Weltmeeres, dem Kohlendioxydgehalt der Atmosphäre, dem glühenden Phaethon und dem Fimbulwinter.

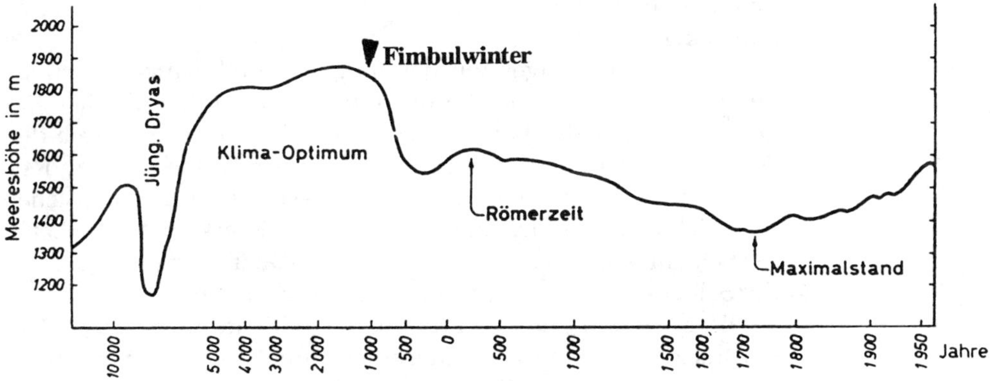

Vor 14 000 Jahren endet die letzte Eiszeit, und das nordische Eis zieht sich langsam bis Skandinavien zurück. Nach einer ersten schwachen Wärmeschwankung um etwa 10 750–10 350 v.Chr. folgt als erster klimatischer Höhepunkt der Späteiszeit die Alleröd-Zeit (nach Alleröd in Seeland) etwa 10 000–9000 v.Chr. Im Juli ist die Temperatur im Mitteleuropa nur noch um 4 Grad kälter als heute. (Abb. 55) Dann entsteht eine erneute Klimaverschlechterung: die jüngere Tundren-Zeit, etwa 9000–8000 v.Chr. Die Temperaturen in Deutschland sind 7 bis 8 Grad tiefer als heute. Um 7500 v.Chr. erfolgt dann ein rascher Anstieg der Temperaturen. Sie sind dann im Jahresmittel um *2 bis 3 Grad höher als heute.*

Ein Grund für den steilen Anstieg der Temperatur um 7500 v.Chr. ist eine ›plötzliche‹ Erhöhung des Kohlendioxyds in der Atmosphäre von rund 200 ppm auf 300 ppm (parts per million). (Neffel 1982) Eine Ursache für die Schwankungen im CO_2 Gehalt der Luft ist unter anderem die Temperatur des Weltmeeres, *denn kaltes Wasser speichert mehr CO_2 als warmes.* Deshalb wird, ganz grob gerechnet, während der letzten Eiszeit etwa 30 % des Kohlendioxyds der Luft unter anderem vom kälter werdenden Weltmeer aufgenommen. Die Atmosphäre verliert dadurch ihre Fähigkeit, die Erde warm einzuhüllen. *Es wird kalt, und es bleibt kalt,* obwohl die Sonne während der Eiszeit unvermindert stark ihre Strahlen zur Erde sendet. Es nützt nichts, denn die Wärme wird schnell wieder abgestrahlt, unter anderem, weil 30% der wärmeisolierenden CO_2-Moleküle im kalten Wasser liegen. Wenn am Ende der Eiszeit, aus welchen Gründen immer, der Ozean sich wieder erwärmt, wird das gespeicherte CO_2 in wenigen hundert Jahren aus dem Wasser herausgedrückt, und die warme Bronzezeit kann sich entwickeln.

Die CO_2- Messungen wurden möglich durch Untersuchungen der eingeschlossenen Luft unter anderem im grönländischen Eis. Das Eis bildet jedes Jahr eine neue Schicht, ausgelöst durch den Schneefall. Der Schnee und die im lockeren Schnee vorhandene Luft wird zusammengepreßt als Eis gespeichert. Die jährlichen Eisschichten lassen sich im Bohrkern des Eises erkennen, das heißt, die Schichten können abgezählt werden. Die Luft zum Beispiel in der Schicht Nr.1996 ± x entspricht der Luft im Jahre 1.

Diese von der Temperatur abhängige Richtung der CO_2-Wanderung zwischen Wasser und Luft bestimmt auch den Verlauf der Kurve in Abb. 55. Die Schneegrenze im Gebirge folgt der Temperatur (ca. 100 m/0,6 Grad). Der steile Anstieg der Temperatur um 7500 v.Chr. ist nach Neffel gekoppelt mit einem Anstieg des Kohlendioxyds um ca. 30 % in der Atmosphäre, das heißt mit einem ›Treibhauseffekt‹. Naheliegend ist, daß das klimatische Gegenteil, nämlich der Abfall der Temperatur um 1000 v.Chr., mit einem Abfall der CO_2-Konzentration in der Atmosphäre gekoppelt war.

Das Problem: »Weshalb geht die Temperatur bzw. die Schneegrenze in der Abb. 55 um 1000 v.Chr. nach einigen Jahren nicht wieder nach oben? Warum wird es nicht wieder so warm wie in der Bronzezeit?« Die Antwort könnten die ägyptische Dunkelheit und der Fimbulwinter geben.

Wenn um 1200 v.Chr. durch die Staubschicht des Phaethon die Sonneneinstrahlung *über Jahre stark* vermindert wird, dann kühlt sich der Ozean langsam ab und entzieht damit der Atmosphäre CO_2. Dadurch entsteht eine fatale Rückkopplung. Je mehr CO_2 im Ozean gespeichert wird, desto schlechter isoliert die Atmosphäre die Erde. Die Folge: Es wird kälter, und weiteres CO_2 verschwindet im Ozean. Eine katastrophale Rückkopplung, denn am Ende würde das CO_2-Gleichgewicht der nächsten Eiszeit stehen.

Die *Edda* bietet einen *datierbaren* Einstieg in diesen speziellen, für eine Diskussion hinreichend beweisbaren Mechanismus einer Klimaentwicklung. Nach Aussage der *Edda* dauert der Fimbulwinter über drei Jahre, das heißt, der Ozean hat ausreichend (?) Zeit, um sich abkühlen. Das kältere Wasser entzieht damit der Luft eine entsprechende Menge CO_2. Wenn nach Jahren die Staubschicht in der Stratosphäre langsam verschwindet, dann erreichen die Sonnenstrahlen wieder mit alter Kraft die Erdoberfläche, *trotzdem wird es nicht wärmer. Es fehlt ausreichend isolierendes CO_2 in der Luft.* Zu viel Wärme wird weiterhin abgestrahlt ins Weltall. Der Ozean kann sich nicht ausreichend erwärmen, er bleibt kalt und behält deshalb das während der kalten Staubjahre gespeicherte CO_2. Das heißt: Die Kurve der Abb. 55 kann nach dem Ende des Fimbulwinters um 1000 v.Chr. nicht wieder ansteigen. Es erscheint demnach möglich, daß der Sohn des Sonnengottes mit seiner mißglückten Fahrt im Sonnenwagen uns vor 3000 Jahren eine Temperatursenkung von 2 bis 3 Grad bescherte.

Demnach könnte die *Edda* mit dem Fimbulwinter über eine Naturkatastrophe berichten, die um 1200 v.Chr. das Land im Norden verwüstete. (»Wer lebt noch, wenn der Fimbulwinter enden wird?«) Ein Zusammenhang zwischen dem abgestürzten Sonnenwagen des Zeus, der ägyptischen Finsternis, der Austrocknung des Nils, der Entvölkerung Griechenlands und im Norden mit dem Fimbulwinter wird erkennbar.

Die klimatischen Folgen des Phaethons werden korrigiert durch die Industrialisierung. Wenn der Mensch heute mehr CO_2 produziert, als unter anderem der Ozean aufnimmt, dann dreht sich die Rückkopplung. Das CO_2 der Luft und damit die Temperatur der Luft steigen langsam an. Mit der Luft erwärmt sich der Ozean. Das warme Wasser kann das gespeicherte CO_2 nicht mehr halten und gibt entsprechend CO_2 an die Atmosphäre ab. Die seit 1000 v.Chr. absinkende Temperaturkurve steigt mit Beginn der Industrialisierung im 18. Jahrhundert wieder an, und der in der Abb. 55 erkennbare Abschwung der Temperatur in die nächste Eiszeit, sie würde vermutlich wenigstens 100 000 Jahre anhalten, bleibt aus.

Die Ägäische Wanderung

Zum Ende der Bronzezeit kommt es (Abb. 55) zu einer ›postglazialen‹ Klimaverschlechterung. Die ›goldene Bronzezeit‹ ist zu Ende. Die Temperatur in Europa nimmt um 3 bis 4 Grad ab. In Mitteleuropa werden starke Wanderbewegungen erkennbar. Die Zeit der unruhigen Urnengräberkultur beginnt. Die Toten werden nicht mehr in Steinkisten bestattet. Sie werden verbrannt, und die Asche wird in Urnen beigesetzt. Die Grabbeigaben werden bescheiden, verglichen mit den reichen Gräbern der mittleren Bronzezeit. Auffallend ist, daß die Zahl der Depotfunde in dieser Zeit stark zunimmt. Wertvollere Gegenstände werden vergraben und zurückgelassen. Alles Zeichen, die man einer Fluchtbewegung zuordnen könnte. Wer oder was diese Wanderungen auslöste, ist umstritten.

Spanuth vertritt die Meinung, daß die Wanderung durch den Klimasturz ausgelöst wurde. Der Durchzug durch Mitteleuropa muß mit Waffengewalt erkämpft werden. Es entstehen Verluste. Aufwendige Steingräber kann man den Toten nicht mehr gewähren, denn die Zeit drängt. Die Toten werden verbrannt, und die Asche in Urnen bestattet.

Bemerkenswert erscheint, daß diese Urnenbestattung im Gebiet der westlichen Ostsee, dem Gebiet der alten Dolmenkultur, nicht nachzuweisen ist. Ein Befund, der logisch erscheinen muß, wenn man annimmt, daß dieses Gebiet, bedingt durch den Fimbulwinter, weitgehend (?) verlassen wurde.

Ein Teil dieser europäischen Völkerwanderungen in der ausgehenden europäischen Bronzezeit ist die Ägäische Wanderung. (Als die Dorische Wanderung ist die Ägäische Wanderung in die griechische Überlieferung eingegangen.) In der Ägäis lassen sich zwei aufeinander folgende Bewegungen feststellen, eine im späten 13. Jahrhundert, die durch Funde mitteleuropäischer Bronzetypen belegt wird, und eine Wanderung in der ersten Hälfte des 12. Jahrhunderts, in der die Burg von Mykene endgültig zerstört wird. Nach Griechenland brachten diese Verschiebungen neben den Dorern und den Nordwestgriechen auch illyrische Volksgruppen aus den nördlichen Gebieten der Balkanhalbinsel. Es erscheint naheliegend, daß die Seevölker irgendwie in diese Wanderung eingepaßt werden müssen.

Bei der Suche nach der Spur der Megalithiker führt diese Dorische Wanderung wieder zurück zum Anfang, als die Ägypter im dritten Jahrtausend *›protodorische‹ Säulen im Grab- und Tempelbau verwendeten.* Die Bezeichnung ›protodorisch‹, bislang zumindest aus ägyptischer Sicht rätselhaft, wird verständlich, wenn man annimmt, daß die Altägypter und die in Griechenland eindringenden Dorer die gleichen kosmologischen Vorstellungen hatten.

Zur Erinnerung sei wiederholt: In der ägyptischen Mythologie spielte der Drehpunkt der Himmelssäule vornehmlich während des Alten Reiches eine wesentliche Rolle. Die Seele des Verstorbenen bemüht sich, in die Nähe des Stützpunktes, das heißt in die Nähe des nördlichen Drehpunktes, des Himmels zu kommen, um dort die Götter zu treffen. Die symbolische Umsetzung dieses Gedankens findet sich in den ägyptischen Grabkammern. Kannelierte ›protodorische‹ Säulen oder der Djed-Pfeiler stützen eine mit Sternen bedeckte Kammerdecke. (Abb. 29)

Bewiesen ist, daß Ägypter und Dorer die ›protodorische‹ Säule im Grab- und Tempelbau verwendeten. Naheliegend erscheint dann, daß die Dorer um 1200 v.Chr. in ein Gebiet eindringen, dessen ägyptisch-kretisch-mykenische Kultur im wesentlichen *von ihren eigenen Vorfahren* mitgestaltet wurde, die vermutlich seit dem vierten Jahrtausend v.Chr. ins mediterrane Gebiet einsickerten. Eine Hypothese gründet vor allem auf einer im wesentlichen gemeinsamen religiösen Grundüberzeugung. Ägypter und Dorer glauben, daß der Himmel durch einen Gott, einen Baum oder eine Säule gestützt wird. Ein gemeinsames Symbol ihres Glaubens ist unter anderem die kannelierte dorische Säule.

Eine Verbindung zum Tempelbau der alten Ägypter wird um 700 v.Chr. in Griechenland erkennbar. Es erscheint am Ende der ›dunklen Jahre‹ in Griechenland der dorische Tempel. Dieser Tempel ist durch zwei architektonische Kennzeichen, durch *kannelierte Säulen* und durch ein *Giebeldach* gekennzeichnet.

Bemerkenswert erscheint, daß der dorische Tempel in seiner Architektur *ohne Vorstufen* in Griechenland erscheint. (Müller-Wiener 1988) Es ist ein Säulentempel aus Steinen gefügt. In seiner ursprünglichen Konstruktion ist aber eine ›steinerne‹ Nachbildung älterer Holztempel erkennbar. Die Ableitung des dorischen Tempels aus der Holzarchitektur ist eine bekannte Tatsache, belegt

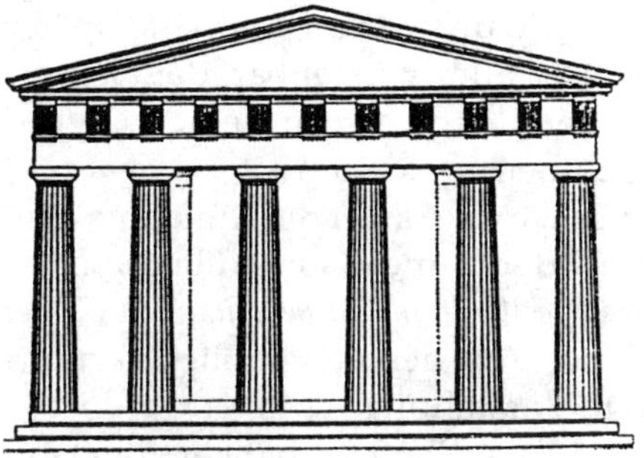

a

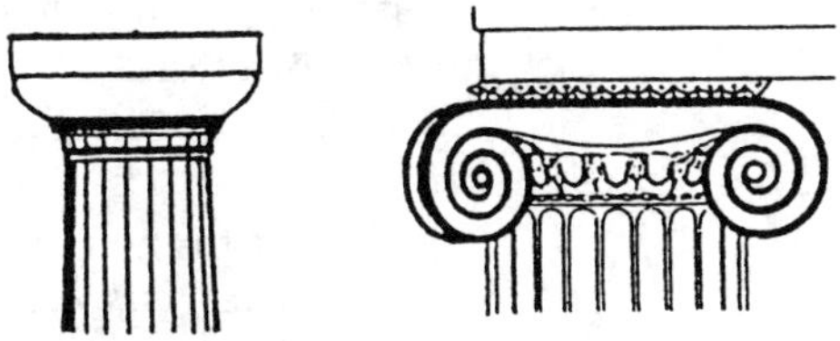

b

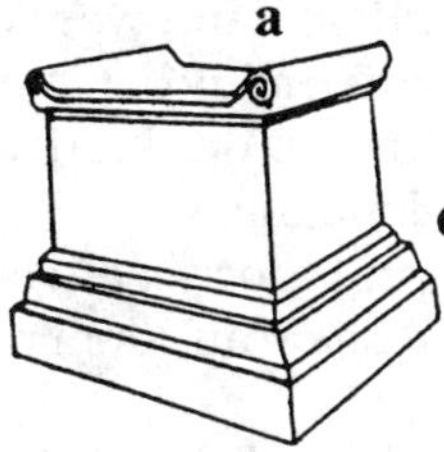

c

Abb. 56 a. *Dorischer Tempel, geprägt durch Giebeldach und kannelierte Säulen.* **b.** *Eine dorische Säule mit Doppelspirale bildet die ionische Säule.* **c.** *Ein griechischer ›Konvoluten Altar‹, 5. Jahrhundert v.Chr. (Opfer in Höhe der Sonnenbahn, in Nähe der Götter?)*

durch antike Quellen. (Herrmann 1971), das heißt, der Tempel müßte ursprünglich in einem Gebiet entstanden sein, in dem Holz das vorherrschende Baumaterial gewesen ist. Naheliegend wäre demnach, daß der dorische Tempel nicht in Griechenland entwikkelt wurde, sondern *in Konstruktion und religiöser Idee* von den Dorern aus ihrer Heimat mitgebracht wurde. In diesem Fall müßte der dorische Holztempel *ursprünglich* in einem bewaldeten Siedlungsgebiet nördlich von Griechenland entstanden sein, wobei ›nördlich‹ ein Gebiet von Mazedonien bis Dänemark bedeuten kann.

Das alte Problem: »Wieso erscheinen in frühgriechischen Tempeln auffallend strukturierte Säulen, Säulen, die bereits 1500 Jahre vorher in ägyptischen Gräbern als ›protodorische‹ Säulen gestirnte Grabdecken stützen?« (Abb. 29) Wo liegt die kulturelle Verbindung zwischen dem alten Ägypten und Griechenland am Ende der ›dunklen Jahre‹?

Als wenig wahrscheinlich erscheint mir die Möglichkeit einer spontanen Kulturübertragung von Ägypten auf die Dorer. Es müßten dann primitive Aggressoren, die nach verbreiteter Meinung in barbarischer Zerstörungswut alte Hochkulturen zerstörten, die religiöse Idee des Säulentempels des Alten Reiches in Ägyptern übernommen haben: eine Vorstellung, die allen historischen Erfahrungen widersprechen würde. Die Dorer sind später die kriegerischen Spartaner. Es ist kaum vorstellbar, daß Spartaner *freiwillig* ihre eigenen Götter verleugnen, um fremde ägyptische Götter und Tempel übernehmen zu können.

Eine andere Möglichkeit zur Erklärung bietet die Annahme, daß die Dorer im Mittelmeergebiet weder fremde Götter übernehmen noch verdrängen. *Sie treffen in Griechenland, im verwüsteten Gebiet der Mykener, auf ihre eigenen Götter.* Auf den ersten Blick vermutlich eine gewöhnungsbedürftige Vorstellung.

Wenn aber, nach Spanuth, um 1200 v.Chr. Nordvölker vom Fimbulwinter aus ihrer Heimat vertrieben werden, dann wäre es naheliegend, daß mit der Wanderung auch die religiösen Vorstellungen, unter anderen die Weltesche Yggdrasil, der Nordvölker in Griechenland erscheinen. Naheliegend dann die Annahme, daß die ›ägyptischen‹ Megalithiker mit ihren ›protodorischen‹ Säulen und die Dorer mit ihren ›dorischen‹ Säulen beide aus dem nördlichen Dolmengebiet gekommen sind.

Neben der kannelierten Säule hat der dorische Tempel als zweites architektonisch bestimmendes Symbol den ›nordischen‹ Giebel. Es gibt Hinweise, daß zumindest in römischer Zeit der Giebel im Mittelmeerraum geweihten Gebäuden vorbehalten war. Noch zur römischer Zeit bestand ein religiöser Bezug zum Giebeldach. So verweist Kähler (1964) auf einen Streit zwischen Cicero und Cäsar. Der Grund, Cäsar hatte in seinem Haus einen Giebel eingebaut. Kähler meint:

»Wenn Cicero es Cäsar als eine Anmaßung göttlicher Ehren vorwirft, daß er den Eingang seines Hauses mit einem Giebel versehen habe, so offenbart sich darin, noch zu einer Zeit, als der Giebel längst zu einem rein formalen Requisit auch der profanen Architektur geworden war, etwas von dem sakralen Ursprung dieses großen, ruhigen Dreiecks, ohne das auch für uns ein griechischer Tempel kaum vorstellbar wäre.«

Nach der Ermordung Cäsars wird im Senat diskutiert, ob er in einem Grab beigesetzt werden darf, das durch einen ›göttlichen‹ Giebel hervorgehoben ist. (Neuburger 1919)

Der Giebel spielt auch bei den Atlantern eine besondere Rolle. Kritias (108e-121c) beschreibt die Tempel der Atlanter: »Auf der Außenseite umkleideten sie den Tempel mit Silber, außer der Giebelkrönung; die war vergoldet.«

Die ionische Säule mit der Doppelspirale

Beim dorischen Tempel stützt eine kannelierte Säule *direkt* ein Giebeldach (Abb. 56). Bei den ionischen Säulen liegt, zusätzlich zwischen der kannelierten Säule und dem Giebeldach, eine doppelte Spirale. Die Bedeutung der doppelten Spirale am Kopf der ionischen Säulen ist nicht bekannt. Knell (1980) meint:

»In spekulative Überlegungen müßte die Frage nach der Herkunft und Entstehung des ionischen Voluten-Kapitells führen. Der pflanzlich-ornamentale Charakter ist unübersehbar, doch bleibt ungewiß, welche Vorbilder hier im einzelnen Pate gestanden haben.«

Es stellt sich die Frage: »Warum liegen pflanzliche Vorbilder, was immer das sein soll, bei der ionischen Säule immer zwischen Säulenende und Giebeldach?« Die Antwort wird erleichtert, wenn die ›Voluten‹ nicht Pflanzen, sondern die Sonnenbahn darstellen. Der Platz der Sonnenbahn und der Götter ist in der megalithischen Kosmologie zwischen stützender Himmelssäule und dem gestützten Himmelsgewölbe. Die Sonne fährt nach ägyptisch-germanischer Vorstellung mit einem Boot oder einem Wagen übers Himmelsgewölbe. Folglich muß die doppelte Spirale, wenn sie ein Symbol der Sonnenbahn ist, zwischen dem Säulenende und dem Giebeldach angebracht werden. Es entsteht dann die ionische Säule, ein Symbol der Sonnenreligion.

Die ›entgleisten‹ Spiralen der Dorer und Philister

Wie bereits besprochen, berichteten ägyptische Priester dem Solon über eine kosmische Katastrophe » (über die) zwar in der Form eines Mythos berichtet wird, es ist aber die Wahrheit und beruht auf der *Abweichung der am Himmel um die Erde kreisende Gestirne* und der nach langen Zeiträumen erfolgten Vernichtung der auf der Erde befindlichen Dinge durch mächtiges Feuer«.

Es war demnach eine weltweite Katastrophe. Die nördlichen Völker, unter anderen die Dorer, drängen nach Süden. Dieser vermutete Zusammenhang zwischen kosmischer Katastrophe und der Wanderung der Dorer wird durch eine besondere Form von ›entgleisten‹ Spiralen gestützt.

Es ist bemerkenswert, daß diese verwunderlichen Doppelspiralen nur auf der Keramik der *Dorer* in Griechenland und auf der *Philister*keramik in Palästina nachweisbar sind. (Abb. 57)

Eine Deutung erscheint möglich, wenn man annimmt, daß die Dorer durch eine kosmische Katastrophe aus ihrem nördlichen Siedlungsgebiet verdrängt wurden. Es wäre dann denkbar, daß dieses schicksalhafte Ereignis von den Dorern und den Philistern für kurze Zeit festgehalten wurde, festgehalten von Generationen, die noch eine Erinnerung an dieses schicksalhafte Ereignis hatten. Sie dokumentierten die Katastrophe auf ihren Gefäßen mit ›entgleisten‹ Sonnenbahnen.

Die Katastrophe wurde nach Timaios ausgelöst durch »*Abweichung der am Himmel um die Erde kreisende Gestirne*«. Angenommen, der Meteor Phaethon umkreist während der ägyptischen Finsternis als entgleister Sonnenwagen glühend die Erde. Am Himmel erscheint dann während Stunden oder Tage eine zweite ›Sonne‹.

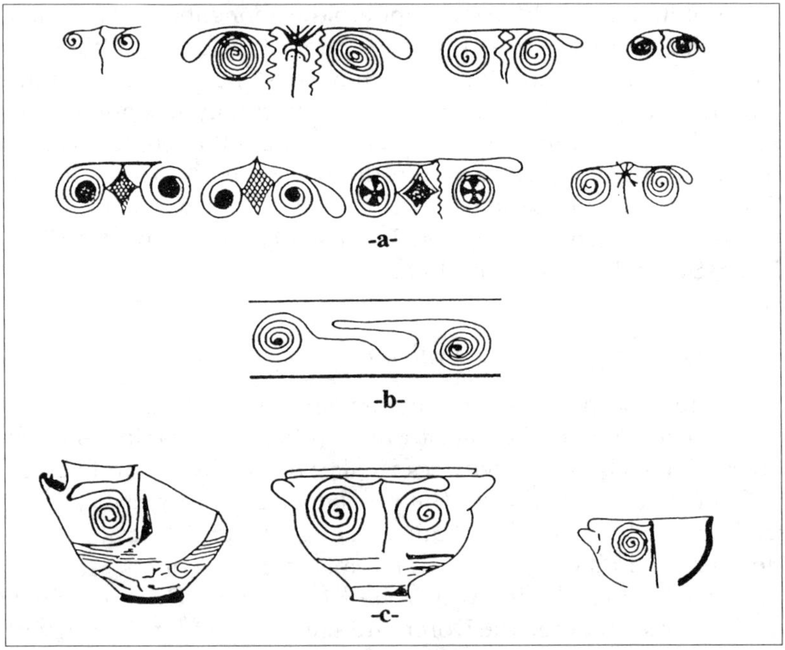

Abb. 57 a,b. *Keramik der Dorer in Griechenland. (Deger-Jalkotzy, Hrouda.)*
c. *Keramik der Philister in Palästina. (Dothan 1987)*
Zwischen den beiden Spiralen ist ein Mittelstrich erkennbar. Die Bilder erscheinen demnach wie flüchtig skizzierte ionische Säulen. Die Form der Spiralen wird als ›entgleist‹ beschrieben. Die Ursache der ›Entgleisung‹ wird nicht näher erklärt.

Das heißt: Für den Betrachter ändert sich der gewohnte Lauf der Gestirne, wenn in der Dunkelheit ein feuriger Glutball am westlichen Horizont auftaucht und im Osten verschwindet. Der kosmische Zwischenfall ist in der Abb. 57 b physikalisch richtig dargestellt. Die Sonne geht im Osten (rechts) auf. Beim Übergang von einer Spirale zur anderen passiert das Unglück. Eine neue ›Sonne‹ verändert ihre Bahn, kehrt aber nach einiger Zeit in ihre normale Spiralbahn zurück. Eine ähnliche Verformung der Spiralen ist auch feststellbar auf Keramiken der Philister (c), dem Hauptstamm der Seevölker, die sich in Palästina festsetzen. (Dothan 1987)

Die ›entgleisten‹ Spiralen der Dorer und Philister stützen die Annahme von Spanuth, daß die Dorische Wanderung durch eine Naturkatastrophe, durch einen glühenden Meteoriten, ausgelöst worden ist.

Olympia

Am Ende der ›dunklen Jahre‹ werden in Griechenland die Olympischen Spiele nachweisbar. Bemerkenswert, daß es Spiele sind, die bereits auf die Mykener zurückgehen. Nach Herrmann (1972) ergibt sich für den Anfang von Olympia folgendes Bild:

»In Olympia wurden schon in mykenischer Zeit vermutlich religiöse Feiern abgehalten. Unter Leitung der mykenischen Herrscher von Pisa wurde ein regelmäßig wiederkehrendes Fest zu Ehren des Heros Pelops veranstaltet. Leichenspiele mit Wagenrennen und anderen Wettkämpfen bildeten den Höhepunkt. (Reste der mykenischen Anlage sind archäologisch nachgewiesen. Ein Steinkreis von über 30 m Durchmesser umschloß den Grabhügel.) *Die Tradition dieser mykenischen Spiele wurde durch die Olympischen Spiele der Griechen weitergeführt.* Von tief greifender Bedeutung für Olympia ist die Tatsache, daß damals ein neues Zentrum religiösen Lebens entstand; eine monumentale Kultstätte, die in mykenischer Zeit dem Pelops geweiht war, einem Heros, dessen *Verehrung bei den Zuwanderern offenbar in hohem Ansehen stand* und dessen Name später der ganzen Halbinsel den Namen gab.« (von mir hervorgehoben)

Wenn demnach die Dorer *religiöse* Traditionen der Mykener fortführen, dann muß es neben den Handelsverbindungen eine enge kulturelle Verbindung zwischen den Dorern und Mykenern gegeben haben. Die Handelsverbindungen sind archäologisch bezeugt, denn in den Schachtgräbern von Mykene wurde Bernstein in größeren Mengen gefunden. Dieser Bernstein kann in diesen Mengen nur aus dem Norden gekommen sein: entweder von der Nordseeküste entlang der jütischen Halbinsel oder aus dem Baltikum. Die vermutete religiöse Verbindung zwischen Nord und Süd wird offenkundig, wenn man die Spirale als uraltes Symbol einer Sonnenreligion anerkannt, denn in der Bronzezeit ist die Spirale im Norden und in Mykene/Kreta weitverbreitet. Ein spiralverzierter Schwertgriff, entsprechend den germanischen Schwertern der Abb.1, ist auch in Kreta im Herakleion-Museum ausgestellt (1450–1300 v.Chr.).

Das eigentliche Problem ist jedoch: *Man weiß nicht, weshalb die Olympischen Spiele abgehalten wurden.* Ob die in der Neuzeit am häufigsten vertretene Hypothese, die olympischen Wettkämpfe seien aus den Leichenspielen für Pelops hervorgegangen, zutrifft, wird angezweifelt. (Herrmann)

Folgende Sage ist überliefert: Der König von Pisa hat eine Tochter. Der König will seine viel umworbene Tochter nur demjenigen geben, der in einem Wagenrennen schneller ist als er selbst. Wenn der Bewerber verliert, wird er vom König getötet. Pelops, ein Fremder, wagt den Wettkampf. Er siegt, weil der König bei der Wettfahrt mit dem Wagen stürzt und stirbt. Gemunkelt wird, durch List oder Sabotage am Wagen des Pelops. Zur Sühne für den Tod des Königs stiftet Pelops ihm Leichenspiele. Herakles, der Nationalheld der Dorer, soll später die Spiele erneuert haben. (Erste Olympiade in Griechenland nach traditionellem Datum: 776 v.Chr.)

Der mögliche Zusammenhang zwischen den Leichenspielen des Pelos und Olympia ist nur eine *Vermutung*, aber der Zusammenhang zwischen den Mykenern, den Dorern und den olympischen Wettkämpfen ist archäologisch *begründet*. Es stellt sich deshalb die Frage: »Welche Verbindung bestand zwischen den Mykenern vor der Katastrophe und den Dorern nach der Katastrophe?«

Eine Hypothese dazu: Angenommen, die olympischen Wettkämpfe waren in ihrem Ursprung religiöse Feste, im Rahmen einer *uralten megalithischen Sonnenreligion*. Vielleicht eine Sonnenwendfeier. Angenommen ferner, daß in Olympia mit den Spielen symbolisch die Sonne verehrt wurde, ein ›megalithischer Brauch‹, wie schon zur Zeit der ›protodorischen‹ Säulen um 3000 v.Chr. in Ägypten. Das allen gemeinsame Symbol ist die Spirale in Newgrange (Abb. 4), Negade (Abb. 14), Ur (Abb. 50), Mykene, Kreta, Germanien (Abb. 1) und bei den Dorern (Abb. 56 u. 57), bei den Griechen unter anderem auch die ionische Säule. (Abb. 56)

Vor diesem Hintergrund liefern die sakralen Rituale der Dorer zum Ende der dunklen Jahre die ersten Hinweise zum Ursprung der Olympischen Spiele (Herrmann):

»Im 8. Jahrhundert v.Chr. entstehen in Griechenland die ersten monumentalen Sakralbauten, doch Olympia blieb noch lange Zeit ein tempelloses Heiligtum. Zeus, in dessen Gestalt Züge des altindogermanischen Himmelsgottes lebendig blieben, wird seinem Wesen gemäß im Freien verehrt. In Dodene, dem hochberühmten alten Zeusheiligtum im nördlichen Griechenland. . ., bekam Zeus erst um 400 v.Chr. ein kleines Tempelchen, aber Mittelpunkt des Temenos (heiliger Bezirk) blieb stets die heilige Eiche, aus deren Wipfel man die Orakelsprüche vernahm. So verwundert es nicht, daß der erste in Olympia errichtete Tempel nicht etwa Zeus, sondern dessen Gattin Hera geweiht war.« (um 650 v.Chr.) »Olympia bleibt noch lange Zeit ein tempelloses Heiligtum.« (Herrmann)

Es ist bemerkenswert, daß der Hinweis im wesentlichen mit den später überlieferten germanischen Ritualen der Römerzeit übereinstimmt. Tacitus (9) berichtet: »Übrigens glauben die Germanen, daß es mit der Hoheit der Himmlischen unvereinbar sei, Götter in Wände einzuschließen und sie irgendwie menschlichem Gesichtsausdruck anzunähern. Sie weihen Lichtungen und Haine und geben die Namen von Göttern jener weltentrückten Macht, die sie allein in frommen Erschauern erleben.«

Tacitus könnte mit denselben Worten aus seiner *Germania* auch die Verehrung der Götter bei den Dorern beschrieben haben. (Bäume waren den Göttern geweiht; siehe auch Gilgamesch und den von den Göttern geschützten Zedernwald im Libanon.)

Der Wert eines ›Lorbeerkranzes‹

Zur Verehrung der heiligen Eiche von Dodene, »aus deren Wipfel man die Orakelsprüche« vernahm, würde der Lorbeerkranz als höchste Auszeichnung bei den Wettkämpfen passen.

Der Sieger in den olympischen Wettspielen erhielt einen Siegerkranz aus Blättern - materiell wertlos, trotzdem höchstes Ziel der Wettkämpfer, zumindest anfänglich in der geometrischen, dorischen Zeit. Warum?

Die für Nichteingeweihte wohl verwunderliche Tatsache, daß die Hellenen als höchste Auszeichnung im Wettkampf nur einen Kranz aus Blättern erstrebten, wird bereits von Herodot (8/25) herausgestellt. Der persische König Xerxes erkundigt sich vor der Schlacht nach den Gewohnheiten der Hellenen. Auf die Frage, was sie jetzt täten, wird geantwortet, daß sie jetzt den Olympischen Spielen zuschauten. Der erstrebte Siegespreis sei ein Lorbeerkranz. Als ein Berater des Königs erfährt, »der Kampfpreis wäre ein Kranz und keine Schätze, konnte er nicht länger schweigen, sondern sprach also vor allen Ohren: Wehe Mardonios (der Feldherr), wider was für Männer führst du uns in den Streit, die nicht um Geld ihre Kampfspiele halten, sondern um die Trefflichkeit.«

Offensichtlich war das Verhalten der zukünftigen Gegner aus der Sicht des persischen Beraters gefahrdrohend. Der hellsichtige Mahner wird als Feigling beschimpft.

Daß Blätter den höchsten Preis in Olympia symbolisieren, könnte mit der Verehrung des Baumes bei den Dorern und Germanen erklärt werden. Einen Hinweis gibt in Griechenland Pindar, ein Poet aus der führenden griechischen Adelsschicht (500 v.Chr.). Er besingt die Olympischen Spiele, unter anderem den heiligen Ölbaum, den Herakles, der dorische Nationalheld und Sohn des Zeus, aus dem Land der Hyperboreer holt.

»Den hat einst von des Istros (Donau) schattigen Quellen gebracht der Amphitryonide (Herakles), als schönstes Wahrzeichen der olympischen Kämpfe, als er das Volk der Hyperboreer mit Worten dazu überedet hatte, die treuen Diener Apollons.«. . . (Überedete Herakles die Hyperboreer, die Olympischen Spiele durchzuführen?)

Nach der Überlieferung gab es in Olympia einen uralten, heiligen Ölbaum. Weshalb dieser Ölbaum heilig war, ist nicht überliefert. Zu berücksichtigen wäre aber, daß Pindar rund 500 Jahre nach der dorischen Wanderung am Hof des mazedonischen Königs seine Verse schrieb. Welche Kenntnisse hatte zu dieser Zeit ein Grieche vom Norden, von den Hyperboreern? Wieviel der Erinnerungen aus der verlorenen Heimat im Norden konnte von den Dorern in den Notzeiten der dunklen Jahre weitergegeben werden? Wer wußte um 500 v.Chr. noch, was Spiralen oder Tempelsäulen bedeuten oder weshalb eine Eiche heilig sein sollte? Wer wäre noch in der Lage gewesen, die ›entgleisten‹ Spiralen zu deuten?

Das Schwinden des kulturellen Gedächtnisses läßt sich gut an den griechischen Vasen verfolgen. Spiralen und geometrische Muster sind auf den Töpferwaren der geometrischen Zeit um 900 v.Chr. vorherrschend; später werden sie von orientalisierenden, figürlich geschmückten Vasen verdrängt. Der Ursprung wird vergessen.

Noch um 400 v.Chr. muß Herodot, der Weitgereiste, bekennen: »Über das Ende von Europa gegen Abend zu kann ich aber nichts mit Gewißheit sagen. Zum anderen habe ich, trotz aller Mühe, von keinem Augenzeugen erfahren können, wie das Meer beschaffen ist in jener Gegend von Europa.« (3/115) Etwa 400 Jahre vorher soll die *Odyssee* entstanden sein mit der Beschreibung der Phäaken – vielleicht eine dorische Überlieferung?

Pindar erwähnt den Ölbaum und als Ursprung dieses mediterranen Baumes einen Ort nördlich der Alpen. Ein Denkfehler oder eine verschwommene Überlieferung aus der dorischen Zeit, als

Bäume noch mit den Göttern in Verbindung gebracht wurden, als man aus dem Wipfel der Eiche noch die göttlichen Orakelsprüche vernahm? Wir wissen es nicht. Es scheint aber, daß Pindar an diese frühe dorische Zeit doch eine Erinnerung hatte. Er berichtet, daß Herakles eine goldgehörnte Hirschkuh verfolgte, und diese führt ihn in den Norden zu den ›über dem kalten Boreas‹ Wohnenden, zu den Hyperboreern, die offensichtlich in einem Gebiet mit hochstämmigen Wald lebten.

»Diese verfolgend, sah er auch jenes Land jenseits des Wehens
[des kalten Boreas.
Dort blieb er stehen und bestaunte die Bäume.» (*OL*, III 14 ff.)

Denkbar wäre demnach, daß der olympische Kranz aus Blättern ursprünglich mit dem Baumkult, mit dem heiligen Hain, zusammenhängen könnte. Der Sieger wird geehrt mit einem Zweig aus der heiligen Eiche (?). Zum Ring gebogen, wird er auf den Kopf des Siegers gelegt. Eine Verbindung zum Ring auf dem Kopf des Zeus von Olympia? (Abb. 48)

Es ist bemerkenswert, daß die dorisch-germanische Verehrung des Baumes auch im *Gilgamesch*-Epos beschrieben wird. Gilgamesch erreicht mit seinem Freund Enkidu den Zedernwald.

»Still standen sie am Rande des Waldes
Die Höhe bestaunten sie an der Zeder.«

Zumindest verwunderlich, daß die frühen Sumerer und die späten Dorer gemeinsam hohe Bäume bestaunen und beide in ihren Gräbern Spiralen hinterlassen.

Der Kessel in Olympia und in der ›Edda‹

Eine weitere verwunderliche Auszeichnung bei den Spielen bestand vermutlich in der Ehre, den Göttern als Weihgabe einen Kessel aus Bronze anzubieten. (Herodot 1/144) Die Kessel standen auf einem Dreifuß (Abb. 58) und wurden neben der Kampfstätte aufgestellt. Das Recht und die Ehre, den Göttern persönlich ein Opfer anzubieten, war sicher mit hohen Kosten verbunden, zumindest in den Anfängen der Spiele. Später, mit dem Ende der geometrischen Zeit, ging es weniger um Ehre als um Einfluß und Geld. Die ursprünglich heiligen Spiele wurden zum profanen Spektakel. (Weeber 1991)

Diese Kessel sind in Bruchstücken in großer Zahl nachgewiesen, aber nur ein einziger ist erhalten geblieben. Er war vergraben. (Herrmann) Die große Zahl und der materielle Wert dieser Kessel lassen vermuten, daß die Kessel einen wesentlichen Teil des religiösen Hintergrundes der Spiele symbolisierten. Das Problem: Die mythische Bedeutung von Kranz und Kessel kennen wir nicht.

Wenn die Leichenspiele des Pelops der Grund für die Wettkämpfe waren, welche symbolische Bedeutung hatten dann Blätterkranz und Bronzekessel als höchste Auszeichnung bei diesen Leichenspielen?

Der Kessel auf einem Dreifuß war offenbar eine Weihegabe, die nicht nur in Olympia verwendet wurde. Bronzekessel mit drei angenieteten Beinen treten zuerst (!) im kretisch-mykenischen Kulturkreis auf (1600–1400 v.Chr.) Ein dreibeiniger Kupferkessel fand sich im vierten Schachtgrab der Akropolis von Mykene. Wenn demnach der Kessel schon von den Mykenern als religiöser ›Symbolträger‹ verwendet wurde, dann hatten Dorer und Mykener vermutlich die gleiche Religion. Gegen Ende der mykenischen Zeit und in der folgenden ›geometrischen‹ Kultur erscheint der Kessel in steigender Zahl in allen griechischen Heiligtümern. (Ebert) Herodot (1/92) berichtet, daß Krösus dem Apoll in Theben einen goldenen Dreifuß gewidmet hat.

Bemerkenswert in diesem Zusammenhang ist, daß nach Homer (13/13) auch die Phäaken dem heimkehrenden Odysseus einen Kessel schenken. (Zur Erinnerung: Die Phäaken wohnen nach Homer abgesondert im wogensrauschenden Meer, am Ende der Welt (das heißt im Norden) und haben mit keinem Gemeinschaft. Sie wohnen in einem Land mit täglich und stündlich wehendem Westwind, der die Früchte reifen läßt).

»Für den Fremdling (Odysseus) auch Gold von künstlicher Ar- [beit, und andere
reiche Geschenke, soviel die phäakischen Fürsten ihm brachten.
Laßt uns noch jeden ein *groß dreifüßig Geschirr und ein Becken*
ihm verehren. Wie fordern uns dann vom versammelten Volke
wieder Ersatz; denn einige belästigen solche Geschenke.«

Homer soll nach Aussage von Herodot um 800 v.Chr. gelebt haben. Damit wäre zumindest eine zeitliche Verbindung zur Dorischen Wanderung und damit zum nördlichen Dolmengebiet gegeben. Eine solche Annahme wird durch Funde sakraler Kessel im Norden (Abb. 58 e) gestützt. Der Kessel würde sich wie die Spiralen auf dem Kesselgriff (Abb. 58 a) zwanglos in die Dorische

Wanderung eingliedern, wenn man die Hypothese von Spanuth annimmt, daß ein Zusammenhang zwischen den Phäaken und den Dorern besteht.

Soweit die Hypothesen. Gesichert erscheint zumindest, daß man den Göttern in Mykene, im Griechenland der Dorer, offensichtlich etwas Gutes tat, wenn man ihnen einen Kessel oder große Schalen wie in Newgrange weihte.

Aus ›olympischer‹ Sicht ist die ursprüngliche Bedeutung von Blätterkranz und Kessel bislang ein Rätsel. Wenn man aber die beiden Symbolträger den Nordmegalithikern zuweist, dann könnte eine Erklärung gelingen, denn es gibt eine Verbindung zum Norden: archäologisch begründet durch die Kesselwagen (Abb. 58), mythologisch begründet durch einen Hinweis auf ein göttliches Trinkgelage in der *Edda*.

Im 13. Jahrhundert werden auf Island die Göttersagen der Germanen aufgeschrieben. In der Vorstellung der Germanen ist das Geschick der Erde durch Kampf bestimmt, einen ständigen Kampf der Götter gegen drohende Riesen, gegen die Meeresgewalt in Gestalt einer riesigen Schlange, die im Ozean liegt und das Wohngebiet ›Midgard‹ der Menschen umschlingt, und den Fenriswolf, der einst die Sonne verschlingen wird. Die Götter werden diesen Kampf verlieren. Danach entsteht eine neue Welt. (Ein späterer Hinweis auf die Naturkatastrophe um 1200 v.Chr.?)

Es ist die Sage vom Eisriesen Hymir (Hymiskvida), die einen möglichen Hinweis auf die Olympischen Spiele gibt. Ägir, ein relativ friedlicher Riese, der über die Binnengewässer herrscht, wird von Thor, dem Wettergott, aufgefordert, den Göttern Bier zu brauen. Der Riese sucht nach Ausflüchten und sagt dem fordernden Gott, daß er keinen Kessel habe. Wenn Thor trinken wolle, dann müßte er vorerst den Kessel herbeischaffen. Den Kessel besitzt Hymir, ein Eisriese, der an des Himmels Ende wohnt, im Osten der Elivagar, der urweltlichen Eisströme. Thor, der Wettergott, macht sich auf den Weg *gen Osten,* um von dem Eisriesen den Kessel zu erlangen.

Dieser Hinweis »gen Osten« erscheint mehrfach in der *Edda*. Wann ist die Gechichte mit dem Eisriesen entstanden? In der warmen Bronzezeit haben die Bewohner im Norden kaum die Erfahrung machen können, daß im Osten noch Eismassen liegen. Stammen Schilderungen in der *Edda* aus der frühen Steinzeit, aus der Zeit der Rentierjäger, die den Gletscherrand noch gesehen haben?

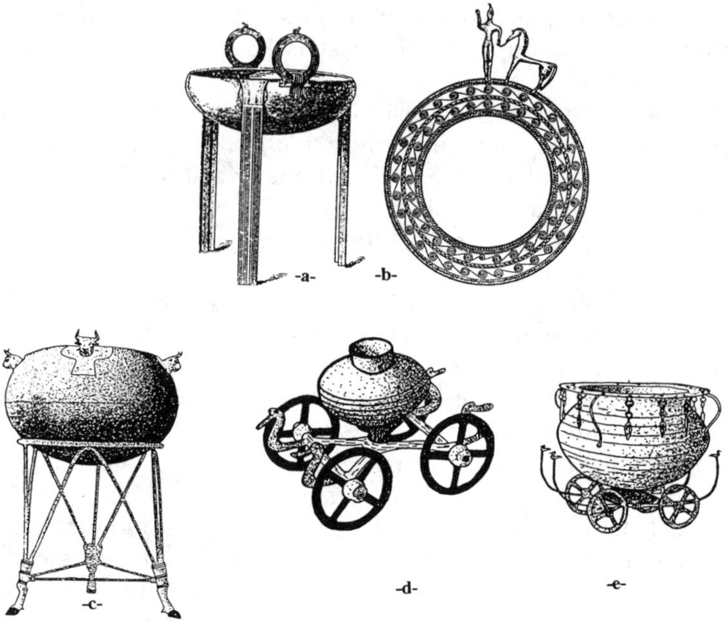

Abb. 58 a. *Dreifuß mit Kessel.* **b.** *Die Henkel (vergrößert) des Kessels sind mit fortlaufenden Spiralen versehen.* **c.** *Bronzekessel und Dreifuß aus Altintepe, 8. Jahrhundert v.Chr. Ankara.* **d.** *Bronzekessel auf Rädern mit Vogelköpfen. Achelshausen, Unterfranken um 1200 v.Chr.* **e.** *Skallerup, Dänemark, späte Bronzezeit. Der Kessel (30 cm) wurde in einem Grab gefunden. Im Kessel Asche einer Feuerbestattung.*

Wie bei **d.** *am Wagen Vogelköpfe (Enten, Schwäne?), siehe auch die flachen Schalen in Newgrange, Abb. 4.*

Thor und der Eisriese Hymir treffen sich und wollen gemeinsam essen. Zum Mahl wird neben einigen Stieren noch Fisch benötigt. Die beiden fahren aufs offene Meer. Hymir warnt. Es wäre zu gefährlich. Thor übergeht die Warnung. Als Köder beim Angeln benutzt er einen abgerissenen schwarzen Stierkopf. (Abb. 47 e) Die weltumschlingende Midgardschlange packt zu, aber Thor trifft sie mit seinem Hammer aufs giftspeiende Haupt. Die Schlange sinkt auf den Meeresboden. Das stürmische, offene Meer des Winters wird ruhig. Die Schiffe können sich im beginnenden Sommer aufs Meer wagen.

Im Hause des Eisriesen Hymir erlangt Thor nach einem Kampf den Kessel. Dieser Kampf wird gedeutet als Kampf des Frühlings gegen den scheidenden Winter (Uhland), das heißt, der Wettergott bekämpft den Winter im Osten und bringt mit dem Kessel symbolisch den Frühling nach Midgard, dem Siedlungsgebiet der Menschen. Der Sommer ist gekommen, und das Trinkgelage der Götter kann beginnen.

Es sind zwei Hinweise in dieser Geschichte, die mit Olympia zusammenhängen könnten. Es wird ein Trinkgelage der Götter beschrieben mit einem festgelegten Zeitpunkt, der Leinenernte.

»Kraftgerüstet kam er (Thor) zum Göttermahl
Und hatte den Hafen, den Hymir besessen.
Daraus sollen trinken die seeligen Götter
Ael in Ägirs Haus jede *Leinenernte.*«

Uhland verbindet mit der Leinenernte ein Datum. »Nachdem er so den Kessel erworben, ist es den Göttern fortan möglich, bei Ägir Trinkmahl zu halten, doch feiern sie dieses erst zur Zeit der Leinenernte, im Spätsommer, wann die dauernste Meeresstille herrscht.« Diese Datierung auf den Spätsommer stimmt nicht. Leinen (Flachs) wird nach 90 bis100 Tagen, kurz vor der Samenreife, geerntet, das heißt: Bei Aussaat im April kann der Flachs zur Sommersonnenwende Ende Juni ›gezogen‹ werden. (*Brockhaus*). Der Hinweis in der *Edda* auf die Leinenernte wäre dann nicht zufällig. Es wäre ein möglicher Hinweis auf einen Sonnenkult, auf die Sommersonnenwende am 21. Juni. (Zur selben Zeit erscheint bei den Hyperboreern in Stonehenge die Sonne über dem Heelstein.)

Ein weiterer Hinweis auf die Olympischen Spiele steht im Vorwort zur Agisdrecka. Es wird vermerkt, daß die Götter bei ihrem Trinkgelage nicht gestört werden. Sie wollen ihre Ruhe:

»Ägir, der mit anderem Namen Gymir hieß, bereitete den Asen (Göttern) ein Gastmahl, nachdem er den großen Kessel erlangt hatte. . . Das Ael trug sich selber auf. *Der Ort hatte sehr heiligen Frieden.*«

Diese Anordnung der Götter aus der *Edda* ist auf Griechenland übertragbar, denn während der Olympischen Spiele hatte auch in ganz Griechenland Frieden zu herrschen. Die olympischen Wettkämpfe könnten demnach ursprünglich eine Sonnenwendfeier gewesen sein. Die Spiralen auf dem Kessel der Abb. 58 b mögen den Sonnenkult mit dem Trinkgelage der Götter verbinden.

In Newgrange (Abb. 4) sind am Ende des Ganges in drei Steinkammern je eine aus Stein gehauene ovale Schale gestellt. Bemerkenswert sind die Abmessungen: 110 cm lang, 90 cm breit und 15 bis 23 cm tief. Auch diese Schalen stehen vermutlich in Verbindung mit Spiralen (siehe Türstein). Hatten diese Schalen die gleiche rituelle Bedeutung und Aufgabe wie die späteren Kessel in Skandinavien, Olympia und Palästina?

Megalithische Spuren im Alten Testament

Wenn versucht wird, die sakrale Bedeutung eines Kessels mit vier Rädern (Abb. 58) mit einem Trinkgelage der nordischen Götter in der *Edda* zu erklären, dann mag man die Deutung als Hypothese anerkennen. Wenn aber der Kessel mit Rädern auch in Alten Testament im Tempel Salomons auftaucht, dann mögen Bedenken aufkommen, daß irgend etwas in der versuchten Beweisführung nicht stimmen kann. Es sei denn, man vermutet, daß Salomons Tempel ein megalithischer Tempel war. Auf den ersten Blick sicher eine sperrige Vorstellung. Naiv betrachtet, ergibt sich aber folgendes Bild:

Das Alte Testament überliefert unter anderem Sagen aus dem kulturellen Umfeld Palästinas, etwa seit 1000 v.Chr. Es ist das Gebiet der Megalithgräber der Abb. 41. In Syrien und Palästina stehen in Tempeln Doppelsäulen und tragen Götter Hörner (Abb. 60), Symbole der megalithischen Urreligion. In diesem Gebiet entsteht eine neue Religion. Eine Religion, die nicht wie bisher auf ursprünglichen Naturgöttern wie Sonne und Rind gegründet ist, sondern auf einem einzelnen Gott. Einem Gott, der sich unter den Menschen nur einem einzigen Stamm zuwendet, den Israeliten. In Palästina erfährt die alte Religion der Megalithiker ihren ersten Einbruch.

Im Alten Testament wird berichtet über Geschehnisse in Palästina, beginnend etwa um 1000 v.Chr. Es ist die Zeit der ›dunklen Jahre‹. Durch die Naturkatastrophe sind die alten Machtstrukturen in diesem Gebiet zerstört. Die Hethiter verschwinden aus der Geschichte. Ägypten versinkt in Anarchie. Die israelischen Stämme wandern, ermöglicht durch ein Machtvakuum (?), in Palästina ein. Sagen, Legenden und Lieder entstehen in Palästina und werden im Laufe der Jahrhunderte weitergegeben. Das bedeutsamste Schriftwerk dieser ersten Epoche der israelischen Literatur ist das des Jahwisten, eines anonymen Autors, der nicht primär über die Zeitgeschichte berichtet, sondern über die Entstehung Israels. Sein Buch bildet heute die Grundlage der ersten vier Mosebücher. (Koch 1963) In diesen Büchern gibt es Hinweise auf ›geweihte‹ Steine, Hörner, Säulen und Kesselwagen. Es sind Symbole der umgebenden Megalithkultur.

1. Geweihte Steine:

In Mose 1,28 ff. wird berichtet, wie Jakob sich einen Stein unter den Kopf legt und einschläft. Er träumt von einer Himmelsleiter, (die es auch in den ägyptischen Pyramidentexten gibt. Naheliegend ist, daß die Idee einer Himmelsleiter vermutlich aus der megalithischen Religion übernommen wurde. Sie macht den Fährmann entbehrlich. Am Ende der Leiter steht Gott und der spricht:

»Ich bin der Herr, Abrahams, deines Vaters, Gott und Isaaks Gott: Das Land auf dem du liegst, will ich dir und deinem Samen geben... Da nun Jakob von seinem Schlaf aufwachte, sprach er: Gewiß ist der Herr an diesem Ort, und ich wußte es nicht... Und er fürchtete sich: Wie heilig ist diese Stätte! Hier ist nichts anders als Gottes Haus und hier ist die Pforte des Himmels... Und Jakob stand des Morgens früh auf und *nahm den Stein*, den er zu seinem Haupt gelegt hatte, und richtete ihn auf zu einem Mal und goß Öl oben darauf... Und dieser Stein, den ich aufgerichtet habe zu einem Mal, soll ein *Gotteshaus* werden.«

»Und so du mir einen steinernen Altar willst machen, so sollst du ihn nicht von *gehauenen Steinen* bauen; denn wo du mit deinem Messer darüber fährst, so wirst du ihn *entweihen*.« (2. Mose 20,25, siehe auch Jos. 8,31)

»Und zu der Zeit, wenn ihr über den Jordan geht in das Land, das der Herr, dein Gott, dir geben wird, sollst du große Steine aufrichten und sie mit Kalk tünchen... und darauf schreiben alle Worte dieses Gesetzes, wenn du hinüber kommst.« (5. Mose 27,2–3)

»Wie Mose, der Knecht des Herrn, geboten hatte den Kindern Israels, wie geschrieben steht im Gesetzbuch Moses, einen Altar von ganzen Steinen, die mit *keinem Eisen* behauen waren, und opferte dem Herrn darauf Brandopfer und Dankopfer.« (Jos. 8,31)

Warum haben Steine im frühen ›Sagenteil‹ des Alten Testaments sakrale Bedeutung? Naheliegend wäre, daß Überlieferungen aus dem Dolmengebiet in Palästina übernommen wurden. Zumindest könnten die Megalithgräber einen vagen Hinweis auf ›heilige‹ Steine geben.

Ein Altar (lat. *alta ara*, ›erhöhte Opferstätte‹) ist ursprünglich ein einfacher Findlingsblock oder Steinhaufen (Mykene), dann auch aus Ton (auf Kreta und bei den Hethithern). *Naturvölker verwenden im allgemeinen keinen Altar (!).* (Brockhaus)

2. *Hörner*

Auf einen megalithischen (?) Stierkult deuten Hinweise auf Altäre in der Stiftshütte: »Du sollst einen Altar machen von Akazienholz. . . Hörner sollst du auf seinen vier Ecken machen und sollst ihn mit Erz überziehen.« (2. Mose 27,1)

»Du sollst auch einen Räucheraltar machen. Eine Elle lang und breit, gleich viereckig und zwei Ellen hoch, mit seinen Hörnern. Und du sollst ihn mit feinem Gold überziehen, sein Dach und seine Wände ringsumher und seine Hörner.« (2. Mose 30,1)

»Und du sollst von seinem Blut (Opfertier) nehmen und auf des Altars *Hörner* tun mit deinem Finger und alles andere Blut an des Altars Boden schütten. (2. Mose 29,12, Weihe der Priester und des Altars)

Die Vermutung wäre naheliegend, daß die Israeliten in ihren Sagen Teile der megalithischen Urreligion übernehmen, unter anderen Steine und Hörner.

Salomons Tempel

Spanuth (1985) vertritt, gut dokumentiert, zwei Meinungen. 1. Der Tempel Salomons ist ein Beweis für die nordische Herkunft der Phönizier, und 2. der Erbauer, Hiram von Tyros, stellte den Bau und die kultischen Einrichtungen nach nordischen Traditionen her. Seine Überlegungen fügen sich in das Bild, daß Salomons Tempel in den Sagen des Alten Testaments als vermutlich megalithischer Tempel beschrieben wird.

Die angeführten Hinweise auf eine Verehrung von Steinen und Hörner im Alten Testament mögen vage erscheinen. Überzeugende Hinweise auf eine megalithische Sonnen- und Rinderreligion im Alten Testament sind sie kaum. Zudem, warum sollten Israelis als Hirtenvolk nicht Altäre aus Stein errichten und diese mit Hörnern schmücken?

Schwieriger erscheint aber die kulturelle Einordnung des Tempels Salomons. Der Tempel wurde nach Aussage des Alten Testaments etwa 200 Jahre nach der Naturkatastrophe gebaut. Salomon beauftragte den Philister Hiram, den König von Sidon, den Tempel für ihn zu bauen. Seine Begründung: »Denn du weißt, daß bei uns niemand ist, der Holz zu hauen wisse wie die Sidonier.« (1. Könige 5,20) Die Philister hatten anfangs ein gutes Verhältnis zu den Semiten.

Hiram gehörte als Philister zum Hauptstamm der Seevölker. Diese siedelten nach verlorener (?) Schlacht entlang der Küsten des Libanons und Palästinas. (siehe auch Abb. 57 c) Das heißt: Wenn Salomons Tempel tatsächlich um 950 v.Chr von Hiram gebaut wurde, dann wurde der Tempel von den Seevölkern errichtet.

Das Problem: Im Tempel Salomons standen *Säulen, Kessel, Stiere und ein Sonnenwagen.* Es sind Symbole, die mit der ursprünglichen megalithischen Naturreligion begründet werden können, aber kaum mit der jüdischen Religion. Die Hinweise im einzelnen:

1. *Säulen.* Vor dem Tempel standen zwei eherne Säulen. (ehern = eisern?) Sie hießen Jachin und Boas. (1. Könige 7 ff.) Spanuth vermutet die Bedeutung von Himmelssäulen, da das Ende der Säulen ausladende Voluten, ›Lilien‹, trägt. An anderer Stelle (2. Chron. 3,15 f.) enden die 35 Ellen langen (19,25 m) Säulen mit einem Knauf von fünf Ellen (2,75 m).

Die Bedeutung dieser Säulen ist nicht bekannt. Es könnte ein Zusammenhang bestehen mit den ›Doppelsteinen‹ im Bereich der Megalithkultur. Zwei Steine standen, wie bereits besprochen, vor dem Grab der Rinderhirten in Abydos, zwei Obelisken am Eingang der ägyptischen Tempel, zwei Säulen im Tempel von Thyros (siehe S. 114), zwei Säulen im Vorhof der beiden Apollontempel in Delos und Delphi. Bei dieser Säule mußten die Eide geschworen werden. (zit. bei Spanuth) Etwa zeitgleich schwor auch König Josia bei den Säulen im Vorhof des Tempels den Eid der Treue für Jahwe: »Und der König trat an die Säule und machte einen Bund vor dem Herrn.« (2. Kön. 23,3)

2. *Kessel.* Weiter stellte Hiram einen riesigen Bronzekessel vor den Tempel »zur Rechten voran gegen Mittag« (1. Kön. 7,23 ff.) Es war der Beschreibung nach ein Riesenkessel mit einem Durchmesser von zehn Ellen (5,5 m) und einem angegebenen Fassungsvermögen von 72 000 Litern (?). Dieser Kessel wurde am »Jordanufer. . . in dicker Erde (Formen aus Ton) gegossen«. (2. Chron. 4,17) Dieser Kessel wird als »Meer« bezeichnet. Er steht auf zwölf Rindern, jeweils drei gerichtet gegen Mitternacht, Abend, Mittag und Morgen in den vier Himmelsrichtungen, »ihre Hinterteile inwendig« gerichtet. Die kultische Bedeutung des »Meeres« war es, »daß sich die Priester darin wüschen«. (2. Chron. 4,6). Wie kommt ein salziges »Meer« in die Religion eines Hirtenvolkes?

Ferner wurden von Hiram zehn Kessel aus Bronze gegossen und auf »Stühle« gesetzt. Sie waren unter anderem mit Ochsenköpfen geschmückt. Bemerkenswert ist, daß diese »Stühle« jeweils vier Räder hatten. (1. Könige 7,27 ff.) Diese Stühle und Räder werden im einzelnen beschrieben. Der Vergleich mit Abb. 58 drängt sich auf.

3. *Sonnenwagen.* König Josia gibt 622 v.Chr. den Befehl, den Tempel zu reinigen (2. Könige 23 ff.):

»Sie (die Priester) sollten aus dem Tempel des Herrn tun alle Geräte (Säulen, Kessel), die dem Baal und der Aschera und allem Heer des Himmels gemacht worden waren. . .«

»Und er tat ab die Rosse, welche die Könige Judas hatten der Sonne gesetzt am Eingang des Hauses des Herrn. . . und den Wagen der Sonne verbrannte er mit Feuer.«

Das heißt: *Josia ›reinigte‹ einen Tempel, in dem die Sonne verehrt wurde.*

Die Begründung seiner Anordnung steht in 2. Könige 22. Der Tempel sollte von Handwerkern ausgebessert werden. Man findet beim Aufräumen ein Buch. Beim Lesen zerreißt der König seine Kleider. Es ist das Gesetzbuch Gottes. Ein Buch, dessen Inhalt im Laufe der Jahrhunderte vergessen worden ist. Das Leiden seines Volkes wird erklärbar. Es ist die Strafe ihres Gottes, dessen Gebote sie vergessen hatten. Josia läßt Säulen, Kessel und Sonnenwagen zerstören. Sie gehören nicht in einen Tempel, der dem Jahwe geweiht ist.

Vor diesem Hintergrund die Frage: »Wie kommen Säulen, Kessel auf Rädern und ein von Pferden gezogener Sonnenwagen in den Tempel Salomons?«

Sonnenwagen und Kessel sind in der Bronzezeit in Dänemark nachweisbar (Abb. 54 u. 58, in relativer Datierung 15–14 Jh. v.Chr.) Salomons Tempel soll um 950 v.Chr entstanden sein. Die Zeitfolge 14. Jh.–9 Jhd. zwingt (?) zur Annahme, daß die Symbole aus dem Norden in den Süden gekommen sind. Deshalb wäre die Vermutung naheliegend, daß die Symbole im Tempel Salomons im Verlauf der Dorischen Wanderung mit den Philistern nach Palästina gekommen sind. Zumindest der vermutete Zeitraum der Sage im Alten Testament würde in etwa stimmen.

Zwei Möglichkeiten einer Erklärung wären denkbar:

1. Salomons Tempel wurde im Auftrag Salomons für Jahwe, den Gott der Israeliten, gebaut. Die Religion wurde danach aber

im Laufe der folgenden Jahrhunderte von den Israeliten vergessen. Der seit den Sumerern auch in Palästina verbreitete megalithische Glaube verdrängt die Religion der zugewanderten Israelis, und die megalithischen Glaubenssymbole erscheinen um 900 v.Chr. in ihren Tempeln. Das Problem: Salomon selbst hat nach Aussage des Alten Testamentes den Auftrag gegeben, die ›megalithischen‹ Symbole in seinem Tempel zu errichten, nämlich Säulen, das ›Meer‹, Kessel auf Rädern, Stiere. Mit anderen Worten: Die Symbole standen *von Anfang an* im Tempel. (Vom Sonnenwagen wird berichtet, daß er zumindest zur Zeit der Säuberung vor dem Tempel stand.) Salomon wäre dann im Glauben vermutlich ein ›Megalithiker‹ gewesen.

2. Möglich erscheint, daß eine in der Sage überlieferte Tempelbeschreibung später, zur Zeit des Josia, ohne Kenntnis der megalithischen Symbolbedeutung in die israelische Religions- und Stammesgeschichte eingefügt wurde.

Der Grund für eine solche Ideen-Übertragung könnte in der Geschichte der Israelis liegen. Josia findet das verschollene Gesetzesbuch seines Gottes, als der Tempel gesäubert und ausgebessert wurde. Der Glaube der Väter war vergessen. Die Israelis kämpften um ihre Identität. Es soll die Zeit einer Reformation gewesen sein. Das gefundene Buch ermöglichte einen neuen Anfang, der weit zurückdatiert werden konnte. Um ein erneutes Vergessen des Gottes mit allen fatalen Folgen zu vermeiden, werden mit dem ›Zweiten Gesetz‹ oder Deuteronomium, dem 5. Buch Mose, strenge religiöse Rituale vorgeschrieben. Das Alte Testament berichtet fortan verstärkt über historische Begebenheiten.

Wenn die Überlegungen zutreffen, dann überliefert der anonyme Jawist im Alten Testament die Konstruktion und Ausstattung eines megalithischen Tempels der Philister in Einzelheiten.

Schwäne und gelockte Haare

Bedeutung der Vogelköpfe bei den Seevölkern und Wikingern

Zurück zu den ›nördlichen‹ Spuren der Megalither. Aus der *Edda* wurden bisher zwei Ereignisse erwähnt, der Fimbulwinter und das Trinkgelage der Götter zur Zeit der Leinenernte. Es gibt noch einen Hinweis, nämlich den Schwan, das ›Wappentier› des hyperboreischen Sonnengottes Apoll.

Vogelköpfe lassen sich nachweisen auf den hochlaufenden Steven der Langboote (Abb. 21 a, 34c (?), 53, 59), auf Booten mit einer Sonne (Abb. 21 b, c) und auf Wagen, die einen Kessel tragen (Abb. 58 d, e). In Sumer erscheinen Wasservögel (?) in Obaid (Abb. 46 a). Welche Informationen sollen diese Wasservögel dem Betrachter vermitteln? Weshalb werden Vogelköpfe auf den hochlaufenden Steven von Schiffen und am Fahrgestell von Kesselwagen angebracht?

Bei der Besprechung der Entwicklung der Seeschiffe im Mittelmeer wurde die Ansicht vertreten, daß der hochlaufende Steven im dritten Jahrtausend als Mast verwendet wurde, um Bruchgefahren mittschiffs zu vermeiden. Schwieriger ist aber die Deutung des hochlaufenden Stevens in *späterer* Zeit. Man sollte annehmen, daß mit der Möglichkeit, seefeste Boote zu bauen, der Stevenmast im Mittelmeer verschwindet und durch den Mittelmast ersetzt wird. Das stimmt aber nicht. Die hohen Steven lassen sich während 2500 Jahre, zuletzt noch bei den Wikingerschiffen, nachweisen.

Das Problem: Die über die Bordwand herausragenden Steven verbessern die Fahreigenschaften der Langschiffe nicht, sie werden als Mast nicht mehr gebraucht, trotzdem werden sie weiter gebaut. Weshalb?

Es gibt Deutungsversuche. Zum Beispiel: Die nordischen Schiffe haben zwei gleiche Schnäbel, so daß Bug und Heck nicht zu unterscheiden sind. Das hat den Vorteil, daß sie, einmal an Land gezogen, schnell wieder abfahren können, ohne die Schiffe wenden zu müssen. Im *Lexikon der Ägyptologie* ist zu lesen: »Der Bug der Seevölkerschiffe endet in einem Wildganskopf, d. h. die Schiffe sind Wandervögeln verglichen, die periodisch von Norden nach Süden ziehen, möglicherweise ein Hinweis auf die Seeräuberreien.« Auch Tacitus (44) ist die besondere Form der germanischen Schiffe aufgefallen: »Der Bau ihrer Schiffe weicht von den unserigen insofern ab, als sie vorn und hinten einen Bug und dadurch immer ein zum Landen geeignetes Vorderteil haben.« Vermutungen. (Es gibt Hinweise, daß bei den Wikingern die Steven auch als ›Zeltstange‹ für ein ›Stevenzelt‹ dienten.)

Wenn praktische Gründe für die hohen Steven nach Einführung des Mittelmastes um 1500 v.Chr. nicht mehr erkennbar sind, dann wäre es naheliegend, diese mit Tierköpfen und Spiralen (Abb.1) geschmückten Steven als Dekoration zu deuten. Es wäre dann Ausdruck eines bemerkenswert konservativen Schönheitsempfindens, einer Mode, die sich 2000 Jahre lang nicht verändert – wohl eine problematische Vorstellung.

Die lange Zeitspanne wäre leichter zu erklären, wenn der lang geschwungene Steven mit dem Vogel- oder Pferdekopf nicht als Schmuck, sondern als Symbol einer tief verwurzelten, religiösen Vorstellung, vielleicht auch als Stammeszeichen gedeutet werden könnte.

Auf eine mythische Bedeutung der Steven verweist eine Bemerkung Herodots (3/57): Seefahrer aus Kreta brachen nach gewonnener Seeschlacht von ihren »Schiffen die Eber ab, die sie in den Schnäbeln (der Schiffe) führten, und weihten sie in den Tempeln der Athene zu Ägniar«. Ein Weihgeschenk? Homer (*Ilias* 15/693) beschreibt die »schwarz geschnäbelten Meerschiffe« der Griechen.

Die älteste überlieferte Darstellung dieser Boote findet sich auf einer Reliefdarstellung von Medinet Habu (1219 v.Chr.), mit einer Darstellung einer Seeschlacht. Die angreifenden Schiffe der Seevölker, tragen am Vorder- und Achtersteven Vogelköpfe. (Abb. 53) Es sind mit Sicherheit keine Raubvögel. Der Schnabel deutet auf einen Wasservogel, wie Gans oder Schwan. Diese friedlichen Vegetarier wären für ein Kriegsschiff eine ungewöhnliche Gallionsfigur. Man sollte erwarten, daß wie bei den ägyptischen Schiffen furchteinflößende Raubtierköpfe als Symbole des Kampfes verwendet werden. Die Vermutung liegt demnach nahe, daß die Vogelköpfe ein mythisches Symbol sind, das irgendwie mit der Seefahrt und dem Kampfgeschehen zusammenhängt.

Soweit die bisherigen Vermutungen. Wenn es sich bei dem Vogel um die Darstellung eines Schwanes handelt, könnte ein Bezug zu den Walküren der altnordischen Mythologie bestehen. Die Walküren sind ›Wahltöchter‹ Odins, des obersten Gottes der Germanen. Sie geleiten unter anderen die toten Helden vom Schlachtfeld nach Walhall zu Odin, wo sie von ihm mit Met bewirtet werden. Odin schart die gefallenen Kämpfer um sich, um für den Endkampf der Welt gerüstet zu sein.

In der *Edda* (›Völuspa‹ 1) sagt die Seherin:

»Ich will Walvaters (Odins) Wirken künden. Die ältesten Sagen, der ich mich entsinne.« In der Strophe 24 heißt es: »Ich sah Walküren weither kommen, bereit zu reiten zum Rat der Götter.«

In der ›Völundarkvida‹, einer Heldensage der älteren *Edda*, wird berichtet, daß drei Königssöhne auf dem Eis schreiten und nach dem Wild jagen.

»Früh am Morgen fanden sie am Strand drei Frauen, die spannen Flachs; bei ihnen lagen ihre Schwanenhemden, es waren Walküren.«

Die Walküren können, wie die Athene bei den Griechen, in den Kampf eingreifen. Zum Beispiel beschützen sie eine Flotte während eines Sturmes (›Helgakvida‹ 27 ff.):

»So war´s zu hören, da hart sich stießen
Die kühlen Wellen und die langen Kiele,
Als ob Berg oder Brandung brechen wollten.
Helge hieß das Hochsegel aufziehn.
Als wider Wogen da Woge schlug
Und die tobende Tochter Ägirs
Die starrren Rosse zu stürzen dachte.
Aber Sigrun kam kühn aus den Wolken
Und schützte sie selber und ihre Schiffe.«

Die Walküre Sigrun schützt die vom Sturm bedrohten Seefahrer. Die Seefahrer hätten allen Grund, der schwanengleichen Walküre mit einer Opfergabe zu danken. Eine solche Opfergabe könnte folgendes Bronzebild gewesen sein.

Die ›Carriazo bronce‹ ist eine Komposition aus drei Teilen. Sie besteht aus einem Schiff mit Vogelköpfen. Der breite Schnabel deutet auf einen Wasservogel, auf Gans oder Schwan. Da an beiden Steven Flügel angebracht sind, bilden die hohen Steven des Schiffes den Hals eines Vogels. In der Mitte des Schiffes, mit ausgebreiteten Armen, das Bild einer jungen Frau mit betont gelockter Frisur und ärmellosem ›T-Shirt‹. Sie hält in jeder Hand ein Dreieck. (Das uralte, geheiligte Zeichen der Urmutter?)

Der in der *Edda* beschriebene Seefahrer Helge oder aus Seenot gerettete Phönizier könnten dieses Relief als Dank für geleistete Hilfe den schwanengleichen Walküren gewidmet haben.

Abb. 59 ›*Carriazo bronce*‹, *7. Jahrhundert v.Chr., gefunden in Cadiz, vermutlich phönizisch. (siehe auch Abb. 21 c)*

Nach diesem Relief benutzten die Phönizier um 700 v.Chr. spitzovale Boote mit hochlaufenden Steven, die mit Köpfen von Wasservögeln abschließen. In ihrer typischen Grundform sind sie vergleichbar mit Booten, die um 1200 v.Chr. von den Seevölkern bei ihrem Angriff auf Ägypten und von den Wikingern um 1000 bei ihren Angriffen auf die Küsten Europas benutzt wurden. Wenn die Deutung des Bildes zutrifft, dann verwendete der Künstler in Cadiz um 700 v.Chr. alte religiöse Vorstellungen, die später noch, um 1000, in der *Edda* aufgezeichnet wurden.

Warum in der nordischen Mythologie ein Wasservogel häufig in Verbindung mit den Göttern gebracht wird, ist nicht bekannt. Naheliegend erscheint mir die Vermutung, daß ein Zusammenhang mit dem im hohen Norden liegenden Brutgebiet dieser Tiere bestehen könnte. Der Dolmenbauer sieht diese Vögel im Frühjahr, wenn die Sonne wieder höher steigt (!), in großer Zahl nach Norden ziehen. Sie fliegen in der auffallenden Form eines großen Winkels, besonders nachts in der Dunkelheit beeindruckend, wenn die ziehenden Vögel hoch am Himmel sich durch laute Rufe verständigen. Für den Rentierjäger fliegen sie in ein nördliches Brutgebiet, das den Menschen der Steinzeit noch nicht zugänglich war. In diesem nördlichen Gebiet steht aber im Glauben der Megalithiker die Weltsäule oder stehen die den Himmel stützenden Götter von Schu bis Zeus. Der unzugängliche Polbereich wäre demnach ein sakrales ›Arbeitsgebiet‹ der Götter, ein Gebiet, das zudem während des Sommers von den Wasservögeln in auffallend großer Zahl besucht wird.

Die Schlußfolgerung des megalithischen Gottsuchers: Der im März beginnende Vogelzug kündigt den Frühling und das Höhersteigen der Sonne an. Für jeden offenkundig dürfen nur die Wasservögel zu den Göttern. Im Herbst kommen sie von den Göttern zu den Menschen zurück. (Vielleicht auch eine brauchbare Erklärung der Vögel im sumerischen Obaid, Abb. 46 a?)

Haare als Statussymbol

Bemerkenswert ist die Haartracht von Odins ›Wahltochter‹ in der Abb. 59. Sie trägt die Haare mit einer schulterlangen Außenlocke. Bemerkenswert, weil mit einer solchen Locke in Ägypten auch die Göttin Hathor/Isis häufiger dargestellt wird. Denkbar wäre, daß die gelockte Frisur im Bereich der Megalithkultur eine sakrale Bedeutung hatte. (Sie ist wohl kaum eine Modeerscheinung. Alte Götter werden durch alte Symbole gekennzeichnet, wohl kaum durch eine Haarmode.)

Abb. 60 *Haare als Statussymbol.*

a. *Die Göttin Anath, Elfenbein, Ugarit. Schulterlange Locke kombiniert mit Hornsymbol.* **b.** *Fruchtbarkeitsgöttin, späte Bronzezeit (Dep. of Antiquities, Jerusalem).* **c.** *Gott Baal, Ugarit, späte Bronzezeit. Mit einem Blitz in der linken Hand und einer Keule in der rechten. Schulterlange Locken und Stierhörner.* *(***b,c:** *C. A. Schaeffer, Paris s. Mazar 1990)*

Bemerkenswert ist, daß im Bereich der Megalithkultur gelockte Haare häufiger erwähnt werden. In den ägyptischen Sargtexten erscheinen gelockte Haare und geflochtene Frisuren. In Sumer werden die Locken auf der Goldperücke von Ur (Abb. 48 a) deutlich hervorgehoben. In Ugarit erscheint der Gott Baal mit schulterlangen Locken zusammen mit Stierhörnern (!). (Abb. 60 c) Die

Libyer, die Pharaonen und die Kreter tragen eine Seitenlocke, die bereits in den Pyramidentexten erwähnt wird. §1221 »*O ihr vier, die auf dem Haupt des Lockenträgers seid, wie eure Locken an euren Stirnen sind. . .*« Die Betonung der Locken auf griechischen Plastiken ist auffallend. (Abb. 48) Wenn demnach Locken ein Symbol des Göttlichen waren, dann zeigt die junge Frau im Boot der Phönizier (Abb. 59) mit ihren schulterlangen Locken, daß sie zur Götterwelt gehört. Sie könnte demnach in Verbindung mit der nordischen Bootsform (Steven mit Vogelköpfen) eine Walküre sein.

Die besondere Bedeutung der gelockten Haare im megalithischen Kulturbereich könnte ursprünglich mit der Haarfarbe zusammenhängen. Wenn die Annahme stimmt, daß die Gründungsväter der Hochkulturen in Ägypten und Sumer aus dem sonnenarmen Norden gekommen sind, dann wäre es naheliegend, daß sie blonde Haare hatten. In Gebieten mit einer unterworfenen, schwarzhaarigen Bevölkerung wären blonde, gelockte Haare, zumindest in der Gründungszeit, ein unverfälschbares Statussymbol der herrschenden Oberschicht.

Blonde Haare wären aber ein problematisches Statussymbol gewesen. In einem Gebiet mit schwarzhaariger Bevölkerung wird das Rassenmerkmal einer relativ kleinen ›blonden‹ Oberschicht schnell verschwinden. Was tun, wenn dann Herrscher auf den Thron kommen, deren Haarfarbe und Haarwuchs den legendären ›Urkönigen‹ nicht mehr entspricht? Man benutzt Perücken und bindet sich einen Bart ans Kinn.(Abb. 48 c) Auch Hathor trägt im Mittleren Reich eine Perücke (Spell 486) »*Sie erscheint in türkischblau und trägt eine königliche Perücke.*«

Blonde Haare kommen aus dem Norden. Kommen gelockte Haare auch aus dem Norden? Ob ein genetischer Zusammenhang zwischen blonden und den mehr oder weniger gelockten Haaren besteht, ist weniger deutlich. Einen möglichen Hinweis gibt Heyerdahl (1975). Er berichtet über Untersuchungen der Haare peruanischer Mumien. Er zitiert unter anderen M.Trotter (1943). Sie berichtet, daß die Farbe der Haare von zehn untersuchten Mumien im allgemeinen »rotbraun« sei und daß die Proben »in den meisten Fällen mit sehr hellen, goldblonden Haaren durchsetzt seien«. Ferner war das Haar zweier Mumien »ganz entschieden wellig«. Als Grund für die Welligkeit des hellen Haares wird der Unterschied in der Form des einzelnen Haares angeführt. Die peruanischen Indianer haben starke, im Querschnitt runde, mongoloide Haare. Die Haare der untersuchten Mumien waren um 30 Prozent feiner und hatten einen ellipsoiden Querschnitt, das heißt, sie hatten das relativ feine Haar der Europäer.

Bei Homer ist der häufige Hinweis auf gelocktes Haar auffallend. Die Jungfauen sind durchgehend »schöngelockt«, und der König Menelaos ist »bräunlich gelockt« (*Od.* 4/203). Einen interessanten Hinweis auf die besondere Bedeutung der Locken gibt auch Herodot (4/34). Er berichtet, daß hyperboreische Jungfrauen Opfergaben aus dem Norden zur Insel Delos bringen, dem Geburtsort Apolls (von dem Diodor berichtet, daß er jeweils nach neunzehn Jahren in Stonehenge erscheint, siehe S. 36 f.):

»Diesen hyperboreischen Jungfrauen, die in Delos gestorben sind, zu Ehren bescheren sich das Haupt die Mädchen und Jünglinge der Delier. Die Mädchen schneiden sich eine Locke ab vor ihrer Hochzeit und wickeln sie um eine Spindel und legen sie auf das Grabmal.«

Eine sakrale Bedeutung hatten abgeschnittene Locken auch bei den Altägyptern. Das Abschneiden der Locken wird in den ägyptischen Sargtexten erwähnt. Spell (1131): *»eine Haarlocke wird abgeschnitten«* oder 1113 *»eine Haarlocke wird abgeschnitten und das Auge wird geschlossen.«*

Bemerkenswert in diesem Zusammenhang ist, daß zumindest in historischer Zeit Haare auch im ›hyperboreischen‹ germanischen Norden eine Rolle spielen. Zur Zeit der Merowinger (500–751) ist es das Zeichen und das Vorrecht des fränkischen Königs, schulterlanges Haar zu tragen. *Wenn er dieses Haar verliert, verliert er seine Macht und den Anspruch auf den Thron.* (siehe Bart der Pharaonen?) Die praktische Auswirkung dieses Mythos ist überliefert. Bei Thronstreitigkeiten muß Sorge getragen werden, daß der Gegner entweder getötet oder gezwungen wird, ins Kloster zu gehen, wo ihm mit der kirchlichen Tonsur die Haare geschnitten werden – ein Zeichen des Verzichts auf ein weltliches Leben. Probleme entstehen aber, wenn der zum Gottesdient Verbannte ausbricht, sich die Haare wieder lang wachsen läßt und dann erneut den Thron beansprucht. (Sprigade 1962)

Vielleicht gelingt es mit der Vorstellung ›blonde Haare gleich Statussymbol‹ auch die bislang umstrittene, auffallende Haartracht der Seevölker zu erklären (Abb. 61 b) In der Seeschlacht tragen einige der Kämpfer ein Stirnband, das längliche nach oben gerichtete Striche bündelt. Deutungen wurden versucht, vielleicht eine

Feder- oder Schilfblattkrone? (Was immer das bedeuten könnte.) Es könnten blonde Haare sein, zumal auf dem Diskus von Phaistos (1700 v.Chr.) als Stempeldruck Köpfe abgebildet werden, deren Bild von der Haartracht geprägt wird. Es sind steil nach oben stehende Haare. Das Stammeszeichen des mythischen Sonnenvolkes? War das Stirnband der Seevölker ursprünglich das ›Circlet‹ der Pharaonen? (siehe S. 200)

Waren die Dorer blond ?

Der ursprüngliche Anlaß, in Ägypten nach Megalithgräbern zu suchen, war der Hinweis auf die blonde Tochter des Cheops. Es erscheint gesichert, daß im vierten Jahrtausend blonde Menschen (siehe Libyer) in größerer Zahl in Nordafrika eingedrungen sind. Später verliert sich die Haarfarbe in der Überzahl einer dunkelhaarigeren Bevölkerung. Die Zuwanderung aus dem Norden war wohl über die Jahrtausende zu gering, um biologisch auf Dauer wirksam zu werden.

Bei der Besprechung der Entstehung der blonden Haarfarbe wurde argumentiert, daß aus biologisch-medizinischen Gründen blond als Erbanlage nur in einem Siedlungsgebiet entstehen kann, das zwei Voraussetzungen erfüllt. 1. Es muß *langfristig* geographisch isoliert gewesen sein, und 2. es muß im *›hohen‹ Norden* liegen, weil nur dort die UV-Strahlung so schwach ist, daß über einen Vitamin-D-Mangel ein genetisch wirksamer *Selektionsdruck* ausgelöst wird. (Rachitis) Folgerichtig erscheint damit die Annahme, daß mit der dorischen Wanderung und den Seevölkern, wenn sie aus dem hohen Norden gekommen sind, ›blondes‹ Erbgut in größerer Menge in den mediterranen Raum eingedrungen sein

a **b** **c**

Abb. 61 a. *Kopf mit hochgebundenen Haaren (?), Ugarit.* **b.** *Seevölker, Medinet Habu.* **c.** *Diskus von Phaistos, Kreta 1700 v.Chr. (Die ›Frisur‹* **a.** *ist auch auf einem stärker beschädigten Kopf der Hera in Olympia zu erkennen. (Zum Stirnband, siehe Horizont)*

Abb. 62 *Bei Ausgrabungen der monoischen Königstadt Phaistos im südlichen Kreta, Verwaltungsbezirk Iraklion, wurden Paläste aus dem zweiten vorchristlichen Jahrtausend freigelegt. Dabei fand sich der ›Diskus von Phaistos‹ mit einer figürlichen Schrift auf beiden Seiten. Mehrere Deutungsvorschläge liegen vor.*

muß, zumindest in die Oberschichten. Die Philologen können helfen.

Zum Ende der dunklen Jahre entsteht in Griechenland eine neue Kultur. Das Schrifttum entwickelt sich. Götter und Menschen können ausführlicher beschrieben werden, unter anderem auch ihre Haarfarbe.

Sieglin (1935) überprüfte die Beschreibung von Göttern und Personen in der alten Literatur auf mögliche Hinweise zur Haarfarbe. Er verweist auf die Schwierigkeiten einer solchen philologischen Untersuchung. Wenn zum Beispiel derselbe Gott mit blonden oder schwarzen Haaren beschrieben wird, welche Haarfarbe hat dann der Gott oder wie soll eine blonde Sklavin ›katalogisiert‹ werden? Sie wurden trotzdem aufgenommen. Wenn Götter mehrfach beschrieben wurden, dann werden sie entsprechend mehrfach gezählt, entsprechend ›bzw.‹ in der Auflistung. Bei der großen Zahl der Hinweise besonders in Griechenland und Italien erscheint es statistisch gesichert, daß zumindest die frühe Oberschicht von den antiken Autoren vornehmlich mit ›blond‹ in Verbindung gebracht wurde.

	blond	dunkle Haare
Hellenen (ges.)	350	45 (bzw. 74)
Gottheiten	60	35
mythische Personen	140	18
historische Personen	109	13
erdichtete Pers.(hist. Zeit)	41	8
Italer (ges.)	111	22 (bzw. 29)
Gottheiten	27	2
mythische Personen	10	0
historische Personen	63	17
erdichtete Pers. (hist. Zeit)	11	2

Die Quellen werden im einzelnen zitiert. So werden zum Beispiel die Teilnehmer an den Nemeischen Spielen, womit Männer aus ganz Hellas gemeint sind, »als blond beschrieben«. Für die Lakonen wird versichert, daß »weiße Hautfarbe und blondes Haar das Zeichen der Männlichkeit bildet«. Pindar nennt die Bewohner von Argos »blondhaarige Danaer«. Die Agiverinnen werden in einem Hymnos mit »Eilt, eilt, ihr blonden Pelasgerinnen« angefeuert. Anfang des 5. Jahrhunderts, zum Ende der geometrischen Zeit, nimmt die Zahl der Blonden ab, lediglich »alle Fischer und Seeleute (die am Meer wohnen) sind rothaarig«. Lange Zeit nachher bemerkt Eustath zur *Ilias*: »Blonde Haarfarbe galt bei den Alten als ein Schmuck, der Blonde als ein Freund des Ares.« Blondes Haar war nicht nur das Erkennungszeichen der Vornehmen. Es bedeutete auch Schönheit. Der Spruch »Eros liebt blonde Haare« galt zu allen Zeiten des Altertums. Der Römer Lukanian warnte um 50 n.Chr. allzu Lebenslustige mit dem Hinweis, daß es in der Unterwelt keine blonden Haare mehr gibt.

Bei Euripides (*Elektra* 415 v.Chr.) erwidert Elektra auf die Vermutung eines Greises, die auf dem Grab ihres Vaters gefundenen blonden Locken stammten von ihrem Bruder:

»Die hier gefundenen blonden Locken, die den meinen so ähnlich sind, sind schwerlich die meines verschollenen Bruders, denn viele wirst Du mit gleichfarbigen Haaren finden, auch wenn sie nicht gleichen Blutes entsprossen sind... Ein Fremder oder ein hiesiger Mann wird das Haar dem Grab geweiht haben.«

Die Bedeutung des Wortes ›xanthos‹ wird von Sieglin mit ›blond‹ übersetzt. Er verweist zur Begründung auf andere Beschreibungen. Mit ›xanthos‹ wird die Farbe beschrieben von Löwen, Oliven und Olivenöl, Blut, Honig, Feuerflamme, Feuer, Sonne, Wein, Gold und Kirsche.

Abschließend kommt Sieglin zur Überzeugung, daß die Herrenklasse in Hellas blond gewesen ist. Er hofft, dem von gutgemeinten Patriotismus genährten Glauben ein Ende zu bereiten, daß die Germanen die Urväter der Indogermanen seien. Er vermutet die Urheimat der Indogermanen im mittleren Rußland nördlich des Kaukasus, einer Landinsel, die, so vermutet er, vom Eis der letzten Eiszeit ausgespart wurde.

Ausklang

Es wird in der vorliegenden Arbeit angenommen, daß es spätestens ab dem vierten Jahrtausend eine Naturreligion in Nordwesteuropa gegeben hat, begründet von Rentierjägern und Rinderhirten, die auch zur See fuhren, Megalithgräber bauten und die Sonne verehrten. Sie drangen ins Mittelmeergebiet ein und begründeten die alten Hochkulturen. Allen gemeinsam von Dänemark bis Sumer war der Glaube, daß die Götter am Anfang Himmel und Erde schufen, daß der Himmel von Göttern, einer Säule oder einem Baum gestützt werden mußte und daß die Seele unsterblich sei. Die Seelen von Dänemark bis Sumer benötigten ein Boot und einen Fährmann, um ins Jenseits zu gelangen.

Gestützt wird diese Hypothese einer allen gemeinsamen ›Urreligion‹ auch durch Aussagen der Religionswissenschaften. Albright (1956) untersucht die Religion Israels und Kanaans im Licht archäologischer Ausgrabungen:

»Die kanaanäische (Syrien/Palästina) Mythologie steht genau da, wo man sie a priori würde eingereiht haben, in einer Mittelstellung zwischen mesopotamischer, ägyptischer, kleinasiatischer und ägäischer Mythologie. Die kanaanäische Götterwelt erinnert einen ebenso sehr an mesopotamische wie an homerische Vorstellungen. Baal entspricht dem Enlil, Marduk oder Adad im Osten und dem Zeus im Westen. Die drei Göttinnen Astarte, Anath und Asherah entsprechen der mesopotamischen Inini-Ishtar und der Aphrodite, Athene, Hera und anderen ägäischen Gestalten.

Die Mythologie von Ugarit hält eine glückliche Mitte ein zwischen der babylonischen und der ägäischen Götterwelt, sie gleicht der ersteren kaum mehr als der letzteren. Die kanaanäische Theogonie (Gottesgesetzlichkeit), namentlich in ihrer späteren, phönizischen Form, ähnelt der frühen griechischen Theologie viel mehr als der babylonischen. Je mehr wir von der hurritisch-hethitischen (anatolischen) Religion erfahren, desto mehr bemerken wir, daß sie mit der kanaanäischen Religion noch mehr gemeinsam hat als sowohl die ägäische wie die mesopotamische.«

Die Verbindung zu den nördlichen Göttern bietet Tacitus (9). Er hat keine Schwierigkeiten, Götter der Mittelmeerkulturen bei den Germanen zu erkennen:

»Unter den Göttern verehren sie (die Germanen) am meisten Merkur, den sie an bestimmten Tagen auch Menschenopfer darbringen zu müssen glauben. Herkules und Mars suchen sie durch erlaubte, das heißt Tieropfer zu gewinnen. Ein Teil der Sueben opfern auch der Isis; wie es zur Einführung dieses fremden Kultes gekommen ist und woher er kommt, habe ich nicht so recht in Erfahrung bringen können; nur so viel läßt sich sagen, daß das Kultsymbol selbst, einer Barke nachgebildet, auf eine Einführung des Kultes auf dem Seewege hinweist.«

Die Götter der Ägypter, der Sumerer, der Hethiter, der mykenischen und hellenistischen Griechen und der Germanen sind offenbar aus der Sicht der Religionsforschung alle mehr oder weniger miteinander verwandt. Ich habe versucht nachzuweisen, daß das gemeinsame Symbol ihrer Religion die Sonnenspirale und das Rinderhorn waren. (siehe Abb. 1) Ein Glaube, der aus einer uralten ›megalithischen‹ Naturreligion hervorgegangen sein könnte.

Der Glaube überdauert dreitausend Jahre. Nach der Katastrophe um 1000 v.Chr.verändern sich die alten politischen Machtstrukturen im Vorderen Orient. Die Priester verlieren an Einfluß, und neue Götter können erscheinen. Die uralten hörnertragenden Naturgötter werden durch neue Götter verdrängt.

Auch die dorischen Tempel, die den Himmel trugen, hatten nur noch eine kurze Zeit. Die christlichen Götter waren stärker. Der Säulentempel bestand über 3000 Jahren, solange Schu und Enlil zu den Göttern im Vorderen Orient gehörten, solange sich die Weltesche Yggdrasil im Norden zwischen Erde und Himmel streckte. Als aber der Himmel nicht mehr von Göttern getragen werden mußte, weil andere Götter stärker erschienen, da wurden in den neuen Tempeln Säulen als Symbol nicht mehr gebraucht. Im Christentum werden die ersten Kirchen als Basilika gebaut. Rechteckig, massive Steinbauten, ohne Säulen als Symbolträger.

Die religiöse Toleranz, bedingt durch eine Naturreligion, nimmt ab. Glaubenskämpfe breiten sich aus. Im Namen Gottes werden Kreuzzüge geführt und Scheiterhaufen entzündet. Die Statussymbole der alten megalithischen Götter, der Horizont, die Hörner der Rinder und der Tierschwanz des Pharaonen werden im Christentum integriert. Der Horizont als Symbol göttlicher Verbindungen wird als Heiligenschein (?) übernommen. Die Statussymbole der Rinderhirten, Hörner und Tierschwanz, werden dem Teufel oder den Juden zugewiesen. So bestimmt zum Beispiel die Wiener Synode von 1267, daß Juden gehörnte Hüte tragen müssen. (*Brockhaus*)

Nachwort:

Es war die blonde Tochter des Pharaos, die für einen Mediziner den Anstoß zu den vorgelegten Überlegungen gab. Es war ursprünglich wahrlich nicht beabsichtigt, als Mediziner die Spur der Megalithiker von Dänemark über Nordafrika, Ägypten und Sumer bis zu den Dorern zu verfolgen. Es waren letztendlich die faszinierenden, miteinander verknüpften Rätsel, die von einem Problem zum nächsten führten. Die vorgelegten Schlußfolgerungen ergaben sich fast automatisch beim Lesen in der Bibliothek, und am Ende entstand das Bild einer Naturreligion von Rinderhirten, die Megalithgräber bauten, die zur See fuhren, die Sonne verehrten und um 3000 v.Chr. die Hochkulturen im Vorderen Orient begründeten. Es waren dieselben Stämme, von denen Spanuth, wie ich meine, mit Recht behauptet, es wären später um 1200 v.Chr. die bislang rätselhaften Atlanter.

Die anfänglich gestellte Frage zur Abbildung 1: »Welcher kulturelle Zusammenhang besteht zwischen den Hörnern und den Spiralen?« möchte ich mit dem Hinweis auf eine gemeinsame Urreligion beantworten.

Literatur

Akurgal, E., *Die Kunst der Hethiter,* 1961.

Albright, W. F., *Die Religion Israels im Lichte archäologischer Ausgrabungen,* 1956.

Alizadeh, A., »Prehistoric settlement patterns and cultures in Susiane, southwestern Iran«, in *Technical Report* 24, 1992.

Almgren, O., »Nagra svensk-finska stenalders problem«, in *Antikvarsisk tidskrift för Severige* Bd.XX.

Almgren, O., *Nordische Felszeichnungen als religiöse Urkunden,* 1934.

Arnold, D., *Lexikon der ägyptischen Baukunst,* 1994.

Balmuth, M. S. und Rowland, Jr., R. J., *Studies in Sardinien Archäology,* 1984.

Bass, F. G. (ed.), *A history of Seafaring, based on underwater Archeology,* 1972.

Baumgärtel, E., *Dolmen und Mastaba. Der Alte Orient,* 1926.

Baumgärtel, E., *The cultures of prehistoric Egypt,* 1960.

Bittel, K. und Naumann, R., *Boghazköi-Hattusa.* Ergebnisse der Ausgrabungen des Deutschen Archäolog. Instituts und der Deutschen Orientgesellschaft in den Jahren 1931–1939, Bd.1, 1952 (zit. bei Spanuth)

Blomqvist, L., *Megalitgravarna i Sverige,* 1989 (Diss. Uni. Stockholm).

Bolton,W., »Über Kupfererzvorkommen auf Helgoland«, in *Dingelers polytechnisches Journal,* Jg. 72,1891 (zit. bei Spanuth)

Breasted, J. H., *Ancient Record of Egypt,* III,117, 1906.

Braested, J. H., *Geschichte Ägyptens,* 1910, 347.

Brockhaus Enzyklopädie, 1968.

Bröndsted, J., *Nordische Vorzeit,* 1960.

Brunton, in *Cambridge Ancient History,* I,1,487.

Burney, C., *From Village to Empire,* 1977.

Cambridge, *The Cambridge Ancient History,* 1985.

Capelle, T., *Archäologie der Angelsachsen,* 1990.

Castleden, R., *The Making of Stonehenge,* 1993.

Carpenter, H. C. H., *Nature,* 130:624–6, 1932.

Carpenter, R., *Discontinuity of Greek Civilisation,* 1965.

Childe, V. C., *The Dawn of European Civilisation,* 1959.

Clottes, J. und J. Courtin, *Grotte Cosquer bei Marseille,* 1995.

Crossland, R. A., »Immigration from the North. The problem of the Indoeuropeans«, in *Cambridge Ancient History*, 1985.
Crumlin-Pedersen, O. Scandinavian Ships from earliest Times to the Vikings (in G. Bass 1972)

Deger-Jalkotzy, Siegrid (Hg.), *Das Dunkle Zeitalter Kleinasiens. Griechenland, die Ägäis und die Levante während der ›Dark Ages‹*, 1983.
Derricourt, R. M., »Radiocarbon Chronology for Egypt and North Africa«, in *JNES* 30, 271–92, 1971.
Derry, D. E., »The Dynastic Race in Egypt«, in *JEA* 42, 80–85, 1956.
Desborough,V. R., *The last Myceneans and their Successors*, 1964 (zit. bei Spanuth).
Diodorus Siculus, *Bibl. Hist. II*, S. 47.
Dothan,T., »The Philistines and their Material Cultures«, in *Israel Excavation Journal*, 1987.
DuMont, *Kunst Reiseführer Vorpommern-Mecklenburg*,1992.

Early Metallurgy in Cyprus 4000–500 BC, Archeological Symposium 1981.
Eberts Real Lexikon der Vorgeschichte.
Elliot, C., »The Ghassulian Culture in Palestine: Origins, Influences and Abandonment«, in *Levant* X 1978.
Erman, A., *Religion der Ägypter.*
Emery, *Archaic Egypt* 216 f., 1964.

Faulkner, R. O., *The Ancient Egyptian Pyramid Texts*, 1969.
Faulkner, R. O., *The Ancient Egyptian Coffin Texts*, 1978.
Forbes, R. J., *Metallurgy in Antiquity*, 1959.
Frankfort, H., *The Birth of Civilization in the Near East*, 1951, S. 34

Gadd, C. J., *The Inscriptions from Al Ubaid and their Significance* (in Woolley).
Gadd, C. J., »The Dynasty of Agade and the Gutian Invasion«, in *Cambridge Ancient History* I, 2, 422, 1985.
Gadow, G., *Der Atlantis-Streit*, 1973.
Garbini, G., *Alte Kulturen des Vorderen Orients*, 1968.
Gardiner, A.H., *Die Geschichte des alten Ägyptens*, 1965.
Gatt – zit. Poebel, *Historical Texts*, no. 1, Col. I, S. 13 f.
Ghosh, A., *An Encyclopaedia of Indian Archaeology*, 1990, S. 112.
Gimbutas, M., *Bronze Age Cultures in central and eastern Europe*, 1965.

Gimbutas, M., *Die Sprache der Götter,* 1996.
Glueck, N., »Explorations in Eastern Palestine«, in *Annals of the American Schools of Oriental Research,* 1945–1949.
Goyon, G., *Die Cheopspyramide,* 1987.
Grundmann, E., Primäre Krebsprävention, in *Deutsches Ärzteblatt,* 91, Heft 30, 1994.

Hall, H. R. und Woolley, C. L., *Ur Excavations,* Vol. I: Al-Ubaid 1927.
Hamlyn, P., *Ägyptische Mythologie,* 1968.
Harrassowitz, O., *Lexikon der Ägyptologie,* 1986.
Hausen, J., *Schiffbau in der Antike,* 1979.
Häusler, A., »Protoindoeuropäer, Baltoslaven, Urslaven. Bemerkungen zu einigen neueren Hypothesen«, in *Z. Archäol.* 1–11, 1988.
Hauck, K., »Halsring und Ahnenstab als herrscherliches Würdezeichen«, in *Monumenta Germanica historica* 13/1, 1954, 185 (bezieht sich auf einen Bericht des Ammiani, ed. C. U. Clark I, 1910)
Hawkins, G. S., *Beyond Stonehenge,* 1973.
Helck, W., *Geschichte des Alten Ägyptens* (Handbuch der Orientalistik 1968).
Helck, W. und E. Otto, *Lexikon der Ägyptologie,* 1975.
Helck, W. und W. Westendorf, *Lexikon der Ägyptologie,* 1986.
Helck, W., »Ägypten im frühen Neuen Reich, Grundzüge einer Entwicklung«, in *Ägyptens Aufstieg zur Weltmacht,* 1987.
Hennessy, J. B., *The Foreign Relations of Palestine during the Early Bronze Age,* 1967.
Herre, W., *Zur Abstammung und Entwicklung der Haustiere,* 1948.
Herrmann, H. V., *Olympia. Heiligtum und Wettkampfstätte,* 1972.
Heyerdahl, T., *Zwischen den Kontinenten,* 1975.
Hirt, H., *Wanderung der indogermanischen Völker,* 1892.
Hoffmann, F., »Beschreibung natürlicher Kupferstücke von Helgoland«, in *Gilberts Annalen der Physik und der physikalischen Chemie 1822* (zit. bei Spanuth).
Hölbl, G., *Die historischen Aussagen der ägyptischen Seevölkerschriften* (s. Kurgal, Sympos.).
Hölscher, W., *Libyer und Ägypter.* Beiträge zur Ethnologie und Geschichte libyscher Völker nach den altägyptischen Quellen, 1937
Holtedahl, O. et. al., *Aspects of the Geology of North Norway,* Int. GC Kopenh. Guide A3 1960 (zit. bei Schwarzenbach).

Hölzl, R., »Die Giebeldekoration von Stelen im Mittleren Reich«, in *Beiträge zur Ägyptologie,* 10,1990.
Hommel, F., *Ethnologie und Geographie des Alten Orients,* 1926.
Horken, H.K., *Ex nocte lux,* 1996.
Hrouda, B., »Die Einwanderung der Philister in Palästina«, *Festschrift für Moortgat,* 1964, S. 126 ff.
Hugot, H. J., und Bruggmann, M., *Zehntausend Jahre Sahara,* 1976.

Ions, V., *Indische Mythologie,* 1967.
Ions, V., *Ägyptische Mythologie,* 1968.

Jankuhn, H., in: O.Brandt, *Geschichte Schleswig-Holsteins,*1957.
Jankuhn, H., *Vor- und Frühgeschichte, Stuttgart,* 1969.

Kaelas, L., »Megalithic Monuments of Europe«, in *History of Humanity,* Vol. 1, Ed. S. J. DeLaet, 1994.
Kähler, H., *Der griechische Tempel,* 1964.
Keith, A., *Report on the Human Remains* (s.Woolley).
Kempinski, A. und M. Avi-Yonah, *Syrien-Palästina,* II 1979.
Kitchen, S. K. A., *Ramses. Incr.,* II, 290, 1-4, S. 81.
Kluge, *Ethymologisches Wörterbuch der Deutschen Sprache,*1989.
Knell, H., *Grundzüge der griechischen Architektur,* 1980.
Koch, K., *Das Buch der Bücher. Die Entstehungsgeschichte der Bibel,* 1963.
Kossinna, G., »Die Indogermanische Frage archäologisch beantwortet«, in *Z. f. Ethnologie,* 34, 1902, S. 166–222.
Kramer, S. N., *Geschichte beginnt mit Sumer,* 1959.
Kruta, V., *Die Anfänge Europas von 60 000 bis 500 v.Chr.,* 1993.
Kuhlmann, B., »Eresburg und Irminsul«, in *Zeitschrift für vaterländische Geschichte und Altertumskunde,* VII, 1888.
Kurgal, A., *Das Dunkle Zeitalter Kleinasiens.*

Leclant, J., *Ägypten I. Das Alte und das Mittlere Reich,* 1979.
Lhote, H., *The Search for the Tassili Frescoe,* 1973.
Lucas, A. und Harris, J. R., *Ancient Egyptian Materials and Industry,* 1962.
Lübbing, H., *Friesische Sagen von Textel bis Sylt,* 1929 (zit. Spanuth).
Lüning, J., »Erneute Gedanken zur Benennung der neolothischen Perioden«, in *Germania,* 74, 233, 1996.

Markowin, W. I. und Muntschajew, R. M., *Kunst und Kultur im Nordkaukasus*, 1988.
Malmer, M. P., *A chronological study of north european rock art*, 1980.
Mazar, *Archeology of the Land of the Bible*, 1990.
Mellaart, J., *The Neolithic of the Near East*, 1975.
Meyer, E., *Geschichte des Altertums*, 1926.
Mohen, J. P., *Megalithkultur in Europa*, 1989.
Mollat du Jourdin, M., *Europa und das Meer*, 1993.
Montelius, O., *Die älteren Kulturperioden im Orient und Europa*, 1903–1923.
Montelius, O., »Die Chronologie der ältesten Bronzezeit«, in *Arch. f. Anthr.*, 25, 1898.
Moortgat, A., *Die Entstehung der sumerischen Hochkultur*, 1945.
Much, M., *Trugspiegelung orientalischer Kultur*, 1907, S. 92.
Muhly, J. D., »Sources of Tin and the Beginnings of Bronze Metallurgy«, in *Am. J. Archaeology*, 89, 275, 1985.
Müller, G., »Die Ägypter und ihre libyschen Nachbarn«, in *Z.f. Ethnologie*, 1920/21, 427–29.
Müller, R., *Der Himmel über dem Menschen der Steinzeit*, 1979.
Müller-Wiener, W., *Griechisches Bauwesen in der Antike*, 1988.

Nauman, R., *Architektur Kleinasiens*, 1971.
Neftel, A., H. Oeschger, J. Schwander, B. Sraufer, und R. Zumbrunn, »Ice core sample measurements give atmospheric CO_2 content during the past 400,000 yr«, in *Nature*, 1982, 220–223, S. 259.
Muhly, J. D., »Sources of Tin and the Beginnings of Bronze Metallurgy«, *AJA*, 1985, 89, S. 275.

O'Kelly, M., *New Grange*, 1982.
Ottenjann, H., »Die nordischen Vollgriffschwerter der älteren und mittleren Bronzezeit«, in *Röm. German. Kommission*, Bd. 30, 1969.
Otto, H. und Witter, W., *Handbuch der ältesten vorgeschichtlichen Metallurgie in Mitteleuropa*, 1952.
Ovid, *Metamorphosen*, II, 210 ff.

Paturi, F. R., *Zeugen der Vorzeit*, 1976.
Perrot, J., *Syrien-Palästina*, I, 1978.
Petrie, Quibell, J. E., *Naqada and Ballas*, 1895.
Petrie, *Heliopolis, Kafr Amar and Shurafo*, 1951.
Petrie, *Tharkan/Ägypten* (geklinkerte Holzwand).

Philip, G., »Tin, Arsenic, Lead: Alloying Practices in Syria-Palestine around 2000 B. C.«, in *Levant*, 23, 1991.
Plenderleith, H. J., in: Woolley, C. L., *Ur-Excavations, The Royal Cemetry*, 1934, S. 284 ff.
Plinius, *Hist. nat.*, II, 91.
Poebel, *Historical Texts*, no. 1, Col. I, S. 13 f. (zit. Woolley/Gadd).
Pope, A. U., *Survey of Persian Art*, 1939.
Poulsen, J., »Landwirtschaft und Bevölkerungsverhälnisse in der dänischen Bronzezeit«, in *Z.Archäol.* 17, 1983, S. 145–158.

Renfrew, C., »Carbon C 14 and the Prehistory in Europe«, in *Scientific American*, 1971.
Roeder, G., *Urkunden zur Religion des Alten Ägyptens*, 1919 (zit. bei Spanuth).
Reden, S. von, *Die Megalith-Kulturen. Zeugnis einer verschollenen Urreligion*, 1989.
Reuter, O. S., *Germanische Himmelskunde*, 1934.
Rudolf v. Fulda, *Mon. Germ. Scr.* II, S. 676.

Sakellarakis, J. A., *Herakleion Museum*, 1983.
Scharff, A., *Ägypten und Vorderasien im Altertum*, 1959, S. 57.
Schott, A., W.v. Soden, *Das Gilgamesch Epos*, 1974
Schwabedissen, H., *Vom Jäger zum Bauern der Steinzeit in Schleswig*, 1961.
Schwantes, G., *Die Vorgeschichte von Schleswig-Holstein*, 1939 (zit. bei Spanuth).
Schwarzenbach, M., *Das Klima der Vorzeit*, 1988.
Serander (1925), zit. in *Eberts Reallexikon*.
Sieglin, W., *Die blonden Haare der indogermanischen Völker des Altertums. Eine Sammlung der antiken Zeugnisse als Beitrag zur Indogermanenfrage*,1935.
Spanuth, J., *Das enträtselte Atlantis*, 1953
Spanuth, J., *Die Atlanter*, 1976
Spanuth, J., *Die Philister, das unbekannte Volk*, 1980
Spanuth, J. *Die Phönizier. Ein Nordmeervolk im Libanon*, 1985
Sprigade, K., *Abschneiden des Königshaares und kirchliche Tonsur bei den Merowingern. Die Welt als Geschichte*, 1962
Sprockhoff, E., *Die germanischen Griffzungenschwerter*, 1931
Stadelmann, R., »Syrisch-Palästinensische Gottheiten in Ägypten«, in *Probleme der Ägyptologie*, Bd. 5, 1967,

Stadelmann, R., *Die Ägyptischen Pyramiden,* 1991
Stenberger, M., *Nordische Vorzeit,* Bd. IV, 1977.
Stevenson Smith, W. A., *History of Egyptian Sculptures and Painting in the Old Kingdom,* 1949.
Struve, K. W., *Geschichte Schleswig-Holsteins. Die Bronzezeit, Periode I–III,* 1971.

Taeger, F., *Das Altertum. Geschichte und Gestalt der Mittelmeerwelt,* 1958.
Thomsen, P., Kompendium der palästinensischen Alertumskunde, 1914.
Trotter, M., »Hair from Paracas Indian Mummies«, in *Am. Jour. Phys. Anthrop.,* Vol. I, 1943.

Uhlands gesammelte Werke, Bd. 2: Sagenforschung, 1836.

Vanden Berghe, L., in *Vorderasiatische Archäologie. Studien und Aufsätze.*
van de Waals, J., *Prehistoric Disk Wheels in the Netherlands,* 1964.
Vergessene Städte am Indus. Frühe Kulturen in Pakistan vom 8.–2. Jahrtausend v.Chr., 1987.
Voß, J. H., *Homers Gesänge* (1. Ausgabe)

Webster, T. B. L., *Von Mykene bis Homer,* 1960.
Weeber, K. H., *Die unheiligen Spiele.* Das antike Olympia zwischen Legende und Wirklichkeit, 1991.
Weiher, A., *Homer: Odyssee,* 1955.
Wernick, R., *Die Wikinger,* Time-Life, 1980.
Whitehouse, D., in *Lübbes archäologischer Weltatlas,* 1976.
Wirth, W., *Die Volute. Symbol einer kultischen Weltordnung,* 1966.
Witter, W., *Die Kenntnis von Kupfer und Bronze in der Alten Welt,* 1938.
Wittis, H. V., »Megalithgräber in Yamato aus 3 Perioden der Konfu-Zeit«, in *DHS,* 2070.
Woolley, C. L., *Ur-Excavation, The Royal Cemetry,* 1934.

Zehren, E., *Die biblischen Hügel,* 1961 (zit. bei Spanuth).

Britta Verhagen
Dreizehn Nächte in Norge
228 S., Ln. **DM 32.-**
ISBN 3-87847-114-8

Rolf Amtmann
Brauchtum und Mythos
408 S., Ln. **DM 45.-**
ISBN 3-87847-080-0

Gert Meier/Hermann Zschweigert
Die Hochkultur der Megalithzeit
528 S., Ln., 260 Abb. **DM 58.-**
ISBN 3-87847-159-9

Weitere Spitzentitel:

Ulrich Crämer (Hg.)
Homer Ur-Odyssee
230 S., Ln., 18 Holzschnitte, 25 Vignetten
Sonderpreis **DM 16.-** ISBN 3-87847-050-9

Otto Hantl
Urglaube und Externstein
220 S., Ln., zahlr. Abb. **DM 54.-** ISBN 3-926650-20-6

Irene von Schoen
Der Rabe und der Adler
Ariovist und Caesar
640 S., geb., Abb., Sonderpris **DM 25.-** ISBN 3-87847-104-1

Ute Schall
Hadrian
468 S., geb. Sonderpreis **DM 25.-**
ISBN 3-87847-084-3

Vor- und Frühgeschichte bei Grabert